Tim Schreder und Jennifer Sieglar

Das Buch, das (fast) alles erklärt

PIPER

Zu diesem Buch

In einer Welt, die sich immer schneller dreht und in der das politische Klima und die Diskussionskultur immer rauer werden, ist es umso wichtiger, im Alltag fundiertes Wissen parat zu haben. Diese Tatsache hat Jennifer Sieglar und Tim Schreder angetrieben, dieses Buch zu schreiben. Denn die beiden sind Journalistin und Journalist aus tiefster Überzeugung, unter anderem für die Kindernachrichtensendung *logo!*, die *Hessenschau* und die ARD-Morgensendung *Live nach neun*. Seit einem Jahrzehnt sind sie in der Welt unterwegs, um in Reportagen und im Studio komplizierte Nachrichten und Konflikte dieser Welt so zu erklären, dass jede und jeder sie verstehen kann – egal, wie alt er oder sie ist. Hier teilen sie ihr gesammeltes Wissen zu Themen wie Atomkraft, Pandemien oder Sport – und Sie erfahren alles, was Sie wissen müssen, um nie wieder keine Ahnung zu haben!

Jennifer Sieglar, Jahrgang 1983, absolvierte ihr Volontariat beim Hessischen Rundfunk, wo sie derzeit Moderatorin für die *Hessenschau* ist. Seit 2008 ist sie für die ZDF-Nachrichtensendung *logo!* tätig, die sie seit August 2012 moderiert.

Tim Schreder, geboren 1991, moderiert seit 2010 die Nachrichtensendung *logo!*. Seit 2018 gehört er außerdem zum Moderatorenteam der ARD-Morgensendung *Live nach neun*.

Die beiden sind die Autoren des Spiegel-Bestsellers »Ich versteh die Welt nicht mehr« und präsentieren gemeinsam das ZDF-Diskussionsformat *logo! news:date* auf YouTube.

Tim Schreder und Jennifer Sieglar

DAS BUCH, DAS (FAST) ALLES ERKLÄRT

POLITIK, WIRTSCHAFT UND WELTGESCHEHEN ENDLICH VERSTEHEN

Mit 15 Schwarz-Weiß-Abbildungen und 5 Karten

PIPER

Mehr über unsere Autorinnen, Autoren und Bücher:
www.piper.de

Von Tim Schreder und Jennifer Sieglar liegen im Piper Verlag vor:
Das Buch, das (fast) alles erklärt
Umweltliebe (Jennifer Sieglar)
Ich versteh die Welt nicht mehr

Unser Versprechen für mehr Nachhaltigkeit
• Klimaneutrales Produkt
• FSC®-zertifiziertes Papier
• Hergestellt in Europa

FSC www.fsc.org MIX Papier | Fördert gute Waldnutzung FSC® C021394

Aktualisierte Taschenbuchausgabe
ISBN 978-3-492-31896-9
1. Auflage Juli 2023
2. Auflage Januar 2024

(Die ursprüngliche Ausgabe erschien unter dem Titel »Nie wieder keine Ahnung«.)
Illustrationen: Oliver Weiss
Umschlaggestaltung: FAVORITBUERO, München
Umschlagmotiv: Lena Heckl und Gefen Benda
Satz: Eberl & Koesel Studio, Kempten
Gesetzt aus der Joanna MT
Litho: Lorenz & Zeller, Inning am Ammersee
Gedruckt von ScandBook in Litauen
Printed in the EU

INHALT

EINLEITUNG

Es gibt sie, diese Dinge, von denen wir wissen, dass wir sie wissen müssten, aber wenn es hart auf hart kommt, wissen wir oft doch nicht Bescheid. Dann müssen wir mit den Schultern zucken und zugeben: »Keine Ahnung!« Passiert das im Gespräch mit dem besten Freund, ist es halb so wild, beim ersten Date ist es unangenehm, beim Mittagessen mit Kolleginnen und Kollegen peinlich, beim Vorstellungsgespräch womöglich berufsschädigend und beim Gespräch mit dem Schwiegervater eine Katastrophe. Wie genau fing das mit dem Nahostkonflikt noch mal an? Was entscheidet in Deutschland der Bund und was die Länder? Wie war das noch mal mit dem Leitzins? Wem gehört jetzt eigentlich die Krim? Was war noch mal der Unterschied zwischen dem Europäischen Rat und dem Rat der Europäischen Union? Sind Elektroautos und Kernenergie jetzt eigentlich besser für Klima und Umwelt oder nicht? Welche Begriffe sind denn nun rassistisch und welche nicht? Was ist bitte schön der Unterschied zwischen Champions und Europa League, und welche verschiedenen Nobelpreise gibt es noch gleich? Könnten Sie all diese Fragen, ohne ins Schlittern zu geraten, beantworten? Wahrscheinlich nicht, denn so gut wie niemand könnte das. Selbst die allermeisten Journalistinnen und Journalisten, deren täglicher Job es ist, sich damit zu beschäftigen, was auf der Welt passiert, wüssten nicht alle Antworten. Das ist nicht schlimm – es ist ganz normal. Dinge, mit denen wir uns nicht täglich beschäftigen, die uns nicht direkt selbst betreffen, vergessen wir nach kurzer Zeit wieder. Man könnte meinen, dass das in der heutigen Zeit nicht so schlimm ist, weil man alle Informationen im Handumdrehen online nachlesen kann. Doch das Gegenteil ist der Fall. Im Internet auf die Schnelle kompakte und seriöse Informationen und Erklärungen zu finden, ist schwieriger geworden – womöglich so schwierig wie nie zuvor. In der Fülle der Informationen genau die gewünschte zu finden kann sehr lange dauern. Außerdem sind Falschinformationen und Verschwörungstheorien auf dem Vormarsch und seriöse und dubiose Quellen auf den ersten Blick kaum voneinander zu unterscheiden. Gerade während der Coronapandemie hat sich noch mal ganz besonders gezeigt, wie wichtig es ist, jederzeit gut informiert zu sein. In einer Welt, die sich immer schneller dreht und in der das politische Klima und die Diskussionskultur immer rauer werden, ist es umso wichtiger, im Alltag fundiertes Wissen parat zu haben.

Das ist die Ausgangslage, die uns motiviert hat, dieses Buch zu schreiben. Wir sind Journalistin und Journalist aus tiefstem Herzen (und nebenbei erwähnt ein Ehepaar). Für die Kindernachrichtensendung *logo!* sind wir seit einem Jahrzehnt in der Welt unterwegs, um in Reportagen und im Studio komplizierte Nachrichten und Konflikte dieser Welt so zu erklären, dass sie auch Zehnjährige verstehen. Als Moderatorin der *Hessenschau*-Nachrichten im hr-fernsehen und Moderator des täglichen Morgenmagazins *Live nach neun* im Ersten sind wir jeden Tag nah dran an dem, was passiert. So entstand die Idee für das Buch, das Sie gerade in den Händen halten. Gut dreihundert Seiten, auf denen Sie alles über Politik, Wirtschaft und Zeitgeschehen erfahren werden, was Sie wissen müssen, um nie wieder keine Ahnung zu haben. Wer dieses Buch gelesen hat, wird Nachrichten aus einer völlig neuen Perspektive sehen und Zeitungen mit mehr Gewinn lesen können. Sie werden Dinge verstehen und sehen, die Ihnen zuvor verborgen geblieben sind. Sie werden Falschinformationen schnell erkennen, und statt Fragen zu stellen, werden Sie die Fragen anderer beantworten können. Und in Gesprächen, egal ob privaten oder beruflichen, werden Sie sich viel sicherer fühlen.

Also ist dies ein Buch, das alles erklärt? Das wäre eine vermessene Behauptung. Dieses Buch erklärt natürlich nicht alles – erst recht nicht bis ins letzte Detail. Stattdessen geht es uns um die Grundlagen, die man wirklich verstehen sollte. Ein »Was bisher geschah« für die Welt der Nachrichten. Wir haben populäre Nachrichtensendungen, Zeitschriften und Onlineportale systematisch nach den Themen und Nachrichten durchsucht, die immer wieder vorkommen und die Informationen beinhalten, die man unserer Einschätzung nach erklären muss. Das können historische oder politische Hintergründe sein, die man kennen muss, um einen bestimmten Konflikt zu verstehen, oder aber bestimmte Begriffe, die in der täglichen Berichterstattung einfach vorausgesetzt werden. Unsere Themenauswahl ist dabei sehr breit. Wir beschäftigen uns mit Innenpolitik, den großen Konflikten in der Weltpolitik, aber auch mit vermeintlich banaleren Themen wie Kultur und Sport. Schließlich sollen Sie zukünftig auch in einem Gespräch über die Oscars, den neuen Formel-1-Weltmeister oder die Verleihung der Nobelpreise glänzen können! Aus aktuellem Anlass haben wir auch den populärsten Verschwörungstheorien ein eigenes Kapitel gewidmet. Weil dieses Buch selbstverständlich keineswegs einen Anspruch auf Vollständigkeit erhebt, geben wir Ihnen am Ende noch unsere persönlichen Literatur-, Doku- und Filmtipps, mit denen Sie Ihr Wissen in den unterschiedlichen Bereichen weiter vertiefen und festigen können.

Ein Thema, das uns persönlich sehr beschäftigt, ist das wachsende Misstrauen gegenüber dem Journalismus und den Medien. Wir glauben, dass hier nur Transparenz hilft. Deshalb haben wir uns dazu entschieden, Ihnen am Ende jedes Kapitels spannende Hintergründe und Zusatzinformationen über den Journalismus und das Mediengeschehen an die Hand zu geben.

Sie werden erfahren, warum es in Deutschland so viele unterschiedliche öffentlich-rechtliche Sender gibt, wie Kriegs- und Krisenberichterstattung funktioniert, wie Sie Nachrichten auf ihre Seriosität hin überprüfen können, wo Sie gute Filme und Musik finden und wieso mittlerweile eigentlich alle Sportveranstaltungen von einem anderen Anbieter übertragen werden. Seien Sie gespannt!

Wir empfehlen Ihnen, dieses Buch chronologisch von vorne nach hinten zu lesen. Wir starten zunächst mit ein paar politischen Grundlagen und arbeiten uns von Deutschland ins Ausland vor. Anschließend kümmern wir uns um die großen Konflikte der Weltpolitik, um uns dann thematisch etwas zu öffnen und auf unterschiedliche Themenfelder aus Politik, Wirtschaft und Zeitgeschehen zu blicken. Nach dem ersten Lesen können Sie dieses Buch wunderbar als Nachschlagewerk benutzen. Wir haben deshalb mit vielen Zwischenüberschriften gearbeitet und die entscheidenden Begriffe fett markiert. So finden Sie zu einem späteren Zeitpunkt schnell und einfach die entscheidenden Textpassagen wieder.

Legen wir los!

1 VON WÄHLENDEN UND GEWÄHLTEN – WER IN DEUTSCHLAND DAS SAGEN HAT

Wissen Sie, was das Grandiose ist? Sie haben das Sagen! Zumindest, was die Politik in Deutschland betrifft. Gut, Sie sind nicht allein, etwa 60 Millionen weitere Menschen haben ebenfalls ein Wörtchen mitzureden. Aber so ist das nun mal in einer Demokratie. In den ersten Kapiteln dieses Buchs wollen wir klären, wie Deutschland, die EU und die Welt politisch funktionieren. Das Verständnis unseres politischen Systems wird der Grundstein für das sein, was dann noch kommt. Wir starten mit Deutschland und einer Erläuterung der Herrschaftsform, in der wir leben: der **Demokratie**. Wir schauen uns an, welche Wahlen es gibt und wer überhaupt wählen darf. Außerdem werfen wir einen Blick auf die wichtigsten Parteien in Deutschland, denen Sie Ihre Stimme geben können. Der Föderalismus wird in einem späteren Kapitel noch mal ein eigenes Thema sein – denn Deutschland ist streng genommen nicht nur ein, sondern sechzehn Länder.

Unsere Lieblingsherrschaftsform: die Demokratie

Wer regiert eigentlich ein Land? Das regelt die **Herrschaftsform**, also die Art und Weise, wie und wer in unserem Staat die Macht hat und regiert. Googelt man, welche verschiedenen Herrschaftsformen es gibt, findet man als Erstes die **Monarchie**, bei der eine Herrscherin oder ein Herrscher das Sagen hat. Hier steht also ein König, eine Kaiserin oder ein Fürst an erster Stelle des Staates. Das Unfaire daran – ein König wird nicht aufgrund seines Könnens König, sondern einfach nur, weil er in die passende Adelsfamilie geboren wurde. Diese – wie wir finden – ziemlich absurde Herrschaftsform gibt es zum Beispiel noch in Saudi-Arabien, im Oman und im afrikanischen Staat Eswatini, den Sie vielleicht unter seinem früheren Namen Swasiland kennen. Auch in Großbritannien oder Dänemark existieren noch Monarchien. Allerdings erfüllen König Charles III. und Königin Margrethe II. meist nur repräsentative Funktionen und überlassen die Regierungsgeschäfte den gewählten Parlamenten ihrer Länder.

Eine weitere Herrschaftsform ist die **Diktatur**, bei der ein Diktator, eine politische Partei oder eine bestimmte Gruppe die absolute politische Macht hat. Deutschland war zu Zeiten von Adolf Hitler eine Diktatur, in der viele Grundrechte wie die Versammlungsfreiheit und die Meinungsfreiheit aufgehoben wurden. Zu den wenigen Diktaturen, die es in der heutigen Zeit noch gibt, gehört das Land Nordkorea. Dort herrscht auf perfide Art und Weise die Familie Kim (bis zu seinem Tod 2011 herrschte Kim Jong-il, seitdem herrscht sein Sohn Kim Jong-un) zusammen mit dem Militär. In Nordkorea werden die Menschenrechte missachtet, Kritik an der staatlichen Führung ist verboten, die Medien werden kontrolliert, und niemand darf das Land verlassen.

Dann gibt es noch viele weitere absurde Herrschaftsformen wie zum Beispiel die **Timokratie**, die Tim – wenig überraschend – direkt ins Auge sprang. Dabei herrschen vereinfacht gesagt einfach die Reichen. Wir sind keine Fans.

Außerdem fanden wir noch die **Bierokratie** interessant, erfunden von der österreichischen Bierpartei, die im Jahr 2019 bei der Nationalratswahl zu wählen war. In einer Bierokratie geht alle Macht vom Bier aus, sagen die Erfinder. Die Partei bekennt sich zur Meinungsfreiheit wie zur freien Wahl des Bieres. Außerdem heißt es im Wahlprogramm »trinktechnisch weniger begabte Menschen« bedürften besonderer Förderung. Vielfalt und Individualität in der Braukultur seien eine Bereicherung des Lebens, folglich müsse fremden Bieren gegenüber Toleranz geübt werden. Wir finden ja, die Bierokratie könnte parallel zur Demokratie angewendet werden. In Maßen, versteht sich.

Kommen wir zu der Herrschaftsform, in der wir seit 1949 leben. Wir würden behaupten, dass es die schönste von allen ist: die **Demokratie**. Hier kann man eigentlich nur ins Schwärmen geraten, denn in einer Demokratie hat nicht ein Herrscher, eine Herrscherin oder eine Adelsfamilie das Sagen, auch kein alkoholisches Getränk, sondern alle. Juhu! Ach nee. Doch nicht. Nur alle ab einer bestimmten Altersgrenze haben das Sagen. Aber immerhin! Die wörtliche Übersetzung des griechischen Wortes Demokratie lautet »Herrschaft des Volkes«. Früher wurde diese Herrschaft des Volkes wirklich als **direkte Demokratie** verstanden. Heißt: Die Bürgerinnen und Bürger trafen sich auf dem Marktplatz und beschlossen gemeinsam, was getan werden sollte. Dass sich heute 60 Millionen wahlberechtigte Deutsche irgendwo versammeln und gemeinsam politische Beschlüsse treffen, ist eine recht absurde Vorstellung. Dann würden wir wohl noch langsamer vorankommen, als wenn Jens Spahn und die EU zusammen Impfstoff bestellen.

In Deutschland gibt es deshalb die **repräsentative Demokratie**. In Kürze und theoretisch funktioniert das so: Alle paar Jahre gibt es Wahlen. Dabei wählen alle zur Wahl berechtigten Personen ihre Repräsentanten und Repräsentantinnen, die ihre Interessen vertreten. Sie repräsentieren also die Meinung der Bürgerinnen und Bürger, und so herrscht das Volk quasi selbst, aber eben über den Umweg einer Interessenvertretung, die wir Politikerinnen und Politiker nennen. Wem beispielsweise Klima- und Umweltschutz wichtig ist, der wählt Politiker, die sich genau dafür einsetzen. Wem die Wirtschaft wichtig ist, der wählt Vertreterinnen, die der Wirtschaft nahestehen und sich beispielsweise für Steuersenkungen für Unternehmen starkmachen. Die gewählten Vertreter ziehen dann in ein **Parlament** ein. Dort sitzen sie zusammen und machen Politik. Wenn sich hier jede und jeder Einzelne für ganz unterschiedliche Dinge einsetzen würde, entstünde ein ziemliches Kuddelmuddel. Die Situation wäre wahrscheinlich nicht viel besser als früher auf dem Marktplatz, wo alle durcheinanderschrien. Auf diese Art und Weise zu gemeinsamen Positionen und Beschlüssen zu kommen wäre schwierig. Also schließen sich Politikerinnen und Politiker mit ähnlichen Interessen zu **Parteien** zusammen, um ihren Interessen gemeinsam mehr Gewicht zu verleihen.

So weit die Theorie. Als Nächstes schauen wir uns an, wie die Demokratie in Deutschland ganz praktisch funktioniert. Als roter Faden werden uns dabei die unterschiedlichen Wahlen dienen, bei denen Sie hoffentlich regelmäßig ihre Kreuzchen machen. Dabei arbeiten wir uns von der untersten Ebene, der Kommune, bis zur obersten Ebene, dem Bund, vor.

Kommunalwahlen

Die kleinste, nennen wir sie mal Einheit, in der wir auf staatlicher Ebene leben, ist die **Kommune**. Das kann das kleine **Dorf** sein, in dem Sie wohnen, die **Gemeinde** oder die **Stadt**. Circa 11 000 Kommunen gibt es in Deutschland. Die größte ist Berlin, die beiden kleinsten liegen in Schleswig-Holstein und Rheinland-Pfalz. Sowohl auf der Mini-Insel Gröde als auch in Dierfeld in der Vulkaneifel wohnten Ende 2019 jeweils gerade mal zehn Menschen. Alle Kommunen sind einem **Landkreis** zugeordnet. Wenn Sie zum Beispiel in Langenselbold in Hessen wohnen, dann gehören Sie zum Landkreis Main-Kinzig-Kreis. Insgesamt gibt es 294 Landkreise in Deutschland.

An dieser Stelle im Buch müssen wir eine Warnung aussprechen. Deutschland ist leider von Einheitlichkeit in den politischen Bezeichnungen weit entfernt. Böse Zungen würden sagen, es herrscht ein Namenschaos. Landkreise heißen beispielsweise nicht überall Landkreise. In Schleswig-Holstein und Nordrhein-Westfalen werden die Landkreise nur **Kreise** genannt. Wir werden in diesem Kapitel der Einfachheit halber dennoch bei der Bezeichnung Landkreis bleiben.

Keine Regel ohne Ausnahme – das gilt nicht nur für die Namen, sondern auch für die Organisationsform. Neben diesem klassischen Aufbau in Kommune und Landkreis gibt es in Deutschland auch noch 107 **kreisfreie Städte**. Frankfurt am Main zum Beispiel. Kreisfreie Städte sind Kommune und Landkreis in einem. Sie sind also eine Stadt, die die klassischen Aufgaben eines Landkreises gleich selbst miterledigt.

Die Politikerinnen und Politiker, die in der Kommune und im Landkreis das Sagen haben, müssen natürlich gewählt werden, und zwar bei den **Kommunalwahlen**. Wenn Sie also in Langenselbold wohnen (wir haben die Stadt völlig zufällig gewählt und waren beide noch nie dort, schreiben Sie uns gerne, ob wir was verpasst haben), dann wählen Sie bei der **Kommunalwahl** zum einen die Personen, die Sie auf der städtischen Ebene vertreten sollen. Diese sitzen dann für Sie in der **Stadtverordnetenversammlung** von Langenselbold. Um es bloß nicht zu übersichtlich zu machen, weisen wir an dieser Stelle noch darauf hin, dass die Stadtverordnetenversammlung in manchen Bundesländern auch **Gemeindevertretung**, **Stadtrat** oder **Verbandsgemeinderat** heißt. Teilweise sind die Bezeichnungen sogar innerhalb eines Bundeslandes unterschiedlich. Was das soll, fragen wir uns auch. Außerdem wählen Sie auch Personen, die Sie auf der Ebene des Kreises vertreten sollen. Diese sitzen dann zukünftig im sogenannten **Kreistag** des Mainz-Kinzig-Kreises. Im Sonderfall einer kreisfreien Stadt wählen Sie bei den Kommunalwahlen übrigens nur die Vertreterinnen und Vertreter für die Stadtverordnetenversammlung. Die erledigen die Aufgaben des Kreistages gleich mit.

Wir merken uns an dieser Stelle: Die unterste Organisationsebene in Deutschland ist die Kommune mit der Stadtverordnetenversammlung, darüber kommt der Landkreis mit dem

Kreistag. Die Vertreterinnen und Vertreter in diesen beiden Parlamenten wählen Sie bei den Kommunalwahlen. Anders, als viele denken, ist das übrigens eine durchaus wichtige Wahl. Der Zustand des Bürgersteigs vor Ihrer Haustür, wie abgerockt das Schulgebäude und der Radweg aussehen, wie gut die Jugendfreizeiteinrichtungen sind, ob es mehr bezahlbaren Wohnraum gibt und wie oft der Bus fährt – auf all das hat die **Kommunalpolitik** wesentlichen Einfluss.

Bürgermeister- und Bürgermeisterinnenwahl und Landrats- bzw. Landrätinnenwahl

Stadtverordnetenversammlung und Kreistag sind nun also gewählt und bestückt, jetzt brauchen beide noch eine Chefin oder einen Chef. Arbeiten wir uns wieder von unten nach oben vor. In der Kommune hat eine **Bürgermeisterin** oder ein **Bürgermeister** das Sagen – als Oberhaupt der Stadtverordnetenversammlung. Die Bürgermeisterin wird von den Menschen in der Kommune in einer gesonderten **Direktwahl** gewählt. Man wählt dabei also keine Partei, sondern direkt eine Person, die Mitglied einer Partei sein kann, aber nicht zwingend sein muss. Bei Bürgermeisterwahlen in kleinen Kommunen treten oft **parteilose** Kandidatinnen und Kandidaten an. Nach dem Motto: Der Jupp von nebenan hat das Dorf hier doch gut im Griff! Da die Wahl des Bürgermeisters völlig losgelöst ist von der Wahl der Stadtverordnetenversammlung, kann es dabei zu kuriosen Kombinationen kommen. In Frankfurt am Main beispielsweise gab es mit Peter Feldmann einen Oberbürgermeister der Partei SPD, während in der Stadtverordnetenversammlung CDU und Grüne die Regierung stellten. Jetzt gerade haben wir Ihnen noch einen weiteren Begriff untergejubelt. In größeren Städten wie Frankfurt heißt die Bürgermeisterin nämlich Oberbürgermeisterin. Aber Achtung – trotzdem gibt es oft auch noch Bürgermeister und Dezernenten, die für bestimmte Themen zuständig sind. In einer so großen Stadt kann eben einer nicht alles alleine machen. Vor allem in kleineren Orten fehlt es übrigens immer öfter an Bürgermeisterinnen und Bürgermeistern. Das könnte dem Umstand geschuldet sein, dass das Bürgermeisteramt in kleinen Kommunen eine ehrenamtliche Aufgabe ist. Erst in mittelgroßen Städten arbeiten Bürgermeisterinnen hauptamtlich, es ist dann also ihr richtiger Beruf.

Eine Ebene höher nennt man die Chefin oder den Chef des Kreistags **Landrätin** oder **Landrat**. Auch die werden in Direktwahlen gewählt und kümmern sich darum, die Beschlüsse des Kreistags umzusetzen, die alltäglichen Geschäfte sowie die Verwaltung am Laufen zu halten und den Kreis nach außen hin zu repräsentieren. Wir haben also bereits vier unterschiedliche Wahlen kennengelernt. Bei den Kommunalwahlen werden Stadtverordnetenversammlung und Kreistag gewählt, Bürgermeister und Landrätin werden durch gesonderte Direktwahlen bestimmt. Damit hätten wir die Wahlen der politischen Vertreterinnen und Vertreter auf Ebene der Kommunen und Kreise vollständig abgehakt und wagen uns als Nächstes auf die Ebene der Bundesländer vor.

Landtagswahlen

Die nächsthöhere Ebene ist die Landesebene. Wir haben gelernt: Alle Städte und Gemeinden gehören zu Landkreisen. Und mehrere Landkreise bilden wiederum ein **Bundesland**, manchmal auch nur kurz **Land** genannt. Unser geliebtes Langenselbold gehört also zum Main-Kinzig-Kreis, und der Main-Kinzig-Kreis gehört zum Bundesland Hessen. Insgesamt gibt es in Deutschland 16 solcher Bundesländer. Aber Deutschland wäre nicht Deutschland, wenn es so einfach wäre. Berlin, Hamburg und Bremen gehören zwar formal zu den Bundesländern in Deutschland, sind aber eigentlich **Stadtstaaten**, was bedeutet, dass sie Bundesland, Kommune und Kreis in einem sind. Die Freie Hansestadt Bremen ist dabei noch mal ein Sonderfall im Sonderfall, weil sie ein Stadtstaat ist, der aus zwei Städten besteht – Bremen und Bremerhaven. Die anderen 13 Bundesländer sind sogenannte Flächenländer. Die Verwirrung wird komplett, wenn wir uns die Parlamente dieser 16 Bundesländer anschauen. Die haben – wer hätte es geahnt – nämlich auch noch mal unterschiedliche Bezeichnungen. In Flächenländern wie Hessen oder dem Saarland heißt das Parlament **Landtag**. In Bremen und Hamburg heißt der Landtag **Bürgerschaft** und in Berlin **Abgeordnetenhaus**. Wir bleiben in diesem Kapitel bei dem Mehrheitsbegriff Landtag.

Die Politikerinnen und Politiker, die uns im Landtag vertreten, werden bei den **Landtagswahlen** gewählt. Wichtiger Unterschied an dieser Stelle: Während in Flächenländern die Kommunalparlamente, der Bürgermeister und die Landrätin sowie der Landtag in unterschiedlichen Wahlen gewählt werden müssen, gibt es in Stadtstaaten lediglich eine einzige Wahl, in der alles in einem Abwasch gewählt wird.

Bei Landtagswahlen wählen die Bürgerinnen und Bürger die Partei, die ihren eigenen politischen Vorstellungen am ehesten entspricht. Um das herauszufinden, könnte man theoretisch vor jeder Wahl die Programme der unterschiedlichen Parteien durcharbeiten, doch das sind derart dicke Wälzer, dass man sich für diese Methode vor der Wahl mehrere Wochen Urlaub nehmen müsste. Kleiner Tipp an dieser Stelle: Immer mehr Parteien fassen ihre Wahlprogramme mittlerweile stark verkürzt auf wenigen Seiten zusammen und stellen sie online zur Verfügung. Es gibt auch den Wahl-O-Mat der Bundeszentrale für politische Bildung, mit dessen Hilfe man die eigene Meinung zu bestimmten politischen Thesen mit dem jeweiligen Standpunkt der Parteien abgleichen kann. Oder aber Sie lesen einfach die nächsten paar Seiten, auf denen wir Ihnen die wichtigsten Parteien Deutschlands kurz und kompakt vorstellen. Anschließend werden wir erklären, wie auf Landes- und Bundesebene Regierungen gebildet werden.

Die 16 deutschen Bundesländer und Stadtstaaten

Die wichtigsten Parteien in Deutschland

SPD – Sozialdemokratische Partei Deutschlands

Die SPD ist die Partei mit den meisten Mitgliedern in Deutschland. Außerdem ist sie die älteste Partei, die es in der Bundesrepublik gibt. Sie wurde um das Jahr 1870 gegründet, als in Deutschland viele Menschen unter schlechten Bedingungen in Fabriken arbeiten mussten. Seitdem setzt sich die SPD vor allem für die Arbeiterinnen und Arbeiter ein – steht also nicht unbedingt auf der Seite der Chefetage. Deswegen wird sie auch heute noch als Arbeiterpartei beschrieben. Seit der ersten Bundestagswahl 1949 ist die SPD immer im Bundestag vertreten. Die Ziele der Partei: Sie will für mehr soziale Gerechtigkeit sorgen und sich zum Beispiel dafür einsetzen, dass Mitarbeiterinnen und Mitarbeiter in Fabriken und Firmen fair bezahlt werden. Die SPD hat einen Mindestlohn durchgesetzt, damit alle von ihrer Arbeit einigermaßen gut leben können. Ein weiteres Thema der SPD ist die Gleichberechtigung von Frauen und Männern. Da politische Ansichten häufig in links und rechts eingeteilt werden, hier die Info, wo die SPD auf diesem Spektrum einzuordnen ist: Sie steht etwas links der Mitte.

CDU – Christlich Demokratische Union

Die CDU ist die Partei mit den zweitmeisten Mitgliedern in Deutschland. Es gibt sie in allen Bundesländern außer in Bayern. Die CDU versteht sich, genau wie die SPD, als Volkspartei, sie will also möglichst viele Menschen mit ihrer Politik erreichen. Ihr Programm gilt als konservativ, liberal und christlich-sozial. Was genau das heißt? Aufgrund ihrer konservativen Einstellung wird die CDU eigentlich eher etwas rechts von der Mitte eingeordnet. Doch seit Angela Merkel Bundeskanzlerin ist, wurde so manche konservative Position der CDU aufgegeben – und die Partei dadurch weiter in die Mitte gezogen: Dass unter Regierungsbeteiligung der CDU einmal die gleichgeschlechtliche Ehe, der Mindestlohn und eine Frauenquote mitgetragen werden, wäre früher unvorstellbar gewesen. Und 2015 überraschte Merkel viele Anhängerinnen und Anhänger, als sie Hunderttausende Geflüchtete einreisen ließ. So wurde von vielen Seiten die Kritik geäußert, die CDU sei in den letzten Jahren immer näher an die SPD und an die Grünen gerückt.

CSU – Christlich Soziale Union

Die CSU wird oft als Schwesterpartei der CDU beschrieben. Es gibt sie ausschließlich im Bundesland Bayern, und hier ist sie seit 1946 fast immer in der Regierung. Auf Bundesebene arbeitet sie standardmäßig mit der CDU zusammen. Auch in der Regierung unter Bundeskanzlerin Merkel hatten sich CDU und CSU zusammengetan und waren ein Bündnis mit der SPD eingegangen. Wenn man CDU und CSU zusammen ansprechen will, sagt man CDU/CSU oder direkt Union. Die CSU vertritt ähnliche Ansichten wie die CDU, legt sie aber häufig noch konservativer aus. Die Flüchtlingspolitik Angela Merkels wurde von der CSU zum Beispiel heftig kritisiert. In der Wirtschafts- und Sozialpolitik vertritt die CSU im Gegensatz zur CDU sozialere Ansichten – der Name ist also Programm. Dass CDU und CSU auch Konkurrenten sein können, sah man Anfang 2021, als unklar war, welche der beiden Schwesterparteien den Kanzlerkandidaten bei der Bundestagswahl stellt. Da hört die Freundschaft dann doch auch mal kurz auf. Einen CSU-Kanzler hat es übrigens noch nie gegeben. Und noch ein interessanter Fakt: Nur gut 21 Prozent der Menschen, die in der CSU sind, sind weiblich. Zur Links-rechts-Einordnung kann man sagen: Die CSU gilt als etwas rechter als die CDU.

Die Grünen – Bündnis 90/Die Grünen

Bei der Gründung der Partei stand, wie man am Namen unschwer erkennen kann, der Umweltschutz im Mittelpunkt. Der Name mit dem Schrägstrich in der Mitte entstand, weil sich im Jahr 1993 »Die Grünen« mit der Partei »Bündnis 90« zusammengetan haben, die in den ehemaligen DDR-Bundesländern zur Wahl angetreten war. Es ist also wie bei einer Heirat, bei der beide Partner ihren Namen behalten wollen und einer einen Doppelnamen annimmt. Die Partei setzt sich für eine drastische Ausstoßreduzierung des schädlichen Klimagases CO_2 ein und will möglichst schnell komplett auf erneuerbare Energien umsteigen. Sie will die Europäische Union stärken und zum Beispiel erreichen, dass diese Steuern erheben darf. (Wie die EU eigentlich funktioniert, erklären wir in Kapitel 2.) Die Grünen sind außerdem für sichere Fluchtrouten für Geflüchtete und für die Gleichstellung von Frauen und Männern. Der Vorsitz der Partei besteht deswegen immer aus einer Doppelspitze, die mit einer Frau und einem Mann besetzt ist. Die Grünen haben mit mehr als 40 Prozent den höchsten Anteil an weiblichen Parteimitgliedern. Kritikerinnen und Kritiker nennen die Grünen gerne eine Verbotspartei. Dies liegt an vergangenen und aktuellen grünen Forderungen wie: Verbot von neuen Ölheizungen, Verbot von Autos mit Verbrennungsmotor, Forderung nach einem vegetarischen Pflichttag in Kantinen. Viele Menschen empfinden den Ruf nach solchen Maßnahmen als großen Eingriff in ihre Freiheit, die Grünen sehen hingegen keine andere Möglichkeit, den menschengemachten Klimawandel aufzuhalten. Die Grünen waren schon häufig in Regierungsverantwortung, sowohl auf Bundes- als auch auf Landesebene. Die Partei ist etwas links der Mitte einzuordnen.

DIE LINKE

Die Partei DIE LINKE trägt ihr Programm ebenfalls im Namen. Sie ist eine linke, demokratisch-sozialistische Partei. Sie setzt sich gegen Armut, für Klimaschutz ein und fordert mehr Rechte für Arbeitnehmerinnen und Arbeitnehmer. Außerdem ist sie gegen Kriegseinsätze der Bundeswehr. Sie möchte einen höheren gesetzlichen Mindestlohn und vereinfachte Zuwanderungsgesetze. DIE LINKE entstand 2007 aus der Fusion zweier Parteien: der PDS und der WASG. Diese Entstehungsgeschichte ist zugleich der größte Kritikpunkt an der Partei DIE LINKE. Die PDS war die Nachfolgepartei der SED in der ehemaligen DDR. Unter der Führung der SED durfte man die DDR nicht einfach so verlassen. Wer es versuchte, riskierte, an der Grenze erschossen zu werden. Gegnerinnen und Gegner der Regierung wurden bespitzelt und teilweise eingesperrt.

DIE LINKE distanziert sich zwar von diesen Taten, allerdings tut sie das für Kritikerinnen und Kritiker der Partei nicht entschieden genug. Deswegen lehnen viele Parteien die Zusammenarbeit mit der LINKEN ab. Diese Meinung wird allerdings immer seltener. Mittlerweile hat die LINKE sogar schon in Thüringen in einem Bündnis mit SPD und Grünen zusammengearbeitet und den Ministerpräsidenten gestellt. Die Partei gilt im politischen Spektrum als links.

FDP – Freie Demokratische Partei

Die FDP will sich für mehr Freiheit für die einzelnen Menschen und für Firmen einsetzen. Ihre Politik gilt als besonders unternehmensfreundlich, das heißt, sie sieht sich eher als Vertreterin der Firmen, nicht der Arbeitnehmerinnen und Arbeitnehmer. Außerdem ist die FDP der Meinung, dass Gesetze das Leben der Menschen in Deutschland nur dort regeln sollten, wo es unbedingt notwendig ist. Das heißt, dass der Staat sich so wenig wie möglich in das Leben der Menschen in

Deutschland einmischen soll. Diese Politik wird auch »liberal« genannt. Die FDP war in Deutschland schon oft zusammen mit der CDU/CSU und der SPD an der Regierung beteiligt. Im politischen Links-rechts-Spektrum wird sie mittig bis mittig-rechts eingeordnet.

AfD – Alternative für Deutschland

Die Partei Alternative für Deutschland ist die jüngste Partei, die im Bundestag vertreten ist. Es gibt sie erst seit 2013. Viele Mitglieder der AfD sind Rechtsextreme, die Menschen mit ausländischen Wurzeln nicht in Deutschland haben wollen. Die AfD will die Grenzen streng kontrollieren und die Zuwanderung von Geflüchteten nach Deutschland stark einschränken. Die Partei bezweifelt, dass die Menschen für den Klimawandel verantwortlich sind, und deshalb will sie auch politisch nichts gegen den Klimawandel unternehmen. Außerdem sollen Atomkraftwerke wieder ans Netz gehen. Die AfD ist gegen die gleichgeschlechtliche Ehe.

Im März 2021 entschied das Bundesamt für Verfassungsschutz, die AfD als Verdachtsfall einzustufen. Der Verfassungsschutz signalisierte also Zweifel daran, dass die AfD sich als Partei verfassungsgemäß verhält. Diese Beobachtung der AfD wurde vom Verwaltungsgericht Köln allerdings vorerst gestoppt – aber inhaltlich ist noch nicht entschieden, ob die Partei als rechtsextremer Verdachtsfall eingestuft werden darf. Viele Menschen in Deutschland sind entsetzt und besorgt darüber, dass die AfD mittlerweile in den meisten Landtagen und im Bundestag vertreten ist. Bislang gibt es keine Partei in Deutschland, die mit der AfD zusammenarbeiten möchte. Mit knapp 18 Prozent weiblichen Mitgliedern bildet die AfD von den hier vorgestellten Parteien das Schlusslicht beim Frauenanteil. Sie gilt politisch als weit rechts.

How to – Wählen am Beispiel der Landtagswahlen

Spielen wir doch einfach einmal durch, wie Wählen überhaupt funktioniert. Wir hatten uns ja im vorigen Abschnitt mit den Landtagswahlen beschäftigt, also nehmen wir diese Wahlen als Beispiel.

Vor der Wahl haben wir uns bereits über die Wahlprogramme der unterschiedlichen Parteien informiert. Anschließend gehen wir ins **Wahllokal**, falls wir nicht schon vorher per **Briefwahl** gewählt haben. Wahlen finden in Deutschland immer sonntags statt, damit möglichst viele Menschen freihaben. Bei der Landtagswahl hat jeder zwei Stimmen. Das ist zwar etwas verwirrend, ist aber, wie wir sehen werden, tatsächlich sinnvoll. Wir beginnen die Erklärung mit der **Zweitstimme**, die ist nämlich etwas einfacher zu verstehen und seltsamerweise auch wichtiger als die **Erststimme**. Mit der Zweitstimme wählt man eine Partei und bestimmt damit, welche Parteien in welchem Verhältnis im Landtag vertreten sind. Je mehr Zweitstimmen eine Partei also erhält, desto mehr Politikerinnen und Politiker kann die Partei in den Landtag entsenden. Dabei vergibt die Partei die Landtagssitze nach einer vorher festgelegten Liste von Kandidatinnen und Kandidaten – das nennt man **»Landesliste«**.

Stellen wir uns mal den ausgedachten Landtag des ausgedachten Bundeslandes Famosien vor, der 100 Sitzplätze für die Abgeordneten hat. Der Einfachheit halber haben die Menschen in Famosien mit der Zweitstimme folgendermaßen gewählt:

CDU:	20 Prozent
SPD:	20 Prozent
Grüne:	20 Prozent
FDP:	20 Prozent
LINKE:	19,9 Prozent
AfD:	0,1 Prozent

Nun gucken wir uns die Erststimme an. Mit der Erststimme wählt man keine Partei, sondern einen bestimmten Kandidaten oder eine Kandidatin aus dem eigenen Wahlkreis – es geht um ein sogenanntes **Direktmandat**. Bleiben wir für ein Beispiel bei unserer Lieblingsstadt Langenselbold, die zwar nicht in Famosien liegt, sondern in Hessen im Main-Kinzig-Kreis. Der Main-Kinzig-Kreis ist bei den Landtagswahlen in drei Wahlkreise aufgeteilt. Langenselbold liegt im Wahlkreis Main-Kinzig 1. Auf dem Wahlzettel stehen dann diverse Kandidatinnen und Kandidaten von den unterschiedlichen Parteien, die aus genau diesem Wahlkreis kommen und denen man seine Erststimme geben kann. Das Verrückte an der Erststimme: Nur die Kandidatin oder der Kandidat mit den meisten Stimmen kommt direkt in den Landtag. Die Person mit den zweitmeisten Stimmen geht leer aus. Damit soll sichergestellt werden, dass – auf gut Deutsch – aus jedem hintersten Winkel des Landes zumindest eine Politikerin oder ein Politiker in den Parlamenten sitzt. Denn jeder Mensch soll sich repräsentiert fühlen, und wenn man als Politikerin zum Beispiel aus einer Kleinstadt kommt, die mehrere Stunden von der nächsten Großstadt entfernt liegt, kann man sich im Parlament besser für die Nöte und Interessen der Menschen in dieser Kleinstadt einsetzen als jemand, der noch nie dort war.

Wie würde es bei unserem fiktiven Wahlergebnis in Famosien jetzt weitergehen? Die AfD wäre laut den Zweitstimmen nicht im Landtag vertreten, weil sie unter fünf Prozent der Zweitstimmen erhalten hat. Diese sogenannte **5-Prozent-Hürde** wurde eingebaut, weil sonst extrem viele Kleinparteien mit nur sehr wenigen Abgeordneten in den Parlamenten sitzen würden und die Prozesse somit sehr langsam ablaufen würden. Jede Partei muss zum Beispiel immer angehört werden – bei zehn zusätzlichen Parteien, die alle ein paar wenige Prozentpunkte bekommen haben, würde sich jede Sitzung ewig hinziehen. Stattdessen muss also ein maßgeblicher Wählerwille vorliegen, dass diese Partei ins Parlament soll. Diese Hürde liegt in Deutschland bei besagten fünf Prozent. Alle Parteien, die darüberliegen, ziehen, gemäß ihrem Stimmenanteil, ins Parlament ein. In unserem Fall bekommen alle Parteien jeweils 20 von den 100 Sitzen.

Was passiert nun aber mit den Erststimmen? Stellen wir uns vor, in Famosien gibt es 50 Wahlbezirke. In jedem dieser Wahlbezirke hat eine Direktkandidatin oder ein Direktkandidat gewonnen. Sie alle ziehen in den Landtag ein und besetzen dort 50 Sitze. Bleiben weitere 50 Plätze, die noch zu vergeben sind. Diese werden jetzt anteilig so besetzt, dass im Endergebnis alle fünf gewählten Parteien 20 Prozent der Sitze bekommen. Die endgültige Verteilung der Sitze im Landtag muss dem Verhältnis bei der Zweitstimme entsprechen. Dabei kann aber Folgendes passieren: Stellen wir uns vor, die SPD hätte extrem viele Direktmandate über die Erststimme gewonnen – sagen wir, 25 der 50 Direktmandate wären an die SPD gegangen. In diesem Szenario wären 25 Plätze schon mit SPD-Politikerinnen und Politikern besetzt, obwohl die SPD ja eigentlich nur 20 Sitzplätze über die Zweitstimme erhalten hat. Sie hat also fünf Sitze zu viel besetzt, fünf sogenannte **Überhangmandate**. Stellen Sie sich einfach vor, wie die fünf aus dem Landtag rausquellen oder eben überhängen. Was nun tun? Die Lösung: Die anderen Parteien bekommen einfach auch 5 Sitze mehr. Die Überhangmandate werden also durch sogenannte **Ausgleichsmandate** ausgeglichen. Und schwups, hat das Parlament in Famosien nicht mehr nur 100 Sitze, sondern 5 mal 25, also 125 Sitze. Verrückt, aber so passiert es nicht nur in Famosien, sondern auch in den echten deutschen Parlamenten. Für Wählerinnen und Wähler ist das tatsächlich ärgerlich, weil es eine Menge Geld kostet, wenn deutlich mehr Politikerinnen und Politiker in den Parlamenten sitzen.

Nun haben also die fünf gewählten Parteien in Famosien jeweils 20 Prozent der Sitze, wegen der Ausgleichsmandate also

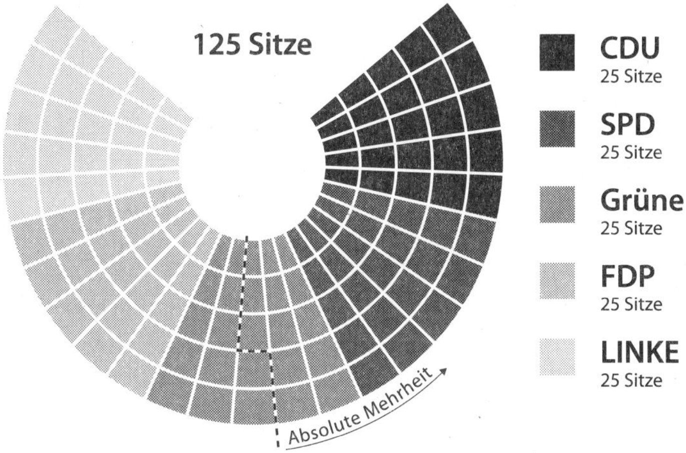

Sitzverteilung im Landtag von Famosien
Gesamtzahl der Sitze durch Überhangmandate: 125
Absolute Mehrheit bei 63 Sitzen

25 Stück, da flattert das nächste Problem ins Haus: Niemand hat die Mehrheit. Aber für alle Entscheidungen, die getroffen werden, braucht es eine absolute Mehrheit von mehr als der Hälfte aller Stimmen – in unserem Beispiel sind das 63 Stimmen. Eine Partei hätte nun die Möglichkeit, sich vor jeder einzelnen Abstimmung mit den anderen Parteien abzusprechen und so immer wieder neue Verbündete zu finden, deren Abgeordnete gemeinsam abstimmen. Das wäre ein zermürbender Prozess, und es gäbe keine Garantie, dass immer genügend Stimmen zusammenkommen. Außerdem hätte niemand die Leitung im Parlament inne. Also tun sich Parteien zu **Koalitionen** – also dauerhaften Bündnissen – zusammen. Um auszuloten, mit welchen Parteien es die meisten Gemeinsamkeiten gibt, finden nach den Wahlen **Koalitionsgespräche** statt. Das passiert, nur wenige Tage nachdem das Wahlergebnis bekannt ist. Dabei wird diskutiert, wie die Parteien zu den unterschied-

lichen Themen stehen, die in den nächsten Jahren im Parlament eine Rolle spielen werden. Manche Parteien wissen schon im Vorfeld, dass sie mit anderen Parteien gar nicht erst Koalitionsgespräche führen wollen, weil ihre politischen Einstellungen und Interessen zu weit auseinanderliegen. Andere wissen schon direkt, mit wem sie arbeiten wollen, weil das zum Beispiel in den vergangenen Jahren schon gut funktioniert hat. Hat man einen oder mehrere Koalitionspartner gefunden, geht man in die konkreten **Koalitionsverhandlungen**. Da wird ausgehandelt, was welcher Partei besonders wichtig ist und was sie politisch in der kommenden Regierungsperiode umsetzen möchte. Diese Ziele können bei den einzelnen Parteien sehr verschieden sein, also wird teilweise lange und hart verhandelt. Kommt man zu einem Ergebnis, hält man die Verhandlungen in einem **Koalitionsvertrag** fest.

Regierungsbildung durch Koalitionen

In unserem Beispiel aus Famosien müsste sich eine Koalition aus drei Parteien zusammenfinden, um die magische Grenze von 50 Prozent der Stimmen zu überschreiten und damit eine mehrheitsfähige Regierung zu bilden. Doch lassen Sie uns von der fiktiven Landtagswahl nun wieder auf die realpolitische Ebene wechseln und einige Koalitionsbeispiele näher betrachten.

Koalitionen von Parteien werden oft nach ihren Farben benannt, und auch am Wahlabend werden die Stimmanteile der Parteien im Parlament mit diesen Farben dargestellt.

CDU und CSU:	Schwarz
SPD:	Rot
LINKE:	auch Rot (um die Farbe von der SPD abzugrenzen, wird auch Dunkelrot oder Pink verwendet)
GRÜNE:	ist klar, oder?
FDP:	Gelb
AfD:	Blau

Das erste Bündnis, das einem nach den vergangenen Jahren Kanzlerschaft von Angela Merkel in den Sinn kommt, ist wahrscheinlich Schwarz-Rot, besser bekannt als die **Große Koalition**. CDU/CSU (zusammen Union genannt) und SPD gelten in Deutschland als sogenannte **Volksparteien**, also große Parteien mit vielen Mitgliedern, die auch oft die Wahlen gewinnen. Deswegen nennt man ein Bündnis aus den großen Parteien CDU/CSU und SPD auch eine Große Koalition (GroKo). Obwohl dieses Bündnis von 2013 bis 2021 bei uns in Deutschland die Regierung bildete, gilt es eigentlich als Notlösung. Eingegangen wurde es nur, weil keine anderen Koalitionen möglich waren. So richtig beliebt ist die GroKo nämlich weder bei der Union noch bei der SPD. Das Problem: In einer Großen Koalition können die beiden großen Volksparteien sich nicht richtig voneinander abgrenzen. Da sie ja zusammenarbeiten und alles gemeinsam entscheiden, fällt das gegenseitige Kritisieren und Klare-Kante-Zeigen schwer. Das kann diesen Parteien dann bei kommenden Wahlen auf die Füße fallen, weil die Wählerinnen und Wähler gar nicht mehr wissen, was die beiden Parteien unterscheidet. Viele Menschen empfinden dieses Bündnis auch als politischen Stillstand, da ständig Kompromisse geschlossen werden, die nichts Halbes und nichts Ganzes sind. Ein Beispiel: Die SPD hat in den Koalitionsverhandlungen gesagt, dass mit ihr in der Regierung ein Mindestlohn beschlossen werden muss. Die CDU ist eigentlich entschieden gegen den Mindestlohn, ließ sich in den Verhandlungen aber trotzdem darauf ein, um bei anderen Themen ihre Forderungen besser durchsetzen zu können. Allerdings will die CDU nicht, dass der Mindestlohn allzu hoch angesetzt wird, weil das die Unternehmen zu sehr belasten würde. Das Ergebnis ist ein Kompromiss, den viele als unbefriedigend empfinden: Es gibt zwar einen Mindestlohn, aber dieser ist so gering, dass die Betroffenen nicht wirklich davon leben können und die Unternehmen trotzdem belastet werden. Glücklich ist damit am

Ende niemand so richtig. Hätte die CDU mit der FDP eine Regierungskoalition bilden können, hätte es den Mindestlohn wahrscheinlich nie gegeben, was die Unternehmen gefreut hätte. Hätte es eine mehrheitsfähige Koalition zwischen der SPD und den Grünen gegeben, wäre der Mindestlohn wahrscheinlich höher ausgefallen, was die Empfänger gefreut hätte.

Da haben wir dann auch schon von zwei weiteren Koalitionen gehört: Schwarz-Gelb, also eine Koalition aus Union und FDP, und Rot-Grün, bestehend aus SPD und Grünen. Es wird übrigens immer die Farbe der Partei zuerst genannt, die mehr Wählerstimmen erzielt hat. So gab es nach den Landtagswahlen 2016 in Baden-Württemberg, die die Grünen gewonnen haben, zum Beispiel zum ersten Mal eine grün-schwarze Landesregierung mit einem Ministerpräsidenten von den Grünen.

Falls zwei Parteien es zusammengenommen nicht schaffen, die absolute Mehrheit von mehr als 50 Prozent der Stimmen zu überschreiten, kann es zu Dreierbündnissen kommen. Im Freistaat Thüringen (wieder so ein Namenschaos: Die Bundesländer Thüringen, Sachsen und Bayern tragen noch den Namenszusatz Freistaat) regiert zum Beispiel seit 2014 ein rot-rot-grünes Bündnis aus Linken, SPD und Grünen mit einem Ministerpräsidenten der Linken. Kreativere Namen tragen die Ampelkoalition aus Rot (SPD), Gelb (FDP) und Grün (Die Grünen) und die Jamaika-Koalition, die an die Farben der jamaikanischen Flagge – Schwarz (CDU/CSU), Gelb (FDP) und Grün (Grüne) – erinnert. Beide Koalitionen hat es schon auf Landesebene gegeben, die Ampel auch im Bundestag. Grundsätzlich sind natürlich auch alle anderen Konstellationen möglich, im Moment aber eher unwahrscheinlich, weil zum Beispiel mit der AfD niemand eine Koalition eingehen möchte.

Findet sich ein Bündnis, das zusammenarbeiten will und gemeinsam mehr als 50 Prozent der Sitze hat, nennt man diese Koalition dann die **Regierung**. Übrigens haben es in früheren Jahren Parteien sogar öfter mal geschafft, allein zu regieren. Die

CSU in Bayern hat schon häufig mehr als 50 Prozent der Zweitstimmen erhalten und hatte dadurch die sogenannte **absolute Mehrheit** im Parlament. Das ist für die Partei äußerst praktisch, denn sie kann mit ihrer absoluten Mehrheit im Parlament ganz allein das durchsetzen, was sie möchte. Zuletzt ist es auf Landesebene allerdings nicht mehr passiert, dass eine einzelne Partei die absolute Mehrheit der Stimmen gewinnen konnte. Stattdessen verteilen sich die Stimmen auf sehr viele Parteien, sodass zur Regierungsbildung Koalitionen eingegangen werden müssen. Das scheint ein genereller politischer Trend in Deutschland zu sein. Weg von wenigen großen, hin zu mehreren kleineren Parteien.

Machen wir das Ganze mal konkret. Im Bundesland Hessen regiert zum Beispiel gerade ein schwarz-grünes Bündnis aus CDU und Bündnis 90/Die Grünen. Weder die CDU noch die Grünen hatten genügend Stimmen, um allein zu regieren. Zusammen konnten sie allerdings 69 der 137 Sitze für sich gewinnen. Die Mathe-Profis unter Ihnen wissen also, wenn CDU und Grüne 69 Sitze haben, teilen sich die restlichen Parteien 68 Sitze. Schwarz-Grün hat also genau einen Abgeordneten mehr.

Die Mehrheit von nur einem Sitz, die CDU und Grüne in Hessen haben, ist also hauchdünn. Wehe, es gibt Abtrünnige! Wenn eine einzelne Abgeordnete von CDU oder Grünen also bei einer Abstimmung nicht der Meinung ihrer Koalition ist und anders abstimmt, bekommt die Regierung Probleme. Wir haben uns sofort gefragt, was eigentlich passiert, wenn ein Abgeordneter krank ist. Spannenderweise gibt es dann eine sogenannte **Pairing-Vereinbarung**. Wenn ein Abgeordneter der Regierung aus einem wichtigen Grund oder wegen Krankheit verhindert ist, dann verzichtet auch ein Abgeordneter der Opposition, also der restlichen Parteien im Parlament, die nicht zur Regierung gehören, auf seine Stimmabgabe. So bleibt die Regierung weiterhin handlungsfähig. Faire Sache!

Mit ihrem einen Sitz mehr konnten CDU und Grüne in Hessen also eine gemeinsame Regierung bilden. Und dann? Eine Regierung braucht eine Chefin oder einen Chef. In den Bundesländern sind das die **Ministerpräsidentin** bzw. der **Ministerpräsident**. Diese oder diesen stellt in der Regel die Partei, die die meisten Stimmen erhalten hat. Im Falle der schwarzgrünen Regierung ist das die CDU gewesen. Gewählt wird der Ministerpräsident in der ersten Sitzung des neuen Parlaments, der **konstituierenden Sitzung**. Meist ist schon im Wahlkampf klar, wer im Falle eines Wahlsiegs diesen Posten bekommt. Die Wahl ist also eigentlich nur noch Formsache.

Die Ministerpräsidentin oder der Ministerpräsident brauchen dann noch ihr **Kabinett**. Das ist quasi die Gruppe der Supermächtigen innerhalb des Landtags. Der Ministerpräsident ernennt mehrere Abgeordnete aus den Regierungsparteien zu **Ministerinnen** und **Ministern**, die jeweils für bestimmte Themen zuständig sind. Es gibt zum Beispiel in den Bundesländern Bildungsminister, Innenministerinnen und Gesundheitsminister. Ministerpräsidentin und Minister bilden dann zusammen das Landeskabinett. Welche Partei wie viele Ministerposten bekommt, hängt davon ab, wie viele Stimmen die Partei bei der Wahl erhalten hat. Je mehr Stimmen, desto mehr Ministerposten gibt es. Im Fall von CDU und Grünen in Hessen hatte die CDU einen höheren Stimmenanteil und stellt deswegen acht Ministerinnen und Minister, die Grünen stellen vier.

Völlig absurd ist übrigens, dass jede Regierung in jedem Bundesland einfach neue Ministerien erfinden kann. In Sachsen gibt es seit 2019 zum Beispiel ein Ministerium für Regionalentwicklung. Mag sein, dass das sinnvoll ist, aber warum sollte in einem Bundesland ein Ministerium für Regionalentwicklung gebraucht werden, aber in anderen nicht? Und teilweise wurden neue Ministerien auch aus wenig ehrenhaften Gründen erfunden. In Niedersachsen hatten CDU und SPD nach der Landtagswahl 2017 entschieden, ein Bündnis einzugehen. CDU und SPD waren die Wahlgewinner und hatten ähnlich viele Stimmen von den Wählerinnen und Wählern erhalten. Da es aber nur neun Ministerien gab, wäre die Verteilung – eine Partei vier Ministerien und die andere fünf – ungerecht gewesen. Statt dies hinzunehmen, erfanden CDU und SPD einfach das Europaministerium und erhöhten damit die Anzahl auf zehn – eine Zahl, die sich wunderbar durch zwei teilen lässt. Das hatte heftige finanzielle Folgen. In so einem Ministerium arbeiten rund 100 Angestellte, die oft verbeamtet sind. Da kommt man dann gut und gerne auf zusätzliche jährliche Kosten von mehreren Millionen Euro, die die Steuerzahlerin trägt. Da kann man nur hoffen, dass das Europaministerium in Niedersachsen großartige Arbeit leisten wird.

Wir haben in Deutschland 16 Ministerpräsidenten und Ministerpräsidentinnen und zusätzlich noch eine dreistellige Anzahl an Landesministerinnen und Landesministern.

Übrigens: Wer in Ihrem Bundesland das Sagen hat, ist nicht nur wichtig für alle Themen, die auf Landesebene entschieden werden, wie zum Beispiel alles, was Schule und Bildung betrifft, sondern hat auch Einfluss darauf, was im Bundestag entschieden wird. Denn alle Beschlüsse des Bundestags müssen anschließend noch mal durch den **Bundesrat** bestätigt werden. Und wer sitzt im Bundesrat? Die Länder! Jedes Land ist durch Mitglieder seiner Landesregierung im Bundesrat vertreten. Der Bundesrat tritt regelmäßig etwa alle drei bis vier Wochen, grundsätzlich freitags um 9:30 Uhr, zusammen. Da die Mitglieder des Bundesrates ja im Hauptjob Mitglieder ihrer Landesregierung sind, muss die zeitliche Belastung durch die Bundesratssitzungen möglichst gering gehalten werden. Schließlich müssen sie aus allen Landesteilen nach Berlin anreisen.

Jetzt haben wir uns also am Beispiel von Landtagswahlen angeschaut, wie Wahlen eigentlich ablaufen und wie im Anschluss Regierungen gebildet werden. Im folgenden Abschnitt arbeiten wir uns weiter hoch und wechseln auf die Bundesebene.

Die Bundestagswahl und die Organisation der Bundesregierung

Damit kommen wir zur Wahl, die in den Medien definitiv die meiste Beachtung findet. Die **Bundestagswahl** findet in Deutschland alle vier Jahre statt. Wir wählen dabei die Abgeordneten, die für uns im größten Parlament des Landes sitzen, dem **Bundestag**. Und diese Abgeordneten wählen dann wiederum die Bundeskanzlerin oder den Bundeskanzler.

Die Bundestagswahl läuft ähnlich ab wie Landtagswahlen. Auch hier gibt es Erst- und Zweitstimme, und auch hier ist die Zweitstimme die eigentlich wichtigere, weil durch sie bestimmt wird, wie viele von den 598 Sitzen im Bundestag eine Partei besetzen kann. Mit der Erststimme wählt man dann wieder den Direktkandidaten oder die Direktkandidatin aus dem eigenen Wahlkreis. Auch hier ist die Idee der Erststimme, dass Politikerinnen und Politiker aus jeder Ecke Deutschlands im Bundestag vertreten sein sollen. 299 Sitze im Bundestag werden über die Direktmandate vergeben. Und auch hier kann es passieren, dass eine Partei mehr Direktmandate gewonnen hat, als ihr eigentlich über die Anzahl der abgegebenen Zweitstimme zustehen. Deswegen bekommen die übrigen Parteien dann wieder die vorhin schon erklärten Ausgleichsmandate. Das ist zwar gerecht, aber teuer! Denn wenn im Bundestag statt knapp 600 Menschen mittlerweile durch Überhang- und Ausgleichsmandate 709 Menschen sitzen, dann kostet das die Steuerzahlerinnen und Steuerzahler einen dicken Batzen Geld. Jeder Bundestagsabgeordnete bekommt ein Büro in Berlin gestellt und darf sich für etwa 22 000 Euro im Monat Mitarbeiterinnen und Mitarbeiter anstellen. Außerdem bekommen die Abgeordneten eine Art monatliches Gehalt von etwas mehr als 10 000 Euro. Dieses wird **Diät** genannt. Die Bezeichnung stammt von dem lateinischen Wort *dies* (der Tag) ab. Eine Diät ist demnach ein Sitzungsgeld, das Mandatsträgerinnen und -trägern ursprünglich tageweise gezahlt wurde. Heute gibt es die Diäten zwar monatlich, sie heißen aber trotzdem noch so. Dazu bekommen die Bundestagsabgeordneten noch gut 4400 Euro steuerfreie Kostenpauschale und etwa 1000 Euro im Monat, die für Sachleistungen wie Laptop, Briefpapier oder ein Faxgerät (seit Corona wissen wir, in Deutschland wird viel gefaxt) ausgegeben werden dürfen. Wer gut im Kopfrechnen ist, merkt, dass 100 zusätzliche Abgeordnete die deutsche Steuerkasse etwa 45 Millionen Euro pro Jahr kosten. Der Trend des immer größer werdenden Bundestags sorgt seit Jahren für viel Kritik. Doch eine echte Lösung für das Problem gibt es noch nicht.

Wo wir schon beim Thema Geld und »Was-so-schiefläuft-im-Bundestag« sind, wollen wir an dieser Stelle einen kurzen Exkurs einschieben und uns mal genauer anschauen, wie der Verdienst von Bundestagsabgeordneten eigentlich geregelt ist. Grundsätzlich kann man sagen, dass die Abgeordneten ziemlich viel Geld verdienen, und das ergibt auch durchaus Sinn. Durch einen hohen Verdienst sollen sie nämlich nicht mehr abhängig von anderen Einnahmequellen sein. Müssten die Abgeordneten weiterhin nebenher arbeiten, zum Beispiel in einem Unternehmen, bestünde die Gefahr, dass sie keine unabhängigen Entscheidungen treffen, sondern im Sinne ihres Unternehmens handeln. Leider funktioniert das mit der Unabhängigkeit nicht ganz so reibungslos, denn die Ausübung von **Nebentätigkeiten** ist für Bundestagsabgeordnete weiterhin gestattet. Diese Tätigkeiten müssen zwar angegeben und auf der Internetseite des Bundestages veröffentlicht werden, aber die Politikerinnen und Politiker müssen keine genauen Angaben über die Höhe des Verdienstes machen. Aber warum ist das eigentlich so?

Wer es gut mit den Abgeordneten meint, könnte antworten, dass ja niemand garantieren kann, dass sie für immer Politiker bleiben. Also sollen sie quasi »den Fuß in der Tür« ihres ehemaligen Berufs behalten können. Aber ganz ehrlich: Das ist völliger Quatsch. Vielleicht kann eine Anwältin, die nun im Bundestag sitzt, weiterhin Mitglied in ihrer Kanzlei bleiben und dreimal im Jahr einen kleinen Prozess betreuen. Und vielleicht kann ein Landwirt nebenbei weiterhin der Besitzer seines Bauernhofes bleiben. In den meisten anderen Berufen, wie Lehrer, Ärztin oder als normale Angestellte, ist das völlig unmöglich. Wenn man sich die Nebentätigkeiten dann mal genauer anguckt, stellt man fest, dass es oft nicht um einen Fuß in der Tür geht, sondern um richtig viel Kohle. Die überparteiliche und institutionell unabhängige Internetplattform **Abgeordnetenwatch** hat gemeinsam mit dem *Spiegel* die Höhe der Nebeneinkünfte der Topverdienerinnen und Topverdiener im Bundestag recherchiert. Demnach verdiente zum Beispiel die SPD-Abgeordnete Ulla Schmidt mit ihrem Verwaltungsratsposten beim Schweizer Pharmakonzern Siegfried Holding AG seit ihrer Wahl 2017 mindestens 120 000 Euro. Peter Ramsauer von der CSU kommt im selben Zeitraum auf mehr als 300 000 Euro allein aus seiner Nebentätigkeit als »Strategieberater«. FDP-Parteichef Christian Lindner und der frühere Fraktionsvorsitzende der Linken, Gregor Gysi, verdienen massig Geld mit Vorträgen: Lindner hat für über 50 Auftritte mindestens 310 000 Euro bekommen, Gysi wurde 87 Mal gebucht und hat mindestens 177 000 Euro kassiert. Wenn Sie mal Bock auf so richtig schlechte Laune haben, lesen Sie sich die Veröffentlichungen von Abgeordnetenwatch einen Abend lang selbst durch. Für uns stellen sich an dieser Stelle zwei drängende Fragen. Erstens: Ist die Unabhängigkeit unserer Politikerinnen und Politiker wirklich gewährleistet, wenn sie so viel Geld nebenher verdienen? Und zweitens: Wie viel Zeit hat man als Bundestagsabgeordneter eigentlich übrig?

Es könnte sich allerdings etwas ändern. Die sogenannte **Masken-Affäre** war zwar eine riesige Sauerei, könnte aber tatsächlich einen längst überfälligen Prozess anstoßen. Anfang März 2021 wurde bekannt, dass die Unionsabgeordneten Georg

Nüßlein, Nikolas Löbel und Alfred Sauter sich während der Coronakrise bereichert haben sollen. Sie sollen dafür gesorgt haben, dass bestimmte Firmen Aufträge des Gesundheitsministeriums erhalten haben, um Mund-Nasen-Masken herzustellen. Dafür sollen die Politiker jeweils eine sechsstellige Provision kassiert haben. Alle drei haben ihre Fraktionen verlassen. Die Staatsanwaltschaft wurde eingeschaltet. Weil diese Affäre im Jahr der Bundestagswahl öffentlich wurde und sich natürlich viele darüber aufgeregt haben, dass Politiker sich gerade in Coronazeiten derart bereichert haben sollen, gibt es nun in der sonst eher zurückhaltenden Union immer mehr Zustimmung, über neue Verdienstregelungen in der Politik zu diskutieren. Ein neues Gesetz soll her! Demnach müssten alle Einkünfte aus Nebentätigkeiten und Unternehmensbeteiligungen auf Euro und Cent genau veröffentlicht werden, wenn sie über 3000 Euro pro Jahr betragen. Das soll auch gelten, wenn in einem einzelnen Monat die Grenze von 1000 Euro überschritten wird. Außerdem sollen in Zukunft Unternehmensbeteiligungen ab einem Anteil von fünf Prozent angegeben werden. Die Grenze lag hier zuvor bei 25 Prozent. Ob sich dadurch tatsächlich etwas ändert? Unklar, aber zumindest würde eine höhere Transparenz es einfacher für Journalistinnen und Bürger machen, Missstände zu erkennen.

Wir wissen nun also, wie der Bundestag gewählt wird, wie viel die Abgeordneten verdienen, wie sie ihr Einkommen noch weiter aufbessern und dass sie in der ersten Sitzung des Bundestages die Bundeskanzlerin oder den Bundeskanzler wählen. Bisher haben wir Ihnen aber einen wichtigen Mann verschwiegen. Eigentlich sogar den wichtigsten Mann! Wir können hier in dem Fall »Mann« schreiben, weil es tatsächlich (Schande über das Haupt der Bundesrepublik) noch nie eine **Bundespräsidentin** gab. Obwohl man in den Nachrichten wesentlich weniger über den Bundespräsidenten als über die Bundeskanzlerin hört, hat er eigentlich das höchste Amt im Staat inne. Die

Bundeskanzlerin bestimmt zwar die Richtlinien der Politik, braucht aber den Bundespräsidenten, um ins Amt zu kommen. Das Grundgesetz sieht nämlich vor, dass der Bundespräsident dem Bundestag eine Kanzlerin oder einen Kanzler zur Wahl vorschlägt. Üblicherweise macht der Bundespräsident da keinen Alleingang und schlägt den Kandidaten vor, dem die absolute Mehrheit sicher ist. Anschließend hat der Bundespräsident keinen Einfluss mehr auf die Amtsvergabe. Wählt der Bundestag den vorgeschlagenen Kandidaten nicht, kann das Parlament nach zwei Wochen einfach eine andere Kandidatin wählen. Nach der Wahl durch den Bundestag kommt der Bundespräsident dann noch mal ins Spiel und ernennt die Kanzlerin oder den Kanzler. Auch sonst hat der Bundespräsident einige wichtige Aufgaben, auf die wir näher eingehen werden, wenn es um die Gesetzgebungsverfahren geht.

Übrigens kommt die Bundeskanzlerin aus formaler Sicht noch nicht mal auf Nummer zwei bei den höchsten Ämtern, sondern der **Bundestagspräsident**. Auch er wird in der ersten konstituierenden Sitzung von der Mehrheit der Abgeordneten gewählt. Einer Bundestagspräsidentin oder einem Bundestagspräsidenten fällt einerseits die Aufgabe zu, über die Einhaltung der parlamentarischen Regeln zu wachen, andererseits repräsentiert sie oder er das Parlament in der Öffentlichkeit. Wir merken uns also: Obwohl die Kanzlerin politisch gesehen die meiste Macht hat, belegt sie in der Amtshierarchie nur den dritten Platz.

Ist die Kanzlerin oder der Kanzler ernannt, bildet sie oder er zusammen mit den neu bestimmten Ministerinnen und Ministern die Bundesregierung, auch Bundeskabinett genannt. Auf Bundesebene gibt es einige Ministerien, die Sie schon von der Landesebene kennen, und noch einige mehr. Hier ihre korrekten Bezeichnungen, wie sie umgangssprachlich genannt werden und wofür sie zuständig sind:

Bundesministerium für Finanzen – Finanzministerium

Hier geht es um richtig viel Asche! Wie viel Geld nimmt Deutschland ein – zum Beispiel über Steuern? Und wie viel Geld gibt die Bundesrepublik andererseits wofür aus? Das alles regelt der **Bundeshaushalt,** der vom **Bundesministerium für Finanzen** erstellt wird. Im Bundeshaushaltsplan wird geschätzt, wie viel Deutschland im kommenden Jahr einnehmen wird, und organisiert, wie viel der Bund ausgeben wird. Wichtig in diesem Zusammenhang war zuletzt häufig die sogenannte **schwarze Null**. In der jüngeren Vergangenheit hat das Finanzministerium das Ziel verfolgt, aufs jeweilige Jahr gesehen keine neuen Schulden aufzunehmen. Wenn Schulden gemacht werden, spricht man auch davon, »rote Zahlen zu schreiben«. Ist der Haushalt ausgeglichen oder positiv, werden dagegen »schwarze Zahlen geschrieben«. Die schwarze Null heißt also: Wir geben maximal so viel Geld aus, wie wir auch einnehmen. Keine Erhöhung der Staatsverschuldung! War eine klasse Idee, doch dann kam Corona. Durch die gigantischen Hilfspakete der Pandemie war die schwarze Null nicht mehr zu halten. Aber keine Sorge: Deutschland hat derzeit etwa 2000 Milliarden (oder zwei Billionen) Euro Schulden. Da machen ein paar Milliarden Euro mehr oder weniger den Kohl auch nicht fett.

Mehr zum Thema schwarze Null und Staatsverschuldung lesen Sie übrigens später noch in Kapitel 13. Während der Coronapandemie war das Finanzministerium übrigens für die Finanzhilfen der betroffenen Branchen zuständig und hat diese organisiert. Oder auch nicht. Denn viele Antragsteller waren, vorsichtig formuliert, nicht immer zufrieden. Nachdem es in der ersten Hilfsrunde anscheinend an Kontrolle fehlte und sich viele Menschen an den Staatshilfen bereicherten, waren die Prüfungen in der zweiten Runde so streng, dass viele Selbstständige monatelang auf Hilfen warten mussten. Vertreten wird das Finanzministerium von der **Finanzministerin** oder dem **Finanzminister**.

Bundesministerium des Inneren, für Bau und Heimat – Innenministerium

Etwa 2100 Mitarbeiterinnen und Mitarbeiter arbeiten im **Bundesinnenministerium**. An dessen Spitze steht die **Innenministerin** oder der **Innenminister**. Zuständig ist das Ministerium für die Sicherheit Deutschlands, und zwar zum Beispiel vor Terroristen, vor Hackerangriffen und Verfassungsfeinden. Das Innenministerium ist auch für unsere Grenzen verantwortlich und dafür, wie die Zuwanderung nach Deutschland abläuft. Das Ministerium ist ebenfalls für die Bundespolizei und das Bundeskriminalamt zuständig. Ein konkretes Beispiel für ein Gesetz des Innenministeriums ist das Fachkräfteeinwanderungsgesetz. Es regelt, dass Ausländerinnen und Ausländer, die eine anerkannte Qualifikation mitbringen und einen Arbeitsvertrag haben, einfach in Deutschland arbeiten können oder auch ohne Vertrag in Deutschland auf Jobsuche gehen können. So soll dem Fachkräftemangel entgegengewirkt werden. Das Bundesinnenministerium ist übrigens auch für den Sport im Land zuständig, obwohl man das den meisten bisherigen Ministern nicht unbedingt ansieht. Sorry, Herr Seehofer.

Auswärtiges Amt – Außenministerium

Das **Außenministerium** ist zuständig für die deutsche Außen- und Europapolitik, also für die Beziehungen, die Deutschland mit anderen Staaten unterhält. Das Amt der **Außenministerin** oder des **Außenministers** ist der begehrteste Ministeriumsposten, viele Politikerinnen und Politiker wollen es gerne bekleiden. Es wird in der Regel von einer wichtigen Person aus den Reihen des zweitstärksten Koalitionspartners besetzt. Die Jobbeschreibung klingt auch recht gut: Man vertritt Deutschland in Verhandlungen mit anderen Staaten, lernt andere Länder kennen, trifft viele Staatsoberhäupter, verhandelt mit ihnen und verhindert so womöglich Kriege – oder am Ende auch nicht, aber immerhin hat man mal drüber gesprochen und konnte in der Welt herumreisen. Der Politiker, der diesen Job hat, gehört meistens auch zu den Lieblingen der Bevölkerung, denn man erhöht als Außenminister keine Steuern und trifft auch sonst selten unbeliebte Entscheidungen.

Bundesministerium für Wirtschaft und Energie – Wirtschaftsministerium

»Unsere Aufgabe ist es, den Wirtschaftsstandort Deutschland zu stärken, die Chancen der Digitalisierung für Wirtschaft und Gesellschaft aktiv zu nutzen und Unternehmertum zu fördern.« So beschreibt das **Wirtschaftsministerium** seine Aufgaben in der Selbstdarstellung. Und wie macht das Ministerium das? Zum Beispiel, indem es die Gründung von neuen Unternehmen finanziell fördert. Das Wirtschaftsministerium entscheidet beispielsweise auch darüber, wie hoch die Steuern für Unternehmen sind und wie die Stromtarife aussehen. Zuletzt war es mit der Planung einer neuen Wasserstoffnetzinfrastruktur beschäftigt, die in Zukunft benötigt werden könnte, wenn mehr Autos mit Wasserstoff fahren. Angeführt wird das Ministerium von einer **Wirtschaftsministerin** oder einem **Wirtschaftsminister**.

Bundesministerium der Justiz und für Verbraucherschutz – Justizministerium

Wie hoch fällt die Strafe für eine Person aus, die sich an einem Kind vergangen hat? Das war eine Frage, die zuletzt vom **Justizministerium** bearbeitet wurde. Am 25. März 2021 hat der Deutsche Bundestag das Gesetz zur Bekämpfung sexualisierter Gewalt gegen Kinder beschlossen. Durch eine deutliche Verschärfung des Strafrechts, effektivere Strafverfolgungsmöglichkeiten und mehr Prävention sollen Kinder zukünftig besser vor Missbrauchstaten geschützt werden. Manche Gesetze müssen auch der Zeit angepasst werden, zum Beispiel beim Thema Stalking, also dem Verfolgen und Belästigen von anderen, was immer häufiger nicht mehr in echt, sondern im Netz stattfindet. Auch der Verbraucherschutz ist mittlerweile in diesem Ministerium angesiedelt. Die **Justizministerin** oder der **Justizminister** soll sich also auch darum kümmern, dass die Bürgerinnen und Bürger vor Abzocke geschützt werden.

Bundesministerium für Arbeit und Soziales – Arbeitsministerium

So viele Menschen wie möglich sollen Arbeit haben, und die Arbeitslosigkeit soll gering sein. Wer keine Arbeit findet, muss aber auch irgendwie über die Runden kommen. All diese Themen fallen in das Aufgabengebiet des **Bundesministeriums für Arbeit und Soziales**. Aber nicht nur Menschen im arbeitsfähigen Alter müssen bedacht werden, auch die Renten für ältere oder arbeitsunfähige Menschen müssen stabil sein. Auch darum kümmert sich die **Arbeitsministerin** oder der **Arbeitsminister**. Außerdem soll die soziale Integration, zum Beispiel von Menschen mit Behinderung, sichergestellt werden.

Bundesministerium der Verteidigung – Verteidigungsministerium

In welche Länder entsendet Deutschland Soldaten und Soldatinnen? Wie kann man sicherstellen, dass sich die Bundesrepublik im Kriegsfall verteidigen könnte? Und wie kann man den Frieden in anderen Ländern unterstützen? Das sind die Fragen, mit denen sich das **Verteidigungsministerium** befasst. Es ist zuständig für die militärische Verteidigung und alle Angelegenheiten der Bundeswehr. Es ist die höchste militärische Kommandobehörde für die Streitkräfte und oberste Dienstbehörde für die Bundeswehrverwaltung. **Verteidigungsminister** war früher ein klassischer Männerjob, doch seit 2013 wird das Verteidigungsministerium von Frauen geleitet. Bis 2019 war Ursula von der Leyen im Amt, anschließend hat Annegret Kramp-Karrenbauer als höchste Vorgesetzte der Soldatinnen und Soldaten übernommen.

Bundesministerium für Ernährung und Landwirtschaft – Landwirtschaftsministerium

Wie kann man Rehkitze davor retten, dass sie beim Mähen von Feldern einen schrecklichen Tod durch das Mähwerk sterben? Das ist nur eines der Themen, mit denen sich das **Landwirtschaftsministerium** befasst. Um die Kitze zu retten, hat es ein Förderprogramm auf den Weg gebracht, mit dem Jägerinnen und Landwirte 60 Prozent des Kaufpreises für eine Drohne erstattet bekommen, mit der man Wildbewegungen vor dem Mähen sichten kann. Die **Landwirtschaftsministerin** oder der **Landwirtschaftsminister** ist für die Landwirtschaft zuständig, aber auch für die Sicherheit der Lebensmittel und das Tierwohl von Nutztieren. Leider ist es mit dem Tierwohl in Deutschland nicht so super bestellt. Im Gegenteil. Viele Schweine werden für große Teile ihres Lebens in Kastenstände gezwängt, die 70 Zentimeter breit sind und in denen sie nicht entspannt liegen können. Immerhin wurde 2021 entschieden, dass ab 2022 in Deutschland keine Küken mehr getötet werden dürfen. Bisher waren etwa 45 Millionen männliche Küken pro Jahr direkt nach dem Schlüpfen geschreddert worden, da nur weibliche Hühner Eier legen.

Bundesministerium für Familie, Senioren, Frauen und Jugend – Familienministerium

Wow, das sind mal viele Zuständigkeiten. Im Endeffekt geht es im **Familienministerium** darum, Familien zu unterstützen, etwa bei der Betreuung der Kinder. Der Bund will zum Beispiel die Qualität von Kindertagesstätten steigern. Dafür erhalten die Länder 5,5 Milliarden Euro. Eine Errungenschaft des Familienministeriums ist auch das Elterngeld, das Eltern erhalten, wenn sie ein Kind bekommen und erst mal nicht mehr arbeiten gehen. Seniorinnen und Senioren sollen eine gute Pflege erhalten, wenn sie diese benötigen, und Frauen sollen gleich behandelt werden wie Männer und zum Beispiel ein vergleichbares Gehalt bekommen. Erreicht wurden diese Ziele bisher noch nicht, trotz eines Ministeriums, das dafür zuständig ist. Außerdem soll das Ministerium dafür Sorge tragen, dass Kinder und Jugendliche möglichst vor Gewalt geschützt werden. In Deutschland gab es seit 1985 übrigens durchweg nur noch **Familienministerinnen** – klar, logisch, Männer haben mit Familie ja schließlich auch nichts zu tun. Männer kümmern sich lieber ums Geld, deshalb gab es bis heute auch noch nie eine Finanzministerin. Ein Hoch auf die Gleichberechtigung.

Bundesministerium für Gesundheit – Gesundheitsministerium

»Schiffe sind wie **Gesundheitsminister**. Man lernt ihre Namen nur, wenn was richtig schiefgeht.« So die Beschriftung eines Memes, das ab März 2021 im Netz kursierte, als das Frachtschiff »Ever Given« für mehr als eine Woche im Suezkanal stecken blieb und große Teile des weltweiten Güterverkehrs lahmlegte. Jens Spahn kennt seit der Coronapandemie auch jedes Kind. Aber wer sind Hermann Gröhe und Daniel Bahr? Von den Gesundheitsministern vor Herrn Spahn hat man bisher wenig gehört. Ihre Aufgaben sind aber, wie man mittlerweile weiß, extrem wichtig. Wer darf sich testen lassen? Wer darf einreisen? Mit welchen Impfstoffen wird geimpft? Aber auch wenn nicht gerade eine weltweite Pandemie herrscht, sind die Entscheidungen weitreichend. Wie wird in Krankenhäusern abgerechnet? Wie viele Patientinnen und Patienten muss ein Pfleger im Krankenhaus versorgen? Wer darf auf die Daten der Versicherten zugreifen? All das wird im **Bundesgesundheitsministerium** entschieden.

Bundesministerium für Verkehr und digitale Infrastruktur – Verkehrsministerium

Puh. Wie kann man dieses Ministerium beschreiben, ohne den derzeit zuständigen Minister als unfähig darzustellen. Leider gar nicht. Wie es Andreas Scheuer von der CSU geschafft hat, nicht von seinem Posten gefeuert zu werden, ist eigentlich ein Rätsel. Vielleicht waren irgendwann alle zu abgelenkt von der Coronapandemie. Das **Verkehrsministerium** ist für den Luft-, Schienen-, Straßen- und Wasserverkehr zuständig, dafür, wie viele Elektro-Ladestationen es gibt, und dass der Verkehr in Deutschland zwar läuft, wir aber alle noch saubere Luft zum Atmen haben. Und – der Name verrät es – wie die digitale Infrastruktur in Deutschland aufgestellt ist. Wie gut das alles funktioniert? Diese Bewertung überlassen wir

Ihnen. Gehen Sie doch einfach mal eine Runde in den Wald, versuchen Sie, ein Video über Ihr Smartphone von dort zu verschicken, und bilden Sie sich Ihre Meinung. Was definitiv nicht funktioniert hat: der Plan der CSU, in Deutschland eine Maut einzuführen, also eine Autobahngebühr, die Autofahrende aus dem Ausland in Deutschland zahlen sollten. Andreas Scheuer hatte damals einen Vertrag mit einem Unternehmen, das die Maut einführen sollte, unterzeichnet. Allerdings war da noch nicht klar, ob die Maut überhaupt rechtens ist. War sie nicht, entschied der Europäische Gerichtshof – und Deutschland verlor dank Herrn Scheuer eine halbe Milliarde Euro. Die Maut ist erst mal Geschichte. Andreas Scheuer als **Verkehrsminister,** wenn Sie dieses Buch lesen, wohl auch.

Bundesministerium für Umwelt, Naturschutz und nukleare Sicherheit – Umweltministerium

Wir stellen uns das so vor: Als **Umweltministerin** oder **Umweltminister** ist man immer ein bisschen die Spaßbremse. Alle (außer der AfD) wissen, dass man recht hat: Der Ausstoß von schädlichen Klimagasen muss gesenkt werden, aber keiner hat Bock, die dazu passenden Maßnahmen zu ergreifen. Die sind nämlich teuer und bringen nicht sofort Erfolge, sondern retten erst unsere Kinder und Kindeskinder vor dem Ertrinken im Hochwasser oder dem Hitzetod. Deswegen hat die Bundesregierung bisher nicht besonders viel getan, um das folgende, selbst formulierte Ziel zu erreichen: »Das Ziel der deutschen Klimapolitik ist es, bis zum Jahr 2030 die Emission von Treibhausgasen um mindestens 55 Prozent gegenüber dem Stand von 1990 zu senken und bis zum Jahr 2050 Treibhausgasneutralität zu erreichen.« Erst nachdem monatelang junge Menschen von Fridays For Future auf die Straße gingen, wurden einige Maßnahmen beschlossen, wie ein Preis auf CO_2. Klimaschädliche fossile Brennstoffe wie Öl und Diesel sind dadurch teurer geworden. Ob das etwas bringen wird? Die Zukunft wird es zeigen, und das **Umweltministerium** muss sich darum kümmern, neue Gesetze auf den Weg zu bringen.

Bundesministerium für Bildung und Forschung – Bildungsministerium

Wer in Politik aufgepasst hat, weiß: Bildung ist Ländersache. Trotzdem existiert das Bundesbildungsministerium, denn es gibt Bereiche, um die sich der Bund kümmert. In den Aufgabenbereich des Bildungsministeriums fallen etwa die Vergabe von Stipendien oder das BAföG, eine Förderung, die Studierende erhalten, deren Eltern ihnen das Studium nicht finanzieren können, und der Hochschulpakt, bei dem der Bund Milliarden an die Hochschulen weitergibt, damit die mehr Studierende aufnehmen können. Gemeinsam mit den Ländern kümmert sich das Ministerium außerdem um die außerschulische berufliche Bildung, die Aufstiegsförderung und die berufliche Weiterbildung. Das **Bildungsministerium** fördert zudem die Erforschung und Entwicklung zukunftsträchtiger Technologien. Dabei geht es zum Beispiel auch um die Erforschung von Volkskrankheiten wie Krebs, Diabetes oder Demenz. **Bildungsministerin** ist übrigens seit mehr als zwanzig Jahren in Deutschland ein Frauenjob. Wir sparen uns an dieser Stelle jeden Kommentar dazu. Ach so – hatten wir eigentlich schon erwähnt, dass es in Deutschland noch nie eine Außenministerin gab?

Bundesministerium für wirtschaftliche Zusammenarbeit und Entwicklung – Entwicklungsministerium

»Jeden Tag sterben Tausende Kleinkinder – an Hunger, an Krankheiten, durch Gewalt und Kriege. Was hat das mit uns zu tun?« Das fragt das **Entwicklungsministerium** die Leserinnen und Leser auf seiner Internetseite. Die Antwort auf die Frage ist: sehr viel. Unser Wohlstand verpflichtet uns, auch an die weniger reichen und privilegierten Menschen zu denken und ihnen zu helfen. Deswegen gibt es die sogenannte Entwicklungszusammenarbeit. Früher wurde dieser Themenbereich Entwicklungshilfe genannt, aber dieser Begriff begegnet den betroffenen Staaten nicht auf Augenhöhe, sondern impliziert plump gesagt »Reiches Deutschland hilft armen Ländern!«. Es soll aber darum gehen, partnerschaftlich miteinander zu arbeiten und Probleme gemeinsam zu lösen. Denn in einer vernetzten Welt haben Krisen in fernen Ländern womöglich auch Einfluss auf uns. Hier einige Beispiele für Entwicklungszusammenarbeit: In Jordanien hat die Bundesrepublik eine Million Geflüchtete mit Wasser versorgt, zudem wurden 22 000 Lehrkräfte finanziert, um mehr als 500 000 syrische Geflüchtete zu unterrichten. Und in Marokko ist mit deutscher Unterstützung eines der größten Solarkraftwerke der Welt entstanden, das 1,3 Millionen Menschen mit Strom versorgt. Das Lieferkettengesetz, beschlossen im März 2021, verpflichtet deutsche Unternehmen dazu, in ihren Lieferketten die Einhaltung der Menschenrechte sicherzustellen und beispielsweise

Kinderarbeit zu verhindern. Zuvor hatte der **Entwicklungsminister** jahrelang für dieses Gesetz gekämpft.

Ministerien im Wandel der Zeit

Wofür die Ministerien zuständig sind, ist übrigens nicht in Stein gemeißelt. Stattdessen gehen die Ministerien auch mit der Zeit! Im Juni 1986 setzte der damalige Bundeskanzler **Helmut Kohl** (seines Zeichens eigentlich nicht bekannt als besonders großer Feminist) ein Zeichen: Er erweiterte das Familienministerium um den Bereich Frauen. Frauenfragen sollten nicht länger nur Teil der Familienpolitik sein, sondern ein eigenständiges Aufgabenfeld für die neue CDU-Ministerin Rita Süssmuth. Süssmuth gilt seitdem als die Frau, die feministische Themen in die CDU brachte und so aus der Männerpartei eine Partei machte, die die bisher einzige Bundeskanzlerin Angela Merkel hervorbrachte. Ministerin Süssmuth setzte sich für die Vereinbarkeit von Familie und Beruf ein. Erstmals wurden Vätern und Müttern beispielsweise drei Jahre für die Erziehung ihrer Kinder in der Rentenversicherung anerkannt.

Auch andere Ministerien wurden mit Blick auf neue Entwicklungen verändert. Bundeskanzler **Gerhard Schröder** hatte im Jahr 2000 zwar nicht mit einer Pandemie, aber mit einer Seuche zu kämpfen, der Rinderkrankheit BSE. Sie führt zu tödlichen Hirnschäden und kann auf den Menschen übertragen werden. Bis 2002 wurden in Deutschland 400 000 Rinder wegen Verdacht auf diese Krankheit geschlachtet, die umgangssprachlich »Rinderwahnsinn« genannt wurde. Das Vertrauen der Verbraucherinnen und Verbraucher in Fleisch war erschüttert, und der Fleischkonsum brach um 50 Prozent ein. Daraufhin erweiterte Schröder das bisherige Bundesministerium für Ernährung, Landwirtschaft und Forsten um die neue Zuständigkeit für den Verbraucherschutz. Erste Verbraucherschutzministerin wurde Renate Künast von den Grünen. Zur Aufgabe des Ministeriums gehört heute nicht nur der gesundheitliche, sondern auch der wirtschaftliche Verbraucherschutz. So sollen Verbraucherinnen und Verbraucher nicht nur vor schlechtem

Fleisch, sondern zum Beispiel auch vor Abzocke im Internet oder Werbung am Telefon geschützt werden. Seit 2013 ist der Verbraucherschutz deshalb beim Justizministerium angesiedelt.

Wie der Bundestag arbeitet

Wir haben nun also verstanden, wie insgesamt sechs Wahlen in Deutschland ablaufen, wie die Abgeordneten in den Bundestag kommen, welche Parteien es gibt, wie sie sich zu Koalitionen zusammentun und welche Ministerien es gibt. Bleibt noch die Frage, wie der **Bundestag** denn überhaupt arbeitet. Die wichtigsten Aufgaben des Bundestages sind die **Gesetzgebung und die Kontrolle der Regierungsarbeit**. Für die Gesetzgebung ist hauptsächlich die Regierung verantwortlich. Für die Kontrolle der Regierungsarbeit die Opposition. Lassen Sie uns zunächst aber einen Blick darauf werfen, wie sich die Abgeordneten im Bundestag organisieren.

Jede und jeder Abgeordnete im Bundestag ist natürlich zuerst den Wählerinnen und Wählern und dem eigenen Gewissen verpflichtet. Stimmten aber alle Abgeordneten bei Gesetzen so ab, wie sie das für richtig halten, dann würde ein riesiges Chaos entstehen. Denn niemand weiß, wofür die Partei steht, wenn die eine Hälfte der Abgeordneten für und die andere Hälfte gegen ein neues Gesetz stimmt. Die Parteien wollen als Einheit angesehen werden und handlungsfähig zu sein. Ihre Mitglieder müssen sich also ständig absprechen, diskutieren, abwägen und entscheiden, wie die Partei zu den aktuellen Themen steht. Das alles passiert in der **Fraktion**, in der eine gemeinsame Linie ausgearbeitet wird. In einer Fraktion sind alle Bundestagsabgeordneten, die aus derselben Partei kommen. Im Bundestag gab es 2021 zum Beispiel sechs Fraktionen. Die Fraktion der Union, der SPD, der AfD, der FDP, der Linken und der Grünen. Die Union ist ein Zusammenschluss der Parteien CDU und CSU, die auf Bundesebene eine Fraktion bilden. Gäbe es keine

Fraktion, wäre jede Abgeordnete eine Einzelkämpferin. Fraktionen werden aus öffentlichen Mitteln finanziert, denn ihre Mitglieder brauchen ein Büro, in dem sie sich treffen und arbeiten können, und sie brauchen Mitarbeiterinnen und Mitarbeiter, um alles zu organisieren. Die Fraktionen haben mehrere Vorsitzende, die als Ansprechpersonen gelten und die nach außen für die Fraktion sprechen, zum Beispiel in Fernsehinterviews. **Fraktionsvorsitzende** oder **Fraktionsvorsitzender** ist also ein wichtiger und machtvoller Job. Abgeordnete müssen sich nicht immer der Linie ihrer Fraktion anpassen – bei bestimmten Gewissensentscheidungen hat die entsprechende Person die freie Wahl.

Wie entstehen Gesetze?

Das längste Wort Deutschlands war lange Zeit das folgende: Rindfleischetikettierungsüberwachungsaufgabenübertragungsgesetz. Kein Witz, obwohl die Abgeordneten damals, als das **Gesetz** 1999 zum ersten Mal verlesen wurde, in schallendes Gelächter ausgebrochen sind. Dieses Gesetz war von 1999 bis 2013 in Kraft. Damals sollte es eine bessere Kennzeichnung von Rindfleisch vorgeben, um die Verbraucherinnen und Verbrauchen vor der Rinderkrankheit BSE zu schützen. Aber wie sieht der Entstehungsprozess von so einem Gesetz aus? Wie kommt also generell ein Gesetz zustande, nicht nur so ein Namensunfall?

Schritt 1: Gesetzesinitiative

Erst mal steht eine Idee, zum Beispiel die Idee, dass es gut wäre zu wissen, wo das Rindfleisch herkommt, das die Menschen in Deutschland essen. Oder dass jedes neu gebaute Haus ein zumindest teilweise begrüntes Dach haben muss. (Das wäre ein Vorschlag des Autors und der Autorin dieses Buches, deren Haus nach Starkregen komplett unter Wasser stand.) So eine Idee kann sowohl eine Fraktion im Bundestag haben als auch die Bundesregierung oder der Bundesrat. Die Idee muss zu Papier gebracht werden, es entsteht eine erste **Gesetzesvorlage**.

Schritt 2: Stellungnahme

Nun muss, je nachdem, von wem die **Gesetzesinitiative** vorgebracht wurde, die jeweils andere Seite eine Stellungnahme abgeben. Initiativen aus dem Bundestag heraus gehen also an den Bundesrat, der binnen sechs Wochen dazu Stellung nimmt. Dann leitet die Regierung die Vorlage mit dieser Stellungnahme und ihrer Gegenäußerung an den Präsidenten des Bundestages weiter. Bei Initiativen vom Bundesrat ist es genau andersherum. Sie werden erst der Regierung zugestellt, die sie mit einer Stellungnahme versehen und innerhalb von drei Monaten an den Bundestag weiterleiten muss.

Schritt 3: Beratungen

Dieser Vorschlag wird dann im Bundestag in einer **ersten Lesung** diskutiert. Vorher ist der Entwurf an alle Abgeordneten verteilt worden, sodass sie sich schon mal mit seinem Inhalt befassen konnten. In der ersten Beratung startet oft schon die erste Diskussion, und es kommt zur allgemeinen Aussprache über die Notwendigkeit und die Zielsetzung der Vorlage. Nach der ersten Beratung wird der Gesetzentwurf zur genaueren Prüfung und Bearbeitung an den zuständigen **Ausschuss** weitergeleitet. Stand Anfang 2021 gibt es 24 von diesen **ständigen Ausschüssen,** in denen Fachpolitikerinnen und Fachpolitiker aus allen Fraktionen des Bundestages sitzen. Heißt: Abgeordneter Müller kennt sich beispielsweise besonders gut mit dem Thema Medien aus. Er sitzt daher mit anderen Kolleginnen und Kollegen, deren Expertise auch im Bereich Medien liegt, im Ausschuss für Kultur und Medien. Die Abgeordnete Schäfer ist hingegen eine absolute Finanzkoryphäe. Sie sitzt daher mit anderen Kollegen im Finanzausschuss, der zum Beispiel alles zum Thema Steuern berät. Unser Dachbegrünungsvorschlag würde im Ausschuss für Umwelt, Naturschutz und nukleare Sicherheit diskutiert werden. Dabei laden die Abgeordneten auch Expertinnen und Experten zu meist öffentlichen Anhörungen ein. Am Ende schreiben sie einen Bericht mit einer **Beschlussempfehlung,** der dem Bundestag zur zweiten Beratung vorgelegt wird. In unserem Fall der Dachbegrünung könnten die Expertinnen zum Beispiel angeben, dass Dachbegrünung sinnvoll ist, da sie dämmend wirkt, was bei Hitze im Sommer und Kälte im Winter Energiekosten spart. Außerdem wirkt die Begrünung luftreinigend und bindet CO_2. In der zweiten Beratung kommt es zur Aussprache über den Entwurf, den Bericht des Ausschusses und dessen Änderungsvorschläge. In unserem Fall könnte es Einwände geben, weil nicht jedes Dach geeignet ist oder die Dachbegrünung teurer sein könnte als ihr Nutzen. Dann wird abgestimmt. Jeder Abgeordnete hat die Möglichkeit, Änderungsanträge zu stellen. Darauf folgt unmittelbar die dritte Beratung. Sie endet mit der Schlussabstimmung. Stimmt dann die einfache Mehrheit der Abgeordneten für unsere Idee der Dachbegrünung, ist der **Gesetzentwurf** angenommen und damit ein **Gesetzesbeschluss**. Kann es dann endlich losgehen mit dem grünen Dach? Nee, noch lange nicht.

Schritt 4: Zweiter Durchgang

Dieses gesamte Verfahren lief bisher nur durch den Bundestag. Weil der Bund in Deutschland aber nichts ohne die Länder entscheiden kann, muss der Gesetzesbeschluss noch in den Bundesrat. Dort gibt es zwei unterschiedliche Verfahren. Die meisten Gesetzesbeschlüsse sind **Einspruchsgesetze**. Das heißt, der Bundesrat kann Einspruch erheben. Dann muss das Gesetz zurück in den Bundestag, und dort muss der Bundesrat überstimmt werden. Bei **Zustimmungsgesetzen** ist nach dem Grundgesetz die Zustimmung des Bundesrats nötig. Vorher wird der Gesetzesbeschluss einem oder mehreren Bundesratsausschüssen zur Beratung zugewiesen, und die Ausschüsse geben eine Beschlussempfehlung ab, über die dann der gesamte Bundesrat abstimmt.

Schritt 5: Vermittlungsverfahren

Findet ein Gesetzesbeschluss im Bundesrat keine Mehrheit, kann der **Vermittlungsausschuss** zusammengerufen werden. In dem Gremium sitzen je 16 Mitglieder des Bundesrats und des Bundestags. Seine Aufgabe ist es, einen Konsens zu finden, um das Gesetz doch noch irgendwie auf den Weg zu bringen.

Schritt 6: erneute Beratung

Der Vermittlungsausschuss hat also diskutiert und schlägt Änderungen vor, damit das Gesetz noch eine Chance hat. Zum Beispiel könnte ein Vorschlag sein, dass Dachbegrünung nur bei einer Dachfläche von mehr als 100 Quadratmetern durchgeführt werden muss. Ob das Sinn ergibt? Wahrscheinlich nicht. Aber Sinnhaftigkeit ist auch nicht gerade die Stärke von Kompromissen. Anschließend geht der Gesetzentwurf zurück an den Bundestag. Dieser stimmt ohne Debatte über den Vermittlungsvorschlag ab, und auch der Bundesrat muss zustimmen. Wenn beide das tun, ist das Gesetz endlich angenommen. Halleluja. Kommt es zu keiner Einigung, muss sich wieder der Bundesrat damit befassen, und gibt es dann keine Zustimmung, ist das Gesetz bei einem Zustimmungsgesetz gescheitert. Bei einem Einspruchsgesetz kann der Bundesrat noch mal Einspruch einlegen.

Schritt 7: Einspruch

Im Falle eines Einspruchs läuft der Prozess ab Schritt 4 erneut. Der Bundestag kann den Bundesrat in einer weiteren Abstimmung überstimmen.

Schritt 8: Annahme des Gesetzes

Ist ein Gesetzentwurf angenommen worden, gelangt das Gesetz in das sogenannte **Abschlussverfahren**. Der zuständige Bundesminister oder die Bundesministerin muss das Gesetz unterschreiben. Beim Dachbegrünungsgesetz also die Umweltministerin oder der Umweltminister. Dann muss die Bundeskanzlerin oder der Bundeskanzler unterschreiben, und zum Schluss geht auch der Bundespräsident (in Zukunft hoffentlich auch mal eine Bundespräsidentin) den Gesetzestext noch mal durch. Wenn alles rechtens ist, unterschreibt auch er, und das Gesetz wird im Bundesgesetzblatt veröffentlicht und damit verkündet. Gesetze treten zu einem festgelegten Datum in Kraft – oft etwa zu Anfang eines neuen Jahres.

Und was macht eigentlich die Opposition?

Bleibt noch die Frage, was eigentlich die Parteien und Abgeordneten machen, die nicht der Regierung angehören. Sie bilden die **Opposition** – also den Gegenpart zur Regierung. Anders, als viele Menschen denken, hat auch die Opposition eine Menge Rechte, Macht und Aufgaben. Klar könnte auch die Oppositionsfraktion neue Gesetze vorschlagen, doch weil sie sich nie sicher sein kann, dafür genügend Stimmen zusammenzubekommen, ergibt das wenig Sinn. Doch die Opposition hat auch so genug zu tun.

Als Erstes wäre zu nennen, dass auch Abgeordnete der Opposition in den unterschiedlichen Ausschüssen sitzen. Damit sind sie also ebenfalls am Gesetzgebungsverfahren beteiligt. Die wichtigste Aufgabe der Opposition ist es allerdings, die Bundesregierung zu überprüfen und zu kritisieren. Die Opposition hat in jeder Debatte das Recht, zu sprechen und so auf vermeintliche oder echte Fehler der Regierung hinzuweisen. Außerdem wird die Opposition regelmäßig zu Zeitungs-, Radio- oder Fernsehinterviews gerufen, um auch dort Kritik an der Regierungsarbeit zu üben. Doch das ist noch nicht alles.

Ein wichtiges Instrument der Opposition ist die **Regierungsbefragung**. Immer mittwochs trifft sich die Bundesregierung im Kanzleramt. Alle Ministerinnen und Minister und der Kanzler oder die Kanzlerin haben ihre sogenannte **Kabinettssitzung**, bei der sie ihre aktuellen Themen und Vorhaben besprechen. Gleich danach geht es für sie ab in den Bundestag. Dort stehen sie dann den Abgeordneten in der Regierungsbefragung zur Verfügung. Die Parlamentarier stellen Fragen, die ganze Prozedur dauert 60 Minuten. Mit der Regierungsbefragung nehmen die Bundestagsabgeordneten der Opposition eine ihrer wichtigsten Aufgaben wahr: die Kontrolle der Bundesregierung. Dreimal im Jahr wird bei der Regierungsbefragung die Kanzlerin oder der Kanzler direkt befragt. In der Befragung von Angela Merkel im März 2021 wurden dabei beispielsweise folgende Fragen gestellt: »Glauben Sie, dass Sie durch Grenzkontrollen die Pandemie nennenswert aufhalten können?« Und: »Was wollen Sie als Bundesregierung gegen den Rückfall in traditionelle Rollenverteilungen tun?« In 60 Minuten werden dabei zwar keine großen Enthüllungen zu erwarten sein. Aber die Abgeordneten haben noch andere Möglichkeiten, der Regierung auf den Zahn zu fühlen.

Ein weiteres Mittel zur Kontrolle der Regierung ist die **Kleine Anfrage**. Dabei müssen mehrere Abgeordnete gemeinsam (insgesamt fünf Prozent des Bundestags) schriftlich eine Anfrage an die Regierung richten. Das passiert sehr häufig – in der jüngeren Vergangenheit gingen bis zu 1000 Kleine Anfragen pro Jahr ein. Die FDP wollte Anfang 2021 zum Beispiel wissen, ob die Arbeit im Homeoffice bei der Steuererklärung berücksichtigt wird. Die Grünen fragten, wie sich die Coronakrise auf das Klimaschutzprogramm der Regierung auswirken werde. Die zuständigen Ministerien haben zwei Wochen Zeit, um die Anfragen zu beantworten, können aber um Aufschub bitten. Vielleicht fragen Sie sich jetzt, was es bringt, wenn man die Antwort auf so eine Kleine Anfrage in den Händen hält. Oft werden die Stellungnahmen an die Presse weitergegeben und treten damit eine große Diskussion in den Medien los, die die Regierung zum Umdenken bringen kann. Die Abgeordneten nutzen die Informationen aber auch, um Anträge und Debatten vorzubereiten.

Neben den Kleinen Anfragen gibt es die weitaus selteneren **Großen Anfragen**. Im Gegensatz zu Kleinen Anfragen sind Große Anfragen umfangreicher, die Beantwortung durch die Regierung erfordert mehr Verwaltungsaufwand, und die schriftlich vorgelegte Antwort wird meist öffentlich im Parlament beraten.

Wenn ein Thema ganz aktuell wichtig ist und beraten werden soll, gibt es noch die Möglichkeit, eine **Aktuelle Stunde** zu beantragen. Hier können Abgeordnete nach der Fragestunde noch weiter diskutieren, oder besonders aktuelle Themen zur Sprache bringen. Dabei sind ihre jeweiligen Redezeiten auf fünf Minuten begrenzt – und wie der Name schon sagt, sollte eigentlich nach 60 Minuten Schluss sein.

Kommen wir zum machtvollsten Instrument der Regierungskontrolle: dem Untersuchungsausschuss. Stimmt ein Viertel der Abgeordneten dafür, muss der Deutsche Bundestag einen **Untersuchungsausschuss** einsetzen. Dieser prüft hauptsächlich mögliche Missstände in Regierung und Verwaltung und mögliches Fehlverhalten von Politikerinnen und Politikern. Untersuchungsausschüsse können Zeugen und Sachverständige vernehmen und auch Ermittlungen durch Gerichte und Verwaltungsbehörden vornehmen lassen. Untersuchungsausschüsse tagen in der Regel öffentlich, alle Fraktionen des

Parlaments sind entsprechend ihrer Fraktionsgröße vertreten. Das Ergebnis fasst der Untersuchungsausschuss in einem Bericht an das Plenum zusammen. Immer wieder haben die Ergebnisse von Untersuchungsausschüssen auch zu Rücktritten von Ministern geführt. Anfang 2021 lief zum Beispiel ein Untersuchungsausschuss zur Maut-Affäre von CSU-Verkehrsminister Andreas Scheuer. Wenn Sie dieses Buch in den Händen halten, sollte dieser Untersuchungsausschuss schon abgeschlossen sein. Googeln Sie also gerne mal, wie es für Herrn Scheuer ausgegangen ist.

Damit sind wir fast am Ende dieses Kapitels angelangt. An der Tatsache, dass es das längste Kapitel dieses gesamten Buches ist, erkennt man, dass das politische System in Deutschland – vorsichtig gesagt – nicht ganz unkompliziert ist. Wir haben uns von den Kommunalwahlen über die Landtagswahlen bis hin zu den Bundestagswahlen vorgearbeitet und währenddessen die wichtigsten Parteien und Ministerien Deutschlands beschrieben. Außerdem haben wir gelernt, wie ein Gesetz zustande kommt und was eigentlich die Aufgaben der Opposition sind. Die ausführliche Antwort auf eine Frage sind wir ihnen allerdings noch schuldig.

Wer darf überhaupt wählen?

In der Einleitung hatten wir bereits geschrieben, dass in der Demokratie die Macht vom gesamten Volke ausgeht – was wir unmittelbar wieder einschränken mussten, weil die Macht natürlich streng genommen nur von denen ausgeht, die wählen dürfen. Wer wählen darf, steht in der Bundesrepublik Deutschland im **Grundgesetz** und im **Bundeswahlgesetz**. Sagen wir mal so: Grundsätzlich darf in Deutschland jede Person wählen, die über 18 Jahre alt ist und die deutsche Staatsbürgerschaft hat. Aber natürlich gibt es Ausnahmen, denn was wäre in Deutschland eine Regel ohne Ausnahme. Und sieben bis zwölf unterschiedliche Namen. In allen Bundesländern dürfen nämlich auch EU-Ausländerinnen und -Ausländer mitwählen, allerdings nur bei den **Kommunalwahlen**. Das wurde auf Ebene der Europäischen Union so entschieden, damit sich EU-Ausländer zumindest auf unterster politischer Ebene in ihrer neuen Heimatkommune politisch vertreten fühlen. Heißt: Ihre italienische Freundin Chiara darf, wenn sie einen italienischen Pass hat, aber in Deutschland lebt, bei der Kommunalwahl und bei der Ausländerbeiratswahl wählen. Der **Ausländerbeirat** ist quasi die Vertretung und Stimme der in der Kommune lebenden Ausländer und Ausländerinnen. Ihn dürfen alle wählen, die keinen deutschen Pass haben – auch Staatenlose, die über 18 Jahre alt sind und seit mindestens sechs Wochen in der jeweiligen Kommune mit ihrem Hauptwohnsitz gemeldet sind.

Auch beim Wahlalter gibt es Ausnahmen. Bei den Kommunalwahlen dürfen in mittlerweile mehr als der Hälfte der Bundesländer nämlich auch schon Jugendliche ab 16 Jahren wählen. Einige Bundesländer sind allerdings strikt gegen das Wahlrecht von so jungen Menschen. Sie argumentieren, dass man in dem Alter zu unreif sei. Befürworter halten dagegen, dass viele 16-Jährige schon eine Ausbildung machen und Steuern zahlen und demnach definitiv nicht zu unreif sein können. Hier kommt unsere Ansicht zur ungeschönten Motivation der Gegnerinnen und Gegner: Junge Menschen wählen häufig anders als ältere, zum Beispiel sind die Grünen bei den Erstwählerinnen und Erstwählern sehr stark, CDU, CSU und AfD hingegen nicht. Klar also, dass die Grünen und übrigens auch die SPD, die FDP und die Linke für ein Wahlrecht ab 16 sind. CDU, CSU und AfD sind strikt dagegen. Komisch, oder?

Man unterscheidet zudem zwischen dem aktiven **Wahlrecht** (Sie machen Ihr Kreuzchen bei einer Partei) und dem passiven Wahlrecht (Sie können selbst gewählt werden). Auch für das Zweite gibt es natürlich Regeln. Als Bundespräsident und vielleicht auch mal in naher Zukunft als Bundespräsidentin braucht man offensichtlich eine gewisse Reife. Deswegen können in das Amt nur Deutsche gewählt werden, die am Tag der Wahl das vierzigste Lebensjahr vollendet haben. Philipp Amthor von der CDU kann also noch nicht Bundespräsident werden. Noch mal Glück gehabt. Abgeordneter des Bundestages und der Landtage kann jeder werden, der am Wahltag einen deutschen Pass hat und das 18. Lebensjahr vollendet hat. Hessen war übrigens lange Zeit das einzige Bundesland mit einem passiven Wahlrecht erst ab dem 21. Lebensjahr. 2018 wurde das Wählbarkeitsalter in der Landesverfassung auf 18 Jahre gesenkt.

Damit wäre es vollbracht! Sie haben die unterschiedlichsten politischen Ebenen der Bundesrepublik, und wie Sie miteinander zusammenhängen, verstanden. Ganz ehrlich? Selbst für uns als Journalistinnen und Journalisten ist es immer wieder erstaunlich, wie komplex diese gesamte Thematik ist, wenn man mal genauer hinschaut. »Flickenteppich Deutschland« ist zwar so ein blöder Klischeesatz, den man oft hört, aber das macht ihn nicht weniger wahr. Wir haben uns zumindest nach dem Verfassen dieses Kapitels gefragt, ob es nicht durchaus mal an der Zeit wäre, die politischen Strukturen ein wenig zu vereinfachen oder zumindest mal für die bessere Verständlichkeit (und die Nerven sämtlicher Autorinnen und Autoren) einheitliche Bezeichnungen festzulegen. Was wir uns nach dem Verfassen dieses Kapitels nicht mehr gefragt haben, ist, wieso es in Deutschland immer so lange dauert, bis irgendwas entschieden, geschweige denn durchgesetzt wird. Ein Problem, das uns früher oder später, so unsere vorsichtige Prognose, in einer um uns herum immer schneller werdenden Welt noch mal beschäftigen wird.

Aus Sicht von uns Medienschaffenden ist die Bundestagswahl natürlich *das* politische Event des Jahres. Schon Monate vorher wird über die Wahl berichtet, und kurz vor der Wahl und am Tag der Entscheidung gibt es etliche Sondersendungen. Dabei hat der öffentlich-rechtliche Rundfunk eine besondere Aufgabe. Im Gegensatz zu anderen Medien hat er die Aufgabe, umfassend und ausgewogen zu berichten. Aber wie soll das gehen? Müssen ARD und ZDF jeder noch so kleinen Partei die gleiche Sendezeit einräumen wie den großen Volksparteien? Die Antwort, die auch so vom Bundesverfassungsgericht geregelt ist, lautet: Nein. Die meisten Sendeanstalten praktizieren deshalb das Prinzip der abgestuften Chancengleichheit. Heißt konkret: Parteien, die schon in den Parlamenten vertreten sind, werden häufiger befragt, vorgestellt und ihre Mitglieder in Sendungen eingeladen als Parteien, die nicht so viele Stimmen bekommen haben. Die Berichterstattung richtet sich also nach dem Wahlergebnis. So kommt es, dass zum TV-Duell nur die aussichtsreichsten Kanzlerkandidaten und -kandidatinnen eingeladen werden. In den öffentlich-rechtlichen Medien gibt es dann noch eine zweite Debatte, in der die Kandidatinnen und Kandidaten der kleineren Parteien gegeneinander antreten. Dass trotzdem auch neue Parteien eine Chance haben, gewählt zu werden, zeigt sich am Erfolg der noch sehr jungen Partei AfD.

Am Tag der Wahl ist dann die Uhrzeit 18:00 Uhr die Minute der Wahrheit. Um 18 Uhr schließen die Wahllokale, und erst ab dann dürfen die Stimmzettel ausgezählt werden. Und um 18 Uhr gibt es auch die ersten Zahlen, wie die Parteien abgeschnitten haben. Wie kann das sein, wenn noch gar keine Stimmzettel ausgezählt werden durften? Die Zahlen sind noch keine Hochrechnung, sondern eine Prognose. Eine Prognose ist im Grunde eine Schätzung, die auf einer Umfrage basiert. Dafür befragen Wahlforscherinnen und Wahlforscher Menschen. Deren Antworten zeigen meist schon recht zuverlässig, in welche Richtung die Wahl geht. Genauer sind dann die Hochrechnungen, die es ab etwa 18:15 Uhr gibt. Da wurden also flugs die ersten Stimmzettel ausgezählt. Diese Hochrechnungen werden im Laufe des Abends, wenn mehr Stimmzettel ausgezählt sind, immer genauer. Das vorläufige Endergebnis einer Bundestagswahl gibt es meist am frühen Morgen des Tages nach der Wahl.

2 GUT GEDACHT, NICHT SO GUT GEMACHT – DIE EUROPÄISCHE UNION

Nach der Lektüre des ersten Kapitels müssen wir Sie nun leider enttäuschen: Deutschland zu verstehen reicht heute nicht mehr aus. Denn viele für uns wichtige politische Entscheidungen werden längst nicht mehr in Berlin, sondern in Brüssel bei der EU getroffen. Dass die Europäische Union, vorsichtig gesagt, nicht unkompliziert ist, ahnen Sie vermutlich schon. Aber ganz ehrlich? Auch wir haben schon aufgehört zu zählen, wie oft wir in den vergangenen zehn Jahren Redaktionsalltag noch mal nachlesen mussten, wie genau beispielsweise EU-Kommission und EU-Parlament zusammenarbeiten oder welche Bedeutung es hat, wenn bei einem EU-Gipfel etwas beschlossen wird. Dieses subtile Gefühl, dass die EU alles andere als intuitiv ist, hat sich beim Verfassen dieses Kapitels mindestens bestätigt, wenn nicht sogar noch verstärkt. Beginnen wir mit einem konkreten Beispiel, das das grundlegende Problem aufzeigt.

Im Jahr 2020 legte die Coronapandemie die ganze Welt lahm. Weltwirtschaften erlebten große Einbrüche, Kinder konnten nicht mehr zur Schule gehen, an Reisen war nicht mehr zu denken. Jeden Tag wurden neue Höchststände bei Neuinfektionen und Todeszahlen aus irgendeinem Land verkündet. Die Nachrichten bestanden gefühlt nur noch aus Hiobsbotschaften. Doch dann gab es plötzlich einen Hoffnungsschimmer, ausgerechnet aus dem beschaulichen Mainz in Rheinland-Pfalz. Das deutsche Unternehmen BioNtech meldete den entscheidenden Durchbruch bei der Impfstoffentwicklung. Der erste zugelassene Corona-Impfstoff weltweit kommt ausgerechnet aus Deutschland? Die Euphorie im eigenen Land darüber war groß – schließlich würde das ja wohl bedeuten, dass die Impfstoffversorgung in Deutschland gesichert wäre. Wir alle wissen mittlerweile, dass es zu Beginn ganz anders kam. Die Euphorie kippte in Fassungslosigkeit, als klar wurde, dass anscheinend zu wenig Impfstoff bestellt wurde. Israel, die USA und Großbritannien überholten uns beim Impfen. Wie konnte es passieren, dass Deutschland bei einem in Deutschland entwickelten Impfstoff in die Röhre guckt? Der beziehungsweise in diesem Fall die Schuldige war schnell gefunden: die Europäische Union, genauer gesagt die EU-Kommission. Diese hatte die Impfstoffbestellung für alle Länder der EU zentral durchgeführt und aus Sicht vieler einfach zu wenig bestellt, zu schlecht organisiert, zu langsam reagiert. Klar war es aus ethischer Sicht nobel, dass sich die EU auch in dieser extremen Situation noch an Werte wie Solidarität und Gemeinschaft hielt, aber so wirklich trösten konnte das nicht.

Dieses Beispiel ist in zweierlei Hinsicht besonders repräsentativ, wenn es um die Europäische Union geht. Es zeigt erstens, dass wir noch immer regelmäßig unterschätzen und nicht genug verstehen, welchen Einfluss die EU mit ihren unterschiedlichen Organen auf unser Leben hat. Vieles was uns im Alltag betrifft, wird heute tatsächlich in Brüssel entschieden. Dass die Verteilung eines in Deutschland entwickelten Impfstoffes über die Europäische Kommission läuft, scheint auf den ersten Blick unverständlich zu sein. Wir werden im Verlauf des Kapitels noch erklären, warum das grundsätzlich doch keine so schlechte Idee war. Zweitens zeigt dieses Beispiel das große Imageproblem der Europäischen Union – wenn die Menschen etwas von ihr mitbekommen, dann meistens nichts Gutes. Vor allem, wenn es mal wieder schiefläuft, schaffen es die Organe der EU in die Schlagzeilen. Beides in Kombination führt zu einem grundlegenden Problem: Obwohl die Europäische Union das

Leben der Menschen mittlerweile stark beeinflusst, wissen sie nur wenig darüber – und wollen auch gar nicht mehr darüber wissen. Hand aufs Herz: Könnten Sie einem Freund wirklich erklären, was genau die verschiedenen Organe der EU sind und was sie entscheiden können? Wahrscheinlich nicht, und damit sind Sie nicht allein. Viele Menschen sehen in der Europäischen Union noch immer eine abstrakte, bürokratische Institution, die wenig mit ihrem eigenen Alltag zu tun hat und die ihnen nur Schlechtes bringt. Das Gegenteil ist der Fall.

Eine kleine Geschichte der Europäischen Union

Beginnen wir mit dem wohl größten Vorurteil der Europäischen Union gegenüber, an dem auch tatsächlich was dran ist: Ja, die EU ist kompliziert! Ihre unterschiedlichen Organe, die Art und Weise, wie Befugnisse aufgeteilt sind und wie die Verantwortlichen gewählt werden, all das ist alles andere als intuitiv und unterscheidet sich auch erheblich von dem demokratischen Apparat der Bundesrepublik Deutschland. Hat man die Struktur der EU allerdings einmal verstanden, ergibt sie durchaus Sinn. Die Europäische Union ist eine gewachsene Struktur, die oftmals vor allem durch Kompromisse geformt wurde. Damit sind wir an einem entscheidenden Punkt: Will man verstehen, warum die Europäische Union ist, wie sie ist, muss man zunächst einmal wissen, wie sie entstand.

Vor der **Europäischen Union** gab es nur **Europa**. Das klingt jetzt vielleicht banal, aber allein der Unterschied zwischen Europa und der Europäischen Union ist vielen Menschen gar nicht so richtig bewusst, und bei ihrer Wortwahl sind sie oft ungenau. Ein kurzer Exkurs an dieser Stelle: Europa ist ein Kontinent, die Europäische Union ist eine politische Institution. Es gibt einige Länder wie beispielsweise Albanien, Monaco oder die Schweiz, die zwar zum europäischen Kontinent gehören, aber nicht Teil der Europäischen Union sind. Auch andersherum ist es nicht so einfach. Zwar gehören die allermeisten

Gebiete der Europäischen Union auch zum Europäischen Kontinent – doch auch hier gibt es Ausnahmen! So gibt es beispielsweise fünf französische Übersee-Departements, die Kanarischen Inseln oder die Republik Zypern in Asien. Sie alle gehören zwar zur EU, befinden sich aber nicht innerhalb des europäischen Kontinents. Merke: Die Wörter Europäische Union, kurz EU, und Europa können nicht synonym füreinander genutzt werden.

Die Europäische Union brachte dem Kontinent Europa, was er über Jahrtausende nicht erlebt hatte: dauerhaften Frieden. Ohne mit der Wimper zu zucken, könnte man sagen, dass Europa die meiste Zeit seiner Geschichte ein einziges Gemetzel war. Länder, Stämme und Könige haben sich in Europa bekriegt. Immer wieder wollte irgendwer dem anderen das Land wegnehmen, es ging um Macht, Ressourcen und Größe, mal jeder gegen jeden, mal bestimmte Gruppen und Bündnisse gegen andere. Die Kriege in Europa fanden ihren traurigen Höhepunkt in den beiden Weltkriegen des 20. Jahrhunderts. Weit mehr als 100 Millionen Menschen verloren zusammengenommen im Ersten und Zweiten Weltkrieg ihr Leben, große Teile Europas wurden völlig in Schutt und Asche gelegt. Wir vergessen heute oft, dass Frieden in Europa etwas völlig Neues und Außergewöhnliches ist. Dabei ist es noch keine 100 Jahre her, dass die Deutsche Wehrmacht Paris inklusive Fernsehsender und Eiffelturm besetzte. Das Elend dieser Kriege durfte sich nicht fortsetzen, da war man sich nach dem Ende des Zweiten Weltkriegs einig. Irgendwie musste man es schaffen, für dauerhaften Frieden zu sorgen.

Den Gründungsgedanken der EU können Sie übrigens bis heute noch in der **EU-Flagge** sehen: Sie wissen schon, die blaue Flagge mit den 12 kreisförmig an-

geordneten Sternen. Die Anordnung der 12 Himmelskörper steht, anders, als viele denken, nicht für irgendwelche bestimmten Länder, sondern soll Einheit, Solidarität und Harmonie symbolisieren – das Gegenteil von dem, was in Europa bis dato vorherrschte.

Die oberste Priorität nach den Weltkriegen war also, Europa vor weiteren zerstörerischen Auseinandersetzungen zu bewahren. Auch vor dem Hintergrund der Atomwaffenentwicklung war damals jedem klar, dass kommende Kriege in Europa Schäden anrichten könnten, die sich nie wieder reparieren ließen. Aber wie sollte man Krieg verhindern? Die Grundidee war simpel: Für einen Krieg braucht man Waffen, ohne Waffen gibt es keinen Krieg. Man hätte also einfach die Produktion von Waffen mithilfe eines gemeinsamen Abkommens verbieten können. Doch Sie ahnen sicher schon, was das Problem daran gewesen wäre: Ein Land mit kriegerischen Absichten würde sich einfach nicht an dieses Verbot halten und heimlich produzieren. So würden am Ende Länder, die sich an das Abkommen gehalten hatten, sogar Gefahr laufen, überrannt zu werden. Jean Monnet, damaliger Leiter des französischen Planungsamtes, hatte einen klügeren Einfall. Er schlug vor, dass Deutschland und Frankreich ihre gesamte Kohle- und Stahlproduktion in einer gemeinsamen Behörde organisieren sollten. Die Idee hinter diesem Konzept war einfach genial: Ohne Kohle und Stahl keine Waffenproduktion – wenn man die Produktion dieser beiden Rohstoffe gemeinsam organisiert, kann kein Land unbemerkt aufrüsten und möglicherweise eine kriegerische Handlung vorbereiten. Am 18. April 1951 wurde auf dieser Grundlage die **Europäische Gemeinschaft für Kohle und Stahl**, umgangssprachlich **»Montanunion«**, durch die sechs Gründungsmitglieder Belgien, die Bundesrepublik Deutschland, Frankreich,

Italien, Luxemburg und die Niederlande gegründet. Aus politischer Sicht war das ein monumentaler, ungewöhnlicher und mutiger Schritt. Die alleinige Kontrolle über derart relevante Wirtschaftssektoren abzugeben und auf eine neu geschaffene Institution zu übertragen widerspricht eigentlich der Souveränität der Staaten. Diesen Konflikt zwischen Zentralisierung von Macht auf der einen und Bewahrung der nationalen Souveränität auf der anderen Seite kann man bis heute regelmäßig in der Europäischen Union beobachten.

Dieses Buch ist kein Geschichtswälzer, sondern soll Ihnen vor allem dabei helfen, das Hier und Jetzt besser zu verstehen. Von daher beschränken wir uns auf dem weiteren Weg bis hin zur heutigen Europäischen Union lediglich auf die wichtigsten Meilensteine. Im Jahr 1957 wurden die **Römischen Verträge** unterschrieben. Mit diesen Verträgen wurden zwei neue Gemeinschaften gegründet. Zum einen die **Europäische Wirtschaftsgemeinschaft**, kurz EWG. Ziel der EWG war es, einen gemeinsamen Markt zu schaffen, in dem Waren, Dienstleistungen, Kapital und Arbeitskraft frei bewegt und ausgetauscht werden konnten. Weiterhin wurde die **Europäische Atomgemeinschaft**, kurz Euratom gegründet. Ziel der Euratom war es, eine gemeinsame und friedliche Nutzung von Atomenergie sicherzustellen. Von 1957 an existierten mit der EGKS, der EWG und der EURATOM also drei Gemeinschaften parallel. Sie hatten jeweils eine eigene Kommission und einen eigenen Rat, sie operierten also weitgehend unabhängig voneinander. Erst mit einem Fusionsvertrag im Jahr 1967 wurden alle drei Institutionen zusammengelegt, und die **Europäische Gemeinschaft**, kurz EG, war geboren. Im Jahr 1992 wurde dann der berühmte **Vertrag von Maastricht** unterschrieben. In dem Vertrag wurde die Gründung einer Wirtschafts- und Währungsunion beschlossen, die später den Euro hervorbrachte – außerdem einigten sich die Mitgliedsstaaten darauf, in Angelegenheiten der Außen- und Sicherheitspolitik sowie in den Bereichen Inneres und Justiz zusammenzuarbeiten. Der Vertrag trat am **01. 11. 1993** in Kraft – das offizielle Geburtsdatum der **Europäischen Union**. Durch verschiedene Erweiterungsrunden hatte die Europäische Union zwischenzeitlich 28 Mitgliedsstaaten – durch den Austritt des Vereinigten Königreichs im Jahr 2020 sind es heute nur noch 27 Länder. Der Austritt des Vereinigten Königreichs, der **BREXIT**, ist eine Zäsur in der Geschichte der EU. Nach Jahrzehnten, in denen die Zusammenarbeit unter dem Dach der EU stetig zugenommen hatte, geschah es zum ersten Mal, dass die Gemeinschaft schrumpfte, dass ein Land austrat, um seinen eigenen Weg zu gehen.

Die Mitgliedsstaaten der Europäischen Union, sortiert nach Beitrittsjahr.

1.1.1958: Belgien, Deutschland, Frankreich, Italien, Luxemburg, Niederlande
1.1.1973: Dänemark, Irland, Vereinigtes Königreich (am 31. Januar 2020 ausgetreten)
1.1.1981: Griechenland
1.1.1986: Portugal, Spanien
1.1.1995: Finnland, Österreich, Schweden
1.5.2004: Estland, Lettland, Litauen, Malta, Polen, Slowakei, Slowenien, Tschechien, Ungarn, Zypern
1.1.2007: Bulgarien, Rumänien
1.7.2013: Kroatien

Ein weiteres wichtiges Datum für die EU war der erste Januar 2002. Zwölf Länder der Europäischen Union führten den Euro offiziell als Währung ein und ersetzten ihre Landeswährungen durch die uns bekannten Münzen und Banknoten. In der Folge stießen noch sieben weitere Länder hinzu, sodass heute in 19 Ländern der Europäischen Union mit dem Euro bezahlt wird. Diese Gruppe von Ländern bezeichnet man als **Eurozone** oder **Euroraum**.

Wir merken uns: Europa bezeichnet nur geografisch den

Kontinent. Die **Europäische Union**, kurz EU, bezeichnet das politische Bündnis aus aktuell 27 Mitgliedsstaaten. **Eurozone** bzw. **Euroraum** nennt man die 19 Länder innerhalb der EU, in denen der Euro Zahlungsmittel ist.

Wenn Sie den Unterschied zwischen den verschiedenen Begrifflichkeiten rund um Europa verstanden haben und die Wörter in Zukunft präzise und korrekt nutzen, sind Sie schon weiter als so mancher Redakteur oder so manche Journalistin, wir sprechen aus Erfahrung.

Das alles klingt für Sie jetzt vielleicht etwas theoretisch, doch für das tägliche Verständnis der Nachrichten sind diese grundlegenden Kenntnisse unverzichtbar. Es macht einen entscheidenden Unterschied, ob in den Nachrichten die Rede von Europa, der EU oder der Eurozone ist – wenn Sie die Unterschiede zwischen diesen Begriffen nicht genau kennen, verstehen Sie die Nachricht unter Umständen schlicht und ergreifend falsch oder gar nicht. Das verdeutlicht ein konkretes Beispiel, an das Sie sich sicherlich noch erinnern: Jahrelang wurde fast täglich über ein mögliches Ausscheiden Griechenlands aus der Eurozone berichtet. Auf die Mitgliedschaft Griechenlands in der Europäischen Union hätte das hingegen keine Auswirkung gehabt.

Diese zunächst abstrakten europäischen Zusammenschlüsse haben entscheidende Auswirkungen auf unser tägliches Leben. Dass wir in großen Teilen Europas ohne Grenzkontrollen frei reisen können, dass wir in jedem Land der EU arbeiten könnten, dass wir in den allermeisten Ländern Europas das Leitungswasser trinken können, dass wir beim Urlaub im Nachbarland kein Geld mehr tauschen müssen – all das verdanken wir der Europäischen Union bzw. der Eurozone.

Wie die EU organisiert ist

Nach diesem kurzen historischen Exkurs zurück ins Hier und Jetzt. Stand heute leben in der Europäischen Union etwa 450 Millionen Menschen auf mehr als 4 Millionen Quadratkilometern, und dass sich nicht immer alle bestens miteinander verstehen, könnte auch daran liegen, dass innerhalb der EU sage und schreibe 24 unterschiedliche Sprachen gesprochen werden. Das führt im Europäischen Parlament übrigens dazu, dass bis zu 552 Dolmetscherinnen und Dolmetscher benötigt werden, um die Sprachen in allen möglichen Kombinationen zu übersetzen. Darüber hinaus ist der EU-Binnenmarkt der größte Wirtschaftsraum der Welt. Gemessen an Einwohner- und Wirtschaftszahlen kann die EU absolut mit Großmächten wie China, Russland und den USA mithalten. Das ist ein entscheidender Punkt. Während der Frieden in Europa zunehmend als Selbstverständlichkeit angesehen wird, rückt das Motiv der globalen Machtposition immer mehr in den Vordergrund. Vergleichsweise kleine Länder wie Deutschland und Frankreich hätten es heutzutage allein schwer, auf Augenhöhe mit den globalen Supermächten zu verhandeln. An der Europäischen Union als Einheit dagegen führt auf der politischen Weltbühne kein Weg vorbei. Außer man lebt im Vereinigten Königreich – dann sieht man das möglicherweise anders.

Die wohl wichtigste Frage ist allerdings noch offen: Wie funktioniert die Europäische Union eigentlich? Wie werden dort Entscheidungen getroffen? Ausschlaggebend sind die vier Institutionen Europäischer Rat, Rat der Europäischen Union, Europäisches Parlament und Europäische Kommission. Falls Sie jetzt schon kurz zusammengezuckt sind: Ja, Europäischer Rat und Rat der Europäischen Union sind tatsächlich zwei sehr unterschiedliche Einrichtungen – es ist symptomatisch für das grundlegende Verständnisproblem der EU, dass hier solch verwechselbare Namen gewählt wurden. Neben diesen vier Institutionen werden wir auch noch einen kurzen Blick auf die Europäische Zentralbank sowie den Gerichtshof der Europäischen Union werfen. Auch die spielen in den Nachrichten immer wieder eine entscheidende Rolle. Im Folgenden werden wir zunächst die verschiedenen Organe der EU erklären. Erst im Anschluss daran schauen wir uns genauer an, wie sie zusammenarbeiten und Richtlinien bzw. Verordnungen erlassen.

Wir beginnen mit dem **Europäischen Rat**, dem prominentesten und mächtigsten Organ der Europäischen Union. Der Europäische Rat besteht aus den 27 Staats- und Regierungschefs der EU-Mitgliedsländer. Für Deutschland sitzt also beispielsweise die Bundeskanzlerin oder der Bundeskanzler im Europäischen Rat. Neben den Regierungsoberhäuptern sitzen noch drei weitere Personen im Europäischen Rat, die allerdings kein Stimmrecht besitzen: die Präsidentin der Europäischen Kommission, eine hohe Vertreterin der Europäischen Union für Außen- und Sicherheitspolitik sowie der Präsident des Europäischen Rates. Außerdem gibt es noch die Position der Präsidentin oder des Präsidenten des Europäischen Parlaments, die oder der zu Beginn eines Treffens des Europäischen Rates die Position des Parlaments zu den anstehenden Fragen darlegt. Der Europäische Rat ist nicht an der alltäglichen Arbeit der Europäischen Union beteiligt – schließlich verbringen die Staats- und Regierungschefs den Großteil ihrer Zeit damit, ihre jeweiligen Länder zu regieren. Stattdessen trifft sich der Europäische Rat mindestens zweimal pro Halbjahr, um grundlegende politische Zielvorstellungen und Prioritäten zu setzen. Dabei ist es die Aufgabe der Staats- und Regierungsoberhäupter, mögliche Konflikte zu lösen und Kompromisse zu finden, wenn es auf den untergeordneten politischen Ebenen nicht weitergeht. Die Treffen des Europäischen Rates werden als **EU-Gipfel** bezeichnet, weil sich dort die mächtigsten politischen Vertreterinnen und Vertreter der Europäischen Union treffen, also eben der »politische Gipfel« der EU. Neben den regelmäßigen Treffen werden manchmal auch spontane EU-Gipfel einberufen, um aktuelle wichtige politische Herausforderungen wie beispielsweise eine Finanzkrise oder die aktuelle Migrationspolitik zu besprechen. Stellt man sich die Europäische Union als Schiffsflotte vor, wäre der Europäische Rat so etwas wie das Treffen aller Kapitäninnen und Kapitäne. Sie besprechen dort grundlegend, wo die Reise hingeht, lösen mögliche Konflikte auf, und anschließend kehren alle zurück auf ihre eigenen Schiffe, um das Besprochene dort an die Mannschaft weiterzugeben und umzusetzen. Die Ergebnisse der EU-Gipfel werden in sogenannten »Schlussfolgerungen des Vorsitzes« festgehalten – diese sind zwar auf dem Papier nicht rechtsverbindlich; da die Mitglieder des Europäischen Rates aber ihre jeweiligen Landesregierungen leiten, haben sie in der Praxis dennoch eine hohe politische Relevanz. Darüber hinaus ist der Europäische Rat an wichtigen Personalentscheidungen beteiligt. Er nominiert zum Beispiel den Kommissionspräsidenten und wählt die Mitglieder des Direktoriums der Europäischen Zentralbank. Die EU-Gipfel finden im Europagebäude in Brüssel statt.

Weiter geht's mit dem **Rat der Europäischen Union**. Sie erinnern sich noch daran, dass Sie mit der korrekten Unterscheidung zwischen Europa, EU und Euroraum glänzen können? Jetzt kommt es noch besser. Egal in welcher Runde, fragen Sie doch einfach mal, ob Ihnen irgendjemand den Unterschied zwischen dem Rat der Europäischen Union und dem Europäischen Rat erklären kann. Wir garantieren Ihnen: Wenn Sie nicht gerade mit EU-Funktionärinnen am Tisch sitzen, wird außer Ihnen niemand die richtige Antwort kennen. Der Name »Rat der Europäischen Union« ist aber nicht nur aufgrund der Verwechslungsgefahr ungünstig gewählt – vielmehr müsste es eigentlich »Räte der Europäischen Union« heißen. Unter dem Überbegriff »Rat der Europäischen Union« gruppieren sich nämlich insgesamt zehn thematisch unterschiedliche Räte. In diese Räte schicken alle Mitgliedsstaaten der Europäischen

Union jeweils eine Ministerin oder einen Minister, die oder der für das jeweilige Themengebiet verantwortlich ist. Deshalb wird der Rat der Europäischen Union umgangssprachlich oft auch als **EU-Ministerrat** oder lediglich **Ministerrat** bezeichnet. Um es konkret zu machen: Die jeweiligen Wirtschaftsvertreterinnen aller Mitgliedsstaaten kommen im Rat für Wirtschaft und Finanzen zusammen, im Rat für Umwelt treffen sich beispielsweise die Umweltminister aller EU-Länder. Trotz der Vielzahl dieser Räte spricht man vom Rat der Europäischen Union als Ganzes. Ein Land hat immer den Vorsitz im Rat – man nennt das dann **EU-Ratspräsidentschaft**. Alle sechs Monate wird dieser Vorsitz gewechselt, und das nächste Land kommt an die Reihe. Eine solche Ratspräsidentschaft ist für das jeweilige Land eine besondere Zeit, denn der Vorsitz gibt den Ländern mehr Sichtbarkeit und die Möglichkeit, stärker für ihre Interessen und Projekte zu werben. Wenn nichts Außergewöhnliches passiert, treffen sich die Ministerinnen und Minister im Rat der Europäischen Union etwa alle drei Monate. Bei diesen Treffen werden beispielsweise neue Verordnungen oder Richtlinien verabschiedet, politische Maßnahmen werden koordiniert, Außen- und Sicherheitspolitik wird entwickelt, oder der Haushaltsplan der EU wird genehmigt. Die Abstimmungen im Rat der Europäischen Union sind nicht unkompliziert, und immer wieder gibt es Diskussionen über das sogenannte Stimmverhältnis. Je größer die Bevölkerung in einem Land, desto mehr Gewicht hat die Stimme dieses Landes im Rat. Das heißt also, dass Länder wie Deutschland, Frankreich oder Italien deutlich mehr Einfluss im Rat haben als Länder wie beispielsweise Dänemark, Irland oder Luxemburg. Der Rat der Europäischen Union hat seinen Hauptsitz dort, wo auch der Europäische Rat tagt, nämlich im Europagebäude in Brüssel.

Bergfest! Zwei zentrale Institutionen haben wir geschafft, zwei kommen noch. Ketzerisch könnte man sagen, dass das **Europäische Parlament** im Vergleich zum Europäischen Rat und dem Rat der Europäischen Union langweilig ist. Während Letztere doch eher untypische demokratische Organe sind, ist das Europäische Parlament mit seinem Sitz in Straßburg eine demokratische Institution, wie sie im Lehrbuch steht. Das Europäische Parlament ist die Stimme des Volkes, es ist das einzige EU-Organ, das direkt von den Bürgerinnen und Bürgern gewählt wird. Diese **Europawahlen** finden alle fünf Jahre in der gesamten Europäischen Union statt. Allerdings gibt es auch hier einige Besonderheiten. Je mehr Einwohner ein EU-Land hat, desto mehr Abgeordnete darf es in das Europäische Parlament schicken – allerdings haben Länder mit geringerer Einwohnerzahl mehr Abgeordnetensitze pro Einwohner zu Verfügung. So soll die Macht möglichst gerecht aufgeteilt sein. Auch Parteien funktionieren auf europäischer Ebene etwas anders. Es gibt keine europäischen Parteien, stattdessen schließen sich die verschiedenen nationalen Parteien, die ähnliche politische Ansichten vertreten, zu **Fraktionen** im Europäischen Parlament zusammen. Eine **Abgeordnete** oder ein **Abgeordneter** im Europäischen Parlament gehört also zunächst einer nationalen Partei in seinem Land an, muss im jeweiligen Heimatland bei der Europawahl gewählt werden und schließt sich dann erst einer Fraktion im Europäischen Parlament an. Findet ein Abgeordneter keine passende Fraktion im Europäischen Parlament, kann er auch fraktionslos bleiben. Das klingt jetzt komplizierter, als es ist. Nehmen wir mal ein Beispiel. Wenn viele Menschen in Deutschland bei der Europawahl für die CDU/CSU stimmen, ziehen entsprechend viele Abgeordnete der Partei CDU/CSU für Deutschland ins Europäische Parlament ein. Dort treten sie dann allerdings nicht als CDU/CSU auf, sondern als Fraktion der Europäischen Volkspartei, kurz EVP – zu dieser Fraktion gehören neben den CDU/CSU-Abgeordneten noch die Abgeordneten der österreichischen ÖVP, der belgischen CSP, der luxemburgischen CSV und viele mehr. All diese Parteien sind christlich-demokratisch und konservativ. Sie haben sich deshalb als EVP zusammengetan, um ihre Interessen gemeinsam auf EU-Ebene zu vertreten. Die Abgeordneten der SPD wiederum treten im Europäischen Parlament unter anderem zusammen mit der französischen Parti Socialiste und der österreichischen SPÖ als Fraktion der Sozialdemokratischen Partei Europas auf. Nach außen hin wird das Europäische Parlament von einer Präsidentin oder einem Präsidenten vertreten, die oder der auf eine Dauer von zweieinhalb Jahren gewählt wird. Die wichtigste Aufgabe des Europäischen Parlaments ist es, über Verordnungen und Richtlinien abzustimmen. Gut möglich, dass Sie jetzt an dieser Stelle zusammenzucken und denken: »Moment mal, war das nicht schon die Aufgabe des Rates der Europäischen Union?« Richtig! Einer Verordnung oder Richtlinie müssen in der Europäischen Union sowohl das Europäische Parlament als auch der Rat der Europäischen Union zustimmen. Wir werden uns das Gesetzgebungsverfahren der EU später noch genauer anschauen. Neben der Gesetzgebung gehört es zu den Aufgaben des Europäischen Parlaments, über den EU-Haushalt zu entscheiden und die Arbeit der anderen EU-Einrichtungen wie beispielsweise der EU-Kommission zu überwachen.

Zum Schluss müssen wir uns noch um die **Europäische Kommission** kümmern. Von der Aufgabenverteilung her entspricht sie quasi der Regierung der Europäischen Union – für die Politik-Expertinnen unter Ihnen: Die EU-Kommission ist im Grunde genommen also die Exekutive. Für diejenigen, bei denen der Politikwissenschaftsunterricht schon ein paar Jahre her ist, eine kurze Auffrischung an dieser Stelle. Die Exekutive ist in der klassischen Staatentheorie neben Legislative und Judikative die dritte Gewalt, die sich in erster Linie um die Ausführung der Gesetze kümmert. Bevor wir uns die Aufgaben der Kommission genauer anschauen, müssen wir erst mal verstehen, wie sie sich zusammensetzt. Die Mitglieder der Europäischen Kommission nennt man EU-Kommissare. Jeder Mitgliedsstaat der Europäischen Union kann einen **EU-Kommissar** oder eine **EU-Kommissarin** vorschlagen, welcher dann anschließend durch das EU-Parlament in einer Wahl bestätigt wird und für fünf Jahre sein Amt behält. Insgesamt gibt es also 27 EU-Kommissare. Ein Punkt ist an dieser Stelle besonders wichtig: Auch wenn die EU-Kommissare jeweils von ihren Staaten vorgeschlagen und damit ins Amt gehoben werden, sollen sie in der EU-Kommission keine nationalen, sondern ausschließlich EU-Interessen vertreten. Das ist übrigens ein entscheidender Unterschied zum Europäischen Rat und zum Rat der Europäischen Union – die nationalen Minister und Regierungschefinnen, die dort zusammenkommen, vertreten ihre jeweiligen nationalen Interessen, die EU-Kommissare sollen genau das explizit nicht tun. Das ist zumindest die Theorie, inwieweit das praktisch tatsächlich funktioniert, ist eine andere Frage.

Wenn die Europäische Kommission so etwas wie die Regierung der EU ist, braucht sie natürlich auch eine Regierungsleitung: die **EU-Kommissionspräsidentin** bzw. den **EU-Kommissionspräsidenten**. Die Europäische Kommission schlägt eine Person aus ihren eigenen Reihen als Präsidenten vor, welcher dann anschließend vom EU-Parlament in einer Wahl bestätigt werden muss. Der EU-Kommissionspräsident vertritt die EU nach außen und ist intern quasi der Chef. Ganz einfach gesagt ist es Aufgabe der Europäischen Kommission, den Laden am Laufen zu halten und zu kontrollieren. Sie muss also sicherstellen, dass die Richtlinien, Verordnungen und Beschlüsse der EU von den Mitgliedsstaaten auch wirklich umgesetzt werden. Oft ist deshalb in diesem Zusammenhang auch die Rede von der »Hüterin der Verträge«. Außerdem setzt die Kommission den EU-Haushalt um und kümmert sich darum, dass die vielfältigen Förderprogramme möglichst erfolgreich sind. Auch um konkrete Aufgaben wie den Einkauf von Impfstoff für die gesamte EU kümmert sich die EU-Kommission, nicht immer erfolgreich, wie der Einstieg in dieses Kapitel zeigte. Das alles sind klassische Aufgaben der Exekutive, nämlich das Durchsetzen von dem, was beschlossen wurde. Darüber hinaus erfüllt die EU-Kommission aber noch eine weitere wichtige Aufgabe. Sie hat das, so steht es in den Verträgen, »alleinige Initiativrecht«. Das bedeutet, dass in den allermeisten Fällen nur die Europäische Kommission einen neuen EU-Rechtsakt, also eine Verordnung oder eine Richtlinie, ausarbeiten und anschließend vorschlagen kann. Parlament und Rat können diese Vorschläge zwar noch überarbeiten und anpassen, und natürlich müssen sie auch zustimmen – die Initiative in der EU muss allerdings immer von der EU-Kommission ausgehen. Dieser Punkt ist entscheidend, weil er noch mal deutlich macht, warum die Europäische Kommission so eine herausragende Rolle in der EU hat und oft im Fokus der Berichterstattung steht: Die Kommission sitzt in der EU am Drücker, sie peitscht Vorhaben nach vorne, ohne sie geht nichts. Genauso wie der Europäische Rat hat auch die Europäische Kommission ihr Hauptquartier in Brüssel.

Neben diesen vier Institutionen gibt es noch die **Europäische Zentralbank**, die sich um die Geldpolitik in der EU kümmert. Auf das Thema Finanzpolitik werden wir im späteren Kapitel »Am Ende geht es immer nur ums Geld« noch genauer eingehen. Außerdem ist der **Europäische Gerichtshof** die Judikative der EU. Seine Aufgabe ist es also, aus juristischer Sicht zu prüfen, ob all das, was die EU macht und tut, eigentlich durch die bestehenden Verträge gedeckt ist.

Warum die Europäische Union zwar nervt, aber trotzdem eine gute Sache ist

So, jetzt bitte einmal durchatmen, aufstehen, strecken und sacken lassen. Das war ein dickes Brett, das es zu bohren galt. Aber wenn Sie sich bisher immer gewundert haben, warum Sie in der aktuellen Berichterstattung über die Europäische Union nie so genau verstanden haben, wer denn da jetzt eigentlich was gesagt oder entschieden hat und was das denn nun bedeutet, dann wissen Sie jetzt zumindest, woran es lag. Man kann es nicht oft genug sagen: Die Europäische Union ist alles andere als unkompliziert. In Teilen kann man das der EU auch vorwerfen, und vermutlich ist diese Komplexität auch ein wesentlicher Grund dafür, dass die EU von vielen Menschen einfach nur als sperrige Beamteninstitution wahrgenommen oder sogar abgelehnt wird. Die immer weiter sinkende Wahlbeteiligung bei den Europawahlen und auch der BREXIT sind Symptome dieses Problems. Viele politische Beobachterinnen und Beobachter sind sich mittlerweile darüber einig, dass die Europäische Union nur überleben und vorankommen kann, wenn sie es schafft, nahbarer und verständlicher zu werden – ohne die Bürgerinnen und Bürger als EU-Fans wird es nicht gehen. All diese Kritik ist berechtigt, man muss an dieser Stelle allerdings auch die andere Seite sehen. Die Europäische Union ist die einzige supranationale, also sich über mehrere Staaten hinweg erstreckende, Institution dieser Art. Alles, was die EU macht, ist Pionierarbeit – es gibt keine Vorgängermodelle, aus deren Fehlern man lernen könnte. Kommen wir beispielsweise noch mal auf das Thema Impfstoffverteilung zurück. Erinnern Sie sich noch an die unschöne Tatsache, dass der damalige US-amerikanische Präsident Donald Trump Corona-Impfstoffe nach dem Motto »America first« zu großen Teilen exklusiv für die USA horten wollte? Dass die Verteilung eines deutschen Impfstoffes von der EU-Kommission geregelt wird, widerspricht einem solchen nationalen Alleingang und setzt stattdessen auf solidarische Grundwerte der europäischen Idee. Ohne Frage: Die Logistik der Verteilung war eine Katastrophe, und es wurde einfach viel zu wenig bestellt, aber der Grundgedanke dahinter ist doch eigentlich ganz nachvollziehbar, oder?

Zusätzlich zu ihrem schlechten Image steht die Europäische

Institutionen und Organe der EU

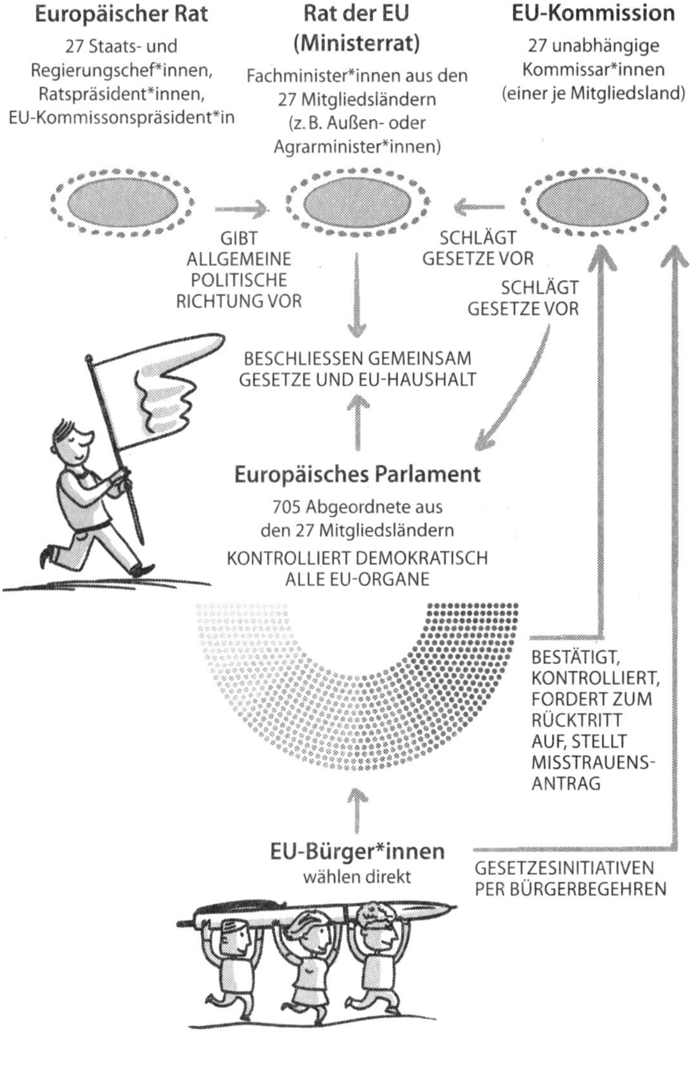

Weitere Einrichtungen und Organe der EU (Auswahl)

Gerichtshof der Europäischen Union	→	WACHT ÜBER VERTRÄGE
Europäischer Rechnungshof	→	KONTROLLIERT AUSGABEN
Europäischer Wirtschafts- und Sozialausschuss	→	BERATENDE AUFGABEN
Ausschuss der Regionen der EU	→	BERATENDE AUFGABEN
Europäische Zentralbank	→	SORGT FÜR STABILITÄT DES FINANZSYSTEMS (EURO) UND DER PREISE

Union vor zwei wesentlichen Herausforderungen, die nur sehr schwer und langsam zu lösen sind. Zum einen wären viele Probleme der EU zu lösen, wenn die EU mehr Kompetenzen hätte – das müssten allerdings die EU-Mitgliedsstaaten entscheiden und ihre eigenen Kompetenzen damit beschränken. Hier beißt sich die Katze in den eigenen Schwanz. Einerseits widerstrebt es jedem eigenständigen Staat, Befugnisse an eine übergeordnete Institution abzugeben und sich damit selbst zu entmachten, andererseits wäre genau das vermutlich notwendig, um die EU zu vereinfachen und handlungsfähiger zu machen. Die zweite große Herausforderung der Europäischen Union ist, dass die europäische Zusammenarbeit ein permanentes Ringen um Kompromisse zwischen 27 unterschiedlichen Staaten mit 27 unterschiedlichen Interessen ist. Man muss sich das in der Praxis noch mal klarmachen: Die Fraktionen im

EU-Parlament beispielsweise bestehen aus mehreren nationalen Parteien. In der deutschen Politik sehen wir oft genug, wie schwierig es allein für eine einzige Partei aus einem einzigen Land ist, sich auf eine klare Linie zu einigen. (Erinnern Sie sich zum Beispiel an die Suche der CDU nach einem neuen Parteivorsitzenden oder Kanzlerkandidaten?) Jetzt stellen Sie sich bitte vor, wie schwierig es sein muss, sich auf europäischer Ebene mit mehr als einer Handvoll unterschiedlicher Parteien aus unterschiedlichen Ländern auf eine klare Linie in einer Fraktion zu einigen. Dabei muss man auch immer bedenken, dass die Mitgliedsstaaten der Europäischen Union sehr unterschiedliche Voraussetzungen und Interessenlagen haben. All das will sagen: Ja, die EU ist verdammt kompliziert, und das nervt, aber es gibt dafür eben auch Gründe, die sich nicht von heute auf morgen aus der Welt schaffen lassen.

Die Gesetzgebung in der Europäischen Union

Würde es in diesem Kapitel um ein Gesellschaftsspiel gehen, hätten wir nun endlich den Spielaufbau verstanden und könnten uns den Spielregeln widmen. Wie wird in der Europäischen Union gespielt? Wie interagieren die unterschiedlichen Organe miteinander? Eigentlich ist es einfach und doch irgendwie wieder speziell – EU eben. Ein eigenständiger Staat wie Deutschland wird vor allem über Gesetze und staatliche Institutionen am Laufen gehalten. Die Europäische Union ist ein übergeordneter, supranationaler Zusammenschluss von 27 souveränen Staaten und funktioniert deshalb etwas anders. Die zwei wichtigsten Instrumente der EU sind Verordnungen und Richtlinien. Beide werden wir im Folgenden kurz erklären und anhand eines Beispiels durchgehen.

Eine **Verordnung** wird von der Europäischen Union beschlossen, ist dann unmittelbar in allen 27 Mitgliedsstaaten gültig und muss unverzüglich umgesetzt werden. Eine solche Verordnung kommt zustande, indem beispielsweise die Regierungschefinnen und -chefs der EU auf einem EU-Gipfel ein bestimmtes politisches Ziel aussprechen. Daraufhin verfasst dann die Europäische Kommission eine Verordnung, mit der dieses Ziel erreicht werden kann. Im Anschluss muss das Europäische Parlament sowie der Rat der Europäischen Union dieser Verordnung zustimmen bzw. sie gegebenenfalls noch nach ihren Wünschen anpassen. Wenn sowohl Parlament als auch Rat der Verordnung zugestimmt haben, gilt sie in der gesamten Europäischen Union. Alle Länder, alle Unternehmen, alle Einwohnerinnen und Einwohner der Europäischen Union müssen sich fortan an die festgelegten Richtlinien halten. Eines der berühmtesten Beispiele für eine EU-Verordnung ist die Datenschutz-Grundverordnung, kurz DSGVO. Die Europäische Union hat 2018 mit dieser Verordnung die Regeln zur Verarbeitung personenbezogener Daten in der EU vereinheitlicht. Eine andere berühmte Verordnung ist die sogenannte »Bananenverordnung« von 1995, die einen bestimmten Mindeststandard für importierte Bananen vorschreibt.

Eine **Richtlinie** funktioniert etwas anders. Zwar muss auch eine EU-Richtlinie von der Kommission formuliert und anschließend von Parlament und Rat bestätigt werden, allerdings hat sie danach zunächst keine sofortige verbindliche Wirkung. Eine Richtlinie kann man sich wie eine Art Ziel vorstellen, auf das sich die Mitgliedsstaaten der Europäischen Union geeinigt haben. Es ist am Ende Aufgabe jedes einzelnen Landes, eigene Rechtsvorschriften – also zum Beispiel Gesetze – zu erlassen, die dafür sorgen, dass das Ziel erreicht wird. Konkretisieren wir diesen Vorgang an einem praktischen Beispiel. Im Jahr 2011 wurde die Richtlinie über Verbraucherrechte beschlossen. Das in dieser Richtlinie festgelegte Ziel war es, die Rechte von Verbraucherinnen und Verbrauchern in der gesamten EU zu stärken. Zur Erreichung dieses Ziels wurden dann beispielsweise versteckte Internetkosten abgeschafft, und das Widerrufsrecht bei Kaufverträgen wurde deutlich verlängert. Diese konkreten

Schritte wurden von einzelnen Ländern durch nationale Gesetze durchgesetzt.

Neben Verordnungen und Richtlinien kann die EU auch **Beschlüsse** fassen. So kann die EU-Kommission beispielsweise beschließen, dass sich die Europäische Union als Ganzes an verschiedenen Organisationen zur Bekämpfung von Terrorismus beteiligt. Oder sie kann sich eben um die Verhandlung mit Pharmakonzernen kümmern, wie es beim Corona-Impfstoff der Fall war. Außerdem sind unverbindliche **EU-Empfehlungen** und **Stellungnahmen** üblich – diese haben allerdings keine unmittelbare politische Wirkung. Darüber hinaus hat die Europäische Union viele **Förderprogramme**, mit denen sie ganz unterschiedliche Projekte mit ganz unterschiedlichen Zielen unterstützt.

Die Instrumente der Europäischen Union

Verordnung: von der EU beschlossen und unmittelbar EU-weit gültig.

Richtlinie: von der EU beschlossen, muss dann von den Mitgliedsstaaten in geltendes Recht umgesetzt werden.

Wie bei jedem Gesellschaftsspiel müssen wir uns auch bei der EU nicht alle Spielregeln merken, um zu verstehen, worum es geht. Wichtig ist zu wissen: Meistens sind es die EU-Gipfel, auf denen die Regierungschefinnen und -chefs ein bestimmtes Ziel oder Thema vorgeben. Anschließend arbeitet die Europäische Kommission einen Entwurf aus, dem dann Parlament und Rat zustimmen müssen. Am Ende stehen meistens Verordnungen oder Richtlinien, mit denen die auf dem EU-Gipfel getroffenen Ziele erreicht werden sollen. Um dieses Verfahren abzukürzen, gibt es immer öfter einen sogenannten **Trilog**. Dabei treffen sich die entscheidenden Vertreterinnen und Vertreter aus Kommission, Parlament und Rat schon informell im Vorfeld, um den einen Entwurf so weit zu besprechen, dass er anschließend quasi durchgewunken werden kann.

Zum Schluss dieses Kapitels wagen wir noch einen kurzen Blick in die ungewisse Zukunft der EU. Einerseits gibt es innerhalb der Europäischen Union immer mehr nationalistische und EU-skeptische Strömungen. Eine mögliche Folge solcher Dynamiken haben wir beim BREXIT des Vereinigten Königreichs kennengelernt. Auf der anderen Seite wird die Europäische Union in Zukunft eine zentrale Rolle dabei spielen, es europäischen Nationen zu ermöglichen, sich auf globaler Ebene gegen die großen Mächte China, Russland und die USA durchsetzen zu können. Es gibt deshalb auch Strömungen innerhalb Europas, die sich für mehr EU einsetzen. Manche träumen sogar schon laut von einer Art Vereinigten Staaten von Europa. In dieser Zukunftsvision wäre die EU dann tatsächlich ein echter Staat und Deutschland nur noch vergleichbar mit einem Bundesland. Welchen der beiden Wege die Europäische Union in den nächsten Jahren und Jahrzehnten einschlägt, werden wir alle gemeinsam beobachten können – das nötige Wissen, um die Vorgänge zu verstehen, haben wir jetzt auf jeden Fall.

Weil die EU mit all ihren Organisationen heutzutage so wichtig, aber eben auch sperrig und kompliziert ist, beschäftigen Fernseh- und Radiosender sowie Zeitungen extra EU-Korrespondentinnen oder Korrespondenten in Brüssel. Sie beobachten vor Ort die wichtigsten Entscheidungen und Entwicklungen der Europäischen Union und stehen in engem Kontakt mit den Politikerinnen und Politikern vor Ort. Sowohl die ARD als auch das ZDF unterhalten ein eigenes Büro und Studio in Brüssel. Im Ersten wird wöchentlich ausführlich im *Europamagazin* über das berichtet, was in der EU so passiert, im ZDF gibt es täglich die Sendung *heute in Europa* mit Nachrichten aus unterschiedlichen europäischen Ländern.

---

3 WENN SICH LÄNDER ZUSAMMENTUN – UN, G7, G20, NATO UND ANDERE BÜNDNISSE

Ohne weiterzulesen oder zu googeln: Könnten Sie jetzt sofort aus dem Stegreif die Unterschiede zwischen den Vereinten Nationen, der UNO, G7, G20, der NATO und dem Sicherheitsrat erklären? Wüssten Sie, welches dieser Bündnisse wofür verantwortlich ist? Vermutlich könnten Sie das nicht – ehrlich gesagt hätten wir das vor dem Schreiben dieses Kapitels auch nicht gekonnt, obwohl wir über all diese Bündnisse, ihre Treffen und die Kritik an ihnen regelmäßig berichten. Doch es sind einfach zu viele, zu komplizierte und auf den ersten Blick zu wenig unterschiedliche Vereinigungen, von denen wir auch nur zu selten hören, als dass wir sie uns in der Hektik des Alltags alle im Detail merken könnten. Fakt ist aber: Deutschland ist Mitglied in all diesen Bündnissen, sie beeinflussen unser Leben, im Fall einer Krise oder eines Krieges sind sie sogar überlebenswichtig für uns. Deshalb lohnt sich die Lektüre der nächsten Seiten für uns alle.

Auf unserem Planeten gibt es knapp 200 eigenständige Länder. Doch eigenständig bedeutet noch lange nicht, dass sie alle tun und lassen können, was sie wollen. Okay, sie könnten es theoretisch schon, funktioniert nur nicht. Die Zeiten, in denen jeder Staat seine eigenen Brötchen gebacken hat und sich nicht für die anderen interessierte, sind längst vorbei – wenn es sie denn je gegeben hat. Schon in der Steinzeit war das Glück eines Stammes abhängig von seinen Nachbarn. Das wurde spätestens dann schmerzlich klar, wenn einen die Nachbarn in der Nacht plötzlich mit Knüppeln überrannten. Doch nicht nur Kriege, sondern auch globale Herausforderungen wie das Platzen der Immobilienblase in den USA, die erste Ölkrise, der Klimawandel oder zuletzt auch die Coronapandemie haben der Menschheit immer wieder unmissverständlich klargemacht, dass Wohlstand und Glück im eigenen Land nicht unabhängig davon sind, was um einen herum passiert. Selbst Monarchen und Diktatoren haben das mittlerweile verstanden. Jede neue Krise erinnerte die Mächtigen dieser Welt, dass es cleverer ist, sich abzusprechen und große Probleme gemeinsam anzupacken, und so wurden im Laufe der Zeit immer mehr multinationale Bündnisse ins Leben gerufen. Einige sind streng genommen nur informelle Treffen, andere sind militärische Verteidigungsbündnisse, und manche können sogar tatsächlich verbindlich etwas beschließen. Aber ganz egal, wie genau die Organisationsform aussieht, die grundlegende Motivation hinter all diesen Bündnissen ist immer ähnlich: Frieden bewahren, Krisen verhindern oder lösen – das geht in unserer globalisierten Welt nur gemeinsam. Wenn überhaupt. Bisher gibt es nämlich noch kein einziges internationales Bündnis, das seine eigenen hochgesteckten Ziele auch wirklich glaubwürdig und nachhaltig erreichen konnte. Stattdessen hagelt es für nahezu alle Bündnisse regelmäßig heftige Kritik.

Vereinte Nationen

Das zweifellos mächtigste Staatenbündnis der Welt ist in Deutschland unter drei unterschiedlichen Namen bekannt: **Vereinte Nationen**, **UN** oder auch **UNO** – all diese Begriffe bezeichnen die gleiche Organisation. Die namentliche Verwirrung lässt sich recht einfach mit einem Blick auf den offiziellen Namen **United Nations Organization** erklären. Das eigentliche Kürzel dafür ist UNO, das O wurde allerdings irgendwann ganz offensichtlich für überflüssig erklärt, weshalb im Sprachgebrauch meistens nur noch UN für United Nations übrig blieb. Dass »Vereinte Nationen« schlicht und ergreifend die Übersetzung für Letzteres ist, müssen wir niemandem erklären. Selbst erklärtes Ziel und Außenwahrnehmung klaffen bei den Vereinten Nationen weit auseinander. Die UN hat sich nichts Geringeres als den Weltfrieden auf die Fahne geschrieben, während Kritikerinnen und Kritiker entgegenhalten, dass die Organisation ein Instrument sei, mit dem die mächtigsten fünf Nationen dieser Welt ihren Kriegen eine offizielle Legitimation geben können.

Die Idee der Vereinten Nationen entstand ähnlich wie die Idee der Europäischen Union, die bereits im vorangegangenen Kapitel erläutert wurde. Mit dem Schrecken des Ersten Weltkriegs im Nacken wuchs die Erkenntnis, dass es so nicht weitergehen konnte. 1920 wurde deshalb der **Völkerbund** ins Leben gerufen – mit dem Ziel, dauerhaften Frieden auf der Welt zu sichern. Was ist nötig, um dieses Ziel zu erreichen? Klar, möglichst viele große und mächtige Länder, die mitmachen. Doch genau daran scheiterte der Völkerbund, denn beispielsweise die USA beteiligten sich nicht. Den endgültigen Beweis dafür, dass der Völkerbund seine Ziele ganz offensichtlich nicht erreichen konnte, lieferte dann der Ausbruch des Zweiten Weltkriegs. Die neuerlichen Schrecken des Krieges sorgten allerdings für einen neuen Anlauf, und so traten ab 1945 nach und nach immer mehr Länder in das neue Bündnis Vereinte Nationen ein. Stand heute sind 193, also fast alle Länder der Welt, Mitglied der UN. Lediglich Taiwan, Vatikanstaat, Palästina, Nordzypern, (West-)Sahara, Kosovo und einige Pazifikinseln sind nicht Teil der UN, weil sie nicht von allen anderen UN-Mitgliedern offiziell als Staaten anerkannt werden. Die politischen Details zu diesen Sonderfällen ersparen wir Ihnen an dieser Stelle.

Ihre Ziele wollen die Vereinten Nationen vor allem mit zwei Organen erreichen, von denen Sie auch regelmäßig in den

Nachrichten hören: der **UN-Generalversammlung** und dem **UN-Sicherheitsrat**.

Einmal im Jahr, im September, treffen sich alle Mitglieder der UN im Hauptquartier in New York City zur Generalversammlung, oft auch als Generaldebatte bezeichnet. Übrigens gehört das UN-Hauptquartier, auch wenn es in New York ist, streng genommen nicht zu den USA, sondern ist extraterritorial – das Treffen findet also auf diplomatischem Gebiet statt, auf das keine Nation Anspruch hat. Jedes Mitgliedsland entsendet eine Delegation, meistens bestehend aus der Regierungschefin oder dem Regierungschef sowie weiteren Regierungsmitgliedern, dorthin. Die mächtigsten Politikerinnen und Politiker der ganzen Welt zusammen in einem einzigen Raum. So kommt eine bunte Runde aus demokratisch gewählten Staatsoberhäuptern, Monarchen und Despoten zusammen, die ein CNN-Journalist einmal als den »Superbowl der Diplomatie« bezeichnete. In der Tat spielen sich in der Generalversammlung regelmäßig spektakulär absurde Szenen ab. Beispielsweise als der libysche Herrscher Muammar al-Gaddafi im Jahr 2009 anstatt für 15 Minuten für sage und schreibe 96 Minuten sprach und dabei eine Seite der UN-Charta zerriss. 2011 hielt der iranische Präsident Mahmud Ahmadineschad vor der gesamten UN eine Rede, in der er Verschwörungstheorien über die Terroranschläge des 11.September zitierte, woraufhin mehrere westliche Delegationen den Saal verließen. Die Bilder von diesem Treffen kennen Sie vermutlich alle: Der etwas aus der Zeit gefallene Konferenzraum mit den hölzernen Wänden, imposanten Tischen und der riesigen goldenen Wand hinter dem schwarzen Marmor-Rednerpult ist einzigartig und wirkt fast ein wenig wie eine Szenerie aus einem schlechten Science-Fiction-Film. Doch auch wenn die Bilder der Generalversammlung optisch an eine Art Weltparlament aus einer fernen Zukunft erinnern, handelt es sich hier gerade nicht um irgendeine politische Institution oder gar ein Parlament. Im Grunde genommen ist die UN-Generalversammlung nur eine Art großes Klassentreffen, eine Versammlung der Mächtigen. Es ist global betrachtet der wichtigste Ort für Diplomatie, wo weltpolitische Fragen zur Diskussion stehen. Zwar kann in dieser Runde über jedes Thema gesprochen werden, das von globaler Relevanz ist, getroffene Beschlüsse sind allerdings nicht völkerrechtlich bindend, sondern lediglich als eine Art dringende Empfehlung zu verstehen. Außerdem wird in der Versammlung über verschiedene Dinge abgestimmt, wobei jedes Land eine Stimme hat. So wählt die Generalversammlung beispielsweise immer für fünf Jahre den **UN-Generalsekretär**, den Vorsitzenden und wichtigsten Repräsentanten der Vereinten Nationen. Auch hier ist die Verwendung der rein männlichen Form leider kein Zufall. Kofi Annan und Ban Ki-Moon haben in diesem Amt globale Berühmtheit erlangt.

Wenn Sie sich jetzt fragen, wie genau dieses Organ konkret dabei helfen soll, den Weltfrieden zu wahren, legen Sie den Finger schon ziemlich genau in die Wunde – genau das ist nämlich das Problem. Zwar ist die UN-Generalversammlung das wichtigste Treffen, bei dem Politikerinnen und Diplomaten aus aller Welt sich austauschen, an dem sie auf Probleme hinweisen, Missstände anprangern und Lösungen vorschlagen können – aber mehr eben auch nicht. Es ist wie eine Art riesige Familientherapie: Zwar ist es schön, dass sich mal alle zusammensetzen, die Probleme auf den Tisch kommen und über alles gesprochen wird. Doch allein durch Reden hat sich im Alltag noch nichts geändert. Dafür müssen dann im zweiten Schritt Taten folgen, und genau die kann die UN nicht erzwingen. So abgedroschen der Ausdruck ist, so sehr passt er: Die UN-Generalversammlung ist ein zahnloser Tiger.

Beim **UN-Sicherheitsrat**, oftmals auch als Weltsicherheitsrat bezeichnet, sieht das schon anders aus. Allerdings hat er ein anderes, grundlegendes Problem, das ihn oft ad absurdum führt – darauf werden wir in den folgenden Abschnitten noch zurückkommen. Der Sicherheitsrat ist das wichtigste Organ der Vereinten Nationen, womöglich eine der wichtigsten Runden der Welt überhaupt, denn er hat nicht weniger als »die Hauptverantwortung für die Wahrung des Weltfriedens und der internationalen Sicherheit«. Allerdings kümmern sich um diese Aufgabe nicht alle Mitgliedsländer der Vereinten Nationen, sondern lediglich 15 von ihnen. Der UN-Sicherheitsrat besteht aus fünf ständigen Mitgliedern, die konstant vertreten sind – und zehn nicht ständigen Mitgliedern, die immer wieder wechseln. Die fünf ständigen Mitglieder im Sicherheitsrat sind die USA, China, Russland, Frankreich sowie das Vereinigte Königreich. Die zehn nicht ständigen Mitglieder werden von der Generalversammlung gewählt, wobei darauf geachtet wird, dass Afrika immer drei Sitze, Asien, Lateinamerika und die Karibik sowie Westeuropa zwei Sitze und Osteuropa einen Sitz erhält. Außerdem hat der UN-Generalsekretär einen dauerhaften, wenn auch stimmlosen Sitz im Sicherheitsrat.

Da sitzen nun also Diplomatinnen und Diplomaten aus diesen fünfzehn Ländern fast täglich in New York im norwegischen Saal des Sicherheitsrates zusammen. Sie beobachten und diskutieren, was auf der Welt passiert. Wo gibt es Konflikte? Wo entstehen Bedrohungen für den Frieden? Welche Kriege finden gerade statt, und warum und von wem werden sie geführt? Je nach Situation kann der UN-Sicherheitsrat Schritte beschließen, um einen Konflikt zu verhindern, zu stoppen, zu lösen oder zumindest der zivilen Bevölkerung im Land zu helfen – alles immer mit dem Ziel, für Frieden zu sorgen. All das passiert mithilfe der sogenannten **UN-Resolutionen**. Was genau eine UN-Resolution beinhaltet, kann sehr unterschiedlich sein. Möglich sind zum Beispiel das Einrichten einer Flugverbotszone, das Verbot von Waffenlieferungen in ein bestimmtes Land, das Ausrufen einer Waffenruhe oder sogar die Machtübergabe an eine Übergangsregierung. Eine UN-Resolution kann aber auch einfach nur eine Erlaubnis dafür sein, dass wichtige Hilfsgüter in eine Konfliktregion gebracht werden dürfen. Eine solche Resolution des Sicherheitsrates ist, anders als Beschlüsse der Generalversammlung, ein völkerrechtlich bindender Beschluss. Das bedeutet, dass Ländern Strafen, sogenannte repressive Maßnahmen, drohen, wenn sie sich nicht an diese Beschlüsse halten. Beispiele für solche Strafen sind etwa der teilweise oder vollständige Abbruch von Wirtschaftsbeziehungen, Transportwegen, Kommunikationsmöglichkeiten oder diplomatischen Beziehungen. In den Nachrichten spricht man dann von einer **UN-Sanktion** oder einem **UN-Embargo**. Insbesondere Wirtschaftssanktionen haben sich als effektives Mittel herausgestellt. Denn in unserer globalisierten Welt, mit Handelsketten, die sich über den ganzen Globus erstrecken, kann kein Land mehr langfristig ohne den Import von Waren überleben.

Sollten auch Sanktionen nicht mehr weiterhelfen, hat der UN-Sicherheitsrat noch eine Trumpfkarte, die er zücken kann, um seine Resolutionen durchzusetzen: die **UN-Blauhelmmissionen**. Die Vereinten Nationen haben eigene Soldaten, die Blauhelme – so genannt, weil sie blaue Helme tragen. Sie werden von den Mitgliedsstaaten zur Verfügung gestellt und können vom UN-Sicherheitsrat eingesetzt werden, um für Frieden zu sorgen. In den meisten Fällen leisten die Soldatinnen und Soldaten humanitäre Hilfe, überwachen Waffenstillstände oder fungieren als eine Art Übergangspolizei, wenn es in einem Land zu grundlegenden politischen Umbrüchen kommt. In der Praxis gibt es dabei allerdings viele Probleme. So darf etwa eine solche Friedensmission immer nur mit Zustimmung der Regierung des jeweiligen Landes stattfinden, in die die Soldaten geschickt werden sollen. Wer Unrecht begehen möchte, wird wohl kaum zustimmen, dass Blauhelme der UN dabei zusehen. Und selbst wenn UN-Truppen eingesetzt werden, ist ihr Mandat, also ihr Auftrag, meistens sehr eingeschränkt. So konnten die Blauhelme beispielsweise 1995 in Srebrenica in Bosnien und Herzegowina die Zivilbevölkerung nicht schützen und mussten einem Massaker nahezu tatenlos zusehen.

Zu Beginn hatten wir geschrieben, dass einige der UN vorwerfen, für die mächtigen fünf Nationen eine Art Kriegs-Legitimationsmaschine zu sein, und nun ist es an der Zeit, das genauer zu erklären. Im UN-Sicherheitsrat hat jedes Land, egal ob ständiges oder nicht ständiges Mitglied, eine Stimme. Wenn eine neue Resolution verabschiedet werden soll, ist lediglich eine Mehrheit dieser Stimmen nötig, und schon können Schritte unternommen werden. So weit, so gut. Entscheidend ist allerdings die Sonderstellung der fünf ständigen Mitglieder. Sie haben nämlich jeweils ein Vetorecht, weshalb sie oft auch einfach als **Vetomächte** bezeichnet werden. Konkret bedeutet das: Mehrheit hin oder her, wenn USA, Russland, China, Frankreich oder das Vereinigte Königreich eine Resolution verhindern wollen, ist das jederzeit durch ein einfaches Veto der jeweiligen Nation möglich. Das führt in der Konsequenz dazu, dass es unmöglich ist, diesen Ländern Sanktionen aufzuerlegen oder ihre kriegerischen Tätigkeiten zu unterbinden. Schließlich wird sich keines dieser fünf Länder selbst bestrafen oder sich selbst etwas verbieten. So kann der Sicherheitsrat also nicht generell Kriege verhindern, sondern ist vielmehr ein Organ, das entscheidet, wer sich bekriegen darf und wer nicht. Das Vetorecht wurde durchaus schon benutzt, um eigene Kriege zu legitimieren. So konnten beispielsweise 2003 die USA in den Irak einmarschieren, ohne dass es jemand hätte verhindern können. Zuletzt wurde dieses Dilemma außerdem beim Krieg in Syrien sichtbar. Zwar ist es mittlerweile fast unstrittig, dass das Regime des Herrschers Baschar al-Assad für Kriegsverbrechen wie beispielsweise Bombardierungen von Schulen und Krankenhäusern verantwortlich ist – dennoch hat Russland als Verbündeter von Assad nahezu alle Resolutionen gegen ihn verhindert. Am Ende konnte man sich nur mit Mühe und Not auf eine Resolution einigen, die es erlaubte, der Zivilbevölkerung in Syrien dringend benötigte Hilfsgüter zu liefern.

Mit den Vereinten Nationen, ihrer Funktionsweise und ihren Problemen ließen sich noch viele weitere Seiten füllen. Weil wir uns in diesem Kapitel aber auch noch um andere Staatenbündnisse kümmern müssen, machen wir an dieser Stelle Schluss und ziehen ein Fazit. Die UN ist der Höhepunkt der internationalen Diplomatie – nirgendwo sonst auf der Welt treffen sich so viele unterschiedliche Nationen, um friedlich über Probleme und Konflikte zu sprechen. Die Idee, auf diesem Weg für Weltfrieden zu sorgen, ist großartig. Doch die Realisierung dieser Idee wäre nur möglich, wenn auch wirklich alle 193 Mitgliedsstaaten gleichberechtigt mitentscheiden könnten, welche kriegerischen Auseinandersetzungen in Ordnung und welche nicht in Ordnung sind. Genau das wird allerdings gegenwärtig durch das Organ des Sicherheitsrates mit den fünf Vetomächten verhindert. Bis heute beschert das der UN ein massives und verdientes Imageproblem. Unterm Strich teilen wir die Einschätzung vieler politischer Beobachterinnen und Beobachter: Grundsätzlich ist es schön und gut, dass es die Vereinten Nationen gibt – noch besser wäre allerdings, man würde die Vereinten Nationen endlich so revolutionieren, dass sie ihr selbst gestecktes Ziel – Weltfrieden – auch wirklich erreichen kann. Doch weil sich dafür die fünf Mächtigen selbst entmachten müssten, darf man bezweifeln, dass das jemals geschehen wird. Schade eigentlich.

G7 und G20

Das Beispiel der Vereinten Nationen zeigt: Staatenbündnisse entstehen aus Krisen, aus der Not heraus – die UN entstand unter dem Eindruck der Weltkriege. Bei dem nächsten Bündnis, der **Gruppe der Sieben**, kurz **G7**, war es eine Wirtschaftskrise, die zu ihrer Gründung führte. Im Herbst 1973 greifen Ägypten und Syrien Israel an und bringen die israelische Armee an den

Rand einer Niederlage. Nur mit Unterstützung der USA und einem von der UN verhängten Waffenstillstand gelingt es, den Angriff abzuwehren. Doch die arabischen Länder sind empört über die internationale Einmischung und Unterstützung für Israel und holen zum Gegenschlag aus – allerdings nicht militärisch. Stattdessen drosseln sie gemeinsam die Förderung von Öl und verhängen einen Handelsstopp. Innerhalb von kürzester Zeit wird das Öl in den westlichen Ländern, auch in Deutschland, knapp. Der Ölpreis schießt um das Vierfache in die Höhe, und den reichen, mächtigen Ländern wie Deutschland, Frankreich oder den USA wird zum ersten Mal klar, wie sehr sie vom Öl abhängig sind. Zusätzlich zu dieser Ölkrise brachen außerdem die festen Wechselkurse auf dem Finanzmarkt zusammen. Diese Geschehnisse veranlassten Deutschland, Frankreich, Italien, Japan, Kanada, das Vereinigte Königreich und die USA in den 1970er-Jahren dazu, ein Treffen ins Leben zu rufen, bei dem man sich über internationale Wirtschaftspolitik austauschen wollte. Gemeinsam wäre man stärker – so einfach war die Idee.

Der erste Gipfel fand im Jahr 1976 in Puerto Rico statt. Anfangs ging es bei den G7-Treffen tatsächlich nur um Wirtschaftspolitik, doch bereits in den 1980er-Jahren wurden die Themen erweitert. Seitdem sprechen die Staats- und Regierungschefs der Gruppe der Sieben bei ihren Treffen auch über Außen- und Sicherheitspolitik. So wurden beispielsweise der Iran-Irak-Konflikt sowie die Besetzung Afghanistans durch die Sowjetunion auf den G7-Gipfeln ausführlich besprochen und diskutiert. Ziel der G7-Treffen ist es stets, eine gemeinsame Position zu erarbeiten, die Reihen zu schließen und dadurch letztlich die eigenen Interessen nach außen besser vertreten zu können.

In den 1990er-Jahren verlor der Kalte Krieg, der schwelende Konflikt zwischen den USA und Russland, an Brisanz. So kam es, dass 1991 erstmals der damalige sowjetische Generalsekretär Michail Sergejewitsch Gorbatschow an einem G7-Gipfel teilnahm. Ein sowjetischer Regierungsvertreter, der mit westlichen Mächten derart enge diplomatische Beziehungen einging – damals eine echte Sensation. Und es funktionierte! Nur wenige Jahre später, 1998, wurde Russland tatsächlich offiziell als Mitglied der Gruppe aufgenommen. Aus der Gruppe der Sieben wurde die Gruppe der Acht, kurz **G8**. Der Frieden sollte allerdings nicht besonders lange halten. Im März 2014 annektierte Russland die ukrainische Halbinsel Krim mit militärischen Mitteln. Auf gut Deutsch gesagt riss sich Russland also einfach ein Stück ukrainisches Land unter den Nagel. Die internationale Staatengemeinschaft, auch die G7-Staaten, verurteilte diese Übernahme und forderte Russland dazu auf, die Krim wieder an die Ukraine zurückzugeben. Russland weigerte sich allerdings, was die diplomatischen Beziehungen zwischen Russland und den westlichen Staaten nachhaltig beschädigte. Im Zuge dessen schlossen die anderen Mitglieder der G8 Russland am 25. März 2014 wieder aus ihrer Gruppe aus – es ging also zurück zum ursprünglichen Format der G7.

An dieser Stelle können wir ein generelles Missverständnis aus der Welt schaffen: Anders, als viele Menschen glauben, gibt es nicht G7 und G8, sondern Stand heute nur noch die G7. G8 war zwischenzeitlich das gleiche Treffen inklusive Russland. Was es neben G7 allerdings parallel gibt, ist die **Gruppe der 20**, kurz **G20** genannt.

In den 1990er-Jahren gab es in Asien eine ernste Finanzkrise, von der viele internationale Regierungen fürchteten, dass sie die gesamte Welt mit in den Abgrund reißen könnte. Diese Finanzkrise war für die G20, was für die Vereinten Nationen der Weltkrieg und für G7 die Ölkrise war – ein Moment des Aufwachens, eine Mahnung. Plötzlich wurde Politikerinnen und Politikern klar, dass auch Finanzsysteme in einer globalisierten Welt derart vernetzt sind, dass sich Krisen blitzschnell wie eine Art Virus verbreiten konnten. Das wollte man frühzeitig verhindern und ahnte, dass es nur gemeinsam gehen würde. So kam es, dass sich im Dezember 1999 zum ersten Mal die Finanzminister und Notenbankchefs der 19 führenden Industrie- und Schwellenländer plus die der Europäischen Union zum G20-Gipfel trafen. Dabei hatten sie sich von dem bereits etablierten Format der G7 inspirieren lassen – was bei Staatsoberhäuptern funktionierte, sollte auch bei Finanzministern funktionieren.

Die vollständige Liste der G20:

Argentinien, Australien, Brasilien, Deutschland, Frankreich, Indien, Indonesien, Italien, Japan, Kanada, Mexiko, Russland, Saudi-Arabien, Südafrika, Südkorea, Türkei, das Vereinigte Königreich, die Vereinigten Staaten, China und die Europäische Union.

Bei seiner Geburt gehörte der G20-Gipfel noch nicht zu den wichtigsten politischen Treffen der Welt, was schlicht und ergreifend daran lag, dass sich zu Beginn eben nicht die Regierungschefs, sondern lediglich Finanzministerinnen und Notenbankchefs trafen. Es war also eine Art Tagung für Finanzexpertinnen und -experten. Das änderte sich schlagartig mit der globalen Banken- und Finanzkrise von 2008. Die US-Immobilienblase platzte, die Großbank Lehman Brothers brach zusammen, und Aktienkurse stürzten in die Tiefe – die Weltwirtschaft kam dem Abgrund beängstigend nah. So nah, dass im Herbst 2008 die Regierungen der G20-Länder beschlossen, das nächste G20-Treffen zur Chefsache zu machen. So kam es, dass sich beim G20-Gipfel 2008 in Washington zum ersten Mal nicht nur Finanzministerinnen und Notenbankchefs, sondern eben auch die Regierungschefs, also die höchste politische Ebene, trafen, um einen Maßnahmenkatalog zu erstellen, der das Weltfinanzsystem retten und stabiler machen sollte. Dieses Format war derart erfolgreich, dass man es beibehielt. Der Themenkatalog bei G20 hat sich in der Zwischenzeit erweitert –

längst geht es neben Finanzthemen auch um Wirtschaft, Klima, Energie, Ernährung, Soziales und Gesundheit.

Es gibt also G7 als kleinere und G20 als größere Runde parallel nebeneinander. In den Nachrichten wird meist vom **G7-** und **G20-Gipfel** gesprochen – beide Treffen finden einmal pro Jahr statt, es sei denn, es gibt akute Krisen, über die gesprochen werden muss. Dann kann ein außerordentlicher Gipfel einberufen werden. Dabei ist wichtig zu verstehen, dass sowohl G20 als auch G7 keine Gesetze, keine Resolutionen oder irgendwas anderes Verbindliches beschließen können. Beide Treffen können lediglich Anstöße für Änderungen geben, die dann von den Regierungschefs in ihren Ländern umgesetzt werden müssen. Im Grunde genommen handelt es sich bei diesen Treffen um informelle Zusammenkünfte von sehr mächtigen Politikerinnen und Politikern – was sie dann eben doch wieder sehr relevant macht. Das einzige richtige Ergebnis, das am Ende eines G20-Gipfels steht, ist eine schriftliche Abschlusserklärung, die von allen unterzeichnet wird. In der Abschlusserklärung des G20-Riad-Gipfels aus dem November 2020 verpflichten sich die Staats- und Regierungschefinnen und -chefs beispielsweise dazu, »außergewöhnliche Sofortmaßnahmen« zu ergreifen, um die COVID-19-Pandemie zu bekämpfen und ihre gesundheitlichen, sozialen sowie wirtschaftlichen Folgen abzufangen.

G7- und G20-Gipfel werden aus drei Gründen immer wieder kritisiert. Der erste Kritikpunkt lautet, dass beide Staatenbündnisse elitär seien. Am Tisch sitzen dort schließlich nur die mächtigsten und reichsten Industrie- und Schwellennationen der Welt – ärmere und schwächere Länder werden ausgegrenzt und können nicht mitreden, obwohl die Beschlüsse dort am Ende auch Einfluss auf sie haben. Der zweite Kritikpunkt lautet, dass beide Formate undemokratisch seien. Auch wenn es sich bei den Treffen offiziell um keine politische Institution, sondern lediglich um informelle Treffen handelt, werden dort weitreichende Beschlüsse gefasst, die zum Beispiel auch unser Leben in Deutschland betreffen. Eine G7- oder G20-Abschlusserklärung wird allerdings nur von dem Regierungschef oder der Regierungschefin verhandelt und unterzeichnet – die gewählten und wirklich verantwortlichen Politikerinnen und Politiker des Bundestags beispielsweise haben keine Chance mitzureden. Zuletzt wurden G7- und G20-Gipfel in den Medien immer wieder kritisiert, weil sie teuer und aufwendig sind, in der Regel aber nur sehr unkonkrete Ergebnisse liefern. Oft wurde bis tief in die letzte Nacht hinein verhandelt, um überhaupt noch zu irgendeinem Minimalkompromiss zu kommen. Am Ende eines langen G20-Gipfels steht beispielsweise – wie eben zitiert – tatsächlich in der Abschlusserklärung, dass die Länder »außergewöhnliche Sofortmaßnahmen« ergreifen, um die COVID-19-Pandemie zu bekämpfen. Da kann man in der Tat hinterfragen, ob es für diesen schwammigen Beschluss notwendig gewesen wäre, die wichtigsten Politikerinnen und Politiker der 20 Industrie- und Schwellenländer zusammenzutrommeln. All dieser Kritik muss man allerdings entgegenhalten, dass wir es eben gerade Formaten wie G20 und G7 zu verdanken haben, dass wir in vielen Krisen mit einem blauen Auge davongekommen sind. Sicherlich kann man diese Bündnisse im Detail noch besser, demokratischer und effizienter gestalten und organisieren – aber unterm Strich ist es besser, sie zu haben, als darauf zu verzichten.

Die NATO

Wir haben bereits zwei wichtige Staatenbündnisse kennengelernt: Die Vereinten Nationen wollen Kriege verhindern, G20 und G7 sind eine Art multinationales Beratungstreffen für ganz unterschiedliche politische Themen. Bei dem letzten großen Zusammenschluss, um den wir uns in diesem Kapitel kümmern, handelt es sich dagegen um ein klassisches Militärbündnis. Es geht um die **NATO**, einen militärischen Verteidigungspakt, in dem jedes Land im Falle eines Angriffs das andere verteidigen muss. Warum und wie genau, erklären wir in den nächsten Abschnitten.

Wir kennen es alle aus den einschlägigen Mafia- oder Gangsterfilmen. Lebt man in einem rauen Umfeld mit vielen fiesen Typen, sollte man sich ebenfalls mit möglichst vielen anderen kräftigen Typen zusammentun. Wenn man dann in Zukunft von irgendwem blöd angemacht wird, entgegnet man einfach: »Lass mich in Ruhe, sonst hole ich meine Brüder!« Um sicherzustellen, dass diese Drohung auch ernst genommen wird, fährt man vorher gemeinsam mit hochgekrempelten Hemdsärmeln, Baseballschläger und dicker Karre durch die Straßen. Nach ungefähr dem gleichen Prinzip funktioniert auch die NATO. Die vier Buchstaben stehen für **North Atlantic Treaty Organization**, also frei übersetzt die Organisation des Nordatlantischen Vertrages. Der im Namen zementierte Vertrag wurde 1949, also nach dem Zweiten Weltkrieg, von den USA und elf anderen Gründungsländern unterzeichnet.

Ohne in eine Geschichtsstunde abzurutschen, ist es an dieser Stelle wichtig zu verstehen, was damals los war. Der Zweite Weltkrieg war vorbei, Deutschland besiegt und zwischen den Siegermächten aufgeteilt. Doch friedlich war es noch immer nicht. Während die Sowjetunion und die USA im Krieg noch gemeinsam gegen Deutschland gekämpft hatten, verschlechterte sich jetzt zunehmend ihr Verhältnis zueinander. Der Beginn des Kalten Krieges. Die USA misstrauten der Sowjetunion und dem dort aufkommenden Kommunismus, sie fürchteten einen Angriff. Außerdem gab es auch die Sorge, dass Deutschland irgendwann erneut andere Länder überfallen könnte. Um sich zu schützen, schlossen sich die NATO-Länder, wie die Gangster im Film, zu einem Bündnis zusammen. Artikel 5 des Vertrages beschreibt ziemlich genau, worum es im Kern geht – nämlich um den **Bündnisfall**.

Artikel 5 des Nordatlantikvertrags im Wortlaut:

»Die Parteien vereinbaren, dass ein bewaffneter Angriff gegen eine oder mehrere von ihnen in Europa oder Nordamerika als ein Angriff gegen sie alle angesehen wird; sie vereinbaren daher, dass im Falle eines solchen bewaffneten Angriffs jede von ihnen in Ausübung des in Artikel 51 der Satzung der Vereinten Nationen anerkannten Rechts der individuellen oder kollektiven Selbstverteidigung der Partei oder den Parteien, die angegriffen werden, Beistand leistet, indem jede von ihnen unverzüglich für sich und im Zusammenwirken mit den anderen Parteien die Maßnahmen, einschließlich der Anwendung von Waffengewalt, trifft, die sie für erforderlich erachtet, um die Sicherheit des nordatlantischen Gebiets wiederherzustellen und zu erhalten.«

Die Quintessenz dieses Artikels in der Sprache unserer Gangsterfilm-Analogie: Wenn man ein NATO-Land angreift, hat man sofort Stress mit allen NATO-Ländern. Gibt es eine militärische Aggression gegen ein Land aus den eigenen Reihen, helfen die anderen unverzüglich dabei, es zu verteidigen – ein Prinzip, das als militärisches Verteidigungsbündnis bezeichnet wird. Im Laufe der Jahre traten immer mehr westliche Länder der NATO bei – die Bundesrepublik Deutschland wurde 1955 Mitglied. Stand 2021 hat die NATO insgesamt mittlerweile 30 Mitglieder.

Es scheint zunächst paradox, dass ausgerechnet ein hochgerüstetes militärisches Bündnis dabei helfen soll, Frieden zu wahren – doch genau so war und ist es wohl. Auf der sowjetischen Seite stand der NATO der sogenannte Warschauer Pakt, ein Verteidigungsbündnis osteuropäischer Länder, gegenüber. Sowohl die NATO als auch die Teilnehmerstaaten des Warschauer Paktes wussten, dass sie sofort einen verheerenden Konflikt herbeiführen würden, wenn sie auch nur eines der jeweils anderen Mitgliedsländer angriffen. Einen Dritten Weltkrieg wollte niemand ernsthaft riskieren. Aus diesem Grunde eskalierte der Kalte Krieg trotz mehrerer Krisen wie der Kubakrise, des Afghanistankriegs

oder auch des Ukrainekriegs nie zu einer globalen militärischen Auseinandersetzung. Dieses Phänomen wird oft als Gleichgewicht des Schreckens bezeichnet. Auch das kennt man aus Gangsterfilmen: Wenn beide Banden sich vor der Stärke der anderen fürchten, mögen sie sich zwar noch immer nicht und spucken sich vielleicht mal vor die Füße. Aber am Ende lassen sie sich aus Angst in Ruhe und machen vielleicht sogar ab und an zähneknirschend gemeinsame Sache – denn im Falle der Eskalation drohen schlimme Konsequenzen. In der Tat ist diese Beschreibung auch heute noch sehr passend für das Verhältnis zwischen Ost und West auf der globalen Weltbühne. Der Warschauer Pakt hat sich mit dem Ende der Sowjetunion im Jahr 1991 aufgelöst, womit der Gegenspieler der NATO verschwand. Kurz gab es Gespräche darüber, ob deshalb nun auch die NATO überflüssig sei und man sie besser auflösen solle. Doch diese Gedanken wurden schnell wieder verworfen. Stattdessen wurde das NATO-Bündnis in den nächsten Jahrzehnten noch erweitert, auch Richtung Osten, was bis heute für Kritik sorgt.

Apropos Kritik: Auch der NATO wird vorgeworfen, dass ihre Organisationsform zu kompliziert sei – und das vollkommen zu Recht. Unterschiedliche politische und militärische Unterorganisationen müssen sich bei Entscheidungen abstimmen, denn die NATO ist als Organisation ebenfalls ein Bündnis, bei dem nicht nur militärische, sondern auch politische Faktoren eine Rolle spielen. Lassen Sie uns konkret einige wichtige Streitthemen unter die Lupe nehmen, die Ihnen sicher auch schon in der täglichen Berichterstattung untergekommen sind.

Das mächtigste Entscheidungsgremium der NATO ist der Nordatlantikrat mit Sitz in Brüssel in Belgien. Mindestens einmal pro Woche kommen die NATO-Mitgliedsländer im Nordatlantikrat zusammen. Die Staats- und Regierungschefinnen und -chefs treffen sich nur alle zwei bis drei Jahre bei einem NATO-Gipfel. Der einzige Vertreter der NATO, der Ihnen in Nachrichtensendungen und Zeitungen über den Weg laufen wird, ist der Generalsekretär. (Als wir dieses Kapitel schrieben, war das Jens Stoltenberg.) Regelmäßig in die Schlagzeilen schafft es die NATO außerdem vor allem mit drei Themen, die allesamt erklärungsbedürftig sind.

Als Erstes wäre da die bereits angesprochene NATO-**Osterweiterung**. Seit ihrer Gründung vergrößert sich die NATO immer weiter, nach der Auflösung des Warschauer Pakts auch massiv Richtung Osten. Die NATO nahm sogar Beitrittsverhandlungen mit Ländern auf, die noch bis vor Kurzem Teil des sowjetischen Militärbündnisses waren. Mit Bulgarien, Estland, Lettland, Litauen, Rumänien, Slowakei, Slowenien, Albanien, Kroatien, Montenegro und Nordmazedonien hat sich die NATO bis heute tatsächlich massiv Richtung Osten erweitert. Das kommt bei Russland – vorsichtig gesagt – alles andere als gut an. Russland betont immer wieder, dass die NATO einst zugesagt hatte, sich nie weiter Richtung Osten auszubreiten. Dass die NATO dieses Tabu nun bricht und damit Panzer, Flugzeuge und Soldaten immer näher an die russische Außengrenze rückt, stellt für die russische Regierung eine massive Provokation dar. Angesichts der Tatsache, dass in der allgemeinen westlichen Wahrnehmung meistens Russland der böse Aggressor ist, lohnt es sich durchaus, diesen Umstand immer im Hinterkopf zu behalten.

Das zweite große Streitthema der NATO ist die sogenannte **2-Prozent-Regel**, die besonders für den ehemaligen US-Präsidenten Donald Trump immer wieder Anlass für unkontrollierte Wutausbrüche war. Jedes Bündnismitglied hat sich per Vertrag dazu verpflichtet, mindestens 2 Prozent des eigenen jährlichen Bruttoinlandsprodukts für das Verteidigungsbudget aufzuwenden. Auf diese Art und Weise soll sichergestellt werden, dass das gesamte NATO-Militär jederzeit gut gerüstet und auf dem neuesten Stand ist. Außerdem geht es bei der 2-Prozent-Regel auch um Gerechtigkeit – es soll verhindert werden, dass sich einzelne Länder das Geld fürs Militär sparen und sich einfach darauf ausruhen, dass die anderen verteidigen werden. Auch Deutschland gab lange Zeit weit weniger als 2 Prozent des Bruttoinlandsproduktes pro Jahr für die eigene Verteidigung aus und hat das Ziel bisher auch noch nicht erreicht. Immer wieder hagelte es deshalb Kritik, vor allem aus den USA. Doch für die deutsche Regierung ist das ein sensibles Thema, denn bei den Bürgerinnen und Bürgern in Deutschland ist es nicht gerade populär, die Militärausgaben weiter zu erhöhen. Dennoch wird eine Erhöhung in der Zukunft wohl unumgänglich sein.

Wenn nicht gerade ein neuer NATO-Beitritt ansteht, sich der amerikanische Präsident über Deutschland ärgert oder ein Bündnisstaat angegriffen wird (was hoffentlich erst recht nicht passiert), werden Sie von der NATO in den Medien nur bei einer ihrer spektakulären Übungen etwas mitbekommen. Es gehört zur Absurdität der NATO, dass ihre Soldatinnen und Soldaten im Idealfall nie zum Einsatz kommen müssen – im Ernstfall müssen sie aber innerhalb kürzester Zeit perfekt vorbereitet sein und eingreifen können. Dieses Dilemma lässt sich nur durch praktische Übungen lösen, die tatsächlich auch in regelmäßigen Abständen stattfinden. Zehntausende Soldatinnen und Soldaten kommen dann ausgestattet mit Schiffen, Panzern und Flugzeugen beispielsweise nach Norwegen, um dort wochenlang für den möglichen Einsatz zu proben. Eine solche **NATO-Übung** findet häufig im Grenzgebiet zu Russland statt – Sie erinnern sich noch an unseren Gangstervergleich zu Beginn des Kapitels? Genau wie dort gilt auch hier das Prinzip: sehen und gesehen werden! Wenn die NATO schon ganze Armeen für eine Übung mobilisiert, dann soll der militärische Gegenspieler Russland davon auch etwas mitkriegen. Eindruck schinden und abschrecken lautet die Devise, um die militärische und politische Pattsituation aufrechtzuerhalten.

Mit den Vereinten Nationen, G7 und G20 sowie der NATO haben wir auf den vergangenen Seiten die Grundlagen über die wichtigsten Staatenbündnisse mit deutscher Beteiligung gelernt. Neben diesen gibt es noch viele weitere Staatenbündnisse, die allerdings schlicht und ergreifend den Rahmen dieses Buches sprengen würden. Die wichtigsten von ihnen wollen wir zur Orientierung dennoch kurz jeweils in einem Satz benennen. Einen echten Nachfolger des Warschauer Paktes gibt es nicht – stattdessen gab es mit **GIS**, **GSR**, **GUUAM** oder auch **CACO** immer wieder kleinere, regionalere Bündnisse. **ASEAN** ist der Verband Südostasiatischer Nationen und die wichtigste Wirtschaftsgemeinschaft dieser Region. In der **Arabischen Liga** haben sich seit 1945 insgesamt 22 arabische Länder zu einer politischen, kulturellen, sozialen und wirtschaftlichen Gemeinschaft zusammengeschlossen. Eines ihrer Hauptziele ist das Errichten eines unabhängigen palästinensischen Staates. Auch in Afrika gibt es mit der **Afrikanischen Union** seit 2002 ein Bündnis, in dem sich viele afrikanische Staaten mit der

Agenda 2063 ehrgeizige politische, wirtschaftliche und soziale Ziele gesetzt haben.

Wie wir in diesem Kapitel gelernt haben, gibt es trotz vieler internationaler Bündnisse und Organisationen noch immer einen Haufen Kriege und Konflikte auf der Welt. Über sie zu berichten ist der Job von Kriegsjournalistinnen und Kriegsjournalisten. Ohne ihre Fotos, Filme und Reportagen würde die Welt nicht mitbekommen, welches Grauen jeden Tag auf unserem Planeten passiert. Um zu berichten, begeben sich die Kolleginnen und Kollegen vor Ort häufig selbst in Todesgefahr. Obwohl sie in Kriegsgebieten immer mit schusssicheren Westen und Helmen, auf denen riesige »PRESS«- oder »TV«-Aufkleber angebracht werden, unterwegs sind, sind sie niemals sicher. Jedes Jahr sterben Kolleginnen und Kollegen von uns für ihren Job. Die Bedingungen vor Ort sind hart. Häufig müssen die Reporter und Fotografinnen wochenlang in irgendeinem Unterschlupf ausharren und sich Tag und Nacht bereithalten, um im entscheidenden Moment da zu sein. Organisiert wird diese Berichterstattung häufig von Studios und Büros im Ausland. Korrespondentinnen und Korrespondenten für ein bestimmtes Land oder eine bestimmte Region halten die Fäden zusammen, erzählen in Schalten von aktuellen Entwicklungen und schreiben Artikel. Ihre Informationen bekommen sie wiederum von Producern, Fotografinnen und Kameraleuten, die wirklich an der Front sind und Geschichten sammeln. Eine große Herausforderung in der Kriegsberichterstattung ist häufig, dass sich die Berichtenden auf eine bestimmte Seite schlagen müssen, um sich vor Ort überhaupt bewegen zu können. Im Kriegsgebiet in der Ostukraine können sie beispielsweise nicht einfach so frei herumreisen, mal mit dem einen und dann wieder mit den anderen sprechen. In das Kriegsgebiet in der Ostukraine kommt man nur entweder unter dem Schutz der ukrainischen Truppen oder aber unter dem Schutz der russischen Truppen. Je nachdem, mit wem man kooperiert, bekommt man natürlich eine ganz unterschiedliche Perspektive und Wahrheit präsentiert. Mit beiden Seiten zu sprechen, wie ansonsten für eine ausgewogenen Berichterstattung unerlässlich, gestaltet sich sehr schwierig. Viele Reporterinnen und Reporter versuchen deshalb nach ein paar Tagen oder Wochen, die Seite zu wechseln und so beide Perspektiven auf einen Krieg oder Konflikt einzuholen. Übrigens: Genau wie Staaten tun sich auch Journalistinnen und Journalisten zusammen! »Reporter ohne Grenzen« ist eine international tätige Nichtregierungsorganisation, die sich für Pressefreiheit und gegen Zensur einsetzt. Die Organisation veröffentlicht spannende Informationen darüber, in welchen Ländern der Welt frei berichtet werden kann und in welchen nicht. Deutschland steht auf der Rangliste der Pressefreiheit 2021 übrigens auf Platz 13.

4 DIE GORDISCHEN KNOTEN DER WELTPOLITIK – VOM NAHOSTKONFLIKT BIS ZUR KRIMKRISE

Nach einer griechischen Sage fuhr ein armer Bauer namens Gordius einst auf einem Ochsenwagen durch Phrygien. Was er dabei nicht ahnte, war, dass der Bevölkerung des nächsten Ortes zuvor von einem Orakel prophezeit worden war, dass ihr zukünftiger König schon bald auf einem Ochsenwagen in die Stadt einziehen würde. So wurde der arme Bauer Gordius völlig unverhofft und plötzlich zu König Gordius. Er konnte sein Glück selbst kaum fassen. Er bedankte sich für dieses Wunder bei den Göttern, indem er einen prächtigen Streitwagen baute, an dem er Deichsel und Joch mit einem unfassbar komplizierten Knoten verband, dem nach ihm benannten **Gordischen Knoten**.

Warum ausgerechnet das ein großartiges Dankeschön sein sollte, ist uns übrigens völlig unklar. Aber gut, andere Zeiten, andere Länder, andere Sitten. Kurze Zeit später meldete sich das Orakel wieder und prophezeite, dass die Person, die es schaffen würde, diesen Knoten wieder zu öffnen, eines Tages über ganz Asien herrschen würde. Die klügsten und stärksten Männer – natürlich damals nur Männer – reisten an, doch alle scheiterten an dem komplizierten Knoten. (Vielleicht hätte Mann es lieber mal eine Frau versuchen lassen sollen?) Eines Tages probierte sich allerdings Alexander der Große an dem Knoten und schnitt ihn der Sage nach einfach mit seinem Schwert durch. Anschließend begann Alexander seinen Siegeszug durch ganz Asien, und ein neues geflügeltes Wort war geboren: der »gordische

Knoten«! Als gordische Knoten bezeichnet man seit jeher sämtliche Probleme oder Konflikte, die unlösbar scheinen, und von denen gibt es in der Weltpolitik leider eine ganze Menge. Der Nahostkonflikt, der Krieg in Syrien, die Krimkrise – all diese Kriege und Konflikte dauern bereits seit vielen Jahren oder Jahrzehnten an, und dennoch ist keinerlei Lösung in Sicht. Es scheint sogar eher von Jahr zu Jahr noch komplizierter zu werden. Wie kann das sein? Mitunter ist es schwierig, bei diesen Themen noch durchzublicken, weil sie in der Schnelllebigkeit der täglichen Berichterstattung zwar immer wieder präsent sind, aber gefühlt kaum Fortschritte vermeldet werden – das kann auf die Dauer ganz schön ermüdend sein. Verstehen Sie dieses Kapitel deshalb als Auffrischung der absoluten Dauerbrennerthemen in den Nachrichten. Denn wegschauen und diese Konflikte ausblenden ist tatsächlich keine wirkliche Option. Warum das so ist, erläutern wir am Ende des Kapitels.

Ein wichtiger Hinweis noch: Zu jedem einzelnen der nun folgenden Themen könnte man mehrere Bücher schreiben. Wir möchten uns in diesem Buch auf die wesentlichen Zusammenhänge und Begriffe beschränken, die unbedingt notwendig sind, um die großen gordischen Knoten der Weltpolitik zu verstehen. Sie werden nach dem Lesen keine Nahost-Expertin und auch kein Ukraine-Versteher sein, aber wenn es das nächste Mal in einem Gespräch, egal ob privat oder auf der Arbeit, um eines dieser Themen geht, werden Sie mitreden können und vermutlich mehr darüber wissen als die meisten anderen in der Runde. Sollten Sie eines oder mehrere der nachfolgenden Themen genauer interessieren, empfehlen wir Ihnen, sich gezielt dazu noch mal ein spezielles Sachbuch zu besorgen.

Der Nahostkonflikt

Es ist das wohl klassischste Konfliktszenario, das es überhaupt gibt. Wenn zwei Parteien – das gilt für Kinder, Erwachsene und Tiere genauso wie für Länder – gleichermaßen davon überzeugt sind, dass ihnen ein und dieselbe Sache gehört, ist Ärger vorprogrammiert. Wenn nicht eine der beiden Seiten freiwillig nachgibt, ist eine friedliche Lösung unmöglich. Selbst wenn man das Objekt der Begierde teilen würde, wären beide nicht zufrieden, weil sie ja jeweils fest davon überzeugt sind, dass sie eigentlich den alleinigen Anspruch darauf haben. Im Grunde genommen beschreibt das bereits das Dilemma des **Nahostkonflikts**. Aber natürlich geht es hier um eine sehr ernste und emotionale Sache: nämlich um Heimat, das eigene Zuhause, das eigene Land. Der entscheidende Kern des Nahostkonflikts ist der Streit zwischen **Juden (Israelis)** und **Arabern (Palästinensern)** um ein Stück Land – nämlich die Region **Palästina** –, das beide Seiten für sich als ihr Heimatland beanspruchen.

Etwa 70 Jahre nach Christus lebten viele Juden, also Menschen, die der Religionsgemeinschaft des Judentums angehören, rund um die Stadt Jerusalem in **Palästina**. Doch dann kamen die Römer und vertrieben die Juden auf brutalste Art und Weise aus dieser Region, wobei viele von ihnen verletzt, getötet oder versklavt wurden. Die eigene Heimat war verloren, und den Juden blieb nichts anderes übrig, als zu flüchten und sich so auf der ganzen Welt zu verteilen – auf der verzweifelten Suche nach Sicherheit. Dieses dunkle Kapitel der Geschichte wird als **jüdische Diaspora** bezeichnet, und in den nächsten Jahrhunderten blieb die Situation für die jüdische Gemeinschaft sehr schwierig. Immer wieder wurden sie überall auf der Welt angegriffen, unterdrückt oder vertrieben. Nirgends konnten die Juden nach ihren Vorstellungen leben, und so wuchs innerhalb der jüdischen Gemeinschaft immer stärker der Wunsch nach einem eigenen, unabhängigen Land – und zwar an dem Ort, wo ursprünglich ihre Heimat war und von dem sie die Römer vertrieben hatten: Der neue Staat sollte in Palästina gegründet werden. Diese politische »Zurück in die Heimat«-Bewegung wird als **Zionismus** bezeichnet.

Die Idee scheint logisch, und der Wunsch ist mehr als nachvollziehbar, doch es gab in der Realität ein entscheidendes Problem. In Palästina lebten mittlerweile andere Menschen, mehrheitlich Araber, die man heute als **Palästinenser** bezeichnet. Die meisten von ihnen waren und sind Muslime und die Stadt Jerusalem ist auch für sie ein sehr wichtiger Ort. Aus ebenfalls nachvollziehbaren Gründen waren die natürlich nicht davon begeistert, dass plötzlich die Juden vor der Tür standen und ihr Land zurückhaben wollten. Denn das bedeutete im Umkehrschluss, dass die Palästinenser auf ihr Zuhause verzichten mussten. Je mehr Juden nach Palästina kamen und dort Grundstücke kauften, Siedlungen errichteten und Landwirtschaft betrieben, desto angespannter wurde die Situation. Dann kam der Zweite Weltkrieg und mit ihm eines der düstersten Kapitel der Geschichte überhaupt, der **Holocaust**. Die Nationalsozialisten unter Adolf Hitler ermordeten etwa 6 Millionen Juden. Für viele bestand die einzige Überlebenschance in der Flucht, und so kamen Hunderttausende Juden aus aller Welt nach Palästina, um sich dort in Sicherheit zu bringen. Was für die Juden Rettung bedeutete, spitzte den Konflikt für die Palästinenser noch weiter zu. Sie verfolgten in Echtzeit, wie immer mehr Gebiete ihrer Heimat plötzlich jüdisch besiedelt wurden. Aus Sicht der Juden war das kein Problem, denn sie gingen ja schließlich in das Land zurück, das ihrer Ansicht nach sowieso schon immer ihnen gehört hatte. Es kam zu ersten gewaltsamen Ausschreitungen zwischen Juden und Palästinensern in dem Gebiet. Ein friedliches Miteinander schien nicht mehr möglich, und stattdessen forderten beide Gruppen nun die Gründung eines eigenen souveränen und unabhängigen Staates.

Um den Konflikt zu lösen, entschieden die Vereinten Nationen nach dem Ende des Zweiten Weltkriegs, das Gebiet Palästina in zwei Staaten aufzuteilen: den Staat **Israel** für die Gemeinschaft der Juden auf der einen und einen zweiten Staat für die Palästinenser, die arabischen Einwohner, auf der anderen

Seite. Am 14. Mai 1948 wurde der jüdische Staat **Israel** offiziell ausgerufen und von vielen Weltmächten wie etwa den USA oder der Sowjetunion anerkannt. Für die Juden ging damit ihr Traum in Erfüllung, und theoretisch hätte diese **Zweistaatenlösung** das Ende des Konflikts bedeuten können. Doch es kam anders. Die Palästinenser lehnten die Zweistaatenlösung von Anfang an ab. Sie blieben bei der Auslegung, dass ihnen jeder Quadratmeter, der von nun an zu Israel gehören sollte, gestohlen wurde. Keine 24 Stunden nachdem der Staat Israel ausgerufen wurde, griffen bewaffnete arabische Gruppen gemeinsam mit verbündeten arabischen Nachbarstaaten das Land Israel an. Ein Jahr lang wurde gekämpft, Zehntausende Menschen fielen dem Krieg zum Opfer. Israel setzte sich schließlich in dieser militärischen Auseinandersetzung durch und konnte seinen gerade erst gegründeten Staat verteidigen. Das Ende dieses Krieges hätte womöglich auch das Ende des Konflikts sein können, doch Israel nahm im Zuge des Krieges auch Gebiete ein, die laut UN-Plan eigentlich den Palästinensern gehörten. Den Palästinensern blieben von dem Land, das sie als ihre Heimat ansehen, jetzt nur noch die zwei voneinander getrennten Gebiete **Gazastreifen** und **Westjordanland** übrig. Unter den Palästinensern bildeten sich von nun an immer wieder verschiedene Parteien und Gruppierungen, die die Situation für ihr Volk verbessern wollten. Die einen wollten ihre Forderungen friedlich durch Proteste, Demonstrationen und Verhandlungen durchsetzen, andere Gruppen dagegen versuchten es mit Gewalt und Terroranschlägen gegenüber Israelis. **Jassir Arafat** gründete zum Beispiel die **Fatah**, eine Gruppe, die zu Beginn stark auf Terrorismus setzte, später aber auch an Friedensverhandlungen beteiligt war.

Den Rest der Geschichte können wir an dieser Stelle nur noch kurz zusammenfassen. In den vergangenen Jahrzehnten eskalierte die Situation im Nahen Osten immer wieder, hier einige entscheidende Daten: 1967 kam es zum **Sechstagekrieg** mit

Israel mit palästinensischen Autonomiegebieten

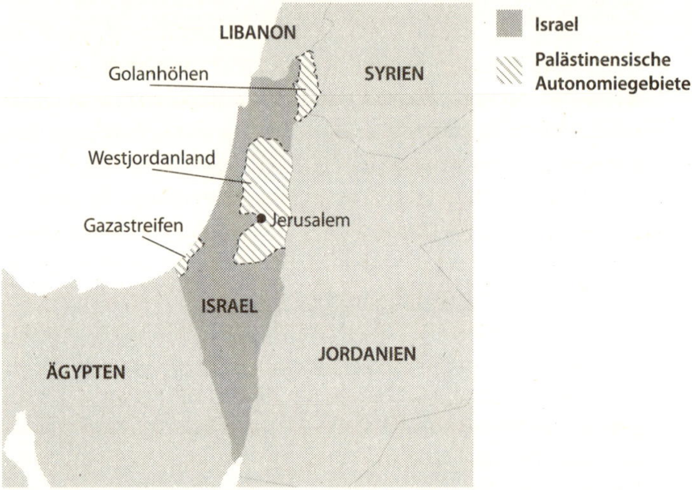

vielen Toten, den am Ende Israel für sich entscheiden konnte und im Zuge dessen weitere Palästinensergebiete für sich beanspruchte. 1974 besetzten palästinensische Terroristen eine Schule und töteten 21 israelische Schülerinnen und Schüler – eine abscheuliche Tat und ein trauriger Höhepunkt der Gewalteskalation. Israel auf der anderen Seite sorgt immer wieder für neuen Zündstoff, indem Israelis Siedlungen in den ohnehin sehr kleinen Gebieten errichten, die den Palästinensern verblieben sind. Das israelische Militär unterstützt diesen **Siedlungsbau** häufig, und Proteste dagegen werden brutal niedergeschlagen. Um sich selbst vor Terror und Angriffen zu schützen, begann Israel im Jahr 2002 mit dem Bau einer **Sperranlage**, also einer riesigen Mauer rund um das von Palästinensern bewohnte Westjordanland. Vereinfacht gesagt wurden die Palästinenser also einfach eingemauert. Aus aller Welt hagelte es Kritik für dieses

Bauvorhaben, auch die Bundesregierung forderte einen sofortigen Baustopp, doch Israel ließ sich nicht aufhalten. Die Mauer steht, bis heute. Es war wohl auch diese Provokation, die dafür sorgte, dass vier Jahre später im Gazastreifen die extremistische Widerstandsgruppe **Hamas** gewählt wurde, die sich zum Ziel gesetzt hat, den Staat Israel mit militärischen Mitteln zu bekämpfen. Die meisten Länder dieser Welt stufen die Hamas deshalb als Terrorgruppe ein. Kaum gewählt, bestätigte die Hamas sämtliche Vorurteile, denn aus dem Gazastreifen heraus hagelte es Raketen auf israelische Gebiete. 2014 kam es erneut zu heftigen Kämpfen, nachdem ein Palästinenser für den Tod dreier jüdischer Jugendlicher verantwortlich gemacht wurde. Aus Rache wurde ein palästinensischer Junge getötet, woraufhin aus dem Gazastreifen erneut Raketen Richtung Israel gefeuert wurden. Als Reaktion darauf schlug Israel zurück und zerstörte mehr als 6000 Gebäude der Palästinenser.

Die gesamte Region steckt fest in einer Spirale aus Gewalt, Provokation, Angst und Terror. Die Situation ist völlig verfahren, denn keine der beiden Konfliktparteien ist dazu bereit, nachzugeben. Sowohl Israelis als auch Palästinenser sind weiterhin der Überzeugung, dass ihnen dieses Land zusteht, und bis zu einem gewissen Grad haben auch beide Seiten damit recht. Beurteilungen nach starren Kategorien wie »gut oder böse«, »Recht oder Unrecht« sind in diesem Konflikt äußerst schwierig. Die Palästinenser haben das Gefühl, dass ihnen Israel mit Unterstützung der internationalen Staatengemeinschaft, vor allem mithilfe der Vereinigten Staaten von Amerika, das eigene Land weggenommen hat. Sie fühlen sich von Israel unterdrückt, beraubt, und manche von ihnen sehen gewaltsamen Protest als einziges Mittel, um sich zu wehren. Die Israelis auf der anderen Seite betrachten die gesamte Region als das Land, das den Juden rechtmäßig zusteht – weil sie dort bereits früher lebten und gewaltsam daraus vertrieben wurden. Aus ihrer Sicht holten sie sich nur zurück, was ihnen sowieso schon immer gehörte. Dass Israel bei dem Versuch, dieses Recht umzusetzen, immer wieder von Palästinensern angegriffen, überfallen und terrorisiert wird, weckt das starke Gefühl, sich schützen zu müssen.

Beide Perspektiven sind bis zu einem gewissen Grad nachvollziehbar. Israelis und Palästinenser sehen sich selbst absolut und uneingeschränkt im Recht. Ein Kompromiss ist so nicht zu finden. Eine Auflösung des Konflikts ist aber auch nicht möglich, weil es die Region Palästina schlicht und ergreifend nur einmal gibt und eine Aufteilung für beide Seiten nicht infrage kommt. Diese Situation sorgt dafür, dass sich der gordische Knoten Nahostkonflikt auch in absehbarer Zeit nicht lösen lassen wird.

Krieg in Syrien

Im Dezember 2010 begann in mehreren arabischen Ländern wie Tunesien, Ägypten und Algerien der sogenannte **Arabische Frühling**. Die Menschen dort gingen auf die Straße, um gegen die autoritär herrschenden Regime in ihren Ländern zu demonstrieren und stattdessen mehr Demokratie und eine Verbesserung der Menschenrechte zu fordern. Die noble Idee hat sich am Ende nicht durchsetzen können, in den allermeisten arabischen Staaten ist der Schuss nach hinten losgegangen, und wirklich nachhaltig verbessert hat sich kaum etwas. Zu mächtig sind die Mächtigen, zu eingespielt die alten Strukturen. Doch in keinem Land hatte der Arabische Frühling derart fatale Konsequenzen wie in Syrien.

Im Jahr 2011 gingen die Menschen in Syrien auf die Straßen, um gegen ihren Präsidenten **Baschar al-Assad** zu demonstrieren. Falls Sie sich bisher gefragt haben, was genau eigentlich ein autoritär herrschendes Regime ist, können wir Ihnen sagen, dass die Herrschaft Assads dafür das perfekte Musterbeispiel darstellt. Politikwissenschaftlerinnen und Politikwissenschaftler charakterisieren Syrien als eine Diktatur, in der vor allem eine einzige Familie seit Jahrzehnten das Sagen hat: richtig, die von Baschar al-Assad. Er selbst wurde 2000 zum Präsidenten, als Nachfolger seines Vaters. Na klar, wie sonst. Bei späteren Wahlen wurde Assad regelmäßig mit annähernd 100 Prozent der Stimmen im Amt bestätigt. Auch klar, Diktatur eben. Dass im Rahmen des Arabischen Frühlings 2011 plötzlich Zehntausende Menschen lautstark Veränderungen und vor allem auch seinen Rücktritt forderten, passte Assad natürlich gar nicht. Er ließ die Proteste schon früh militärisch unterdrücken und trug damit ganz wesentlich dazu bei, dass die Proteste in Syrien schnell in Gewalt ausarteten. Es bildeten sich unterschiedliche gewaltbereite und bewaffnete Gruppen, die den Kampf gegen das Regime nicht nur mit Worten, sondern auch mit Gewalt gewinnen wollten. Viele der aufständischen Gruppen hatten dabei natürlich auch eigene Interessen wie eine Machtübernahme in Syrien im Sinn. Es dauerte nicht lange, bis das Land in einem brutalen **Bürgerkrieg** versank, der nun mittlerweile schon mehr als zehn Jahre anhält, Hunderttausende Menschen das Leben gekostet und Millionen Menschen in die Flucht gezwungen hat. Knapp eine Million syrische Kriegsflüchtlinge leben derzeit allein in Deutschland.

Das Erstaunliche am Krieg in Syrien ist, dass er seit mittlerweile einem Jahrzehnt schwelt und noch immer keine Lösung in Sicht ist. Baschar al-Assad ist immer noch am Leben und fungiert offiziell noch als Präsident. Doch der Diktator hat es noch nicht geschafft, das ganze Land zurückzuerobern und wieder unter seine Kontrolle zu bringen. Etliche Gebiete werden noch immer von bewaffneten aufständischen Gruppen verwaltet. Wie kann es sein, dass dieser Konflikt kein Ende findet? Um den Status quo zu verstehen, muss man zunächst verstehen, wer da in Syrien überhaupt gegen wen kämpft. Die eine Seite haben wir bereits kennengelernt: Präsident Baschar al-Assad, seine Familie und seine Verbündeten, die seit Jahrzehnten die Macht im Land haben. Die andere Seite dagegen ist viel schwieriger zu definieren, denn bereits zu Beginn der gewaltsamen Proteste haben sich unterschiedliche aufständische Gruppen gebildet, die sich zum Teil auch gegenseitig bekämpfen. Lassen Sie uns das genauer betrachten.

Die wohl bekannteste und gefürchtetste aufständische Truppe in Syrien war der sogenannte **Islamische Staat**, kurz **IS**. In den Nachrichten und auch hier im Buch wird übrigens immer vom »sogenannten« Islamischen Staat gesprochen, um dieser Terroristenbande nicht zuzugestehen, tatsächlich ein ernst zu nehmender Staat, geschweige denn Vertreter der Religion Islam zu sein. Der IS war von Anfang an maßgeblich an der Zuspitzung des Bürgerkrieges in Syrien beteiligt. Mit gezielten Terroranschlägen schürten die Terroristen Hass im Land und rekrutierten gleichzeitig immer mehr Kämpfer für die eigenen Reihen. Der IS war eine islamistische Terrororganisation, die es sich zum Ziel gesetzt hatte, das **Kalifat** auszurufen, also einen Staat, in dem nach strengen und extrem ausgelegten Regeln des Islam gelebt werden musste. Alle anderen Religionen und Menschen, die sich nicht an die Regeln hielten, mussten getötet werden. Tatsächlich war der IS in Syrien lange Zeit sehr erfolgreich, rekrutierte zeitweise viele junge Männer und Frauen aus aller Welt als Kämpfer und kontrollierte große Teile des Landes. 2014, auf dem Höhepunkt seiner Macht, rief der IS das Kalifat aus und erklärte sich selbst zum Staat. Und tatsächlich kontrollierte der IS damals so große Gebiete in Syrien, dass er eigene Steuern erhob, Gerichte stellte und auch Polizeistreifen organisierte. Doch damit rief der IS wohl endgültig die Geister, die ihn zu Fall bringen sollten. Viele Länder der Welt, darunter auch die USA und Deutschland, starteten eine Offensive und brachten die Terrorgruppe gemeinsam zu Fall. 2019 gelang es dann auch, **Abu Bakr al-Baghdadi**, den Anführer des IS, zu töten. Heute kontrolliert der IS in Syrien keine Gebiete mehr und ist höchstens noch eine Art Untergrundbewegung. Doch war der Bürgerkrieg in Syrien mit dem Sieg gegen den IS vorbei? Leider nicht.

Im Laufe der Jahre haben sich viele Länder aus aller Welt immer wieder in den Syrienkrieg eingemischt – und zwar nicht nur, um den IS zu bekämpfen. In Syrien kämpft längst nicht mehr nur das Assad-Regime gegen aufständische Truppen, sondern im Grunde genommen kämpfen dort unterschiedlichste Länder wie die USA, Russland, der Iran und die Türkei gegeneinander – nicht direkt, sondern indirekt mithilfe von unterschiedlichen Gruppen, die von den jeweiligen Nationen unterstützt werden. Der Fachbegriff dafür lautet **Stellvertreterkrieg**. Wer in Syrien wen unterstützt und wieso sich dadurch eine Pattsituation ergeben hat, erklären wir jetzt.

Baschar al-Assad wurde von Beginn an mit Waffen, Geld und Flugzeugen von **Russland** unterstützt. Aber warum eigentlich? Die Russen betreiben in Syrien einen geopolitisch bedeutsamen Hafen sowie mehrere wichtige Flugplätze des Militärs. Sie fürchten, dass sie diese Stützpunkte durch einen Machtwechsel verlieren könnten und damit auch Einfluss in der Region einbüßen würden. Der zweite wichtige Verbündete von Assad ist das Land **Iran**, in dem ein Großteil der Bevölkerung genau wie er zur Glaubensgemeinschaft der Schiiten gehört. Ohne die Bodentruppen, die der Iran seit Jahren nach Syrien schickt, und die Kriegsmittel von Russland hätte das Assad-Regime niemals so viele Gebiete in Syrien zurückerobern und verteidigen können.

Dass Assad es trotz dieser erheblichen Unterstützung nicht schafft, das Land komplett zurückzuerobern, liegt daran, dass die andere Seite auch schlagkräftige Hilfe bekommt. Die andere Seite, das sind mittlerweile die **Demokratischen Kräfte Syriens**, kurz **DKS** – unter diesem Namen haben sich in den vergangenen Jahren unterschiedlichste aufständische Truppen im Kampf gegen Assad verbündet. Dabei haben sie viele Unterstützer. Als Erstes sind die **USA** zu nennen. Sie haben schon früh unterschiedliche Rebellengruppen beim Kampf gegen den Terror und den IS unterstützt. Jetzt ist zwar der IS besiegt, aber die

USA unterstützen trotzdem weiterhin verschiedene Gruppen in Syrien, um zu verhindern, dass das Land vollständig unter die Kontrolle von Russland und dem Iran, beides politische Gegner der USA, gerät. Doch diese Einmischung hat zu einem weiteren blutigen Konflikt geführt. Die USA haben unter anderem kurdischen Milizen wie der **YPG** mit Waffen und Geld geholfen, die sich nicht nur den Sieg gegen Assad, sondern auch die Errichtung eines eigenen kurdischen Staats im Norden des Landes zum Ziel gesetzt haben. Das passt wiederum der im Norden an Syrien grenzenden **Türkei** überhaupt nicht. Der türkische Präsident Recep Tayyip Erdoğan sieht diese bewaffneten kurdischen Truppen als Gefahr für sein eigenes Land und versucht sie mit militärischer Gewalt zurückzudrängen. Dieser Konflikt ist mittlerweile zu einer Art Krieg im Krieg eskaliert. Als wäre das nicht schon alles kompliziert genug, mischt auch noch **Saudi-Arabien** in Syrien mit. Saudi-Arabien und der Iran sind bekennende Feinde, weshalb das Land bewaffnete Rebellengruppen unterstützt, die die iranischen Bodentruppen zurückdrängen.

Immer wieder gab es Versuche, den Krieg in Syrien auf diplomatischer Ebene, zum Beispiel in den Vereinten Nationen, zu lösen. Doch weil Russland einen Rücktritt Assads kategorisch ausschließt und die USA wiederum nicht bereit sind, Assad weiterhin als Herrscher zu dulden, kommt man auch hier keinen Schritt weiter. Die Situation ist völlig verfahren. Der Krieg in Syrien ist schon lange kein reiner Bürgerkrieg mehr, in dem das Assad-Regime gegen Rebellentruppen kämpft. In Syrien führt indirekt Russland gegen die USA, der Iran gegen Saudi-Arabien und die Türkei gegen die Kurden Krieg. Alle Beteiligten werden dabei durch unterschiedlichste Gruppen vertreten, die wiederum eigene Interessen haben. Das Ergebnis ist ein gordischer Knoten, der sich kaum zerschlagen lässt – erst recht nicht mit Gewalt. Die düstere Prognose: Wenn nicht früher oder später eine der beiden Seiten aufgibt oder eine der

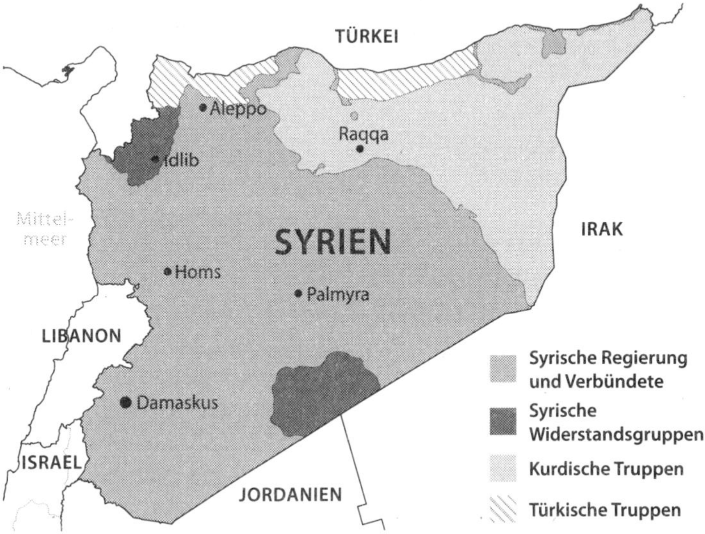

Syrien – Wer kontrolliert welche Gebiete?

Großmächte ihre Unterstützung zurückzieht, wird weiterhin Krieg herrschen. Mal wird Assad noch ein paar Teile des Landes mehr einnehmen – mal werden die Demokratischen Kräfte Syriens Erfolg haben. Doch diese Kämpfe werden das Land niemals zur Ruhe bringen. Wirklichen Frieden in Syrien wird es erst dann geben können, wenn sich die Mächtigen dieser Welt auf irgendeine Lösung für das Land einigen. Bis dahin wird das sinnlose Sterben und Leiden der Bevölkerung in Syrien weitergehen.

Der Kurdenkonflikt in der Türkei

Wie verbittert der Streit zwischen dem türkischen Staat und den Kurden ist, wurde vielen Deutschen erst 2017 und 2018 deutlich, als der deutsch-türkische Journalist **Deniz Yücel**, der damals für die *Welt*-Gruppe schrieb, in der Türkei im Gefängnis landete, weil er angeblich Propaganda für die verbotene kurdische **Arbeiterpartei PKK** gemacht hatte. Die Staatsanwaltschaft in der Türkei forderte sage und schreibe 18 Jahre Haft als Strafe für dieses Vergehen. Der Fall zeigte exemplarisch, wie emotional und verfahren der Konflikt zwischen der Türkei und der Bevölkerungsgruppe der Kurden ist. Wie es dazu kam, erklären wir in den folgenden Abschnitten.

Beginnen wir mit den Grundlagen: Die **Kurdinnen und Kurden** sind mit etwa 35 Millionen Menschen das größte Volk der Welt, das keinen eigenen Staat hat. Eine schwierige Situation mit viel Konfliktpotenzial. Dabei wurde den Kurden mehrfach ein eigenständiges und unabhängiges **Kurdistan** in Aussicht gestellt oder sogar versprochen, doch am Ende wurden sie immer wieder enttäuscht. Das Problem mit Völkern ohne Staat ist ganz einfach, dass man für sie kein Staatsgebiet aus dem Nichts herbeizaubern kann. Es ist nun mal Fakt, dass jeder Fleck der Erde derzeit bereits von irgendeinem Land und damit irgendeiner Regierung beansprucht wird. Um den Kurden also den durchaus nachvollziehbaren und legitimen Wunsch eines eigenen Staates zu erfüllen, müsste irgendjemand freiwillig große Teile seines Gebietes und damit womöglich auch wertvolle Ressourcen abgeben – wer macht das schon? Richtig, in der Realität natürlich niemand.

Die Kurden leben ohne eigenen Staat schon lange in einem Gebiet, das sich heute über die Länder Türkei, Syrien, Irak und Iran erstreckt. Die sogenannten **Kurdengebiete**. Nach dem Ersten Weltkrieg und dem Fall des Osmanischen Reiches 1920 wurde den Kurden von den Alliierten versprochen, dass zumindest Teile der von ihnen bewohnten Gebiete zu einem eigenständigen Kurdistan umgewandelt würden. Sie sahen sich am Ziel – das Land, in dem sie sowieso schon seit Jahrhunderten lebten, würde nun endlich ihnen gehören, und sie könnten dort nach ihren eigenen Regeln leben. Von wegen. Der Vertrag, der ihnen das ermöglicht hätte, wurde trotz vollmundiger Versprechungen nie unterschrieben. Stattdessen wird 1923 von den Alliierten und der Türkei der Vertrag von Lausanne geschlossen, in dem die heutigen Grenzen der Türkei und Griechenlands festgeschrieben sind. Von einem eigenständigen Kurdistan ist in diesem Vertrag allerdings keine Rede mehr. Aus der Traum vom eigenen Land.

Die Kurden waren gezwungen, weiterhin als Minderheit in den Ländern Iran, Irak, Syrien und der Türkei zu leben. Eine Perspektive, die verständlicherweise nicht gerade Begeisterung ausgelöst hat. Doch es wurde noch unangenehmer. Die Länder, in denen die Kurden lebten, betrachteten sie wegen ihrer Unabhängigkeitsbestrebungen von Anfang an als Gefahr und behandelten sie dementsprechend wenig wohlwollend. Die Türkei beispielsweise fuhr von Anfang an einen harten Kurs gegen die Kurden. Ihnen wurde verboten, ihre eigene Sprache zu sprechen, ihren Bräuchen nachzugehen und natürlich auch, sich über all das kritisch zu äußern. Immer wieder kam es auch zu Gewalt gegen kurdische Menschen. Kleinere Aufstände und gewaltsame Proteste der Kurden wurden sofort mit militärischer Gewalt niedergeschlagen. Diese Drangsalierungen führten dazu, dass sich bei vielen Kurdinnen und Kurden enorme Frustration und Wut anstauten. So bildeten sich im Laufe der Zeit unterschiedlichste kurdische Gruppen, die versuchten, sich gegen die Unterdrückung zur Wehr zu setzen.

Bleiben wir an dieser Stelle bei den Entwicklungen in der Türkei. Dort bildete sich die wohl bekannteste kurdische Organisation: die bereits zu Beginn erwähnte kurdische Arbeiterpartei PKK, die 1978 von **Abdullah Öcalan** gegründet wurde. Öcalan, der von seinen Anhängern meist nur Apo, kurdisch für Onkel, genannt wird, erklärte zum Ziel für alle Kurden, einen neuen unabhängigen Staat zu erkämpfen – und zwar mit Gewalt. 1984 nahm die PKK diesen bewaffneten Kampf gegen den türkischen Staat dann tatsächlich auf. Kleinere Gruppen der

PKK verübten immer wieder blutige und brutale Anschläge, anfangs nur gegen militärische und staatliche Ziele, später aber auch gegen die zivile Bevölkerung. Die PKK wird aus diesem Grund von der Türkei, den Vereinigten Staaten von Amerika und auch der Europäischen Union inklusive Deutschland als Terrororganisation eingestuft. Der türkische Staat schlug mit voller Härte gegen die Arbeiterpartei zurück. Doch genau wie die Anschläge der PKK zunehmend zivile Opfer forderten, waren von den Gegenschlägen des türkischen Militärs immer öfter Menschen betroffen, die eigentlich gar nichts mit der PKK zu tun hatten. Das türkische Militär brannte ganze Dörfer nieder, weil dort pauschal alle Anwohnerinnen und Anwohner verdächtigt wurden, mit der PKK zu sympathisieren. Dieser Generalverdacht, in jedem Kurden einen Terroristen zu sehen, ist bis heute ein wesentlicher Teil dieses Konflikts.

Im Jahr 1999 gelang es dem türkischen Militär, Abdullah Öcalan in Kenia zu verhaften und ihn auf der Gefängnisinsel Imrali, dem türkischen Alcatraz, einzusperren. Viele fürchteten damals, dass die Situation nun völlig eskalieren würde, doch stattdessen unterbreitete Öcalan kurz nach seiner Festnahme ein Friedensangebot. Er rief seine Kämpfer dazu auf, von einem gewaltsamen zu einem politischen Kampf umzuschwenken, und tatsächlich erklärte die Führung der PKK kurz darauf ein Ende des bewaffneten Konflikts. Also Ende gut, alles gut? Nein. Einige der PKK-Kämpfer wollten den Kampf mit Waffengewalt nicht aufgeben und machten weiter. Die türkische Regierung bestrafte das hart. Die Kämpfe gehörten also noch nicht vollständig der Vergangenheit an.

Im Jahr 2015 schien der Frieden zwischen dem türkischen Staat und den Kurden dann aber tatsächlich zum Greifen nahe. Lange hatten Vertreterinnen und Vertreter beider Seiten miteinander verhandelt. Doch kurz bevor der Zehn-Punkte-Plan, der die Kämpfe beenden und den Kurden mehr Rechte einräumen sollte, unterschrieben werden konnte, platzte der Deal. Die türkische Regierungspartei AKP brach die Verhandlungen ab, weil einige PKK-Kämpfer angeblich weiterhin Anschläge verübten. Seitdem dreht sich die Gewaltspirale wieder in die andere, völlig falsche Richtung. Die türkische Armee bombardierte mehrfach Stellungen der PKK, beschoss Siedlungen der Kurden in der Türkei und nahm unzählige Menschen, wie Deniz Yücel, fest, weil sie angeblich mit der PKK sympathisierten. Natürlich haben sich auch auf der anderen Seite wieder immer mehr Kurden radikalisiert und setzen auf gewaltsamen Widerstand. Ein Ende des Kurdenkonflikts in der Türkei ist wieder in weite Ferne gerückt.

Die massive Eskalation des Konfliktes zwischen Kurden und der türkischen Regierung in den letzten Jahren hängt auch mit zwei weiteren Geschehnissen in der Region zusammen. Zu Beginn hatten wir bereits kurz erwähnt, dass es nicht nur in der Türkei, sondern auch im Iran, im Irak und in Syrien Kurdengebiete gibt. In diesen Regionen gab es zuletzt einige Entwicklungen, die die türkische Regierung besorgt beobachtete. Schauen wir zunächst auf die Situation im **Irak**. Nachdem dort im Jahr 2003 der Herrscher Saddam Hussein gestürzt wurde (Sie erinnern sich alle an das legendäre Bild einer Statue des Diktators, die von einem wütenden Mob niedergerissen wird), konnten sich die Kurden im Land eine Region sichern, in der sie das Sagen haben. Auch wenn diese Autonome Region Kurdistan noch nicht offiziell als Staat anerkannt wurde, handelt es sich dabei um einen Quasistaat mit eigenem Parlament, Regierungschef und Hauptstadt. Insgesamt leben dort knapp sechs Millionen Menschen.

In **Syrien** zeichnet sich eine ähnliche Entwicklung ab. Im Laufe des Bürgerkriegs hat die bewaffnete **Kurdische Miliz YPG** viele Gebiete im Norden Syriens gegen die Terrormiliz IS verteidigt und dort die Macht übernommen. Besonders brisant dabei ist, dass die kurdischen Milizen dabei von den Vereinigten Staaten von Amerika unterstützt wurden. Die betreffenden

Gebiete liegen im Norden von Syrien und grenzen direkt an die Türkei. Die Sorge der türkischen Regierung liegt auf der Hand: Könnte die YPG gemeinsam mit Verbündeten im Norden von Syrien eine Art Kurdistan direkt an der Grenze zur Türkei gründen? So, wie es auch im Irak passierte? Um das zu verhindern, ließ die Türkei 2019 Gebiete in Nordsyrien bombardieren und marschierte dort sogar mit türkischen Bodentruppen ein. Dass Donald Trump dem türkischen Präsidenten Erdoğan dafür sein Einverständnis gab, empfinden die Kurden bis heute als Verrat. Verständlich! Als es darum ging, die Terrorgruppe IS zu besiegen, waren die Kurden den Amerikanern als Verbündete noch gut genug – aber sobald der IS besiegt war, ließ der amerikanische Präsident sie wie eine heiße Kartoffel fallen. Kein Wunder, dass die Kurden sich von der gesamten Weltgemeinschaft im Stich gelassen und betrogen fühlen.

Zum Schluss wie gewohnt eine Prognose: Solange sich die politische Situation innerhalb der Türkei nicht beruhigt und solange sich die Lage in Syrien nicht wirklich stabilisiert, werden neue friedliche Verhandlungen zwischen Vertreterinnen und Vertretern der Kurden sowie der türkischen Regierung kaum möglich sein. Zu groß ist das Misstrauen auf beiden Seiten. Doch ohne solche Verhandlungen und eine abschließende Lösung des eigentlichen Konfliktes wird der Streit nie zu Ende gehen. Denn die Kurden werden erst dann zufrieden sein, wenn ihnen endlich irgendeine Art von Heimatgebiet zugesprochen wird, in dem sie das Gefühl haben, sicher und nach ihren Vorstellungen leben zu können. Ein Wunsch, den man durchaus nachvollziehen kann. Auf der anderen Seite ist die Weigerung der Türkei, einen unabhängigen Staat im Staat zu dulden, ebenfalls verständlich. Und so ist es dann am Ende wieder wie bei den meisten gordischen Knoten der Weltpolitik: Wenn beide Seiten gute Argumente für ihren jeweiligen Standpunkt haben, ist eine schnelle Lösung kaum zu erwarten.

Krimkrise

Google weiß mittlerweile eigentlich alles, so viel ist bekannt. Im Umkehrschluss droht es kompliziert zu werden, wenn die mächtigste Suchmaschine keine eindeutige Antwort parat hat. Fragt man Google, zu welchem Land die kleine Halbinsel **Krim** am Schwarzen Meer gehört, fallen die Antworten recht unterschiedlich aus – je nachdem, wo man lebt. Kein Scherz. Das russische Google spuckt aus, dass die Krim Teil von Russland ist. Im ukrainischen Google gehört die Krim dagegen zur Ukraine. Und in Deutschland und dem Rest der Welt? Da ist die Grenze zwischen der Ukraine und der Halbinsel Krim gestrichelt, halb da, aber halb nicht. Die Krim gehört also ein bisschen zur Ukraine aber auch ein bisschen zu Russland. Okay, wenn wir ehrlich sind, müssen wir eher feststellen: Selbst Google weiß nicht so recht, wem denn nun eigentlich die Krim gehört. Seit Jahren gibt es zwischen der Ukraine und Russland Streit, weil Russland die Halbinsel aus Sicht vieler im Jahr 2014 annektiert, also gewaltsam übernommen hat. Dies wäre ein klarer Verstoß gegen die Grundregeln der Vereinten Nationen, die besagen, dass Ländergrenzen nicht durch Gewalt verschoben werden dürfen. Aber wenn es nach Russland geht, ist das in dieser Form gar nicht passiert – vielmehr wollte die Bevölkerung der Krim unbedingt zu Russland gehören, und das ist ja nun auch ihr gutes Recht, oder nicht? In den folgenden Abschnitten schauen wir uns den Streit um die Krim genauer an.

Die **Ukraine** war historisch gesehen schon immer zwischen Russland und Europa hin- und hergerissen. Im 18. Jahrhundert gehörten viele Teile der Ukraine, auch die Krim, eine kleine Halbinsel im Süden des Landes mit Zugang zum schwarzen Meer, vollständig zu Russland. Die Verbindung zu Russland ist in der Ukraine nicht zu übersehen. Etwa ein Fünftel der Bevölkerung in der Ukraine sind Russinnen und Russen, Russisch ist zweite Amtssprache, und die Länder teilen sich zahlreiche Traditionen und Bräuche. Irgendwann im 20. Jahrhundert war die Frage der Zugehörigkeit dann auf einmal nicht mehr so dringend, weil die Ukraine Teil der **Sowjetunion** war, also zur **UdSSR** gehörte. In dieser Zeit, genauer gesagt im Jahr 1954, wurde der Ukraine offiziell die Halbinsel Krim zugeschrieben. Weil die Länder aber ohnehin unter einem Dach vereint waren, wurde diesem Akt nicht sonderlich viel Aufmerksamkeit geschenkt. Das sollte sich später allerdings noch ändern.

Ende 1991 zerfällt die Sowjetunion, und die Ukraine erklärt ihre Unabhängigkeit. In den Augen der russischen Bevölkerung in der Ukraine war das ein Skandal. Wie konnte sich die Ukraine plötzlich von Russland, dem Land, das jahrzehntelang seine schützende Hand über die Ukraine hielt, lossagen? Und überhaupt – wie sollten sie denn von nun an als Russinnen und Russen in einem fremden Land leben? In einem Interview sagte der russische Präsident Wladimir Putin zu diesem Thema: »Über Nacht befanden sich 25 Millionen Russen außerhalb der Grenzen der ehemaligen UdSSR!« Auch die Krim gehört von nun an ganz offiziell nicht mehr zu Russland, sondern zur Ukraine. Russland war das schon immer ein Dorn im Auge, und zwar nicht nur, weil die Krim ein wirklich hübsches und romantisches Fleckchen Erde ist. Die Krim ist aus geopolitischen Gründen ein wichtiger Ort, denn von hier aus hat man mit Militärschiffen Zugang zum Schwarzen Meer und damit auch zum Mittelmeer. Doch lange Zeit passierte nichts – auch weil die Ukraine und Russland weiterhin gute diplomatische Beziehungen pflegten.

2013 und 2014 sollte sich dann schlagartig alles ändern. Der damalige ukrainische Präsident **Wiktor Janukowytsch** brach die Verhandlungen mit der Europäischen Union über einen möglichen **EU-Beitritt der Ukraine** ab. Russland hatte den befreundeten ukrainischen Präsidenten zuvor nachdrücklich zu diesem Schritt gedrängt. Der proeuropäische Teil der Bevölkerung, Millionen Menschen, die sich seit Langem eine Annähe-

Wem gehört die Krim – der Ukraine oder Russland?

rung der Ukraine an Westeuropa gewünscht hatten, reagierte empört. In Kiew formierte sich eine riesige Protestbewegung. Monatelang campten und demonstrierten Massen von Menschen auf dem berühmten Maidan-Platz in der ukrainischen Hauptstadt gegen Präsident Janukowytsch und für eine proeuropäische Politik. Die Proteste gehen unter dem Namen **Euromaidan**, eine Kombination aus Europa und Maidan, in die Geschichte ein. Vielleicht erinnern Sie sich noch an die Bilder des Platzes inmitten der Stadt, der mit Zelten, Gaskochern, Vorratskisten und vor allem Menschen vollgepackt war. Sie wollten dort ausharren, bis Janukowytsch sein Amt niederlegen würde. Die Stimmung wurde immer aggressiver. Im Februar 2014 eskalierten die Proteste, und es kam zu heftigen Zusammenstößen zwischen der Polizei und Regierungsgegnern. Tim erinnert sich noch sehr genau daran, wie im ZDF plötzlich einige Kollegen der Produktion hektisch und laut telefonierend über die Gänge liefen. Sie versuchten irgendwie Reporterinnen und Reporter sowie Kamerateams auf dem Euromaidan in Sicherheit zu bringen. Die Lage war ernst. Der 20. Februar 2014 sollte im Nachhinein als einer der blutigsten Tage in die Geschichte eingehen. Weil sowohl die Regierungskräfte als auch gewaltbereite Demonstranten Schusswaffen einsetzten, wurden allein an diesem Tag mehr als fünfzig Menschen getötet.

Wiktor Janukowytsch konnte sich nicht mehr im Amt halten und trat ab. Er flüchtete sich nach – dreimal dürfen Sie raten: natürlich, Russland. Auf ihn folgte, auch das ist keine Überraschung, eine proeuropäische Regierung. Erste Regierungshandlung: Russisch war nicht länger zweite offizielle Amtssprache. Das kam natürlich bei dem russischen Teil der Bevölkerung in der Ukraine überhaupt nicht gut an. Vor allem im Osten der Ukraine, der eher russisch geprägt ist, fanden sich Demonstrationszüge zusammen, bei denen russische Flaggen geschwenkt wurden. In einigen Orten, wie **Lugansk** und **Donezk**, bildeten sich bewaffnete Milizen, die eine Abspaltung der von ihnen bewohnten Gebiete fordern. Sie wollen sich stattdessen Russland anschließen. Moskau unterstützt diese **Separatisten** mit Geld, Waffen und Kämpfern, während die ukrainische Armee versucht, die Lage wieder in den Griff zu kriegen.

Zurück zur Krim. Kurz nachdem die Proteste auf dem Euromaidan ausarteten und klar wurde, dass ein proeuropäischer Regierungswechsel bevorstand, marschierten auf der Halbinsel Ende Februar 2014 plötzlich Soldaten auf. Sie trugen zwar keine Länderflaggen oder sonstige Erkennungszeichen, aber es gilt als völlig unstrittig, dass es sich um russisches Militär handelte. Woher und warum sollte auch bitte schön sonst über Nacht plötzlich eine halbe Armee aufmarschieren? Aber hey, netter Versuch, Wladimir. Putin hatte anscheinend ernsthafte Sorgen, die Krim und damit auch den militärischen Zugang zum

Schwarzen Meer an eine ukrainische Regierung zu verlieren, die ihm möglicherweise nicht mehr so wohlgesonnen war wie zuvor Janukowytsch. Die Vorstellung, dass eine neue Regierung möglicherweise sogar einen EU-Beitritt der Ukraine verhandeln und Russland dadurch die Krim endgültig an die EU und die NATO verlieren könnte, war für den Kreml völlig inakzeptabel. Also machte man kurzen Prozess. Wie man ein Stück Land einnimmt, das einem nicht gehört, weiß jeder, der schon mal »Risiko« gespielt hat: Man schickt einfach seine Armee dorthin. Weil die echte Welt allerdings kein Brettspiel ist, gab es an der ganzen Geschichte einen Haken: Die Vereinten Nationen, in denen nun mal auch Russland Mitglied ist, verbieten das Verschieben von Ländergrenzen durch militärische Gewalt. Ergibt ja auch durchaus Sinn, dass man anderen Ländern nicht einfach ein Stück wegnehmen darf. Aus russischer Sicht hatte man gegen diese Regel bisher aber gar nicht verstoßen, denn bei den Soldaten handelte es sich ja, super Trick, nicht um russische Soldaten. Sie hatten schließlich keine russische Fahne auf der Schulter oder so was. Um die Krim nun an Russland anzuschließen, wurde auf der Halbinsel ein Referendum, also eine Abstimmung, abgehalten. Sollte die Krim zukünftig zu Russland gehören oder Teil der Ukraine bleiben? Die Wahllokale wurden von den fahnenlosen Soldaten und Offizieren überwacht, die sicherlich *gar keinen Druck* auf Wählerinnen und Wähler ausgeübt haben, wo sie ihr Kreuzchen zu machen haben. Hätten Sie etwa ein Problem damit, Ihr Kreuz bei »Ukraine« zu setzen, nur weil Ihnen dabei ein russischer Soldat mit einem Maschinengewehr über die Schulter guckt? Entschuldigung – natürlich ist es gar kein russischer Soldat, er hat ja schließlich keine Fahne auf der Uniform. Eine überwältigende Mehrheit stimmte bei dem Referendum dafür, dass die Krim von nun an zu Russland gehören sollte. Was für eine riesige Überraschung. Der großzügige und barmherzige Wladimir Putin konnte den Menschen auf der Halbinsel diesen sehnsüchtigen Wunsch natürlich nicht abschlagen und erklärte die Krim feierlich von nun an zu russischem Staatsgebiet.

Die Vereinten Nationen, die Autorin und der Autor dieses Buches, und eigentlich jeder vernünftig denkende Mensch, sehen das natürlich anders. Der Großteil der Weltgemeinschaft spricht von der **Annexion** der Krim, also von einer gewaltsamen und gegen geltendes Völkerrecht verstoßenden Eingliederung der Halbinsel durch Russland. Als wir dieses Buch ursprünglich 2021 schrieben, ahnten wir nicht, dass die Situation in der Ukraine schon bald eine noch viel dramatischere Wendung nehmen würde. Am 24. Februar 2022 startete Russland, auf Befehl des Präsidenten Wladimir Putin, einen brutalen Angriffskrieg gegen die Ukraine. Nicht nur auf der Halbinsel Krim, sondern flächendeckend gegen das gesamte Land. NATO-Staaten wie die USA, Frankreich, Polen, Deutschland und viele mehr unterstützen die Ukraine bei der Verteidigung gegen Russlands Angriff mit unterschiedlichstem Militärgerät. Direkt einmischen, beispielsweise mit Soldaten, will sich die NATO aber nicht – das Risiko dadurch einen Krieg zwischen Russland und der NATO und damit faktisch einen dritten Weltkrieg zu provozieren, wäre zu groß. Die Ukraine fallen und Russland gewinnen zu lassen ist allerdings auch keine Option. Viele befürchten, dass es nach einem solchen Erfolg nur eine Frage der Zeit wäre, bis Russland unter Putin weitere Länder in Osteuropa angreift.

Krieg im Jemen

Der **Jemen** gilt als sogenannter **»Failed State«**, und das kann man tatsächlich sehr wörtlich nehmen. Mehr scheitern kann ein Staat nicht. Müsste man eine Art Bauanleitung dafür verfassen, wie ein Staat scheitern kann, könnte man einfach den Wikipedia-Artikel des Jemen nehmen. Das Land am Golf von Aden, südlich von Saudi-Arabien, erfüllt alle Voraussetzungen, die es für einen handfesten Bürger- und Stellvertreterkrieg braucht. Aus zwei Ländern wurde eines, in dem nun Menschen aus unterschiedlichen, miteinander verfeindeten religiösen Gruppen leben, die jeweils mächtige Staaten als Verbündete hinter sich wissen. Als Salz in der Suppe liegt der Jemen auch noch an einem geopolitisch bedeutsamen Ort. Im Jemen tobt einer der brutalsten Kriege unserer Zeit, und die Welt bekommt kaum etwas davon mit. Woran es liegt, dass die Konflikte in Syrien oder in der Ostukraine so viel mehr Aufmerksamkeit bekommen und in der Öffentlichkeit viel präsenter sind, lässt sich nur schwer erklären. Aber es ist so. Im Jemen hungern Millionen Menschen, Kinder sterben an Unterversorgung – doch in den großen Nachrichten tauchen Bilder dieses Schreckens, wenn überhaupt, meist nur kurz auf. Doch der Fakt, dass etwas im Schatten geschieht, macht es nicht weniger schlimm.

Als »Failed State«, also gescheiterten Staat bezeichnet man gemeinhin Länder, die ihre grundlegenden Funktionen nicht mehr erfüllen können. Ein Staat muss im Allgemeinen drei zentrale Funktionen für seine Bürgerinnen und Bürger leisten: Sicherheit, Wohlfahrt und Rechtsstaatlichkeit. Wenn ein Staat diese drei Funktionen nicht mehr erfüllen kann, das Land also im Chaos versinkt, spricht man in der Politikwissenschaft von einem gescheiterten Staat.

Das, was heute der Jemen ist, waren bis vor gar nicht allzu langer Zeit noch zwei voneinander unabhängige Staaten. Der heutige Nordwesten des Jemen war früher die **Jemenitische Ara-**

bische Republik mit der Hauptstadt Sanaa. Dort lebten und leben bis heute vor allem **Schiiten**, genauer gesagt **Zaiditen**. Die Erläuterung dieser seltenen muslimischen Minderheit sparen wir uns an dieser Stelle und merken uns einfach, dass der Nordwesten des Jemen schiitisch geprägt ist. Im Südosten des heutigen Jemen lag früher die **Demokratische Volksrepublik Jemen** mit der Hauptstadt Aden. Dort lebten und leben bis heute, anders als im Nordwesten, keine Schiiten, sondern **Sunniten**. Kurze Erinnerung an dieser Stelle: **Schiiten und Sunniten** sind zwei unterschiedliche muslimische Gruppierungen (vergleichbar mit Katholiken und Protestanten innerhalb des Christentums), die sich über die legitime Nachfolge des Propheten Mohammed zerstritten haben und sich bis heute in vielen Ländern und Regionen der Welt blutige Glaubenskriege liefern. Wenn Sie jetzt schon eine Vorahnung haben, was den Jemenkrieg auslöste, liegen Sie vermutlich goldrichtig.

Am 22. Mai 1990 wurden die beiden Teile des Landes zu einem vereinigt. Es war die Geburtsstunde des Jemen, wie wir ihn heute kennen. Doch im neuen Staat knirschte es von Anfang an im Getriebe. Kurz nach der Vereinigung der Länder fühlte sich ein Teil der schiitischen Bevölkerung aus dem Norden nicht mehr ausreichend vertreten, von den Sunniten im Land bedroht und unterdrückt. Diese Stimmung wurde immer angespannter, und mit den **Huthi-Rebellen** bildete sich eine zunächst kleine radikale Miliz, die mit Waffengewalt die Rechte der Schiiten im Norden durchsetzen wollte. Die Huthis waren von Beginn an auch antiamerikanisch und antijüdisch, einer ihrer frühesten Slogans lautete übersetzt: »Gott ist groß! Tod den USA! Tod Israel! Verdammt seien die Juden! Sieg dem Islam!« Im Sommer 2004 eskalierte die Situation dann endgültig. Die Regierung des Jemen warf den Huthis vor, separatistische Pläne zu verfolgen, also den Norden abspalten zu wollen. Es kam zu heftigen Kämpfen zwischen Regierungstruppen und Huthi-Rebellen, und Teile des Jemen versanken in einem Bürgerkrieg. Der Arabische Frühling im Jahr 2011 heizte die Kämpfe und das Chaos im Jemen noch weiter an. Es gab Proteste gegen die Regierung, und viele Menschen schlossen sich in ihrer Wut und Verzweiflung auch den Huthis an. Die Miliz war auch militärisch weiterhin erfolgreich, kontrollierte mittlerweile viele Gebiete im Norden des Landes und nahm sogar die Hauptstadt Sanaa ein. Im Februar 2012 trat der seit fast 34 Jahren herrschende Präsident **Ali Abdullah Salih** zurück. Doch auch seinem Nachfolger, **Mansur Hadi**, gelang es nicht, die Situation zu beruhigen. Im Gegenteil. Im Jahr 2015 lösten die Huthi-Machthaber das Parlament im Jemen auf und erklärten sich selbst zur Regierung. Dem Präsidenten des Landes, Mansur Hadi, blieb nichts anderes übrig, als ins Ausland, genauer gesagt nach Saudi-Arabien, zu flüchten. Dort ist er bis heute im politischen Exil. Im Jemen herrschen seitdem Krieg und Chaos, die Zivilbevölkerung leidet sehr unter den Umständen. Ohne eine funktionierende Regierung fehlt in dem Land eine Instanz, die sich um die Grundbedürfnisse der Bevölkerung kümmert. Ein Großteil der Strom- und Wasserversorgung im Land wurde zerstört. Es fehlt an Lebensmitteln, Medikamenten und ärztlicher Versorgung. Alle zehn Minuten stirbt im Jemen ein Kind an Hunger oder Krankheit – und die Welt schaut zu.

Nein, die Welt schaut nicht nur zu. Wie so oft bei solchen Konflikten kämpft die Welt fleißig mit. Der Bürgerkrieg im Jemen ist über die Jahre hinweg längst zu einem Stellvertreterkrieg geworden. Die schiitischen Huthis wurden von Beginn an vom Iran, der Schutzmacht aller Schiiten, mit Waffen und Geld unterstützt. Die Regierung des Jemen auf der anderen Seite bekommt vor allem von Saudi-Arabien, der Schutzmacht der Sunniten, Unterstützung. Aus dem Exil heraus versucht Präsident Hadi, mithilfe der Saudis die Macht im Land zurückzuerobern. Bisher weitestgehend erfolglos. Die USA haben versucht, diese Angriffe beim UN-Sicherheitsrat legitimieren zu lassen – bisher ohne Erfolg. Auch Deutschland ist an dem Konflikt übrigens nicht gänzlich unbeteiligt. Die Bundesrepublik verdiente lange Zeit gutes Geld mit viel kritisierten Waffenexporten nach Saudi-Arabien.

Wie hoffnungslos die Situation im Jemen wirklich ist, wurde uns klar, als wir noch mal in unserem ersten Buch *Ich versteh die Welt nicht mehr* aus dem Jahr 2017 blätterten. Damals schlossen wir ein komplettes Kapitel über die Geschichte der Huthi-Rebellen und den Krieg im Jemen mit dem Satz: »In Zukunft werden Sie in den Nachrichten noch häufiger vom Jemen hören, denn eine Lösung des Bürgerkriegs ist noch nicht in Sicht.« Heute, vier Jahre später, taugt dieser Satz Wort für Wort genauso als Schlusswort.

Mit dem **Iran** und **Nordkorea** fehlen zwei große gordische Knoten der Weltpolitik in diesem Kapitel – aus gutem Grund. In beiden Konflikten stehen die umstrittenen militärischen Atomprogramme der Länder im Fokus, weshalb wir ihnen gebündelt mit der gesamten Atomwaffen- und Kernkraftthematik ein eigenes Kapitel gewidmet haben (siehe Kapitel 11).

Ganz ehrlich? Die Faktenlage, die wir in diesem Kapitel vorstellen mussten, ist frustrierend. Wir leben in Deutschland auf einem Fleckchen dieser Erde, in dem es glücklicherweise seit einem Dreivierteljahrhundert friedlich zugeht. Wenn Sie nicht gerade zu den ältesten unserer Leserinnen und Leser gehören, haben Sie sehr wahrscheinlich – genau wie wir – nie einen Krieg erlebt. Das führt zu einer völlig verzerrten Wahrnehmung: Aus unserer persönlichen Perspektive ist die Welt zwar kein perfekter, aber doch ein friedlicher Ort. Wir müssen keine Angst haben, vor die Tür zu gehen oder nachts das Licht auszumachen. Wenn wir uns schlafen legen, ist ziemlich sicher, dass wir am nächsten Morgen wieder aufwachen, ohne dass eine Bombe auf unser Haus fällt oder eine Miliz unsere Tür eintritt. Gut so! Doch das ist leider kein selbstverständlicher Zustand, sondern ein Privileg. In wirklich, wirklich vielen Teilen dieser Welt sterben jeden Tag Männer, Frauen und Kinder durch Waffengewalt. Vergessen Sie nicht, dass in diesem Kapitel längst nicht alle Bürgerkriege erläutert wurden. Immer wieder erzählen uns Menschen, dass sie keine Nachrichten mehr gucken, weil sie das viele Leid, das sie dort sehen, nicht ertragen können. Bis zu einem gewissen Grad können wir das verstehen, aber das macht es noch lange nicht richtig. Das Privileg, in Frieden leben zu dürfen, bringt unserer Meinung nach auch die Pflicht mit sich, diejenigen nicht zu vergessen, die dieses Privileg nicht haben. Nur weil wir nicht mehr hinschauen, verschwinden die Probleme und das Leid nicht einfach. Schöne Grüße übrigens an dieser Stelle noch mal an die Vereinten Nationen. Warum dieser Weltverbund es nicht hinkriegt, die vielen Konflikte auf der Welt zu lösen, haben Sie ja bereits in Kapitel 3 gelesen. Schade eigentlich.

Wenn es um die großen internationalen Konflikte geht, lohnt es sich manchmal, auch ausländische Medien zu konsumieren! Natürlich haben deutsche Medien auf Themen wie beispielsweise den Nahostkonflikt eine tendenziell deutsche Perspektive. Um mal andere Perspektiven auf die großen Konflikte unseres Planeten zu bekommen, können Sie beispielsweise CNN International, BBC World News oder auch RT gucken. Auch Euronews, Al Jazeera sowie France24 sind empfehlenswert. Außerdem ist noch die Deutsche Welle zu nennen. Das ist zwar ebenfalls ein deutsches Medium, wird allerdings extra für ein englischsprachiges Publikum im Ausland produziert und hat deshalb häufig andere Blickwinkel auf Themen. Im Printbereich lohnen sich auf Englisch zum Beispiel das *Wall Street Journal,* die *New York Times* oder die *Washington Post.* Selbstverständlich setzt der Konsum dieser Medien voraus, dass Sie gut Englisch sprechen, und Sie sollten sich auch stets darüber bewusst sein, dass Sender wie beispielsweise Russia Today (aus Russland) oder Al Jazeera (aus Katar) durchaus bei bestimmten Themen eher subjektiv und den Interessen ihrer Länder entsprechend berichten – vor allem RT als russisches Staatsmedium steht immer wieder in der Kritik, Rechte und Verschwörungstheoretiker mit zweifelhaften Methoden in ihren Meinungen zu bestätigen – dennoch: Wenn man weiß, was man da guckt oder liest, und sich deshalb die nötige Distanz dazu bewahrt, kann es den Horizont wirklich erweitern, auch mal internationale Medien zu konsumieren!

5 DIE WICHTIGSTEN PREISE DER WELT – NOBELPREISE, OSCARS UND WEITERE AUSZEICHNUNGEN

Es gibt sie, diese Jährlich-grüßt-das-Murmeltier-Nachrichtenthemen, und ehrlich gesagt sind wir als Journalistinnen und Journalisten sehr dankbar dafür! Denn sie nehmen uns eine Menge Arbeit ab. Wenn wie jedes Jahr die Nobelpreise verliehen werden, ist eine Woche lang jeden Tag eine Meldung schon klar gesetzt. Oder ein halbes Jahr lang, wenn man bei *Spektrum* oder *GEO* arbeitet. Wenn überall die Spekulationen um die Oscar-Verleihung losgehen, weiß man schon, dass es die diesjährige Moderationsperson nicht so gut machen wird wie einst Ellen DeGeneres und kann den entsprechenden Bericht schon vorskizzieren. Doch auch im Leben von Menschen außerhalb unserer journalistischen Blase spielen solche Preisverleihungen eine wichtige Rolle – sie sind nämlich immer ein gutes, aktuelles Small-Talk-Thema! »Hast du das mitbekommen?« – »Wer, findest du, hätte gewinnen sollen?« – »Wieso hat Leonardo DiCaprio denn schon wieder keinen Oscar bekommen?« Das sind gern diskutierte Fragen in der Mittagspause – mit dem nötigen Hintergrundwissen können Sie in solchen Gesprächen glänzen. Außerdem werden Sie nie wieder verzweifelt auf der Suche nach einem guten Streifen für den nächsten Filmabend oder nach neuer Musik für Ihre Playlist sein, wenn Sie wissen, welche Handvoll Preisverleihungen Sie im Jahr verfolgen sollten, um immer mit gutem Nachschub versorgt zu werden.

Es gibt viele Preisverleihungen im wissenschaftlichen, politischen und kulturellen Bereich, die sich über Jahrzehnte eine solche Relevanz aufgebaut haben, dass in nahezu jeder Nachrichtensendung über sie berichtet wird. Wenn Sie die nächsten paar Seiten lesen, wissen Sie genau Bescheid darüber, welche Preisverleihungen das sind, welche Geschichte und welche Bedeutung sie haben – oder auch nicht.

Wissenschaft, Gesellschaft und Frieden

Im 19. Jahrhundert lebte der schwedische Erfinder und Chemiker **Alfred Bernhard Nobel**. Er war ein unruhiger, kluger Geist, der sich zu seinen Lebzeiten insgesamt 355 Patente gesichert hat – eine beeindruckende Leistung. Wahrscheinlich hatte ihn sein Vater, der auch schon ungewollt Erfinder wurde, unter Druck gesetzt. Armer Kerl! Er selbst hätte sich später aber gewünscht, einige seiner eigenen Erfindungen niemals erfunden zu haben – denn ohne es zu wollen, hatte Alfred Nobel die tödlichsten Waffen seiner Zeit noch tödlicher gemacht. Neben Dynamit und Sprenggelatine erfand Nobel auch das Pulver Ballistit, ohne zu ahnen, was man damit machen konnte. So ähnlich wie Joseph Lister Listerine erfand, um OP-Besteck zu reinigen, während sich heute Menschen damit den Mund umspülen. Oder wie Coca-Cola erfunden wurde, um die Morphinsucht von US-Soldaten zu heilen, während sich heute vermutlich so mancher Ernährungswissenschaftler Morphin zurückwünschen würde. Zurück zum eigentlichen Thema: Kaum erfunden, revolutionierte Ballistit viele Schusswaffen, darunter auch größte Kanonen. Durch seine Erfindung wurden diese verheerenden Waffen effizientere Tötungsmaschinen, Kriege forderten noch mehr Opfer, und eine Zeitung nannte Nobel einmal den »Kaufmann des Todes«. Am Ende seines Lebens fragte sich der kinderlose Alfred Nobel, was er mit seinem beachtlichen Vermögen von 31,2 Millionen Kronen (entspricht einer heutigen Kaufkraft von etwa 175 Millionen Euro) anstellen sollte. Seine genauen Beweggründe sind nicht überliefert, aber vermutlich war es eine Mischung aus schlechtem Gewissen, Rettung des eigenen Rufes und dem Wunsch, andere Wissenschaftlerinnen und Wissenschaftler zu unterstützen, die Alfred Nobel dazu brachten, den **Nobelpreis** ins Leben zu rufen. Den größten Teil seines Vermögens übertrug Nobel an eine Einrichtung, die fortan Preise in den Kategorien Physik, Chemie, Medizin und Literatur vergeben sollte. Außerdem sollte jedes Jahr eine Person ausgezeichnet werden, die sich besonders für den Frieden auf der Welt einsetzt. Alfred Nobel legte auch persönlich fest, wer für die Vergabe dieser Preise verantwortlich ist. Die Königlich Schwedische Akademie der Wissenschaften vergibt die Auszeichnungen in Physik und Chemie, das Karolinska-Institut ist für den Nobelpreis für Medizin verantwortlich, und die Schwedische Akademie kümmert sich um den Literatur-Nobelpreis. Für den Friedensnobelpreis ist das norwegische Nobelkomitee zuständig. Alfred Nobel verstarb im Jahr 1896, im Jahr 1900 wurde die Nobel-Stiftung gegründet, und im Jahr 1901 wurden die Nobelpreise zum ersten Mal verliehen.

Im Bereich der Wissenschaft strahlt der Nobelpreis heute weit über alle anderen Preise hinweg und gilt als die absolut höchste Auszeichnung in den jeweiligen Disziplinen. Darüber kommt nur noch, dass einem der eigene Vater sagt, dass er stolz auf einen ist. Wer einen Nobelpreis verliehen bekommt, wird weltweit mit Anerkennung bedacht, muss dafür aber auch wirklich etwas Bahnbrechendes geleistet haben. Die Nobelpreise werden jedes Jahr am 10. Dezember, am Todestag von Alfred Nobel, vergeben, und die Preisträgerinnen und Preisträger erhalten als Auszeichnung die berühmte Goldmedaille mit seinem Porträt darauf. Zu den bisher so geehrten Personen gehören einflussreiche Berühmtheiten wie Wilhelm Röntgen, Marie Curie, Albert Einstein, Willy Brandt, Thomas Mann, Malala Yousafzai oder auch Barack Obama. Zum Schluss sei noch erwähnt, dass seit 1968 von der Schwedischen Nationalbank der Alfred-Nobel-Gedächtnispreis für Wirtschaftswissenschaften vergeben wird. Auch wenn er im strengen Sinne kein originaler Nobelpreis ist, wird er zusammen mit und nach ähnlichen Kriterien wie die anderen Nobelpreise vergeben und deshalb häufig gleichwertig als Wirtschaftsnobelpreis bezeichnet.

Die Geschichte des Nobelpreises ist bei Weitem kein Sonderfall, viele Preise wurden von einzelnen Personen mit einer ganz bestimmten Motivation ins Leben gerufen. In den 1970er-Jahren reiste der schwedisch-deutsche Journalist Jakob von Uexküll durch die Welt und war schockiert von der Armut und der Umweltzerstörung, die er dabei beobachtete. Während wir heute fast alle regelmäßig über die Umweltzerstörung auf unserem Planeten schockiert sind, war das damals ein ziemlich revolutionärer Gedanke. Die Formulierung »fast alle« ist an dieser Stelle übrigens leider notwendig, weil es noch immer Menschen gibt, die glauben, dass die Erde flach, der Klimawandel eine Lüge und Michael Wendler unser aller Rettung ist (mehr dazu in Kapitel 9). Als Jakob von Uexküll von seiner Reise zurückkam, hatte er das Gefühl, etwas tun zu müssen, und so schlug er der Nobelstiftung vor, weitere Nobelpreise ins Leben zu rufen. Nach seinem Vorschlag sollten zukünftig auch Menschen ausgezeichnet werden, die sich dafür einsetzen, dass die menschlichen Lebensgrundlagen erhalten bleiben. Die Idee dahinter war einfach: Wenn der Nobelpreis mit seiner riesigen Prominenz solchen Menschen und Projekten Aufmerksamkeit schenkt, hilft das dabei, die Welt zu einem besseren Ort zu machen. So romantisch die Idee auch klang – die Nobelstiftung lehnte Jakob von Uexkülls Vorschlag ab, weil sie die Nobelpreise nicht weiter verwässern wollte und laut eigener Regularien auch gar nicht durfte. Jakob von Uexküll wollte sich von dieser Absage nicht unterkriegen lassen und beschloss kurzerhand, seinen eigenen Preis zu erschaffen – er verkaufte eine wertvolle Briefmarkensammlung und rief mit einem Startkapital von unter einer Million Euro den **Right Livelihood Award** ins Leben, übersetzt auf Deutsch heißt das so viel wie »Preis für die richtige Lebensgrundlage« – wegen der Vorgeschichte wird der Preis häufig auch als **Alternativer Nobelpreis** bezeichnet, obwohl er mit dem Nobelpreis organisatorisch und institutionell rein gar nichts zu tun hat. Mit dem Right Livelihood Award werden Personen oder Organisationen ausgezeichnet, die sich mit praktischen Lösungen, Modellen oder Ideen für die Existenzgrundlage aller Menschen einsetzen. Strenge Vergabekriterien oder Kategorien gibt es absichtlich nicht. Die meisten Preise werden an Personen vergeben, die sich in den Bereichen Umwelt, Frieden, Abrüstung, Menschenrechte, Verbraucherschutz, Gesundheit, Ressourcenschonung und Ähnlichem engagieren. Eine berühmte Preisträgerin der vergangenen Jahre ist beispielsweise die schwedische Klimaaktivistin Greta Thunberg, im Jahr 2014 wurde Edward Snowden für seine Enthüllungen der staatlichen Überwachung ausgezeichnet. Finanziert wird der Right Livelihood Award mittlerweile über Spendengelder.

Einen ähnlichen Gedanken, nämlich Aufmerksamkeit auf Menschen zu richten, die sich für Frieden und eine bessere Welt einsetzen, verfolgt auch ein weiterer, in Deutschland sehr bekannter Preis: Der **Friedenspreis des Deutschen Buchhandels**. Einige Schriftsteller und Verleger haben den Preis im Jahr 1949 ins Leben gerufen, und seitdem wird er an Persönlichkeiten verliehen, die sich durch ihre Arbeit im Bereich Literatur, Wissenschaft oder Kunst für den Frieden einsetzen. Der Preis wird jedes Jahr im Rahmen der Frankfurter Buchmesse in der Paulskirche vergeben. Die Preisverleihung wird live im Fernsehen übertragen, und zu den prominenten Preisträgerinnen und Preisträgern zählen unter anderem Max Frisch, Theodor Heuss und Astrid Lindgren.

Film, Fernsehen und Musik

Nach Wissenschaft und Frieden kommen wir jetzt zu den weniger ernsten und wirklich relevanten, dafür aber sehr unterhaltsamen Preisen dieser Welt. In den Bereichen Film, Fernsehen und Musik gibt es so viele Preise, dass allein deren reine Aufzählung vermutlich länger wäre als dieses komplette Kapitel. Beschränkt man sich allerdings auf die Preise, die wirklich eine fachliche und internationale Relevanz und damit auch Präsenz in der Berichterstattung haben, bleiben nur noch wenige übrig, auf die wir uns in den nächsten Absätzen konzentrieren wollen.

Gegen Ende der 1920er-Jahre ging es der US-amerikanischen Filmindustrie nicht besonders gut. Neue Erfindungen, wie zum Beispiel das Radio, sorgten dafür, dass immer weniger Menschen in die Kinos strömten. Die Einnahmen gingen zurück – Marlon Brando war noch nicht mal in der Grundschule und konnte die Branche deshalb auch noch nicht retten. Auf der anderen Seite organisierten sich die Mitarbeiterinnen und Mitarbeiter der großen Filmstudios zum ersten Mal in größeren Gewerkschaften, was die Produktionskosten nach oben trieb. Der damalige Leiter der Metro-Goldwyn-Mayer Studios, besser bekannt als MGM-Studios, kam zusammen mit zwei Freunden in diesem schwierigen Fahrwasser auf die Idee, eine Institution ins Leben zu rufen, die sich um die Interessen der Filmschaffenden kümmert. Gesagt, getan – 1927 trafen sich die damals einflussreichsten Persönlichkeiten der Filmbranche, um die »Academy of Motion Picture Arts and Sciences« mit gerade einmal 36 Gründungsmitgliedern zu starten. Zwei Jahre später vergab diese Akademie zum ersten Mal den heute absolut wichtigsten und berühmtesten Filmpreis der Welt: den **»Academy Award of Merit«**, umgangssprachlich besser bekannt als **»Oscar«** – wobei der Oscar streng genommen eigentlich nur die berühmte Trophäe, also die 34 Zentimeter große, 4,3 Kilogramm schwere goldene Figur mit Schwert ist. Meryl Streep ist dabei die unangefochtene Spitzenreiterin unter den Ausgezeichneten: 3-mal hat sie einen Oscar gewonnen, und sie war sage und schreibe 21-mal für den Preis nominiert.

Der Preis wird an Filmschaffende vergeben, die in unterschiedlichen Unterhaltungskategorien wie »Bester internationaler Film«, »Beste Nebendarstellerin«, aber auch in technischen Kategorien wie »Bestes Kostüm« oder »Bester Tonschnitt« herausragendes geleistet haben. Als wichtigste Preise gelten die Sparten »Bester Film«, »Beste Regie«, »Bester Hauptdarsteller«, »Beste Hauptdarstellerin« sowie »Bestes Drehbuch«. Wer für einen Academy Award nominiert wird, und auch, wer ihn am Ende tatsächlich erhält, wird von den mittlerweile mehr als 7000 Mitgliedern der Academy entschieden. Die vollständige Mitgliederliste ist geheim, allerdings geriet die Oscar-Verleihung 2014 massiv in die Kritik, als die *Los Angeles Times* aufdeckte, dass eine überwältigende Mehrheit der Mitglieder alte weiße Männer sind. Überraschung, wer hätte das gedacht. 2016 gab es ähnliche Kritik, nachdem alle Nominierungen in den Darstellerkategorien ausschließlich an weiße Schauspieler gingen. Auch damit hätte wirklich niemand rechnen können. Als Reaktion darauf wurde in den folgenden Jahren viel getan, um die Oscars diverser zu machen. Die Zusammensetzung der Academy-Mitglieder wurde angepasst, außerdem gibt es in Zukunft Vielfältigkeitskriterien für Bewerberinnen und Bewerber. Die Preisverleihung, die von Fernsehsendern auf der ganzen Welt übertragen wird und bei der sich Reiche, Berühmte und Schöne der Welt treffen, findet einmal pro Jahr in Los Angeles statt – seit 2002 im berühmten Dolby, ehemals Kodak Theatre. Und falls Sie ganz persönlich noch Programm für den nächsten Filmabend suchen: *Titanic*, *Ben Hur* sowie *Der Herr der Ringe: Die Rückkehr des Königs* sind mit jeweils elf Oscars die bis heute unangefochten besten Filme aller Zeiten, zumindest laut Academy.

Wie bereits zu Anfang geschrieben, stellen die Oscars alle anderen Film- und Fernsehpreise in den Schatten. Geht es um Strahlkraft und Bekanntheit, kommt als Erstes der Academy Award und dann lange nichts. Dennoch gibt es auch andere Film- und Fernsehpreise, die in den Nachrichtensendungen und Zeitungen dieser Welt jährlich einen Platz finden und die deshalb an dieser Stelle kurz erwähnt und eingeordnet werden sollten. Auf eine genauere Erklärung ihrer Entstehungsgeschichte verzichten wir, schließlich sollen Sie auch noch ausreichend Zeit für die Filmrecherche haben.

Als zweitwichtigster Filmpreis der Welt gelten die **Golden Globes**, die jedes Jahr von etwa 100 internationalen Journalistinnen und Journalisten, die in Hollywood arbeiten, vergeben werden. Anders als bei den Oscars werden bei den Golden Globes nicht nur Kino-, sondern auch Fernsehfilme ausgezeichnet. Das Stichwort Fernsehen bringt uns direkt zum nächsten Preis, nämlich dem **Emmy Award**, meist einfach kurz Emmy genannt. Seit 1949 werden mit dem Emmy Highlights der abgelaufenen Fernsehsaison ausgezeichnet. Es gibt beispielsweise Emmys für den besten Fernsehfilm, den besten Reality-Wettbewerb, den besten Werbespot, die beste Moderation oder aber auch die beste Frisur in einem Fernsehfilm – insgesamt gibt es mehr als 90 unterschiedliche Kategorien. Würde es den letzten Preis in Deutschland geben, hätten die Ehrlich Brothers auf jeden Fall jährlich schon mal einen Preis sicher.

Aus deutscher Sicht sind an dieser Stelle noch die **Goldene Kamera** sowie der **Goldene Bär** zu erwähnen – in Deutschland scheint bei Filmpreisen das Wort »golden« sehr wichtig zu sein. Mit dem Goldenen Bären wird bei den jährlich veranstalteten Filmfestspielen von Berlin, besser bekannt als Berlinale, der beste Film ausgezeichnet. Die Goldene Kamera ist Deutschlands ältester Medienpreis – mit ihm zeichnet die Funke Mediengruppe jedes Jahr herausragende Leistungen in der Film-, Fernseh- und Musikbranche aus.

Die **Grammy Awards** sind für die Musikbranche, was die Oscars für die Filmwelt sind. Seit 1959 werden in Los Angeles jedes Jahr die besten Sängerinnen, Komponisten, Musikerinnen sowie Produktionsleiter und Tontechnikerinnen von der Recording Academy mit der berühmten Skulptur, die aussieht wie ein Grammofon, geehrt. Weltweit berühmt und gefeiert sind die Grammys unter anderem auch wegen der jährlichen legendären Preisverleihung, die live im Fernsehen übertragen wird. Die erfolgreichsten Musikerinnen und Musiker des Jahres geben sich auf der Grammy-Bühne die Klinke in die Hand und liefern eine spektakuläre und bildgewaltige Show ab! Falls Sie es noch nie gemacht haben, lohnt es sich definitiv, dafür mal eine Nacht vor dem Fernseher zu verbringen. Was viele nicht wissen: Bei der im Fernsehen übertragenen Verleihung werden lediglich die Hauptkategorien wie »Single des Jahres«, »Album des Jahres« oder »Song des Jahres«, die für eine breite Öffentlichkeit spannend sind, vergeben. Es gibt bei den Grammys allerdings deutlich mehr als die bekannten Preiskategorien. So werden zum Beispiel für die Branche und Fachpresse interessante Preise wie das »Beste Immersive-Audio-Album«, das »Beste Kinderalbum« oder die »Beste Abmischung eines Albums, Klassik« vergeben. Sich einmal durch die vollständige Liste der Nominierungen und Auszeichnungen der jährlichen Grammy-Verleihung zu wühlen ist auf jeden Fall eine clevere Möglichkeit, neue gute Musik für die eigene Playlist zu finden! Allerdings sollten Sie die Siegertracks aus der Kategorie »Indie Jazz« vielleicht doch aus Ihrer Partyplaylist rauslassen, das beste Kinderlied dagegen wird nach Mitternacht schon durchgehen.

Genau wie bei den Oscars gibt es auch bei den Grammys eine Handvoll weiterer Preise, die zwar nicht so bedeutsam und bekannt sind, aber dennoch eine Nennung verdient haben. Als direkte Konkurrenz zu den Grammys wurden beispielsweise 1973 die **American Music Awards** ins Leben gerufen. Während bei den Grammys eine Fachjury, bestehend aus Mitgliedern der Unterhaltungsindustrie, darüber abstimmt, wer gewinnt, können bei den American Music Awards die Fans entscheiden, wer am Ende eine der begehrten Trophäen erhält. Wenn Sängerinnen und Sänger in den sozialen Netzwerken ihre Followerinnen und Follower anflehen, für sie abzustimmen, dann weiß man: Es ist wieder Zeit für die AMA. Außerdem gibt es in der Musikbranche eine ganze Reihe von Preisen, die von Musikzeitschriften oder Fernsehsendern vergeben werden. Als herausragende Beispiele sind hier die **Billboard Music Awards** der Fachzeitschrift *Billboard* sowie die **MTV Video Music Awards** des US-amerikanischen Musikfernsehsenders MTV zu nennen. Das europäische Pendant, das mittlerweile auch in den deutschen Medien viel Aufmerksamkeit erhält, heißt **MTV Europe Music Awards**, oder auch einfach nur kurz EMA.

Es ist nicht alles Gold, was glänzt

Bevor wir zum Ende dieses Kapitels gleich noch auf die eher skurrilen und lustigen Preisverleihungen dieser Welt schauen, müssen wir noch über eine speziell deutsche und sehr besondere Auszeichnung sprechen: Das **Bundesverdienstkreuz**. Wie Sie in diesem Kapitel bereits gelernt haben, gehört es anscheinend zu jedem bekannten Preis dazu, dass er umgangssprachlich eigentlich unter einem falschen Namen bekannt ist. Es wird Sie deshalb jetzt vermutlich nicht aus den Socken hauen, dass das Bundesverdienstkreuz eigentlich gar nicht Bundesverdienstkreuz, sondern **Verdienstorden der Bundesrepublik Deutschland** heißt. Was Sie eher aus den Socken hauen könnte, ist die Erkenntnis, dass es nicht nur *ein* Bundesverdienstkreuz, sondern zehn unterschiedliche Bundesverdienstkreuze, abgestuft in vier Hauptränge, gibt. Es gibt die Verdienstmedaille, drei unterschiedliche Verdienstkreuze, drei Große Verdienstkreuze und ganz oben drei Großkreuze, von denen die oberste Stufe Staatsoberhäuptern vorbehalten bleibt. Bis verständlich erklärt wäre, welche dieser insgesamt zehn Ränge wofür vorgesehen sind, wären Sie vermutlich beim Lesen eingeschlafen. Außerdem gilt es zu bezweifeln, dass das außer Bundespräsident Heuss, der die Orden 1951 ins Leben rief, überhaupt jemals jemand so richtig verstanden hat. Wir beschränken uns deshalb an dieser Stelle darauf, zu erwähnen, dass in den allermeisten Fällen höchstens die zweite Stufe, also das Verdienstkreuz am Bande, verliehen wird. Ganz allgemein kann festgehalten werden, dass die Verdienstorden der Bundesrepublik Deutschland für Menschen gedacht sind, die sich durch besondere Leistungen auf politischem, wirtschaftlichem, kulturellem, geistigem oder ehrenamtlichem Gebiet hervorgetan haben. Klingt erst mal gut, doch in der Praxis hakt das Model. Ein weiterer großer Irrtum ist nämlich, dass das Verdienstkreuz eine selten vergebene Auszeichnung ist. Insgesamt wurde das Bundesverdienstkreuz bisher schon mehr als 240 000 Mal vergeben – man könnte es fast schon eine Blechlawine nennen. Erinnern Sie sich noch an die Teilnahmeurkunden bei den Bundesjugendspielen? Deutsche Bundespräsidenten erhalten den höchsten Staatsorden direkt zu Beginn ihrer Amtszeit als Vorschusslorbeeren überreicht, in Diplomatenkreisen ist der Ordenstausch ein Gebot der Höflichkeit – ganz egal, wer da eigentlich gerade gegenübersitzt. Auch Bedienstete von Monarchen und Eheleute von Staatsoberhäuptern haben schon Orden überreicht bekommen. Die Liste von Ordensträgern, die eigentlich lieber keine sein sollten, beispielsweise weil es sich bei ihnen streng genommen um südamerikanische Diktatoren handelt, ist lang. Wenn Sie also mal jemand für einen Verdienstorden der Bundesrepublik Deutschland vorschlägt, sollten Sie vielleicht eine Runde extra darüber nachdenken, ob es sich dabei eigentlich um eine erstrebenswerte Auszeichnung handelt. Nein, im Ernst, ganz so schlimm ist es natürlich nicht, aber dennoch ist an dieser Stelle festzuhalten, dass das Bild des Bundesverdienstkreuzes in der Öffentlichkeit sowie der ursprüngliche Gedanke hinter dieser Auszeichnung wesentlich nobler und glamouröser sind als die politische Praxis. Schade eigentlich.

Apropos Preis nicht haben wollen – am Ende dieses Kapitels möchten wir Ihnen noch einige Preise vorstellen, die tatsächlich niemand haben möchte, weil es sich bei ihnen, sagen wir es, wie es ist, eher um Schmähpreise handelt. Ganz so, als würde Ihre Chefin Sie zum Mitarbeiter des Monats in der Kategorie »Projekte in den Sand gesetzt« küren oder ihr Partner würde Ihnen während der Flitterwochen sagen, dass Sie eine fantastische dritte Wahl seien. Der schillerndste Preis dieser unehrenhaften Kategorie ist die **Goldene Himbeere**, der berühmteste Negativ-Filmpreis der Welt. Im Englischen heißt dieser Preis offiziell »Golden Raspberry Award« oder einfach nur kurz Razzie. Jedes Jahr werden der schlechteste Film, die schlechteste Schauspielerin, die schlechteste Regie oder auch das schlechteste Drehbuch mit einer annähernd wertlosen Trophäe, bestehend aus einer hässlichen Kunststoffhimbeere, die lieblos auf eine Super-8-Filmrolle geklebt wird, ausgezeichnet. Wer dieses Ding bekommt, sollte über seine Filmkarriere vielleicht noch mal nachdenken. Während die goldene Himbeere das nicht ernst gemeinte Pendant zum Oscar ist, ist der **Ig-Nobelpreis** das Gegenstück zum Nobelpreis. Für alle unter dreißig: Nein, es ist nicht der Instagram-Nobelpreis. Anders als bei der goldenen Himbeere freuen sich die Gewinnerinnen und Gewinner des Ig-Nobelpreises allerdings meist über die Trophäe, weil sie zumindest bedeutet, dass sie andere Menschen zum Lachen gebracht haben. Dieser oft auch als Anti-Nobelpreis bezeichnete Preis wird jedes Jahr an der Harvard-Universität an Wissenschaftlerinnen und Wissenschaftler übergeben, die mit ihrer Forschung Menschen »erst zum Lachen, dann zum Nachdenken bringen«. Eigentlich wie Clowns in der Manege, die man erst noch ganz lustig findet, um dann auf dem Nachhauseweg darüber nachzudenken, ob es ihnen wirklich gut geht. Das klingt komplizierter, als es ist! Ein gutes Beispiel ist der Physiker Robert Matthews, der den Ig-Nobelpreis für den Nachweis erhielt, dass Toastbrotscheiben immer auf die gebutterte Seite fallen. In der Kategorie Akustik ging die Auszeichnung an Wissenschaftler, die es schafften, einen weiblichen Alligator dazu zu bringen, in einer mit Helium gefüllten luftdichten Kammer zu grölen – das Ergebnis dieser weltbewegenden wissenschaftlichen Arbeit: »Alligatoren klingen komisch, wenn sie einen Partyballon einatmen.« Na, herzlichen Glückwunsch, die Einladung zum nächsten Kindergeburtstag ist raus. Kleiner Geheimtipp am Rande: Wenn Sie mal schlechte Laune haben, weil Sie sich fragen, welchen Nutzen Sie eigentlich zu dieser Gesellschaft beitragen, kann ein Durchlesen der jährlichen Ig-Nobelpreis-Auszeichnungen das Selbstwertgefühl massiv steigern!

Es gibt unzählige Preise auf dieser Welt, und weil wir jedes Jahr immer wieder mit ihnen konfrontiert werden, gehören sie zu den Nachrichten, die oft einfach so an uns vorbeirauschen. Wir denken, dass wir alles über diese Preise wissen und sie genau kennen – doch wie so oft zeigt der Blick durch die Lupe, dass es da noch einiges Spannende zu entdecken gibt. Als würden Sie mit einer Lupe unter Ihr Sofa gucken, da finden Sie garantiert auch noch etwas Spannendes, mit dem Sie nicht gerechnet hätten. Wir sind uns auf jeden Fall sicher, dass Sie die nächsten Preisverleihungen nach dem Lesen dieses Kapitels durch eine andere Brille betrachten werden. Viel Spaß dabei! Beenden wollen wir dieses preisverdächtige Kapitel mit der traditionellen Abschiedsformel der Ig-Nobelpreis-Verleihung: »Wenn Sie dieses Jahr keinen Ig-Nobelpreis gewonnen haben, und besonders dann, wenn Sie einen gewonnen haben: Mehr Glück im nächsten Jahr!«

Sowohl die Verleihung der Nobelpreise als auch die Verleihung der Oscars und der Grammys erinnert einen jedes Jahr daran, dass auf dieser Welt ständig spannende neue Dinge entstehen, von denen wir nichts mitbekommen – egal ob in der Wissenschaft oder der Kultur. Die großen Preisträgerinnen und Preisträger sind natürlich nur der schillernde Stern, die Spitze des Eisbergs in ihrem Metier. Neben ihnen gibt es noch wahnsinnig viele andere spannende Künstler und Wissenschaftlerinnen, die entdeckt werden wollen, und zum Glück gibt es fabelhafte Wissenschafts- und Kulturjournalisten, die jeden Tag über sie berichten!

Um den eigenen Horizont zu erweitern, lohnt es sich wirklich, hier mal reinzugucken. Nachfolgend ein paar persönliche Tipps, wie Sie sich unserer Erfahrung nach in den Bereichen Musik, Film und Wissenschaft informieren und weiterbilden können.

Wenn Sie auf der Suche nach guten Filmen sind oder wissen möchten, ob ein Film das Potenzial hat, Ihnen den Abend zu versüßen oder zu versauern, vertrauen Sie auf die Internetseiten *imdb.com* und *rottentomatoes.com* – wenn ein Film dort wirklich gut bewertet ist, sollten Sie ihn auch gucken. Wenn nicht, können Sie getrost die Finger davon lassen! Für einen recht breiten Überblick auf das, was aktuell in der Kulturszene los ist, können wir außerdem die wöchentlichen Sendungen *ttt – Titel Thesen Temperamente* im Ersten sowie *Aspekte* im ZDF empfehlen. Wer mehr über Musik erfahren möchte, kann die absolute Legende auf dem Gebiet, den *Rolling Stone*, lesen. Ansonsten hätten wir an dieser Stelle ein paar spannende Podcast-Tipps für Sie! Als Erstes wollen wir »Song Exploder« nennen – einen Podcast von Hrishikesh Hirway, in dem er in jeder Folge einen einzelnen Song in seine Bestandteile zerlegt und erklärt. Besonders auch für unmusikalische Menschen ein Format, das dabei hilft, Musik besser zu verstehen. Auf Deutsch gibt es ein ähnliches Format namens »SWR2 Erklär mir Pop« mit Udo Dahmen von der Popakademie in Mannheim. Wenn Sie einfach nur etwas über neue Alben und die Popkultur erfahren wollen, legen wir Ihnen den »Popcast« von der *New York Times* ans Herz! Im Bereich der Wissenschaft ist das Angebot im Fernsehen gigantisch. Von Klassikern wie *Galileo* und *Quarks & Co* bis hin zu neueren Formaten wie *Abenteuer Wissen* gibt es gefühlt unendlich viele Sendungen, die täglich im Fernsehen laufen oder in den Mediatheken zu finden sind. Während die meisten Fernsehsendungen eher der Unterhaltung dienen und an der Oberfläche kratzen, gehen gedruckte Wissenschaftsmagazine deutlich mehr ins Detail. Beispielhaft wollen wir an dieser Stelle *P.M.*, *Spektrum* und *National Geographic* empfehlen.

6 FÜR VIELE DER HÖHEPUNKT JEDER NACHRICHTENSENDUNG – SPORT

Gut möglich, dass Sie sich jetzt wundern, was dieses Kapitel in diesem Buch zu suchen hat. Denn, mal ehrlich, beim Thema Sport gibt es doch nun wirklich nichts, was man unbedingt erklären müsste. Oder etwa doch? Wir machen einen Deal: Wenn Sie die folgenden Fragen alle aus dem Stegreif beantworten können, überblättern Sie dieses Kapitel einfach. Wenn nicht, gibt es da ganz offensichtlich doch so einiges, worüber wir reden müssen. Bereit? Was genau ist ein Grand Slam, und ist für Tennisspielerinnen und -spieler auch ein unechter Grand Slam ein Grund zur Freude? Ist Michael Schumacher zu seinem ersten Formel-1-Grand-Prix gekommen, weil sich ein anderer Pilot mit seinem Taxifahrer geprügelt hat oder weil ein anderer Stammpilot durch eine dicke Erkältung ausgeknockt wurde? Und in welcher Sportart wurden ihrem berühmtesten Vertreter sage und schreibe alle Siege wieder aberkannt? Keine Sorge – wenn Sie nicht all diese Fragen beantworten konnten, gehören Sie schlicht und ergreifend zur großen Mehrheit. Denn auch wenn Themen wie Sport auf den ersten Blick einfach und fast belanglos erscheinen, erweisen sie sich beim zweiten Hinschauen als erstaunlich vielschichtig. Auch auf diesem Gebiet kann man schnell aufs Glatteis gelockt werden und ausrutschen. In der Mittagspause wird es schnell unangenehm, wenn sich in großer Runde über das Champions-League-Halbfinale des Vorabends unterhalten wird, während man selbst bei der Partie Bayern München gegen Paris Saint-Germain eher an eine

Fußball-Weltmeisterschaft denkt. Und was war beim Wintersport noch mal der Unterschied zwischen WM und Weltcup, zwischen Nordischem und Alpinem Skilauf? Besonders fies ist an der ganzen Geschichte, dass in kaum einer Sendung oder Zeitung noch mal die Grundlagen dieser Wettbewerbe genauer erklärt werden – dort gilt meist das Prinzip: »Wer das hier gut findet, wird schon wissen, worum es geht!« Ein fataler Irrtum.

Rennen, Kämpfen und Springen – Leichtathletik

Aus Respekt vor deren Alter starten wir mit den **Olympischen Spielen**, genauer gesagt den Olympischen Sommerspielen. Die sind nämlich tatsächlich schon uralt, genauer gesagt antik. Im Jahr 776 vor Christus, also tatsächlich noch in der Antike, fand auf einer griechischen Halbinsel, in der Stadt Olympia, ein Fest zu Ehren des griechischen Gottes Zeus statt. Bei diesem Fest trafen sich ausschließlich Männer, um gemeinsam Musik zu machen, Kunst auszutauschen, und auch, um sich sportlich zu messen. Anders als heute traten die Athleten damals allerdings nur in einer einzigen Sportart gegeneinander an, nämlich im Stadionlauf. Dabei waren sie völlig nackt – früher war halt doch nicht alles besser. Es begann also alles mit dem Laufen, was auch erklärt, warum beispielsweise der Hundertmetersprint bis heute als absolute Königsdisziplin der Spiele gilt. In den nächsten Jahrzehnten kamen mit unterschiedlichen Kampfsportarten, zusätzlichen Laufdistanzen sowie Wagen- und Pferderennen neue Disziplinen dazu. Anders als heute wurde bei den Kampfsportwettbewerben oft bis zum Tod der Athleten gekämpft – sehen Sie, früher war wirklich nicht alles besser. Bis dato waren die Olympischen Spiele allerdings eine rein griechische Angelegenheit. Erst die Römer öffneten den Sportwettbewerb für Athleten aus anderen Ländern, nachdem sie Griechenland erobert hatten. Doch die Römer waren auch dafür verantwortlich, dass die Olympischen Spiele für mehr als ein Jahrtausend von der Bildfläche verschwanden. Etwa 400 Jahre nach Christus verboten die Römer die Olympischen Spiele, und es dauert nicht lange, bis die berühmten antiken Sportstätten in Olympia durch Erdbeben und Kämpfe zerstört und verschüttet wurden. Die Idee der Olympischen Spiele war im wahrsten Sinne des Wortes begraben. Erst im Jahr 1766 entdeckten Archäologen die alten Sportstätten in Olympia durch Zufall bei Ausgrabungen wieder. Von da an dauerte es dann noch mal ein Jahrhundert, bis nach ein paar Vorversuchen in England, Frankreich und Griechenland 1896 tatsächlich die ersten Olympischen Spiele der Neuzeit in Olympia stattfanden. Seitdem ist das berühmteste und größte Sportereignis der Welt, mit den **fünf olympischen Ringen** als Logo, die für die fünf Kontinente der Welt stehen, nicht mehr wegzudenken. Die Olympischen Sommerspiele, so wie wir sie heute kennen, finden alle vier Jahre in einem anderen Land statt. Wo, das entscheidet das **Internationale Olympische Komitee**, kurz **IOC**, und lässt sich dabei in der Zukunft hoffentlich nicht wieder bestechen – denn genau das war in kürzlich aufgeflogenen Korruptionsskandalen bekannt geworden. Leider wurden in der Vergangenheit immer wieder Stimmen auf zwielichtige Art und Weise erkauft, weil an der Ausrichtung Olympischer Spiele natürlich eine Menge Geld und Prestige fürs eigene Land hängen. Völlig egal, wo die Olympischen Spiele stattfinden und wie viel Geld dafür gesorgt hat, dass es so ist, muss vor Beginn der Spiele erst mal das **Olympische Feuer** dorthin getragen werden. Es ist gute alte Tradition, dass vor den Spielen in einer Zeremonie am Tempel der Hera in Griechenland mithilfe der Sonne und eines Parabolspiegels das olympische Feuer entzündet und anschließend als Fackel von unzähligen Läufern bis zum Austragungsort der Spiele getragen wird. Die Fackel ist auf ihrem Weg auch schon Concorde und Rakete geflogen, auf einem Pferd geritten, getaucht, Kanu gefahren und wurde per Radiosignal (fragen Sie uns bitte nicht, wie genau das ging) übertragen. Geht die Flamme trotz aller Sicherheitsvorkehrungen einmal aus, darf auf keinen Fall das Feuerzeug aus der Tasche gezogen werden (auch wenn ein russischer Fackelträger das mal vor laufenden Kameras gemacht hat) – stattdessen muss die Flamme dann tatsächlich mit einer Notflamme aus Griechenland neu entfacht und bis zum Austragungsort weitertransportiert werden. Dort brennt das Feuer dann die gesamten Spiele über symbol- und bildkräftig. Mit mehr als 10 000 Athletinnen und Athleten aus fast allen Ländern der Welt, die in mehr als 300 Wettbewerben, beobachtet von unzähligen Kameras, Sportjournalistinnen und Kommentatoren, gegeneinander antreten, sind die Olympischen Sommerspiele ein absolutes Ausnahme-Event. Um so viele Sportlerinnen und Sportler überhaupt unterbringen zu können, wird jedes Mal ein **olympisches Dorf**, eine extra Wohnsiedlung, aus dem Boden gestampft. Auch für die Heerscharen an Fernseh-, Radio-, Web- und Zeitungsreporterinnen und -reportern aus aller Welt wird extra ein gigantischer Komplex errichtet. Die Vorbereitungen für die Olympischen Spiele dauern nach der Bewerbungsphase fast ein Jahrzehnt. Ein wirklich irrer Aufwand für gerade mal 16 Tage Spektakel. Doch das Spektakel ist riesig! Während des 100-Meter-Sprint-Finales halten Hunderte Millionen Menschen auf der ganzen Welt für knapp 10 Sekunden kollektiv den Atem an. Für Sportlerinnen und Sportler ist eine olympische Medaille der absolute Lebenstraum. Und es gibt nicht wenige Sportfans, die sich extra für die Olympischen Sommerspiele zwei Wochen Urlaub nehmen. Neben den Sommerspielen als absolutes Highlight gibt es noch eine Reihe weiterer olympischer Wettbewerbe. Als Erstes wären da die **Olympischen Winterspiele** zu nennen, die ebenfalls alle vier Jahre in einem anderen Land der Welt stattfinden. Außerdem gibt es die **Paralympics** für Menschen mit körperlichen Behinderungen sowie die **Special Olympics** für Menschen mit geistiger oder Mehrfachbehinderung. Für junge Nachwuchssportlerinnen und Sportler werden die **Olympischen Jugendspiele** veranstaltet.

Es gibt viele Sportarten, die gerne olympisch wären, vom IOC aber nicht aufgenommen werden. Um ihnen trotzdem eine Bühne zu geben, werden alle vier Jahre die **World Games** veranstaltet. Dort gibt es dann beispielsweise Wettbewerbe im Rollkunstlauf, Parkour, Squash, Tauziehen oder auch Minigolf. Letzteres macht uns Mut, dass vielleicht doch noch Chancen auf eine olympische Medaille in diesem Leben bestehen.

Für Athletinnen und Athleten sowie ihre Fans gibt es aber auch zwischen den Olympischen Sommerspielen Wettbewerbe, um sich zu messen. Alle zwei Jahre finden die **Leichtathletikweltmeisterschaften** statt. Ebenfalls alle zwei Jahre finden die **Leichtathletik-Hallenweltmeisterschaften** statt, sodass entweder in der Halle oder draußen jedes Jahr eine Leichtathletikweltmeisterschaft stattfindet. Andere olympische Sportarten wie Rudern, Schwimmen oder Bahnradfahren treffen sich ebenfalls zu jährlichen oder zweijährlichen Wettbewerben. Zu gewinnen gibt es bei all diesen WMs – genau wie bei den Olympischen Spielen – goldene, silberne und bronzene Medaillen.

Coole Sache – Wintersport

Beim Wintersport ist das Angebot der Wettbewerbe noch inflationärer. Wenn man nicht gerade Biathlon- oder Alpinski-Fan ist, gewinnt man in der Wintersaison vor lauter Wettbewerben schnell den Eindruck, es gebe mehr Rennen als Sportlerhälse, um die man die Medaillen hängen kann. Und in der Tat ist dieser Eindruck nicht ganz falsch. Es gibt beispielsweise alle zwei Jahre Skiweltmeisterschaften. Richtig, Plural. Es finden nämlich nicht eine, sondern insgesamt sechs unterschiedliche Skiweltmeisterschaften statt. Die wichtigsten sind die **Nordische Skiweltmeisterschaft** mit den Disziplinen Langlauf, Skispringen und Nordische Kombination, die **Alpine Skiweltmeisterschaft** mit allen Disziplinen, in denen irgendjemand den Berg herunterfährt, sowie die **Skiflugweltmeisterschaft**; die anderen drei ersparen wir Ihnen an dieser Stelle. Stattdessen weisen wir darauf hin, dass es neben den Ski- natürlich auch noch Rennrodelweltmeisterschaften, Bob- und Skeletonweltmeisterschaften und noch viele mehr gibt. Doch damit nicht genug. Neben den diversen Weltmeisterschaften gibt es beim Wintersport jährlich auch noch sogenannte **Weltcups**. Die bekanntesten sind der **Skilanglauf-Weltcup** (Laufen auf Skiern), der **Biathlon-Weltcup** (Laufen und Schießen auf Skiern) sowie der **Alpinski-Weltcup** (Berg runterfahren mit Skiern). Jeder dieser Wettbewerbe besteht aus mehreren Rennen an unterschiedlichen Orten. Für gute Platzierungen gibt es jeweils Punkte, und am Ende der Saison werden die Gesamtsiegerinnen und Gesamtsieger gekürt. Und sollen wir Ihnen was verraten? Damit haben wir es noch immer nicht geschafft. Neben WMs und Weltcups gibt es noch ein paar einzelne Wintersport-Events, die herausstechen und sich großer medialer Aufmerksamkeit erfreuen. Zum einen wäre da die **Vierschanzentournee** zu erwähnen. Seit 1953 finden jedes Jahr rund um den Jahreswechsel in Deutschland und Österreich vier Skisprungwettbewerbe hintereinander statt. Das Punktesystem ist dabei recht komplex. Bei jedem Sprung werden Sprungweite, Haltung, Wind sowie Anlauflänge bewertet. Tourneesieger wie 2020/2021 Kamil Stoch (oder aus deutscher Sicht Sven Hannawald) haben große Berühmtheit erlangt. Das liegt wohl auch daran, dass rund um den Jahreswechsel die meisten Menschen zu Hause sitzen, viel Zeit haben und sich ganz gerne vom heimischen Sofa aus ein paar nette Skisprung-Übertragungen angucken – auf jeden Fall gemütlicher, als selbst die steile Rampe runterzufahren. Unter den Skirennen sticht vor allem das härteste und gefährlichste Rennen der Welt, das **Hahnenkamm-Rennen** in Kitzbühel, hervor. Mit einer unglaublichen Durchschnittsgeschwindigkeit von mehr als 100 und Spitzengeschwindigkeiten bis zu 140 Kilometern pro Stunde stürzen sich die Skifahrer bei dem Rennen die berühmte Streif hinunter. Seit 1976 gibt es dort neben irren Abfahrten fast jährlich auch schwere Stürze, und so mancher Fahrer musste seine Karriere nach so einem Vorfall beenden. Wer dagegen gewinnt, dem ist ewiger Ski-Ruhm sicher. Wenn Sie sich aus allen unzähligen Wintersport-Übertragungen eine einzige aussuchen müssten, würden wir persönlich das Hahnenkamm-Rennen empfehlen. Gänzlich irrationale und unvernünftige Rennen wie dieses sind in der mittlerweile durch und durch professionalisierten und kommerzialisierten Sportwelt nämlich eine Rarität geworden.

König Fußball regiert die Welt

Apropos kommerziell: In Deutschland gibt es eine Sportart, die alle anderen in Sachen Zuschauerzahlen und Geldumsatz in den Schatten stellt. Na klar, wir reden von Fußball und der **Fußballbundesliga**, der größten Erfolgsgeschichte im deutschen Sport. Welchen Stellenwert die Liga im Land hat, zeigte sich zuletzt mitten in der Coronapandemie. Während Kinder nicht zur Schule gehen konnten, Betriebe pleitegingen und Menschen in Krankenhäusern starben, wurde wochenlang darüber diskutiert, wann denn nun endlich der Ball wieder rollt – egal ob mit oder ohne Fans im Stadion. Man hätte meinen können, dass wir zu diesem Zeitpunkt andere Sorgen hatten – ganz offensichtlich nicht. Die Bundesliga wird vom **Deutschen Fußballbund**, kurz **DFB**, und der **Deutschen Fußball Liga**, kurz **DFL**, gemeinsam ausgerichtet und ist zu einem Multimilliardengeschäft geworden. Dass Vereine anderen Vereinen mittlerweile Ablösesummen von mehr als 100 Millionen Euro bezahlen, um ihre Spieler zu kaufen, zeigt, um welche Dimensionen es hier geht. Auch die Spielergehälter sind schwindelerregend hoch. Ein durchschnittlicher Spieler in der Bundesliga verdient etwa eine Million Euro pro Jahr – nach oben gibt es kaum noch Grenzen. Das Durchschnittsgehalt, die Betonung liegt an dieser Stelle auf Durchschnitt, beim Rekordmeister FC Bayern München beträgt beispielsweise etwa sechs Millionen Euro. 18 Mannschaften spielen in der Liga pro Saison jeweils zwei Mal gegeneinander – in der Hinrunde im Stadion der einen, in der Rückrunde im Stadion der anderen Mannschaft. Für einen Sieg gibt es drei, für ein Unentschieden einen und für eine Niederlage gar keinen Punkt. Am Ende der Saison wird der FC Bayern München, äh, Entschuldigung, die Mannschaft mit den meisten Punkten **Deutscher Meister** und erhält als Trophäe die silberne Meisterschale und wird darauf per Gravur verewigt.

Neben der Bundesliga gibt es noch einen weiteren innerdeutschen Fußballwettbewerb, dem jedes Jahr viel Aufmerksamkeit geschenkt wird: den **DFB-Pokal**. Das Besondere am seit 1935 ausgetragenen Pokalwettbewerb ist einerseits, dass alle Spiele im K.-o.-Verfahren stattfinden, und andererseits, dass Mannschaften aus unterschiedlichsten Leistungsklassen aufeinandertreffen. In der ersten Runde des DFB-Pokals treten alle Mannschaften der 1. und 2. Bundesliga, die ersten vier Mannschaften der 3. Bundesliga sowie 24 Mannschaften aus den unteren Ligen an. Dieses »klein gegen groß«, kombiniert mit dem K.-o.-System (es gibt pro Runde immer nur ein Spiel, wer gewinnt, kommt weiter, wer verliert, ist raus), führt immer wieder zu den berühmten Pokal-Sensationen. Kürzlich flog beispielsweise der Bundesliga-Rekordmeister FC Bayern München in der zweiten Runde des Pokals gegen den Zweitligisten Holstein Kiel raus. In der Runde 2018/2019 scheiterte Eintracht Frankfurt als amtierender Pokalsieger sensationell mit 1:2 in der ersten Runde gegen den Viertligisten SSV Ulm. Insgesamt gibt es beim DFB-Pokal sechs Wettbewerbsrunden plus das Pokalfinale, das jedes Mal in Berlin stattfindet. »Berlin, Berlin, wir fahren nach Berlin« – diesen Fangesang haben Sie bestimmt schon mal irgendwo gehört. Die Gewinnermannschaft, der **Pokalsieger**, darf am Ende die legendäre Trophäe in die Luft recken, die aussieht wie ein riesiger goldener Krug. Der damalige Schalke-04-Manager Rudi Assauer hat den Pokal im Sommer 2002 vor lauter Freude übrigens fallen gelassen. Weil der DFB-

Pokal genau wie die Bundesliga-Meisterschale ein Wanderpokal ist, also jedes Jahr von Sieger zu Sieger weitergereicht wird, musste der Pott natürlich repariert werden. Dafür hat der DFB-Pokalschmied Wilhelm Nagel nach Assauers Ausrutscher volle 700 Arbeitsstunden gebraucht. Hoppala.

Während die Bundesliga früher noch heiß umkämpft war, wurde sie seit 2013 zunehmend langweiliger – zumindest an der Spitze. Als wir dieses Buch schrieben, war der FC Bayern München strebermäßige neun Mal hintereinander, von 2013 bis 2021, Deutscher Meister geworden. Diese Monotonie an der Spitze ist wohl ein Grund dafür, dass sich die internationalen Wettbewerbe zunehmender Beliebtheit erfreuen. Da haben die Bayern immerhin noch Gegner. Mit der Champions League und ihrem kleinen Bruder, der Europa League, gibt es zwei multinationale Ligen, in denen sich die besten Vereine Europas messen. Mit Madrid, Liverpool, Chelsea, Barcelona, Paris oder auch Manchester finden selbst die Bayern hier Gegner, mit denen ein Duell auf Augenhöhe möglich ist. Die **Champions League**, die in Deutschland oft auch als **Königsklasse** bezeichnet wird, wird jährlich von der **UEFA**, der Union der Europäischen Fußballverbände, veranstaltet. Insgesamt nehmen jedes Jahr 32 Mannschaften an der Champions League teil – welche genau und wie die Qualifikation abläuft, lassen wir aus Platzgründen mal weg, wichtig ist, dass es sich um die 32 besten Mannschaften der unterschiedlichen europäischen Fußball-Ligen handelt. Aus deutscher Sicht spielen die ersten vier Mannschaften der abgelaufenen Bundesligasaison sicher im nächsten Jahr in der Königsklasse mit. Deshalb spricht man in der Bundesliga-Berichterstattung oft von den begehrten **Champions-League-Plätzen**. Als Erstes müssen die Mannschaften in der Champions League eine Gruppenphase überstehen, in der jeder gegen jeden spielt. Erster und Zweiter der unterschiedlichen Gruppen qualifizieren sich anschließend fürs Achtelfinale, von wo an nach dem K.-o.-System gegeneinander gespielt wird.

Anders als beispielsweise im DFB-Pokal spielen die Mannschaften in der Königsklasse allerdings nicht nur einmal, sondern pro Runde immer zweimal gegeneinander. Es gibt ein **Hin- und ein Rückspiel** – jeder darf eine Partie vor eigenem Publikum spielen. Die Tore beider Spiele werden zusammengezählt, und wer nach diesem Gesamtergebnis vorne liegt, kommt weiter. Jetzt kommt echtes Angeberwissen: Sollte es nach dem Rückspiel insgesamt unentschieden stehen, kommt das Team weiter, das mehr Auswärtstore geschossen hat. Nur wenn es auch dabei ein Unentschieden gibt, geht es in die Verlängerung und eventuell ins Elfmeterschießen. Das Finale der Champions League ist in zweierlei Hinsicht besonders. Erstens gibt es dabei kein Hin- und Rück-, sondern nur ein einziges Spiel. Zweitens ist das Finale höchstens zufällig für eine der beiden Mannschaften ein Heimspiel, es findet in einem zu Beginn der Saison festgelegten Stadion irgendwo in Europa statt. So kam es zum Beispiel, dass das legendäre deutsch-deutsche Champions-League-Finale 2013, bei dem Bayern gegen Dortmund spielte, im ebenfalls legendären Wembley Stadium in London stattfand.

Die **Europa League** wollen wir an dieser Stelle nur kurz abhandeln. Vereinfacht gesagt handelt es sich dabei um die 2. Liga der Champions League. Aus Deutschland spielen jedes Jahr die zwei hinter den Champions-League-Teilnehmern platzierten Bundesligamannschaften in der Europa League. Dort messen sie sich mit vergleichbaren Mannschaften aus den anderen europäischen Ligen.

Alle bisher genannten Fußballwettbewerbe sind Klubwettbewerbe. Es spielen also Stadtmannschaften gegeneinander. Auf Länderebene messen sich beim Fußball alle vier Jahre bei der **Fußballweltmeisterschaft**, kurz **WM**, die Nationalmannschaften. Und aus europäischer Sicht findet ebenfalls alle vier Jahre die **Fußballeuropameisterschaft**, kurz **EM**, statt. Gemessen an den Zuschauerzahlen im Fernsehen ist die Fußballweltmeisterschaft, die bereits seit 1930 stattfindet, die größte Sportveranstaltung der Welt. In Deutschland geht an der WM kein Weg vorbei, und selbst die größten Sportmuffel des Landes haben wohl schon mal Spiele gesehen oder zumindest die Spielzeiten der Nationalmannschaft für eine entspannte Shoppingtour genutzt. Bei beiden Turnieren gibt es eine Qualifikations- und dann vor Ort eine Endrunde, bestehend aus Gruppen- und K.-o.-Phase. Spannender als die Turniere selbst ist der Verband dahinter, die **FIFA**. Jener Schweizer Weltfußballverband mit Sitz in Zürich, der in den vergangenen Jahren immer wieder für Schlagzeilen, genauer gesagt negative Schlagzeilen gesorgt hat. Die FIFA hat mit insgesamt 211 Verbänden mehr Mitglieder, als es überhaupt Länder auf diesem Planeten gibt. Das liegt daran, dass zum Beispiel England, Schottland, Wales und Nordirland jeweils eigenständige Mitglieder in der FIFA sind, obwohl sie aus Ländersicht gesehen eigentlich alle zum Vereinigten Königreich gehören. Neben vielen anderen Dingen kümmert sich die FIFA um die Ausrichtung der Welt- und Europameisterschaften und legt auch fest, in welchen Ländern sie stattfinden. Angesichts der Tatsache, dass es bei der Ausrichtung eines solchen Turniers um viel Geld, Prestige und Aufmerksamkeit geht, hält die FIFA eine Menge Macht in ihren Händen, und genau hier liegt das Problem. Die Fußball-WM 2022 findet beispielsweise in Katar statt. Einem Wüstenstaat, der nicht gerade für seine Fußballkultur bekannt ist. Weil es dort so heiß ist (wer hätte damit rechnen können?), müssen die Spiele in die Nacht und in den Winter verlegt werden, weshalb das WM-Finale sechs Tage vor Heiligabend stattfindet, anstatt wie sonst immer im Sommer. In Katar gibt es zwar keinen Rasen und kein fußballgerechtes Klima, dafür aber viele stinkreiche Ölscheichs, für die Geld keine Rolle spielt. Wie kam es wohl nur dazu, dass die mehr als 200 Mitglieder, größtenteils übrigens Männer, im FIFA-Kongress für dieses Land als Ausrichtungsort gestimmt haben? Nachtigall, ick hör dir trapsen ... Ein Schelm, wer hierbei Böses denkt. Denken muss man sich mittlerweile gar nichts mehr – in den vergangenen Jahren gab es bei der FIFA einen Korruptionsskandal nach dem anderen. Eine Entwicklung, die den Weltfußball viel Vertrauen gekostet hat.

Im Rausch der Geschwindigkeit – Motorsport

»Wenn du vom Gas gehst, wird das Auto nervös. Als ich Vollgas fuhr, war das Problem behoben«, diesen profunden Satz gab **Michael Schumacher** zum Besten. Wir schreiben das Jahr 1991 in Belgien. Der damals gerade mal 22-jährige Schumacher darf völlig unerwartet das erste Mal ans Steuer eines Formel-1-Wagens, weil der Jordan-Stammpilot Bertrand Gachot nach einem handfesten Streit mit seinem Taxifahrer ins Gefängnis musste. Schumacher landet in seinem allerersten Formel-1-Qualifying auf dem siebten Platz – vor seinem Teamkollegen im exakt gleichen Auto, der schon seit Jahren im Cockpit eines Formel-1-Wagens saß. Einen Tag später, beim Rennen, wird Michael Schumacher vom Pech verfolgt. Nur wenige Meter nach dem Start hat sein Getriebe ein Leck, und er muss aufgeben. Doch Schumacher hatte mit seinem Debüt Eindruck hinterlassen, und ihm wurde direkt nach dem Rennen ein fester Platz im Benetton-Team angeboten. Nur ein Jahr später, 1992, holt er seinen ersten Rennsieg. Noch zwei Jahre später, 1994, wird Michael Schumacher mit 25 Jahren das erste Mal Formel-1-Weltmeister und löst damit einen bis dato unbekannten Rennsporthype in Deutschland aus. Über viele Jahre wird er von nun an die Formel 1 dominieren – erst vor Kurzem schaffte es der Mercedes-Pilot **Lewis Hamilton**, Schumis alte Rekorde einzustellen und sogar zu übertreffen.

Es ist wohl vor allem Michael Schumacher, später auch **Sebastian Vettel**, zu verdanken, dass die **Formel 1**, die offiziell **FIA Formula One World Championship** heißt, in Deutschland fast so bekannt ist wie die Bundesliga oder Angela Merkel. Sie gilt als die internationale Königsklasse des Automobilsports – für Rennfahrer aus aller Welt ist es das Größte, hier zu fahren oder gar zu siegen. Mit Geschwindigkeiten von bis zu 360 Kilometern pro Stunde rasen die 1000-PS-Boliden über die spektakulärsten Rennstrecken der Welt. Welch unvorstellbare Power in diesen Vehikeln steckt, zeigt ein einfacher Vergleich: Ein Smart wiegt etwas mehr als eine Tonne und hat knapp 100 PS – ein Formel-1-Wagen wiegt gerade mal etwa 600 Kilogramm und hat 1000 PS.

Eine Formel-1-Saison beginnt jedes Jahr im Frühling, für etwa 20 Rennen, sogenannte **Grand Prix** (auf Deutsch Großer Preis), geht es anschließend in die unterschiedlichsten Länder der Welt, wie Bahrain, Italien, Kanada, Russland, Singapur, Japan oder die USA. Die kompletten Teams inklusive Autos, Personal und Werkstätten in dieser Geschwindigkeit um den gesamten Globus zu schicken ist eine logistische Meisterleistung.

Aus Sicht des Klimaschutzes ist das alles natürlich eine ziemliche Katastrophe. Deshalb hat die Formel 1 im Jahr 2020 den UN-Klimavertrag unterschrieben, sich zum Ziel gesetzt, Emissionen zu reduzieren, zu kompensieren und bis 2030 vollständig klimaneutral zu sein. Ein ehrgeiziges Vorhaben. Zu ihrer Verteidigung muss man übrigens sagen, dass die Formel 1 unverhältnismäßig viel Klimakritik einstecken muss. Klar denkt man bei 360 km/h schnellen Rennwagen sofort an eine Klimasünde, aber wissenschaftliche Studien zeigen, dass beispielsweise eine einzige Fußball-WM denselben CO_2-Fußabdruck hat wie zehn Formel-1-Saisons. Nur dass bei Fußball noch nie jemand über Klimaschutz gesprochen hat. Das soll die Formel 1 nicht entschuldigen, aber darauf hinweisen, dass CO_2-Emissionen im gesamten Sport ein Thema sind und reduziert werden sollten.

Jedes Rennwochenende in der Formel 1 besteht aus einem **Freien Training** am Freitag und Samstag, um die Strecke kennenzulernen und das Fahrzeug einzustellen, einem **Qualifying** am Samstag, in dem die Startreihenfolge festgelegt wird, und dem eigentlichen Rennen am Sonntag. Bei einigen Rennen gibt es statt eines Qualifying am Samstag neuerdings ein kurzes

Mini-Rennen, den sogenannten Sprint, um die Startreihenfolge festzulegen. Zehn unterschiedliche Teams mit jeweils zwei Fahrern kämpfen um den Sieg. Für die ersten zehn Plätze bei einem Rennen gibt es Punkte für die Gesamtwertung, sowohl für den Fahrer als auch für das Team. Was viele nicht wissen, ist, dass es bei jeder Formel-1-Saison um zwei unterschiedliche Titel geht. Zum einen um die **Fahrer-**, zum anderen aber auch um die nicht weniger wichtige **Konstrukteursweltmeisterschaft**, also um die Frage nach dem besten Team. Während zu Michael Schumachers Zeiten noch Ferrari der Maßstab aller Dinge war, konnten zuletzt vor allem Mercedes, Red Bull und McLaren glänzen. Dass Fahrer und Teams extrem voneinander abhängig sind, ist vielen Nicht-Formel-1-Interessierten gar nicht klar. Doch genau das macht den eigentlichen Reiz dieses Sports aus. Die Leistungsunterschiede in der Königsklasse des Automobilsports sind extrem. Größere Teams haben viel mehr Mittel und Möglichkeiten als kleinere Teams und dadurch bessere Autos, mehr Leistung und bessere Chancen. Selbst der beste und talentierteste Fahrer kann im Cockpit eines kleineren Rennstalls kaum gewinnen. Auf der anderen Seite ist selbst das beste Team mit optimaler Ausstattung machtlos, wenn der Fahrer nicht in der Lage ist, das Potenzial des Autos auszufahren. Eindrucksvoll bewiesen haben das zum Beispiel 2010 Sebastian Vettel und Marc Webber bei Red Bull. Die beiden lagen damals auf Platz 1 und 2, crashten dann wegen eines Streits allerdings ineinander und fielen aus. Keine Punkte für sie, keine Punkte für das Team. In der Formel 1 kann man nur Erfolg haben, wenn das ganze Team – Investoren, Management, Strategieteam und nicht zuletzt die Fahrenden – zusammenarbeitet und an einem Strang zieht.

Falls Sie jetzt Lust bekommen haben, sich das Spektakel mal anzuschauen, können wir Ihnen vor allem drei Rennen dringend empfehlen: Monaco, Silverstone und Singapur! Der **Große Preis von Monaco** ist das wohl berühmteste und ungewöhnlichste Autorennen der Welt. Die Strecke geht mitten durch die Stadt, durch enge Kurven, dunkle Tunnel, nach oben und unten – Platz zum Überholen, geschweige denn für Fehler, gibt es kaum. Jedes Jahr reisen Prominente und Superreiche aus aller Welt nach Monaco, um das eindrucksvolle Rennen zu sehen. Besonders skurril dabei: Die Formel-1-Strecke geht am Wasser entlang, weshalb viele das Rennen direkt von ihren Luxusjachten aus verfolgen können. Einmal in Monaco zu gewinnen ist für alle Formel-1-Piloten der größte Traum. Der **Große Preis von Silverstone** in Großbritannien hat für viele einen ähnlichen Stellenwert, denn er ist nicht weniger als die Mutter aller Rennen. 1950 fand in Silverstone das erste Formel-1-Rennen überhaupt statt – die Begeisterung für den Motorsport im Land ist riesig, die Stimmung an der Strecke jedes Jahr dementsprechend gut. Das **Nachtrennen von Singapur** gehört dagegen nicht zu den traditionsreichen, sondern zu den neueren Rennen der Formel 1, und trotzdem ist es ein echter Hingucker. Denn wie der Name schon sagt, findet das Rennen in der Nacht unter Flutlicht statt. Außerdem gilt es mit 23 Kurven, tropischen Temperaturen und einer Luftfeuchtigkeit von 80 Prozent als eines der härtesten Rennen des Jahres.

In Sachen Popularität stellt die Formel 1 alle anderen Automobilrennen in einen dunklen, langen Windschatten, klasse Wortspiel. Dennoch wollen wir an dieser Stelle noch einige andere Wettbewerbe erwähnen, die Ihnen durchaus auch hin und wieder über den Weg fahren, okay, reicht jetzt, laufen könnten. Als Erstes wären da die kleineren und niedriger motorisierten Formel-Ableger zu nennen. Die **Formel 2** und **Formel 3** sind die 2. und 3. Liga der Formel 1 und gelten als Talent- und Nachwuchsschmieden. Anders als in der Königsklasse wird dort mit weitestgehend einheitlichen Autos gefahren – es geht also mehr um das fahrerische Können als um die Technik. Außerdem gibt es noch die **Formel E**, in der mit vollelektrischen Rennwagen gefahren wird.

Neben den Formel-Wettbewerben schaffen es außerdem das **24-Stunden-Rennen von Le Mans** sowie die **Rallye von Dakar** immer mal wieder in die Berichterstattung. Bei Ersterem handelt es sich um ein Langstreckenrennen, in dem die Teams, wie der Name schon sagt, 24 Stunden lang auf einer Strecke nahe der französischen Stadt Le Mans fahren. Bei dem Rennen fahren mehrere Leistungsklassen gleichzeitig auf der Strecke. In jeder Klasse gewinnt am Ende das Team, das die meisten Runden absolviert hat. Es versteht sich von selbst, dass kein Fahrer 24 Stunden lang durchfährt – stattdessen gibt es mehrere Fahrer pro Auto. Die Rallye Dakar gilt als wichtigste Langstrecken- und Wüstenrallye der Welt. Es ist ein echtes Marathonrennen! Etwa zwei Wochen lang heizen Autos, Motorräder, Trucks und Quads knapp 10 000 Kilometer durch den Sand. Für Mensch und Maschine ist die Rallye eine extreme Belastung. Etwa jedes zweite Fahrzeug schafft es nicht ins Ziel, und auch schwere Unfälle mit Todesfolge sind bei dem Rennen keine Seltenheit.

Motorradrennen sind bei Weitem nicht so populär wie Autorennen – im Autoland Deutschland erst recht nicht. Dennoch wollen wir an dieser Stelle nicht unterschlagen, dass die **MotoGP** so was wie die Formel 1 auf zwei Rädern ist.

Bergetappen und Dopingskandale: Der Radsport

Ein anderer Sportwettbewerb auf zwei Rädern erfreut sich dagegen in Deutschland größerer Beliebtheit. Wobei Beliebtheit an dieser Stelle eigentlich das falsche Wort ist. Bekanntheit und Verachtung, das beschreibt die Wahrnehmung der **Tour de France** in den vergangenen Jahren wohl eher. Die Tour ist nach den Olympischen Spielen und der Fußballweltmeisterschaft das drittgrößte Sportereignis der Welt – das hat uns bei der Recherche übrigens sehr überrascht. Es ist das wichtigste, härteste und berühmteste Fahrradrennen der Welt. Leider ist der Radsport aber in den vergangenen Jahren wegen zahlreicher Dopingskandale durch die Presse gegangen. Dass dem berühmtesten Fahrradfahrer aller Zeiten, dem siebenfachen Toursieger **Lance Armstrong**, im Jahr 2012 alle Siege wegen Dopings im Nachhinein aberkannt wurden, sagt eigentlich alles. Noch nicht genug? Auch **Jan Ullrich**, der als einziger Deutscher die Tour de France gewonnen hat, hat ein Dopinggeständnis abgelegt – all seine Siege nach 2005 wurden ihm aberkannt. Wer kann da noch ernsthaft glauben, dass sein Toursieg 1997 sauber war? Die Fälle Armstrong und Ullrich liegen in der Vergangenheit, doch das Thema Doping ist bei der Tour bis heute allgegenwärtig. Das zeigt zum Beispiel der Fall **Chris Froome**. Er gewannt 2013, 2015, 2016 und 2017 die Tour de France und steht bis heute unter – sie ahnen es sicher schon – massivem Dopingverdacht. Ein Sport, bei dem man sich jedes Jahr beim Zuschauen fragen muss, ob der Sieger auch wirklich der ehrliche Gewinner ist, macht auf Dauer keinen wirklichen Spaß.

Würden bei der Tour de France nicht gefühlt fast alle schummeln, wäre es eigentlich ein großartiger Wettbewerb. Die Tour startet jedes Jahr mit **Le Grand Départ**, der großen Abfahrt, traditionell im Juli. Anschließend geht es etwa drei Wochen lang in rund 20 **Etappen** quer durch Frankreich. Es gibt flache Etappen, in denen es eher um Geschwindigkeit geht, und Bergfahrten, bei denen die Fahrer klettern müssen. Jede Etappe ist etwa 200 Kilometer lang – das ist in etwa die Distanz zwischen Frankfurt am Main und Köln. Die Durchschnittsgeschwindigkeit, die Betonung liegt an dieser Stelle auf Durchschnitt, beträgt bei der Tour de France unglaubliche 40 Kilometer pro Stunde. Versuchen Sie mal, mit einem Fahrrad auf flacher Strecke 40 Kilometer pro Stunde zu erreichen. Es wird Ihnen kaum gelingen. Die Fahrer der Tour ziehen das über Wochen jeden Tag etwa 200 Kilometer weit durch – im wahrsten Sinne des Wortes eine übermenschliche Leistung. Was vermutlich auch der Grund dafür ist, dass so viele von ihnen der Versuchung des Dopings nachgeben. Die Tour endet mit der Schlussetappe, der sogenannten **Tour d'Honneur**, auf der traditionell der Führende nicht mehr angegriffen wird. So soll dem Gesamtsieger ein entspannter und ruhmreicher Empfang auf den Champs-Élysées in Paris ermöglicht werden. 1947 hielt sich Jean Robic nicht an diesen Ehrenkodex und schnappte dem Sieger mit einem Angriff auf der Schlussetappe im wahrsten Sinne des Wortes ehrenlos den Sieg weg. Ein echter Sportsmann.

Apropos Sieg, bei der Tour de France gibt es unterschiedliche Wertungen, bei denen der Führende jeweils eines der berühmten Trikots überstreifen darf. Das Offensichtlichste ist die **Gesamtwertung**. Hier führt der Fahrer mit der geringsten Gesamtzeit. Man erkennt ihn daran, dass er ein **gelbes Trikot** trägt. Für Etappen und Zwischensprints gibt es außerdem Punkte. Wer in der **Punktewertung** vorne liegt, darf im **grünen Trikot** fahren. Besonders spannend sind bei der Tour de France immer die harten Bergetappen. Wer die besten Kletterfähigkeiten beweist, erhält das **gepunktete Trikot**. Zu guter Letzt gibt es noch das **weiße Trikot** – nicht für den einzigen Unschuldigen, der nicht gedopt hat, sondern für den besten Nachwuchsfahrer, der im Jahr der jeweiligen Tour maximal 25 Jahre alt sein darf.

Was sonst noch in der Sportwelt wichtig ist

Abschließend kümmern wir uns in diesem Kapitel noch schnell um **Tennis** und **US-Sport**. Aus Platzgründen, wir möchten ja, dass dieses Buch noch in Ihr Regal passt, verzichten wir dabei allerdings auf großartige Details. Im Tennissport gibt es vier sogenannte **Grand-Slam-Turniere**. Sie sind die wichtigsten Wettbewerbe des Jahres, über die in den Hauptnachrichten und Sportmagazinen berichtet wird. Die großen vier sind **Wimbledon** in London, die **US-Open** in New York, die **French Open** in Paris und die **Australian Open** in Melbourne. Ein einzelnes dieser Turniere zu gewinnen ist schon ein riesiger Erfolg. Schafft es ein Spieler oder eine Spielerin tatsächlich, alle vier Turniere innerhalb eines Jahres zu gewinnen, spricht man von einem **Grand-Slam-Sieg** – dem größten Erfolg, den man in der Tenniswelt erreichen kann. Wie man sich denken kann, ist das noch nicht vielen gelungen. Im Einzel war die Letzte, die einen Grand Slam geschafft hat, **Steffi Graf** im Jahr 1988. Etwas einfacher ist es dagegen, einen **»unechten« Grand Slam** zu schaffen, also alle vier Turniere hintereinander zu gewinnen, aber nicht unbedingt innerhalb eines Jahres. Zuletzt schaffte das **Novak Đoković** in den Jahren 2015 und 2016. Bei allen Grand-Slam-Turnieren wird sowohl Einzel als auch Doppel gespielt. Gelingt es einer Tennisspielerin oder einem Tennisspieler, alle vier Turniere während ihrer oder seiner gesamten Spielzeit zu gewinnen, spricht man von einem **Karriere-Grand-Slam.**

Es liegt in der Natur der Sache, dass in unterschiedlichen Ländern unterschiedliche Sportarten populär sind. Während in Deutschland beispielsweise König Fußball regiert, lieben die Menschen in China vor allem Badminton und Tischtennis, in Indien Kricket und Hockey, und in Japan ist Baseball die unbestrittene Nummer eins. In den USA begeistern sich die Menschen vor allem für American Football, Eishockey und Basketball – und weil wir in Europa und Deutschland ja äußerst gerne Dinge aus den USA übernehmen, verwundert es kaum, dass auch diese Sportarten immer mehr zu uns herüberschwappen. Das Finale der US-amerikanischen National Football League **NFL**, der **Super Bowl**, ist das wohl beste Beispiel für diesen Trend, denn er wird mittlerweile auch mit großem Spektakel im deutschen Fernsehen übertragen. Auch wenn Football aus Sicht vieler Menschen noch immer ein seltsamer Sport ist (man überlege sich allein mal, dass während eines 3-stündigen Spiels effektiv nur etwa elf Minuten wirklich gespielt wird), ist der Super Bowl in den vergangenen Jahren in Deutschland zu einem absoluten sportlichen Höhepunkt des Jahres mit beachtlichen Einschaltquoten geworden. Der Super Bowl findet jedes Jahr am ersten Sonntag im Februar statt und ist ein Sportereignis der absoluten Superlative. Keine andere Fernsehübertragung hat in den USA so viele Zuschauerinnen und Zuschauer wie der Super Bowl, weshalb 30 Sekunden Werbung hier mehr als fünf Millionen Dollar kosten. Zur Popularität der Veranstaltung trägt neben dem sportlichen Aspekt sicher auch bei, dass jedes Jahr ein absoluter Megastar, wie Justin Timberlake, Katy Perry oder einst sogar Michael Jackson, in der Halbzeit die berühmte **Halftime-Show** präsentiert. Allein dafür lohnt es sich schon einzuschalten. Sportlich gesehen liegt die größte Aufmerksamkeit bei dem Spiel immer auf dem sogenannten **Quarterback**, dem Spieler, der zu Beginn jedes Spielzugs den Ball bekommt und ihn dann weiterverteilen muss. **Tom Brady** ist mit mittlerweile sieben Super-Bowl-Siegen eine absolute Legende auf dieser Position geworden. Neben American Football erfreuen sich auch die US-amerikanische Eishockeyliga **NHL** sowie die Basketballliga **NBA** in Deutschland immer größerer Beliebtheit.

Ist Ihnen beim Lesen dieses Kapitels eigentlich etwas aufgefallen? Nein, wir meinen nicht das schlechte Gewissen, dass man auch selbst mal wieder Sport machen könnte. Und nein, wir meinen auch nicht, dass man beim Lesen dieses Kapitels merkt, wie sehr das Wissen über Sportarten von persönlichen Vorlieben abhängt. Nein, was wir meinen, ist, dass große Teile dieses Kapitels nicht gegendert wurden, was schlicht und ergreifend an der traurigen Tatsache liegt, dass es noch immer keine wirklich großen, populären internationalen Sportereignisse gibt, bei denen Frauen die Hauptrolle spielen. Das zeigt sich auch monetär. Unter den 100 bestverdienenden Sportlerinnen und Sportlern der Welt gibt es nicht mal eine Handvoll Frauen. Auch bei den größten und populärsten Sportereignissen der Welt liegt der Fokus vor allem auf Männern. Bei der Tour de France und dem Super Bowl gibt es gar keinen äquivalenten Wettbewerb für Frauen – wenn Sie »Super Bowl Frauen« googeln, dann werden Ihnen erst mal die schönsten Spielerfrauen der NFL angezeigt. Auch bei Wettbewerben im Fußball oder bei den Olympischen Spielen laufen Frauenwettkämpfe eher unter dem Radar. Usain Bolt als 100-Meter-Sieger und schnellsten Mann der Welt kennt jeder, aber wer ist eigentlich die schnellste Frau der Welt? Tja, genau hier zeigt sich das Problem. Die richtige Antwort wäre übrigens Florence Griffith-Joyner gewesen, die 1988 mit einer sensationellen Zeit von 10,49 Sekunden gewann – dieser Rekord hat bis heute offiziell Bestand, auch wenn es immer wieder Dopinggerüchte gab. Natürlich bemühen sich die Verbände, beispielsweise mit der Frauenfußball-WM, den beeindruckenden Leistungen der Sportlerinnen eine Bühne zu bieten, aber funktioniert das so richtig? Nein! Es ist zwar nicht mehr 1989, als die Deutschen Fußballfrauen für den Sieg bei der Europameisterschaft vom DFB ein Kaffeeservice bekamen (leider kein Scherz), doch bis heute gibt es kein einziges Frauensport-Event, das auch nur annähernd an die Popularität des entsprechenden Männer-Wettbewerbs herankommt. Die Anerkennung des weiblichen Spitzensports ist ein laufender Prozess, wie diese Anekdote zeigt: Ein Reporter sagte zu Tennislegende Serena Williams einmal: »There will be talk of you going down as one of the greatest female athletes of all time«, woraufhin sie antwortete: »I prefer one of the greatest athletes of all time.« Dem ist nichts mehr hinzuzufügen.

Sportjournalismus ist übrigens ein Beruf für sich! Alle großen Medien haben eigene Abteilungen und Redaktionen, die sich um die Sportberichterstattung kümmern. Um über Sportveranstaltungen berichten zu dürfen, müssen Fernsehsender die entsprechenden Rechte für die jeweiligen Veranstaltungen kaufen. Während der öffentlich-rechtliche Rundfunk hier früher eine absolute Vormachtstellung hatte und beispielsweise immer über sämtliche Fußballweltmeisterschaften, die Champions League sowie die Olympischen Spiele berichtet hat, hat sich das zuletzt ziemlich stark verändert. Besonders durch große Streaming-Anbieter wie Sky und DAZN ist die Konkurrenz auf dem Markt größer geworden. Und auch die privaten Fernsehsender drängen immer stärker in den Markt! Für die Zuschauerinnen und Zuschauer ist das nicht gerade erfreulich, denn herauszufinden, welche Sportveranstaltung man wo live sehen kann, wird immer schwieriger. Was die Champions League angeht, gucken Sie bei Sky in Zukunft in die Röhre – stattdessen brauchen Sie ein DAZN-Abo! Immerhin können Sie die Finals des Wettbewerbs auch im ZDF sehen. Die Rechte für die Fußball-WM 2022 und die -EM 2024 wurden teilweise an die Deutsche Telekom verkauft. Und selbst die Olympischen Spiele gibt es nicht mehr vollständig bei ARD und ZDF zu sehen – einige Wettbewerbe werden Sie nur bei Eurosport sehen können! Meistens wird bei den Rechten übrigens auch noch streng nach TV und Online unterschieden, weshalb manche Nachrichtensendungen online beispielsweise die Sportbilder herausnehmen müssen und Sie an dieser Stelle nur noch Ton hören können.

7 UNSER GRÖSSTER FEIND IST WINZIG KLEIN – CORONA UND ANDERE PANDEMIEN

Wie alles begann

27. Januar 2020. Einen Tag vor Tims 29. Geburtstag gibt es in Bayern den ersten bestätigten Corona-Fall Deutschlands. Gesundheitsminister Jens Spahn erklärt in einer Pressekonferenz: »Es war zu erwarten, dass das Virus auch Deutschland erreicht. Der Fall aus Bayern zeigt aber, dass wir gut darauf vorbereitet sind. Die Gefahr für die Gesundheit der Menschen in Deutschland durch die neue Atemwegserkrankung aus China bleibt nach Einschätzung des RKI weiterhin gering.« Eine Woche später trifft sich Spahn mit anderen EU-Gesundheitsministern in London. Zur Begrüßung werden Hände geschüttelt, Küsschen links und rechts verteilt, anschließend sitzen zwölf Politikerinnen und Politiker sowie Expertinnen und Experten eng zusammen an einem Tisch, in dessen Mitte eine Obstschale steht, ohne Masken, bei geschlossenen Fenstern. Die aus heutiger Sicht völlig absurd wirkenden Bilder zeigen vor allem eines: Niemand war auf diese Pandemie vorbereitet. Wir alle hatten keine Ahnung, was da auf uns zukam.

Der Tag, an dem wir dieses Kapitel zu schreiben beginnen, ist der 4. April 2021, Ostersonntag. 77 000 Menschen sind in Deutschland bisher am Coronavirus gestorben. Bundeskanzlerin Angela Merkel und die Ministerpräsidentinnen und Ministerpräsidenten wollten über die Feiertage eigentlich das öffentliche Leben komplett herunterfahren, die Osterruhe durchziehen, doch aus diesem Plan wurde nichts. Aber auch ohne

Osterruhe ist im Moment eigentlich alles zu. Treffen darf man sich nur im kleinsten Kreis, Geschäfte haben geschlossen, Restaurants und Freizeiteinrichtungen sowieso. Was war das noch mal, ein »Restaurant«? Trotzdem schießt die Zahl der Neuinfektionen immer weiter nach oben. Zur Osterzeit 2021 stecken sich in Deutschland jeden Tag etwa 20 000 Menschen neu mit dem Coronavirus an, die Sieben-Tage-Inzidenz liegt bei weit über 100, das Land kämpft gegen die britische und vermutlich so langsam auch gegen die brasilianische Mutationsvariante des Virus. Mediziner Karl Lauterbach und Virologe Christian Drosten fordern schon seit Tagen lautstark einen sofortigen harten Lockdown, um die Entwicklung zu stoppen. Markus Lanz lehnt sich nach vorn, legt den Finger ans Kinn und fragt, warum. Also alles wie immer. Wie immer kann sich die Politik auch nicht auf einen klaren gemeinsamen Kurs einigen, angeblich soll es bald einheitliche Coronaregeln für ganz Deutschland aus Berlin geben, aber ob das klappt, steht zu dieser Zeit noch in den Sternen. Was auf jeden Fall noch nicht klappt, ist das Impfen! Anfang April haben gerade mal etwa 10 Millionen Menschen in Deutschland die erste Impfdosis erhalten. Zu wenige. Jens Spahn ist trotzdem noch Gesundheitsminister und gelobt Besserung.

Hätte uns vor ein paar Jahren jemand gesagt, dass unser Leben einmal derart unplanbar wird, hätten wir die Person vermutlich für verrückt erklärt. Corona hat die Welt auf den Kopf gestellt, Menschen das Leben gekostet, viele Wirtschaftsbereiche in die Tiefe gerissen, die Demokratie an ihre Grenzen gebracht. Vor allem aber hat das Virus uns das Leben genommen, das wir immer für selbstverständlich hielten. Zu unserem neuen Leben gehört, dass wir heute alle mehr über Viren, Aerosole und Impfstoffe wissen als vermutlich noch vor einiger Zeit unsere Hausärztin oder unser Hausarzt. Glauben wir zumindest. Denn dabei hat sich ehrlicherweise auch eine Menge gefährliches Halbwissen angesammelt, und angesichts der Tatsache, dass dies vermutlich nicht die letzte Pandemie gewesen ist, die wir überstehen müssen, sollten wir uns ein paar Dinge noch mal genauer anschauen. Denn egal welches Virus, egal wann: Die Fragen, Regeln und Begriffe rund um Ansteckung, Eindämmung und Bekämpfung werden immer wieder die gleichen sein. Ein fundiertes Wissen über Viren und Pandemien scheint überlebenswichtig in diesem neuen Zeitalter, in das wir gerade erst aufbrechen. Also, los geht's! Gesundheit.

Wildtiermarkt oder Biolabor? Woher Corona kommt

Zu Beginn der Coronapandemie hielt sich die weltweite Aufregung in Grenzen, was zum einen daran lag, dass die chinesische Regierung einige Wochen lang versuchte, den Ausbruch möglichst zu verharmlosen, und zum anderen auch daran, dass Coronaviren nichts gänzlich Neues waren. **Coronaviren** sind bereits seit den 1960er-Jahren bekannt. Das, was wir umgangssprachlich »Coronaviren« nennen, ist streng genommen die Virusfamilie **Coronaviridae**, zu der viele verschiedene Coronaviren gehören, die bei Menschen, Säugetieren, Vögeln, Reptilien und Amphibien ganz unterschiedliche Erkrankungen hervorrufen können. Coronaviren verändern sich häufig und schnell, außerdem können auch immer wieder ganz neue Formen des Virus entstehen. Mit den meisten Krankheiten, die durch Coronaviren ausgelöst werden, haben wir uns im Laufe der Zeit ganz gut arrangiert. Allen voran Erkältungen und grippale Infekte.

Zweifelhaften Ruhm erhielten die Coronaviren erstmals 2002/2003, als das SARS-Coronavirus, kurz **SARS-CoV** auftauchte. SARS steht für **Schweres Akutes Respiratorisches Syndrom**, wer daran erkrankte, litt unter hohem Fieber, Kopf-, Hals- und Muskelschmerzen sowie Schüttelfrost und Schwindelgefühl. Im späteren Verlauf konnte die Erkrankung Lungenentzündungen, Atemnot und starken Husten verursachen. Das Virus tauchte in Südchina auf und wurde von Fledermäusen auf eine Zibetkatze (die Wildkatze hat leichte Ähnlichkeit mit einem Dachs und gilt in China als Delikatesse) und dann auf einem Markt auf den Menschen übertragen. Das Virus breitete sich in 29 Ländern aus und tötete 774 Menschen. Durch strenge Isolation und Kontaktnachverfolgung gelang es, die Infektionsketten zu unterbrechen und das Virus einzudämmen. Dennoch ist es äußerst ungewöhnlich, dass das Virus nahezu vollständig verschwand. Wo es hin ist? Das bereitet selbst den besten Virologinnen und Virologen der Welt bis heute Kopfzerbrechen. Wirklich beruhigend ist das nicht.

Zehn Jahre später, 2012, sorgte das nächste Coronavirus für Aufregung. Im Nahen und Mittleren Osten häufte sich die Zahl von Patientinnen und Patienten, die an schweren Atemwegsinfektionen und Nierenversagen starben. Dieses Coronavirus wurde auf den Namen **MERS-CoV**, für **Middle East Respiratory Syndrome**, getauft. Das Virus sprang von, Sie ahnen es schon, Fledermäusen auf Kamele und von denen auf den Menschen über. Ein Scheich und sein Sohn starben. Zunächst schien es, als würden für eine Übertragung unbedingt Kamele benötigt, von denen es im Westen bekanntermaßen nicht allzu viele gibt. Deshalb hielt sich die Besorgnis bei uns in Grenzen. Das änderte sich, als MERS plötzlich auch in Korea auftauchte, ohne Kamele. Wie es dorthin kam? Wir haben keine Ahnung. Also, nicht nur wir haben keine Ahnung, sondern auch sämtliche Wissenschaftlerinnen und Wissenschaftler der Welt. Das Virus infizierte und tötete Menschen, doch erneut gelang es durch Kontaktnachverfolgung und Isolation, das Virus zu besiegen. Allerdings nicht ganz. Bis heute taucht MERS immer mal wieder an unterschiedlichen Orten der Welt auf – wo es sich in der Zwischenzeit versteckt, weiß niemand so genau. Auch nicht beruhigend.

Im November 2019 muss es dann den **Corona-Patienten 0** gegeben haben, also den ersten Menschen, der sich mit dem neuen Virus angesteckt hat. In China beobachtete man im November vier Fälle atypischer Lungenerkrankungen und wurde nervös. Der Augenarzt Li Wenliang war einer der Ersten, die warnten – wenige Wochen später starb er selbst im Alter von gerade mal 34 Jahren am Virus. Woher kam das neue Virus? Zwei Theorien standen von Beginn an im Raum, und endgültig geklärt ist diese Frage noch immer nicht. Die eine Theorie könnte man etwa so zusammenfassen: Der Ursprung des Virus war ein **Wildtiermarkt in Wuhan**. Eine Fledermaus soll einen Pangolin, ein Schuppentier, das es bei uns nur im Zoo gibt, angesteckt haben, von dem das Virus dann wiederum auf den Menschen übergesprungen ist. Wildtiermärkte waren schon häufiger Ausgangspunkt von Pandemien, doch bei Corona gab es von Beginn an Zweifel an dieser Geschichte. Das liegt vor allem daran, dass die ersten dokumentierten Coronapatienten in Wuhan keinerlei Verbindung zum Wildtiermarkt hatten und außerdem die in Verdacht stehenden Fledermäuse zu dieser Jahreszeit Winterschlaf hielten. Ausschließen kann man es trotzdem nicht.

Die zweite Theorie dreht sich um das **Wuhan-Institut für Virologie**, ein Hochsicherheitslabor der Sicherheitsstufe 4. In diesem Labor wird die Luft mit speziellen Filtern gereinigt, es herrscht Unterdruck, damit keine Luft nach außen gerät, und sämtliche Mitarbeiterinnen und Mitarbeiter müssen neben vollständiger Schutzkleidung Beatmungsgeräte tragen, damit sie nicht mit der Luft im Labor in Kontakt kommen. Aus guten Gründen! In dem Labor wurden Viren von Fledermäusen untersucht und künstliche Viren hergestellt, mit denen Mäuse und auch menschliche Zellen infiziert wurden. Auch wenn solche Forschung offiziell natürlich dem Schutz vor Viren dienen soll, klingt es nach einer fürchterlich schlechten Idee. Um das Jahr 2015 herum wurde die Herstellung von künstlichen Viren in Wuhan dann auch tatsächlich aus Sicherheitsbedenken verboten. Man hatte Angst vor, Achtung, einer Pandemie. Leider kein Scherz. Zwar wurde die Herstellung bestimmter Viren nach

2015 eingestellt, trotzdem wurde aber weitergeforscht. War das neuartige Coronavirus möglicherweise aus dem Labor ausgebüxt? Zumindest lässt sich nicht leugnen, dass es durchaus ein seltsamer Zufall ist, dass das Virus auf einem Wildtiermarkt ausgerechnet in der Stadt ausgebrochen sein soll, in der ein Hochsicherheitslabor betrieben wird. Der ehemalige US-Präsident Donald Trump versuchte deshalb den Chinesen die Verantwortung in die Schuhe zu schieben – bis er erfuhr, dass die Forschungen in Wuhan maßgeblich aus den USA finanziert wurden. Dann wurde es plötzlich still.

Dass wir jemals einwandfrei und lückenlos erfahren werden, woher das Coronavirus stammt, darf durchaus bezweifelt werden.

Von China in die Welt, eine Pandemie – SARS-CoV-2 und COVID-19

Am 31. Dezember 2019 meldete China offiziell eine neuartige Lungenerkrankung an die **Weltgesundheitsorganisation**, kurz **WHO**. Die WHO ist eine Sonderorganisation der Vereinten Nationen, zu der fast alle Länder der Welt gehören und die sich neben vielem anderen darum kümmern soll, weltweit Maßnahmen zu koordinieren, um übertragbare Krankheiten wie Aids, Malaria, die Grippe oder eben auch Corona in den Griff zu bekommen. Für ihr Corona-Management wird die WHO später allerdings von vielen heftig kritisiert werden. Dazu kommen wir noch. Bleiben wir zunächst in der Chronologie: Kurz nachdem die neue Atemwegserkrankung an die WHO gemeldet wurde, identifizieren Forscherinnen und Forscher am 07. Januar 2020 das neuartige Virus: **SARS-CoV-2**. Ab Mitte Januar sterben die ersten Menschen an der durch das Virus ausgelösten Krankheit, die nun auch ihren Namen **COVID-19**, für **Corona Virus Disease 2019**, erhält. Aufmerksame Leserinnen und Leser bemerken übrigens an dieser Stelle, dass es völliger Blödsinn ist, dass wir in Deutschland ständig Sachen wie »Corona-Neuinfektionen«, »Corona-Impfung« oder »Mein Kumpel hat Corona!« sagen, denn Corona ist streng genommen nur die Virenfamilie. Sprechen wir von dem Virus, das uns im Moment alle nervt, müssten wir SARS-CoV-2 sagen. Meinen wir die Erkrankung, die es auslöst, wäre COVID-19 der richtige Begriff. Aber wir wollen ja nicht kleinlicher sein als Karl Lauterbach. Also zurück zum Thema. Am 30. Januar 2020 erklärt die WHO einen globalen **Gesundheitsnotstand**, was so viel bedeutet wie »Es ist ernst!«. Wie wir heute wissen, hatte sich das tödliche Virus zu diesem Zeitpunkt bereits über weite Teile der Welt verbreitet. Trotzdem dauert es noch bis zum 11. März, bis die WHO den Ausbruch einer **Pandemie**, also einer starken, weltweiten Ausbreitung einer Infektionskrankheit, meldet. Was zu diesem Zeitpunkt eigentlich schon seit Monaten Fakt war. Genau dafür wird die WHO bis heute stark kritisiert. Es heißt, sie habe zu spät reagiert und zu lange die Augen verschlossen. Dadurch ist wichtige Zeit verloren gegangen, in der man schon hätte Maßnahmen ergreifen können, um die Verbreitung einzudämmen.

Was macht ein Virus eigentlich mit uns? RNA und Antikörper

Lassen Sie uns zunächst genauer betrachten, wie dieses Coronavirus eigentlich funktioniert und was es in unseren Körpern anrichtet. Wie bei allen Coronaviren handelt es sich auch bei SARS-CoV-2 um ein **RNA-Virus**. Um zu überleben, braucht das winzig kleine Virus einen **Wirt**, also ein Zuhause, zum Beispiel uns, die Menschen. Dazu dringen die Viren irgendwie in unseren Körper ein. Das geschieht bei SARS-CoV-2 über die Schleimhäute, also über Nase, Mund oder die Augen. Ist ein Mensch mit dem Virus infiziert, stößt er beim Atmen, Sprechen, Husten oder Niesen winzige Partikel aus, in denen das Virus enthalten ist. Singen ist übrigens besonders schlecht, weil dabei besonders viele Partikel ausgestoßen werden. Gelangt eine gewisse Menge dieser Partikel auf die Schleimhäute einer anderen Person, steckt sich diese an. Wenn wir uns anstecken, dringen die Viren in unseren Körper ein und schmuggeln sich dort dann in unsere Zellen. Dabei haben sie etwas im Gepäck, nämlich ein Stückchen Ribonukleinsäure (kurz RNA), was nichts anderes ist als eine Bauanleitung für sich selbst, also für neue SARS-CoV-2-Viren. Mit dieser Bauanleitung zwingt das Virus nun die befallene Zelle dazu, weitere Viren zu produzieren. So verbreiten sich die Viren immer weiter in unserem Körper, befallen immer mehr Zellen, die dabei beschädigt werden, wodurch wir uns krank fühlen. Das SARS-CoV-2-Virus verbreitet sich nicht nur in unseren Atemwegen und richtet dort Schaden an, sondern über kurz oder lang auch in zahlreichen anderen Organen wie beispielsweise den Nieren, der Leber, dem Herz oder dem Hirn. Wissenschaftlerinnen und Wissenschaftler sprechen deshalb mittlerweile von einem Multiorganvirus, was erklärt, warum die Symptome und Langzeitfolgen von COVID-19 so unterschiedlich sind. Neben Husten, Atemnot und Geruchsverlust werden immer häufiger auch chronische Müdigkeit, Konzentrationsschwierigkeiten, Schlafprobleme, geringere Spermienqualität, Herzmuskelentzündungen oder auch Diabetes gemeldet. Die Forschungen dazu sind noch längst nicht abgeschlossen.

Zum Glück sind Menschen Viren nicht wehrlos ausgeliefert. Sobald sich SARS-CoV-2 in unserem Körper ausgebreitet hat, beginnt das **Immunsystem** damit, das Virus ausfindig zu machen. Dabei sucht unser Immunsystem nicht nach dem kompletten Virus, sondern nur nach einem bestimmten Teil von ihm, dem Marker, der auch als **Antigen** bezeichnet wird. Das Antigen ist der Teil des Virus, mit dem es an unsere Zellen andockt. Sie können sich das wie die ausklappbare Brücke eines Schiffs vorstellen, mit der das Schiff anlegen kann und die Passagiere von Bord gehen können. Wenn unser Immunsystem dieses Antigen ausfindig gemacht hat, produziert es **Antikör-**

per, die sich an dieses Antigen dranheften und es damit blockieren. Für das Virus wird es unmöglich, an Zellen anzudocken, weil an sämtlichen Andockstellen Antikörper hängen. Dadurch kann sich das Virus nicht mehr vermehren und stirbt ab. Der Mensch wird wieder gesund.

Das Problem: Von Beginn der Infektion an kann es fast zwei Wochen dauern, bis unser Immunsystem mit seiner Arbeit so richtig in die Pötte kommt. Vor allem bei älteren, kranken oder immungeschwächten Menschen – aber auch bei Menschen, bei denen bestimmte Organe, wie zum Beispiel die Lunge, durchs Rauchen geschwächt sind – kann das SARS-CoV-2-Virus in der Zwischenzeit potenziell derart große Schäden anrichten, dass sie im schlimmsten Fall daran sterben. Wer eine COVID-19-Erkrankung gut wegsteckt und wer nicht, lässt sich bis heute nicht genau voraussagen. Dennoch wurde im Laufe der Zeit klarer, wer zumindest statistisch gesehen am meisten bedroht ist: Männer erkranken häufiger schwer als Frauen, und das Alter ist ein großer Risikofaktor. Außerdem sind Menschen mit Asthma, Herz-Kreislauf-Erkrankungen, Diabetes, Lebererkrankungen, Krebs und Immunerkrankungen besonders gefährdet.

Warum uns ausgerechnet SARS-CoV-2 in die Knie zwang

Will man verstehen, was dieses neuartige Virus so gefährlich macht, muss man in die Mathematik eintauchen. Das macht zwar keinen riesigen Spaß, aber in der Tat ist ohne ein wenig Rechnerei kaum zu verstehen, warum uns ausgerechnet dieses Virus in die Knie zwang. Obwohl die Liste der Symptome endlos scheint, ist SARS-CoV-2 kein Killervirus. Nach aktueller Studienlage sterben etwa zwei Prozent der Infizierten. Die Zahl allein sagt noch nicht viel aus, sondern muss eingeordnet werden. Machen wir: An einer klassischen Grippe sterben in Deutschland weniger als 0,2 Prozent der Infizierten, also deutlich weniger. Trotzdem ist die Sterbewahrscheinlichkeit bei dem neuen Virus im Vergleich mit anderen Erkrankungen noch niedrig. An SARS-CoV-1 starben beispielsweise knapp 20 Prozent aller Infizierten, und bei Ebola lag die Sterblichkeit sogar bei etwa 70 Prozent. Was ist also das Problem an diesem neuen Virus? SARS-CoV-2 ist extrem ansteckend. An einem Virus, das weniger tödlich, dafür aber extrem ansteckend ist, werden mehr Menschen sterben als an einem Virus, das extrem tödlich, dafür aber kaum ansteckend ist. Das Gesetz der großen Zahlen bricht uns bei Corona das Genick. Lassen Sie uns das kurz genauer erklären.

Das Robert Koch-Institut gibt für SARS-CoV-2 eine **Basisreproduktionszahl** von etwa 4 an. Diese Zahl sagt aus, dass eine einzelne infizierte Person etwa vier weitere ansteckt, solange es in der Bevölkerung keine Immunität und keine besonderen Maßnahmen wie beispielsweise Kontaktbeschränkungen gibt. Selbst während in Deutschland nahezu das gesamte öffentliche Leben heruntergefahren war, alle Masken trugen und man sich kaum noch treffen durfte, war es schwierig, die Reproduktionszahl unter 1 zu drücken. Zum Vergleich: Ohne irgendwelche Vorkehrungen, mit vollen Diskotheken, Skihütten, ohne Masken und ohne Melanie Brinkmann und Karl Lauterbach, die jeden Abend im Fernsehen warnen, liegt die Basisreproduktionszahl einer starken Grippewelle mitten im Winter deutlich unter 2. Liegt die Reproduktionszahl über einem Wert von 1, handelt es sich um ein **exponentielles Wachstum**. Ein kleines Rechenbeispiel: Nehmen wir für Corona eine Reproduktionszahl von 4 an und tun so, als würden keinerlei Maßnahmen zur Eindämmung getroffen werden. Wir beginnen in Deutschland mit einem einzigen Corona-Infizierten, der vier weitere ansteckt. Nach einer Woche haben wir dann vier Neuinfektionen. Wenn die nun auch wieder jeweils vier weitere Personen anstecken, sind es nach der zweiten Woche schon 16 neue Infektionen, nach drei Wochen 64, nach vier Wochen 256, nach fünf Wochen 1024, nach sechs Wochen 4096, nach sieben Wochen

16 384, nach acht Wochen 65 536, und nach gerade mal etwa zwei Monaten hätten wir mit 262 144 Neuinfektionen spätestens ein ernsthaftes Problem. Wenn Sie dieses Prinzip verstanden haben, sind Sie schon weiter als so mancher Ministerpräsident.

Dass die Reproduktionszahl von SARS-CoV-2 so hoch ist, hat vor allem zwei Gründe. Besonders fies ist an SARS-CoV-2, dass eine Ansteckung selbst durch winzig kleine Teilchen, sogenannte **Aerosole**, die stundenlang in der Luft herumschweben können, erfolgen kann. Während man sich vor den meisten Atemwegserkrankungen mit Händewaschen und In-die-Armbeuge-Niesen ganz gut schützen kann, reicht das bei diesem Teufelskerl nicht. Wenn vor Ihnen ein Corona-Erkrankter in einem kleinen Aufzug ohne Fenster gefahren ist, könnten Sie sich anschließend über dessen Aerosole anstecken, ohne die Person überhaupt jemals gesehen zu haben. In großen Hochhäusern in China ließen sich solche Infektionsketten wunderbar nachvollziehen. Vor diesem Übertragungsweg könnten Sie sich lediglich mit Lüften, einem Luftfilter, der die winzigen Teilchen aus der Luft filtert, oder dem Tragen einer medizinischen Maske schützen. Zum Vergleich: Mit Ebola beispielsweise können Sie sich nur dann anstecken, wenn Sie direkten körperlichen Kontakt zu einem anderen Erkrankten haben, also sein Blut, seinen Speichel, Schweiß, Urin oder Stuhl aufnehmen. Wenn Sie die Grippe haben, bekommen Sie starkes Fieber und Husten. Erst dann sind Sie ansteckend. Gehen Sie dann noch raus? Steigen Sie dann noch in ein Flugzeug oder setzen sich in ein Restaurant? Nein, dann liegen Sie im Bett. Und selbst wenn Sie zu den Unvernünftigen gehören, die auch noch hustend und niesend ins Büro gehen, haben Ihre Kolleginnen und Kollegen wenigstens die Möglichkeit, sich vor Ihnen in Sicherheit zu bringen. Was das neue Virus von anderen abhebt und noch gefährlicher macht, ist der Fakt, dass Infizierte bereits Tage vor dem Ausbrechen der Erkrankung stark ansteckend sind. Außerdem gibt es einen hohen Anteil von **asymptomatisch Erkrankten**, die gar keine Symptome haben, aber trotzdem andere anstecken. Bereits Tage bevor die Erkrankung merkbar ausbricht, könnten Sie andere Menschen durch Aerosole, also einfach nur durchs Sprechen, anstecken. Sie hätten nie Husten oder Schnupfen gehabt. So ist es einem Bekannten von uns bei seinen Eltern passiert, die anschließend beide auf der Intensivstation landeten. Dass das neue Coronavirus sich so schnell über Aerosole und sogar von Menschen völlig ohne Symptome übertragen lässt, war vielen Wissenschaftlerinnen und Wissenschaftlern am Anfang der Pandemie nicht klar, weshalb es zu vielen Fehleinschätzungen kam. Anfangs war der offizielle Standpunkt des RKI beispielsweise noch, dass das Tragen von Atemschutzmasken nicht viel bringen würde – eine fatale Fehleinschätzung. Auch wenn die Aerosole nur von FFP2-Masken abgehalten werden können, wäre jede Maske besser gewesen als keine.

Wir haben durch unsere kurze Rechnung gezeigt, wie schnell sich SARS-CoV-2 verbreiten kann. Doch das allein wäre noch kein Problem. Aufgabe der Politikerinnen und Politiker ist es, in einer Pandemie dafür zu sorgen, dass die Krankenhäuser nicht überlastet werden und dass das Gesundheitssystem nicht zusammenbricht. Wie es aussieht, wenn das doch passiert, konnte die Welt 2020 in Italien beobachten. Infizierten konnte nicht mehr geholfen werden, weil es nicht genügend Beatmungsgeräte gab, Ärztinnen und Ärzte mussten die **Triage** anwenden, also entscheiden, wem sie das Leben retten und wem nicht. Wenn die Krankenhäuser überlastet sind, schießen die Todeszahlen nach oben, weil schlicht und ergreifend die Mittel und das Personal fehlen, um allen Menschen zu helfen. Auch Menschen mit anderen Erkrankungen sind dadurch betroffen. Ein Szenario, das es um jeden Preis zu verhindern gilt. Und genau hier liegt der Knackpunkt bei SARS-CoV-2.

Statistiken zeigen, dass etwa drei Prozent der Menschen, die sich mit SARS-CoV-2 infizieren, in einem **Intensivbett** landen, wovon es in Deutschland gerade mal 25 000 Stück gibt. Im internationalen Vergleich ist das übrigens ein super Wert. Wenn sich etwa 20 000 Menschen jeden Tag neu mit SARS-CoV-2 anstecken, kommen wir auf etwa 140 000 Neuinfizierte pro Woche, was bedeutet, dass gemäß der Statistiken wöchentlich etwa 4000 Menschen neu auf der Intensivstation landen. Angesichts der Tatsache, dass mit COVID-19 Erkrankte dort meistens viele Wochen verbringen müssen (6–8 Wochen sind keine Seltenheit) und sehr pflegebedürftig sind, sollte jedem klar sein, dass das nicht lange gut gehen kann. Egal wie man es dreht und wendet, egal ob es einem passt oder nicht, in einer solchen Situation muss die Politik etwas tun, um das Pandemiegeschehen zu stoppen. Zu Beginn der Pandemie war übrigens nicht klar, dass COVID-19-Patienten die Intensivbetten derart lange beanspruchen, weshalb selbst Virologinnen und Virologen die Gefahr von SARS-CoV-2 unterschätzten und vielfach mit einer starken Grippewelle verglichen. Selbst eine der renommiertesten Virologinnen der Welt, Karin Mölling, kam zu dieser Fehleinschätzung – und entschuldigte sich später dafür.

Was im Falle einer Pandemie zu tun ist, regelt in Deutschland das unglaublich lange und komplizierte **Infektionsschutzgesetz**, kurz **IfSG**, das wir Ihnen an dieser Stelle ersparen möchten. Wichtig ist allerdings zu wissen, dass es das Gesetz gibt und dass man seinen genauen Wortlaut im Internet jederzeit nachlesen kann. Wichtig ist außerdem, dass das Infektionsschutzgesetz die Politikerinnen und Politiker in Deutschland dazu verpflichtet, im Falle einer Pandemie zu handeln, um das Infektionsgeschehen einzudämmen – andernfalls würden sie ihren Amtseid verletzen. Der Pandemie ohne Maßnahmen Entwicklungsfreiheit zu geben wäre also nicht nur unverantwortlich und würde Menschenleben kosten, sondern so ein Vorgehen wäre auch strafbar. Außerdem ist noch spannend zu wissen, dass sowohl das **Robert Koch-Institut**, kurz **RKI**, als auch das **Paul-Ehrlich-Institut** in dem Gesetz fest als beratende Institutionen im Falle einer Pandemie vorgegeben sind. Sie beobachten das Pandemiegeschehen ganz genau, fassen die Daten zusammen und sprechen Handlungsempfehlungen aus. Im Rahmen der SARS-CoV-2-Pandemie hat die Bundesregierung das Infektionsschutzgesetz geändert und die Ergreifung von Maßnahmen an zwei bestimmte **Inzidenzen**, also an die relative Häufigkeit von bestimmten Ereignissen, geknüpft. Konkret bedeutet das: Stecken sich über einen Zeitraum von sieben Tagen beispielsweise von 100 000 Einwohnerinnen und Einwohnern 35 oder 50 oder sogar mehr als 100 Personen neu mit einem Virus an, müssen umfassende Schutzmaßnahmen ergriffen werden, um das Infektionsgeschehen einzudämmen. Dabei müssen die Maßnahmen immer verhältnismäßig sein. Denn schließlich ist nicht nur Gesundheitsschutz wichtig, sondern auch das Grundrecht auf Freiheit. Wann genau diese **Verhältnismäßigkeit** gegeben ist und wann nicht, ist allerdings schwierig zu definieren. Es fehlen, wie bei jedem Verhältnis, klare Zahlen. Was ist zum Beispiel das richtige Verhältnis aus Kritik und Lob in einer Partnerschaft oder einer Freundschaft? Gar nicht so leicht zu beantworten, oder? In der Praxis mussten in Deutschland immer wieder Gerichte über die Verhältnismäßigkeit von Coronamaßnahmen entscheiden, und immer wieder haben sie so auch bestimmte Einschränkungen gekippt.

Fassen wir abschließend zusammen: Der Mechanismus, mit dem das SARS-CoV-2-Virus uns in die Knie zwingt, ist der folgende: Das Virus hat eine extrem hohe Reproduktionszahl, weshalb sich innerhalb von kürzester Zeit viele Menschen damit anstecken, die die Intensivstationen überfordern. Relativ schnell kommen die Krankenhäuser an ihre Kapazitäts- und Belastungsgrenzen, und der Politik bleibt nichts anderes übrig, als Maßnahmen zu ergreifen, um die Pandemie einzudämmen und eine schlimmere Katastrophe zu verhindern.

Pandemiebekämpfung – Kontaktnachverfolgung, Lockdown und Impfstoff

Wenn es zu Beginn einer Pandemie weder Impfstoffe noch Medikamente gibt, bleiben der Politik nur nicht-pharmazeutische Strategien, um das Infektionsgeschehen in den Griff zu kriegen. **Soziale Distanz** (Social Distancing) lautet das Zauberwort. Es ist das Gegenteil von dem, was Viren mögen, um sich zu verbreiten. Das Prinzip ist immer gleich: Infizierte müssen sofort isoliert werden, anschließend müssen deren Kontaktpersonen identifiziert werden und sich in Quarantäne begeben, um zu beobachten, ob sie ebenfalls Symptome entwickeln oder nicht. In Deutschland ist diese **Kontaktnachverfolgung** Aufgabe der **Gesundheitsämter**. Viele Infektionskrankheiten lassen sich durch diese Methode gut in den Griff kriegen. Bei SARS-CoV-2 hat es nicht gereicht. Der Hauptgrund hierfür ist, dass mit diesem Virus Erkrankte bereits hoch ansteckend sind, wenn sie noch nicht mal ahnen, dass sie infiziert sind. Vielleicht trägt aber auch dazu bei, dass viele Gesundheitsämter bei uns noch per Fax kommunizieren.

Wenn eine Kontaktnachverfolgung nicht mehr möglich ist, müssen härtere und pauschalere Maßnahmen her, um soziale Distanz herzustellen. Zum Beispiel Verbot von Massenansammlungen, Einschränkung der Mobilität, Schließung der Grenzen, Schließung von Schulen oder Geschäften – Sie kennen das alles. »Lockdown« und »Shutdown« lauten die neuen Zauberwörter. Beide Maßnahmen haben das Ziel, dass sich weniger Menschen physisch begegnen und es deshalb weniger Situationen gibt, in denen sich Menschen gegenseitig anstecken könnten. In der Politik wird oft von **Kontaktreduzierung** gesprochen. Keine besonders elegante oder smarte Lösung, aber eine, die ohne große Vorbereitung verordnet werden kann und die immer funktioniert (wenn alle mitmachen). Auch wenn viele Menschen im alltäglichen Sprachgebrauch und sogar viele Journalistinnen und Journalisten die Begriffe »Lockdown« und »Shutdown« synonym füreinander verwenden, sind sie es nicht.

In Deutschland hatten wir bis zur Fertigstellung dieses Buches eigentlich nur Shutdowns. Bei einem **Shutdown** wird das öffentliche Leben so weit wie möglich runtergefahren, es werden also Geschäfte, Restaurants, Freizeiteinrichtungen etc. geschlossen. Dieser Zustand ist für uns in Deutschland über einen langen Zeitraum erschreckend normal geworden. Das Wörtchen **Lockdown** dagegen beinhaltet das englische Wort für Schloss, was uns einen guten Hinweis auf den entscheidenden Unterschied liefert. Bei einem Lockdown wird die Bevölkerung im Grunde genommen so weit wie möglich eingeschlossen. Heißt also: Außer für wirklich wichtige Dinge wie Lebensmittel einkaufen, Arztbesuche oder systemrelevante Arbeit darf niemand mehr sein Zuhause verlassen. In Deutschland wurde ein solcher Lockdown nur für kurze Zeit in ein paar wenigen Regionen verordnet. In anderen Ländern, wie Frankreich, Spanien, Italien oder China, gab es dagegen teilweise über Monate hinweg einen solchen harten Lockdown. In China wurden Menschen, die zu Hause in Quarantäne waren, sogar mit Videokameras an ihren Wohnungstüren überwacht. Teilweise wurden sogar die Haustüren zu ganzen Wohnblöcken zugeschweißt. Heute ist in China eine Corona-App Pflicht, die Kontakte genau nachverfolgt und an die Gesundheitsbehörden übermittelt. Ohne einen QR-Code zu scannen und so Kontakte nachvollziehbar zu machen, kommen Sie in Peking in keine Shoppingmall, in kein Restaurant, in keine Bank. Kommt es zu einer Infektion, wird sofort die Infektionskette nachvollzogen, und alle müssen in Quarantäne. Auch Wärmebildkameras zum Aufspüren von Infizierten sind normal. Im Libanon wurden Anfang 2021 für Wochen alle Supermärkte und Fabriken geschlossen. Auf Mauritius durfte man zeitweise nur mit ausdrücklicher Genehmigung der Polizei sein Zuhause verlassen.

Wir stellen also erstaunt fest: Im internationalen Vergleich hatten wir in Deutschland bei Weitem noch nicht die härtesten Einschränkungen. Ehrlich gesagt sind wir mit einem blauen Auge davongekommen.

Shut- und Lockdowns sollten nur Notlösungen sein, um eine Pandemie in den Griff zu kriegen. Abgesehen davon, dass solche Maßnahmen eines unserer wichtigsten Grundrechte, die persönliche Freiheit, einschränken, haben sie auch erhebliche Folgen. Zum einen sind da die wirtschaftlichen Schäden, die in Deutschland auf mehrere Milliarden Euro pro Woche geschätzt werden. Außerdem belasten Kontaktbeschränkungen die Bevölkerung über einen längeren Zeitraum extrem, auch wenn sich manche anfangs vielleicht noch über etwas weniger Besuch von der nervigen Verwandtschaft gefreut haben. Die psychischen Folgen, die es hat, wenn wir unsere Freunde und unsere Familie nicht mehr einfach so treffen können, wurden lange Zeit unterschätzt, aber im Laufe der Zeit haben wir wohl alle gemerkt, wie die sozialen Einschränkungen an uns zehren. Bei einer wissenschaftlichen Befragung während des Shutdowns Anfang 2021 kam heraus, dass sich die Menschen in Deutschland so belastet fühlten wie noch nie.

Impfungen, die Rettung in der Not?

Durch das Herunterfahren des öffentlichen Lebens und Kontaktbeschränkungen allein kriegen wir unser altes Leben nicht wieder zurück. Wenn wir überhaupt darauf hoffen wollen, wieder zur vermeintlichen Normalität zurückzukehren, dann geht das wohl nur durch **Impfungen**. Spätestens hier sind wir jetzt an dem Punkt angekommen, an dem gefährliches Halbwissen so richtig gefährlich wird. Kaum war das neue SARS-CoV-2-Virus identifiziert, begann ein beispielloses weltweites Wettrennen zur Entwicklung des ersten **Impfstoffs**. Für gewöhnlich dauert so ein Entwicklungsprozess, inklusive sämtlicher Testphasen und Zulassung, etwa zehn Jahre, und sage und schreibe 90 Prozent der Impfstoffkandidaten fallen irgendwo auf dem Weg zur Marktreife durch. Dieses Mal musste es schneller gehen, irgendwie. Bereits am 16. März 2020, kein halbes Jahr nachdem sich der erste Mensch auf der Welt mit dem neuen Virus angesteckt hatte, wurde der erste Coronaimpfstoff getestet. Ende 2020 wurde dann tatsächlich der erste Impfstoff zugelassen. Völlig zu Recht wurde diese Leistung als **Project Lightspeed** bezeichnet.

Wenn unser Körper erfolgreich gegen ein Virus gekämpft hat, merkt er sich die Antigene und die Antikörper, die er zur Bekämpfung genutzt hat. Das macht der Körper nicht immer und auch nicht unendlich lange, aber für bestimmte Erkrankungen bauen wir so eine Art körpereigenen Medikamentenschrank auf. Wenn wir in Zukunft noch mal mit demselben Virus in Berührung kommen, weiß unser Körper sofort, welche Antikörper gebraucht werden. Die töten das Virus dann ab, bevor es sich überhaupt verbreiten kann, wir sind immun. Haben 70 bis 80 Prozent aller Menschen Antikörper, spricht man von einer **Herdenimmunität** – es sind dann so viele Menschen vor dem Virus geschützt, dass es nach und nach aussterben und verschwinden sollte. Das Problem an der Geschichte ist offensichtlich: Um eine solche **Immunität** aufzubauen, müssen große Teile der Bevölkerung die Krankheit einmal durchmachen – um eine Herdenimmunität zu erreichen, müsste also quasi eine Mehrheit der Bevölkerung durchseucht werden, was unsere Krankenhäuser überlasten und Millionen Menschen das Leben kosten würde. Genau an dieser Stelle kommen Impfstoffe ins Spiel. Sie sind eine Schummelei, ein Trick, mit dem Menschen eine Immunität aufbauen können, ohne die Erkrankung durchmachen zu müssen. Impfstoffe zeigen unserem Körper auf eine sichere Art und Weise, wie ein Virus aussieht. Unserem Körper wird also eine Infektion vorgetäuscht, die in Wirklichkeit völlig harmlos ist. Unser Immunsystem merkt das nicht, fällt auf den Trick rein, gerät angesichts des vermeintlich neuen Virus in Panik und beginnt Antikörper zu bilden. Wir bauen eine Immunität auf, ohne wirklich krank gewesen zu sein. Sollten wir dann eines Tages mit dem echten Virus in Kontakt kommen, kann es uns nichts mehr anhaben. Impfstoffe sind viel älter, als die meisten Menschen denken, denn bereits im Jahr 1796 impfte der englische Chirurg Edward Jenner einen achtjährigen Jungen gegen Pocken. Das Experiment gelang, und bereits wenige Jahre später, Anfang des 19. Jahrhunderts, wurde in Hessen und Bayern eine Impfpflicht gegen Pocken eingeführt. Im nächsten Jahrhundert gelang es, Krankheiten wie Masern, Tollwut und Cholera durch Impfstoffe in den Griff zu kriegen. Das Prinzip von Impfungen ist dabei immer gleich geblieben, lediglich die sogenannte **Plattform**, die Art und Weise, wie dem Körper das Virus präsentiert wird, hat sich verändert.

Zunächst gibt es die **Impfstoffe der ersten Generation**, die älteste und erprobteste Methode von allen. Bis heute wird sie, beispielsweise beim Grippe-Impfstoff, erfolgreich eingesetzt. Bei diesen Impfstoffen wird dem Körper eine abgeschwächte Form des Virus gespritzt, also Viren, die keinen Schaden anrichten und die sich kaum noch vermehren können. Trotzdem kann unser Immunsystem durch die Konfrontation mit diesen schwachen Viren lernen, was zu tun ist. Das Antigen wird erkannt, Antikörper werden gebildet und in unserem körpereigenen Medizinschrank abgespeichert. Wenn wir unser Immunsystem mit einem Boxer vergleichen würden, wäre diese Methode so etwas wie ein Trainingsmatch mit einem taumelnden Gegner, der schon fast vom Angucken umfällt. Um das abgeschwächte Virus zu produzieren, muss es zuerst in andere lebende Zellen wie Hühnereier gespritzt werden. Anschließend müssen die abgeschwächten Viren wieder aus den Eiern herausgezogen und weiterverarbeitet werden. Ein insgesamt sehr aufwendiger und langer Prozess.

Weiter ging es mit den **Impfstoffen der zweiten Generation**, die bereits etwas smarter sind. Anstatt dem Körper das ganze Virus zu spritzen, wird bei diesen Impfstoffen nur das Antigen, also das Teilchen, das an die Zellen andockt, genutzt. Tatsächlich reicht das dem Körper völlig aus, um Antikörper zu bilden und zu memorieren. Allerdings ist die Herstellung dieser Impfstoffe auch nicht ganz einfach, weil die Antigene vorher gezüchtet werden müssen, beispielsweise in Hefezellen. Eine andere, allerdings nicht weniger komplizierte Möglichkeit besteht darin, die Antigene an andere, harmlosere Viren anzuheften.

Gegen das **SARS-CoV-2** Virus wurde dann zum ersten Mal ein **Impfstoff der dritten Generation**, ein sogenannter **mRNA**-Impfstoff, zugelassen, der wissenschaftlich betrachtet beeindruckend gut funktioniert, allerdings auch Inspiration für besonders viele Verwirrungen und krude Verschwörungstheorien bot. Bei dem in Deutschland von BioNtech und Pfizer entwickelten Impfstoff handelt es sich beispielsweise um einen solchen mRNA-Impfstoff. Die wichtigste Information vorweg: Auch wenn die Begriffe ähnlich sind – NEIN! – mRNA-Impfstoffe verändern nicht das menschliche Erbgut, also unsere DNA. Zu Beginn dieses Kapitels hatten wir ja erklärt, dass ein Virus in unsere Zelle eindringt, dort ihren eigenen Bauplan, die RNA, hereinschmuggelt und die Zelle so dazu zwingt, neue Viren zu produzieren. Ein winzig kleiner Teil dieses genetischen Bauplans ist die sogenannte mRNA, kurz für **messenger-RNA**. Die mRNA bringt der Zelle bei, das Antigen, also den Marker des Virus, zu produzieren. Bei einem Impfstoff der dritten Generation wird nun nur dieser Teil des Bauplans, die mRNA, gespritzt. Sie gelangt in unsere Zellen, die anschließend mit der Produktion von Antigenen beginnen. Unser Immunsystem reagiert auf diese Antigene, indem es Antikörper entwickelt, und schon haben wir eine Immunität entwickelt. Diese neuartigen Impfstoffe gelten als besonders wirkungs- und hoffnungsvoll, um uns in Zukunft vor unterschiedlichsten Erkrankungen zu schützen.

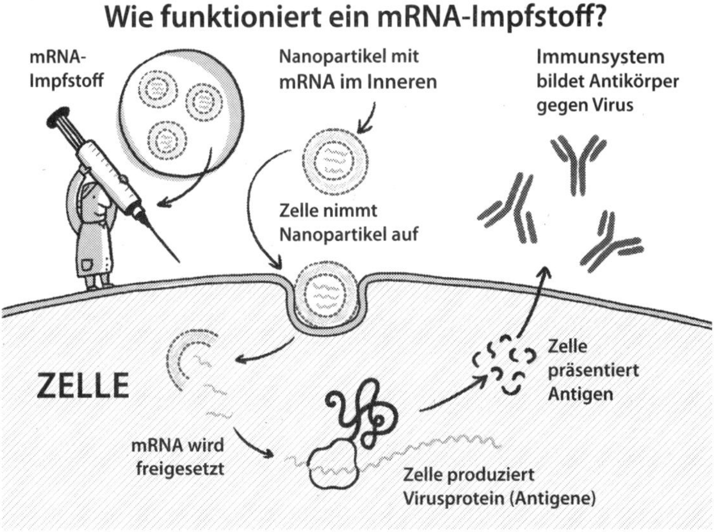

Bevor ein Impfstoff Millionen Menschen in den Arm gespritzt wird, muss er umfangreich getestet werden. Schließlich wird eine Impfung bei völlig Gesunden durchgeführt und darf sie auf keinen Fall krank machen. Dieser Test teilt sich in mehrere Phasen auf. In der **ersten Phase** wird der Impfstoff nur einer sehr kleinen, freiwilligen Testgruppe verabreicht und über einen Zeitraum von wenigen Wochen beobachtet, ob gefährliche Nebenwirkungen auftreten. Werden die Probandinnen und Probanden krank? Zeigen sie allergische Reaktionen? Wenn alles gut gegangen ist, geht es in die **zweite** und **dritte Phase** mit größeren Gruppen von Freiwilligen. Auch bei diesen Gruppen wird weiterhin auf unerwünschte Nebenwirkungen geachtet. Außerdem steht jetzt vor allem die Frage nach der Wirksamkeit im Zentrum. Aber wie testet man eigentlich, ob ein Impfstoff wirkt oder nicht? Zunächst einmal ist es wichtig, dass Freiwillige unterschiedlichen Alters und unterschiedlichen Geschlechts ausgewählt werden. Schließlich soll der Impfstoff später bei allen wirken. Im nächsten Schritt werden die Freiwilligen dann in zwei Gruppen aufgeteilt. Die eine Gruppe kriegt tatsächlich den Impfstoffkandidaten gespritzt, die sogenannte **Testgruppe** – die andere Gruppe dagegen erhält nur Zuckerwasser, sie wird als **Vergleichsgruppe** bezeichnet. Die Testgruppe sollte nun idealerweise eine Immunität entwickeln, die Vergleichsgruppe nicht. Selbstverständlich erfahren die Freiwilligen nicht, zu welcher Gruppe sie gehören, um ihr Verhalten nicht zu beeinflussen, man spricht von einer **Blindstudie**. Nach einem gewissen Zeitraum kontrolliert man nun, wie viele Menschen in beiden Gruppen an der Krankheit, gegen die man impfen möchte, erkrankt sind. Kein Impfstoff ist zu 100 Prozent sicher – es wird also normalerweise nicht so sein, dass keine Person in der tatsächlich geimpften Testgruppe erkrankt ist, während es in der anderen Gruppe viele Fälle gibt. Wenn ein Impfstoff ausreichend wirksam ist, wird es aber auf jeden Fall so sein, dass in der Testgruppe wesentlich weniger Erkrankungen erfolgen als in der Vergleichsgruppe. Je weniger Menschen in der Testgruppe erkrankt sind, desto besser ist die sogenannte **Effektivität** des Impfstoffs, desto sicherer ist er also.

Bevor in Deutschland die Spritzen aufgezogen und die Ärmel hochgekrempelt werden können, muss jeder Impfstoff von der **Europäischen Arzneimittel-Agentur**, kurz **EMA**, zugelassen werden. Sie hat ihren Sitz in Amsterdam, und an ihr geht kein Weg vorbei. Die Wissenschaftlerinnen und Wissenschaftler der Agentur prüfen die Studiendaten der Impfstoffhersteller ganz genau, und nur wenn der Nutzen – also die Effektivität – das Risiko – also die Nebenwirkungen – deutlich übersteigt, erhält der Impfstoff eine Zulassung und darf in der EU eingesetzt werden. In Deutschland gibt dann außerdem noch die **STIKO**, die **Ständige Impfkommission**, Empfehlungen dazu ab, wie der Impfstoff eingesetzt werden soll. Im Falle von COVID-19 hat die Impfkommission beispielsweise mitentschieden, welche Gruppen der Bevölkerung als Erstes und welche als Letztes geimpft werden. Wenn nicht gerade eine Pandemie herrscht, ist es übrigens auch Aufgabe der STIKO, standardmäßige Impfpläne für Kinder, Jugendliche, Erwachsene und Senioren zu erarbeiten. Kleine Erinnerung: Als Erwachsene sollten Sie beispielsweise darauf achten, jederzeit gegen Diphtherie, Masern, Keuchhusten, Kinderlähmung und Tetanus geimpft zu sein. Ab 60 Jahren kommen noch Gürtelrose, Grippe und Pneumokokken dazu. Na, schnell man einen Blick in das gelbe Heftchen werfen? Wenn Sie das jetzt gerade nicht finden, ist es gar nicht so schlimm, wie viele denken. Hausärztinnen und Hausärzte sind in Deutschland dazu verpflichtet, die Impfungen ihrer Patientinnen und Patienten nachzuhalten. Richtiges Servicebuch hier.

Mutationen – der Rettungsversuch des Virus

Doch nicht mal ein erfolgreicher Impfstoff gibt uns die Garantie, dass alles wieder gut wird. Denn genauso, wie wir gegen das Virus aufrüsten, rüstet auch das Virus gegen uns auf. Wenn auch nicht so systematisch und planvoll. Sie ahnen es schon, wir sprechen von den **Mutationen**. Während einer Pandemie mutieren, also verändern sich Viren immer wieder – aber wieso eigentlich? Sie sind doch eh schon ätzend genug. Falsch gedacht. Das Virus schmuggelt seinen Bauplan in die menschliche Zelle, die sogenannte **Wirtszelle**. Diese kopiert anschließend die Erbinformationen des Virus und produziert somit neue Viruszellen – so weit alles bekannt. Bei diesem Kopiervorgang kommt es aber immer wieder zu kleineren »Fehlern«. Sie können sich das wie bei einem echten Kopierer vorstellen. Wenn Sie ein und dieselbe A4-Seite tausendfach kopieren, wird es bei einigen dieser Kopien zu kleineren Druckfehlern kommen. Hier mal ein Tintenspritzer, da mal eine abgeknickte Ecke, vielleicht war mal der Einzug falsch und die Seite ist schief bedruckt. Das Tückische bei Viren ist, dass das fehlerhaft kopierte Virus, also die Mutation, sich anschließend weitervermehrt und es so immer mehr von ihr gibt. In den allermeisten Fällen ist das nicht schlimm. Bei SARS-CoV-2 wurden bereits mehr als 10 000 Mutationen festgestellt, von denen die allermeisten den Wissenschaftlerinnen und Wissenschaftlern nicht mal eine einzige Schweißperle auf die Stirn gejagt haben. Erkennen und identifizieren kann man solche Mutationen übrigens, indem man sich im Labor die Viren von einzelnen Menschen genauer anguckt, man eine sogenannte **Sequenzierung** durchführt. Hin und wieder werden dabei aber Mutationen entdeckt, die durchaus für Probleme sorgen können, zum Beispiel dann, wenn das Virus sich durch eine Veränderung plötzlich schneller vermehrt, andere Organe befällt oder auf andere Art und Weise an Zellen andockt. Weil solche Mutanten sich schneller vermehren, werden sie sich nach den Gesetzen der Biologie und Evolution über lange Sicht durchsetzen. Das ist allein schon deshalb ein Problem, weil dadurch die Reproduktionszahl noch weiter steigt – und wie wir in diesem Kapitel gelernt haben, kann ein höherer R-Wert fatale Folgen haben. Auch wenn das Virus plötzlich andere Organe befällt und dadurch möglicherweise tödlicher wird, ist das kontraproduktiv. Besonders problematisch wird es aber dann, wenn sich bei einer Mutation das Antigen verändert, also das Protein, mit dem das Virus an die menschliche Zelle andockt. Je nachdem, wie stark die Veränderung an dieser Stelle ist, kann es nämlich passieren, dass die menschlichen Antikörper das Virus nicht mehr erkennen und wir unsere Immunität verlieren. Eine bereits erfolgte Impfung könnte dadurch im schlimmsten Fall wieder wirkungslos werden, man spricht dann von einer **Escape-Mutation**. Auch Menschen, die bereits einmal erkrankt waren, könnten plötzlich erneut erkranken. Hoffen wir einfach mal, dass das nicht passiert. Denn ganz ehrlich, irgendwann muss doch auch mal Schluss sein, oder nicht? Gut, das haben wir Silvester 2020 auch schon gesagt. Weiter im Text.

Wenn Sie verstanden haben, wie Mutationen entstehen, werden Sie auch verstehen, warum es immer schlecht ist, wenn viele Menschen an COVID-19 erkranken, also die Infektionszahlen hoch sind. Je mehr sich das Virus verbreitet, desto mehr Mutationen wird es in Einzelfällen geben und desto wahrscheinlicher ist es auch, dass irgendwann durch einen blöden Zufall eine Mutation entsteht, die den bisherigen medizinischen und pharmazeutischen Fortschritt zunichtemacht. Kein Wunder also, dass eine der derzeit gefährlichsten Mutationen in Brasilien entstanden ist – in dem Land, das von einem Mann regiert wird, der bis heute abstreitet, dass Corona überhaupt gefährlich ist, weshalb sich in Brasilien so viele Menschen anstecken wie kaum woanders. Übrigens derselbe Mann, der den Klimawandel abstreitet und den Regenwald abholzt. Jair Bolsonaro, einfach ein sympathischer Typ.

Das Beispiel Brasilien zeigt auch noch mal sehr deutlich, warum es nicht funktionieren wird, nur im eigenen Land die Bevölkerung zu impfen und damit die Pandemie für beendet zu erklären. Solcher **Impfnationalismus** ist nicht nur aus moralischer Sicht problematisch, sondern wird auf lange Sicht scheitern. Nehmen wir beispielsweise mal an, dass die EU ihre Bevölkerung durchgeimpft hätte. Ja, steile These, wissen wir. Was passiert nun? Im Rest der Welt, in dem das noch nicht passiert ist oder passieren konnte, beispielsweise in Südamerika und Afrika, würde sich die Pandemie weiterhin verbreiten, und Hunderttausende Menschen wären dort weiterhin mit SARS-CoV-2 infiziert. Es wäre nur eine Frage der Zeit, bis sich in irgendeinem dieser Länder eine Mutation entwickelt, gegen die der Impfstoff nicht hilft. Wenn dieses Virus dann durch Reisen wieder in die EU eingeschleppt wird, könnte die Pandemie wieder von vorne beginnen.

Die Ursprungsversion dieses Textes schrieben wir im April 2021, die vorliegende Aktualisierung im Februar 2023, als Deutschland die Pandemie schon wieder zu vergessen beginnt.

Wir konnten das Buch »Corona« eher wieder zuschlagen, als viele es vermutet hätten. Durch schnelle Updates der Corona-Impfstoffe, sogenannte **Booster** und dadurch, dass mittlerweile fast alle Menschen bereits einmal oder sogar mehrfach eine Corona-Infektion durchgemacht haben, hat sich tatsächlich eine Art Herdenimmunität aufgebaut, die uns wieder weitestgehend normal leben lässt. Es beginnt nun eine neue Zeit – die Zeit, in der die Corona-Politik aufgearbeitet wird. Welche Maßnahmen waren sinnvoll? Welche vielleicht auch übertrieben? Außerdem beginnt eine Zeit, in der wir uns auf mögliche weitere, neue Pandemien vorbereiten müssen. Ja, richtig gelesen, weitere Pandemien.

Wie geht es weiter?

Zum Schluss dieses Kapitels müssen wir jetzt die Stimmung noch mal richtig vermiesen. Kurz und schmerzlos: Expertinnen und Experten sind sich einig, dass es in Zukunft noch häufiger Pandemien geben wird. Manche gehen sogar davon aus, dass sie zu einer existenziellen Bedrohung für die Menschheit werden können. Die Vereinten Nationen schreiben in ihrem neuesten Bericht, dass Einschränkungen, wie wir sie aktuell erleben, zum Alltag werden könnten. Außer wir ändern grundlegend etwas. Immer wieder bereiten uns sogenannte **Zoonosen** Probleme, also Infektionskrankheiten, die von Tieren auf Menschen überspringen, wie eben SARS, aber auch Zika, Ebola und HIV. Die Wissenschaft geht davon aus, dass es bei Tieren derzeit etwa 850 000 Viren gibt, die theoretisch jederzeit auf den Menschen überspringen könnten. Ein bedrohliches Bild. Denn bei einer solchen Anzahl scheint es wahrscheinlich, dass irgendwann eine noch problematischer Variante als SARS-CoV-2 dabei sein könnte.

Dass solche Zoonosen immer häufiger auftreten, hat ganz unterschiedliche und sehr komplexe Gründe. Vereinfacht kann man festhalten, dass unsere moderne Lebensweise daran schuld ist, vor allem **Mobilität** und **Bevölkerungsdichte**. Wir Menschen rücken den Tieren immer näher auf die Pelle, weil wir ihren natürlichen Lebensraum zerstören. Das erhöht die Chancen, dass Viren überspringen. Wir zerstören außerdem seit Jahrzehnten in dramatischem Ausmaß die Biodiversität unseres Planeten, was Zoonosen ebenfalls begünstigt. Auch der enge Kontakt zwischen Wildtieren und Tieren in der Viehzucht ist ein Problem. Die Massentierhaltung sowieso. Drei Viertel der Landfläche der Erde sind durch menschliche Aktivitäten schwer geschädigt, und drei Viertel des nutzbaren Wassers werden in der Landwirtschaft eingesetzt. Mit Interkontinentalflügen kann man mittlerweile von jedem Ort der Welt in jeden anderen Ort der Welt fliegen – schneller als die Inkubationszeit der meisten Viren. In Großstädten wohnen Millionen Menschen auf engstem Raum, die perfekten Ausbreitungsbedingungen für Viren. Wir zerstören unsere Umwelt, breiten uns aus, vernetzen die Welt und schaden anderen Lebewesen wie kein anderes Säugetier je zuvor – zu glauben, dass das folgenlos bleiben würde, war naiv.

Wenn eine natürliche Balance zu sehr aus dem Gleichgewicht gerät, entwickeln sich häufig Viren, die ihrem Wirt gefährlich werden. Da sind sich Virologinnen und Virologen mittlerweile einig. Es scheint, als würde die Natur dadurch versuchen, die Dinge wieder in ein Gleichgewicht zu rücken. Ein gutes Beispiel dafür sind die Ozeane. Viele Algen enthalten Viren. Wenn sich die Algen zu stark vermehren, werden diese Viren aktiviert, die Algen lösen sich auf, und die Algenplage wird beendet. Virenforscherin Karin Mölling schreibt dazu: »Diese Viren regeln die Populationsdynamik von Algen.« Christian Drosten zitiert immer wieder das Beispiel, dass Viren Füchse befallen, wenn ihre Beute, die Hasen, eine Pause brauchen. Auch Hasen können von Viren befallen werden, damit sich Karotten erholen können. Und ja, selbst Karotten haben Virusinfektionen.

Wollen wir verhindern, dass Pandemien und Lockdowns in Zukunft normal werden, müssen wir ein paar sehr fundamentale Dinge ändern. Zunächst sollten wir laut einiger Experten auf diesem Gebiet unseren Lebensstil überdenken. Müssen wir so viel reisen, wie wir es jetzt tun? Wie stark soll die Weltbevölkerung nach ansteigen? Wir sollten aufhören, die Umwelt zu zerstören, und weniger tierische Produkte konsumieren. (Das würde uns ironischerweise auch beim Thema Klimawandel weiterhelfen, mehr dazu in Kapitel 10.) Doch das wird nicht reichen. Wir werden außerdem die multinationalen Gesundheitsbehörden stärken müssen – nach dem Zweiten Weltkrieg wurden die Vereinten Nationen gegründet, um Kriege zu verhindern, analog dazu sollten wir nun beispielsweise die WHO stärken, um in Zukunft Ausbrüche schneller zu erkennen und zu stoppen. Gut möglich, dass verpflichtende Corona-Apps zur Kontaktnachverfolgung wie die in China, Fiebermessstationen, Atemschutzmasken und Schnelltests Teil einer neuen Normalität werden. Außerdem werden wir viel Geld für die Forschung in die Hand nehmen müssen. Die gesamte Coronapandemie hat gezeigt, wie wichtig Medizin und Forschung sind, um aus der Nummer rauszukommen. Je mehr wir über Viren wissen, je schneller wir Impfstoffe, Medikamente und Tests herstellen können, desto besser – das sind unsere Waffen im zukünftigen Kampf gegen neue Viren. Bill Gates hat vieles davon übrigens schon vor Jahren in wissenschaftlichen Vorträgen gefordert, doch anstatt auf ihn zu hören, haben wir ihn ignoriert, und dann haben ihn Verschwörungstheoretiker während der Pandemie zum Teufel erklärt. Vielleicht läuft das in Zukunft anders. Sie merken, wir sind hoffnungslos optimistisch.

Die Coronapandemie war auch für den Journalismus eine echte Herausforderung. Je weiter sie fortschritt, desto detaillierter wurden die Diskussionen – bis hin zu einem Punkt, an dem zur besten Sendezeit nichts anderes als Fachjournalismus stattfand. Ganz ehrlich, hätten wir früher im Ersten oder im ZDF darüber berichtet oder diskutiert, welcher der unterschiedlichen Grippe-Impfstoffe am zuverlässigsten und verträglichsten ist? Niemals! Wenn Berichterstattung derart wissenschaftlich wird, stößt sie an ihre Grenzen. Die Medien, vor allem online, werden heute immer schneller, lauter und angriffslustiger – eine Entwicklung, die so gar nicht Hand mit Hand mit der Wissenschaft geht. In der Wissenschaft geht es darum, sich Zeit zu lassen, um Dinge herauszufinden. Eindeutige Antworten gibt es selten, stattdessen immer wieder neue Thesen und Theorien, die auch widerlegt werden können. Blöderweise gibt sich das Publikum aber mit »Mal sehen«, »Das weiß im Moment noch niemand« oder »Vielleicht« nicht zufrieden. Vermutlich ist es deshalb in der Pandemie auch immer mal wieder vorgekommen, dass sich Wissenschaftlerinnen und Wissenschaftler, die plötzlich zu Deutschlands prominentesten Gesichtern gehörten, zu Aussagen haben hinreißen lassen, die ihnen kurze Zeit später auf die Füße gefallen sind. Auch für uns Journalistinnen und Journalisten war es keine leichte Zeit. Immer wieder gab es neue Informationen und Gerüchte, die sich rasend schnell verbreiteten. Doch ohne zwei voneinander unabhängige und glaubwürdige Primärquellen kann man als seriöses Medium nicht berichten. Missachtet man diese Regel, verletzt man seine berufliche Gewissenhaftigkeit – berichtet man andererseits zu spät oder gar nicht, muss man sich Vorwürfe gefallen lassen, dass man Dinge »unter den Tisch kehre« oder ignoriere. Eines muss man an dieser Stelle aber auch sagen: Während der Coronapandemie konnte man häufig den Eindruck gewinnen, dass viele Menschen das Vertrauen in die Medien verloren hätten. Bilder von »Lügenpresse!« schreienden Querdenkern in Berlin haben sich eingebrannt. Es schien häufig, als sei die Gesellschaft gespalten. Doch wieder mal zeigt sich, dass wir diejenigen, die laut sind, in unserer Wahrnehmung überschätzen. Umfragen Ende 2020 haben gezeigt, dass knapp 80 Prozent der Menschen den öffentlich-rechtlichen Rundfunk während der Coronapandemie als glaubwürdig empfunden haben. Den Printmedien dagegen vertrauen gerade mal knapp 50 Prozent der Befragten, dem privaten Rundfunk nur etwa 25 Prozent, und Social-Media-Plattformen stießen bei nicht mal 10 Prozent der Befragten auf Vertrauen.

8 LÄNDER MACHEN, WAS SIE WOLLEN – FÖDERALISMUS

»Deutschland ist ein Patient. Und wenn wir eine schwere Sepsis haben, eine Infektion, dann heißt es ›Hit hard, hit early‹, also früh zuschlagen und den Patienten behandeln.« So leitete Professor Uwe Janssens Ende Januar seinen Gesprächsbeitrag ein. Der Chefarzt einer Intensivstation war während der zweiten Welle der Coronapandemie zu Gast in der Talkshow von Anne Will in der ARD und fand harte Worte für den Föderalismus in Deutschland: »Jetzt stehen da 16 Ärzte um den Patienten Deutschland herum mit einer Chefärztin, die in dem Fall Frau Merkel heißt. Jeder dieser 16 Ärzte hat eine andere Meinung: ›Mach mal ein bisschen dies, mach mal ein bisschen das! Ein bisschen weniger Antibiotika!‹ Und schon kommt das, was wir hier erlebt haben. Da wird die halbe Dosis Antibiotika gegeben, der Patient erholt sich ein bisschen, aber nicht richtig, und kommt in den zweiten und dritten Schub rein, und die Keime werden resistent.«

Professor Janssens kritisierte damit die Corona-Politik der Bundeskanzlerin und der 16 Ministerpräsidentinnen und Ministerpräsidenten der Bundesländer. Diese trafen sich zu der Zeit alle paar Wochen, um neue Corona-Maßnahmen zu beschließen. Oft lief das ungefähr so ab: Die Bundeskanzlerin verkündete nach den oft langwierigen Treffen die gemeinsam getroffenen Beschlüsse, beispielsweise, dass die Schulen geschlossen werden sollen, um die Ausbreitung des Coronavirus einzudämmen. Wenig später trat dann zum Beispiel der Ministerpräsident von Hessen vor die Kameras und sagte, dass in Hessen die Schulen geöffnet bleiben. Auch wenn wir das als Bürgerinnen und Bürger vielleicht verwirrend und daher komisch finden – so ist das nun mal in einem Föderalismus. Der Bund, also die Bundesregierung um Kanzlerin Angela Merkel, hat bestimmte Befugnisse, die Regierungen der Bundesländer aber auch. Und so kam es in der Coronazeit häufiger zu solchen widersprüchlichen Aussagen. Verlässlichkeit für die Bevölkerung sieht anders aus. Befragungen zeigten, dass die Menschen in Deutschland immer unzufriedener mit den Entscheidungen der Politik wurden. Professor Janssens beschrieb das so: »Die Patienten würden Ärzten, wenn die so an denen reißen würden, auch nicht folgen, weil sie nämlich 16 verschiedene Meinungen hören und 16 verschiedene Therapie-Empfehlungen. Dann sagen die: ›Dann gehe ich lieber zu einem anderen Arzt.‹ Die machen das nicht mit.«

Uns hat Professor Janssens damals aus dem Herzen gesprochen. Obwohl wir selbst in den Medien arbeiten, hatten wir den Überblick über die Maßnahmen teilweise verloren und sehnten uns wie so viele damals nach deutschlandweit einheitlicheren Regeln. Denn vieles war schon absurd. Zum Beispiel durfte man im baden-württembergischen Teil des Allgäus auch im strengsten Lockdown noch legal mit den eigenen Familienmitgliedern wandern und picknicken. Übertrat man dabei aber die unsichtbare Grenze ins benachbarte Bayern, riskierte man, eine bußgeldpflichtige Ordnungswidrigkeit zu begehen. Für Fernbusse galten in den Ländern jeweils unterschiedliche Hygieneregeln, sodass eigentlich Passagiere an der Ländergrenze hätten ausgeladen werden müssen. Aber Oma Annemarie einfach an der Landesgrenze stehen lassen geht irgendwie nicht. In den einen Bundesländern durften Kinder wochenlang nicht zur Schule, in den anderen blieben die Schulen immer offen. In einem Bundesland mussten die Fahrschulen schließen, weshalb sie im benachbarten Bundesland überrannt wurden. Um die erhöhte Nachfrage zu bewältigen, wurden dann Fahrlehrerinnen und Fahrlehrer aus dem anderen Bundesland geholt. Klingt doch alles super organisiert!

An dieser Einführung merken sie schon: Wir waren bisher nicht wirklich Fans des Föderalismus. Ganz ehrlich, kann der nicht einfach weg? Brauchen wir den noch? Im Laufe dieses Kapitels werden wir aber auch Vorteile des Föderalismus kennenlernen. Vielleicht können wir alle am Ende dieses Kapitels besser beurteilen, ob der Föderalismus ein sinnvolles Organisationsprinzip ist.

Warum ist Deutschland eigentlich föderal organisiert?

Wir fangen am besten mit dem Begriff »Föderalismus« an. Darin steckt das lateinische Wort *foedus*, das Vertrag oder Bund bedeutet. Beide Wörter sind gute Anfangspunkte, um den Föderalismus zu erklären. Im Grunde geht es bei Föderalismus darum, dass mehrere Länder sich zu einem Bund zusammenschließen. Sie schließen also eine Art Vertrag ab, der besagt, dass sie zwar eigenständig sind, aber sehr eng zusammenarbeiten. In der Tat ist Deutschland also nicht nur ein, sondern im Grunde genommen 16 Länder in einem. Weltweit gibt es etwa 20 solcher föderaler Staaten. Wenn man bedenkt, dass es auf der Welt insgesamt fast 200 Staaten gibt, sieht man, dass der Föderalismus als Staatsform eher die Ausnahme ist. Andere föderale Staaten sind zum Beispiel die USA, Österreich und die Schweiz. Letztere ist übrigens, obwohl sie recht klein ist, in 26 Kantone aufgeteilt. Die kleinsten Kantone wie Uri oder Obwalden haben etwa so viele Einwohnerinnen und Einwohner wie mittelgroße deutsche Städte wie Gotha, Bruchsal oder Pinneberg. Aber die Schweiz ist einfach immer ein bisschen besonders. Grüezi mitenand! In Deutschland bilden, wir wissen es aus dem ersten Kapitel dieses Buches, 16 Bundesländer zusammen die Bundesrepublik Deutschland.

Aber wieso ist unser Land eigentlich föderal organisiert? Das hat zwei Gründe. Erstens hat der Bundesstaat in Deutschland eine lange Tradition. Schon das **Heilige Römische Reich Deutscher Nation** setzte sich aus mehreren Teilstaaten zusammen, zum Beispiel der Markgrafschaft Brandenburg und dem Herzogtum Sachsen. Zweitens geht es um Machtbegrenzung. Und da hilft ein Blick in die Geschichte: Wir gehen zurück ins Jahr 1933, als **Adolf Hitler** und seine Partei **NSDAP** Deutschland in eine Diktatur umwandelten.

Im Januar 1933 wurde Adolf Hitler zum **Reichskanzler** ernannt. Auch damals gab es die in Deutschland traditionelle Selbstständigkeit der Länder. Das sollte aber nicht lange so bleiben. Adolf Hitler und die NSDAP wollten ihre Macht nicht mit den Landesregierungen teilen. Sie wollten nicht kritisiert und kontrolliert werden. Die Nazi-Führung machte sich also bald nach der sogenannten »Machtübernahme« vom 30. Januar 1933 daran, die Länder zu entmachten. Genau ein Jahr später wurden mit dem **Gesetz über den Neuaufbau des Reiches** die Rechte der Länder komplett aufgehoben. Damit hatte die Nazi-Führung in Berlin sichergestellt, dass sie allein über die Macht in Deutschland verfügte.

Wie konnte das passieren? Die Antwort ist: Die damalige **Verfassung** war schuld. Die Verfassung ist quasi der Rahmen für alles, was in einer Demokratie entschieden wird. Etwas, woran sich alle halten müssen, ein Schriftstück, das auch moralisch einen Kompass vorgibt. Es sind die Regeln für den Staat und für das Zusammenleben der Menschen. Eine Verfassung legt auch fest, wie genau die Politik in dem Land funktioniert und welche Gesetze von wem geändert werden dürfen. Und genau da lag damals das Problem. Die Verfassung, die es Hitler erlaubte, 1933 die Macht zu übernehmen, war von 1919.

1919 stand die deutsche Gesellschaft noch sehr stark unter dem Eindruck der Monarchie. Ein Großteil der Bevölkerung wollte zwar eine moderne Regierung mit einem Parlament und keinen Kaiser mehr, aber man war eben auch noch daran gewöhnt, dass da einer das Sagen hatte. Also bekam die **Weimarer Republik** (so wird die Zeit zwischen Anfang 1918 und Ende 1933 genannt) einen direkt vom Volk gewählten, mit umfangreichen Machtbefugnissen ausgestatteten **Reichspräsidenten**. Er konnte den Reichskanzler ernennen und entlassen, er konnte den Reichstag auflösen, und er war Oberbefehlshaber der Streitkräfte. Eigentlich ein Kaiser im demokratischen Gewand. Ein kleiner Zusatz in der Verfassung sollte es dem Reichspräsidenten immerhin erschweren, das Parlament aufzulösen: »nur ein Mal aus dem gleichen Anlass« durfte das Parlament aufgelöst werden. Diese Ergänzung hatte allerdings keinerlei Konsequenz. Allein zwischen 1930 und 1932 wurde das Parlament drei Mal aufgelöst – aus immer unterschiedlichen Gründen –, und so gab es also auch drei Mal **Neuwahlen**. Häufig konnten aufgrund der immer größer werdenden Unzufrieden mit der Politik die radikalen Parteien von **Kommunisten** und **Nationalsozialisten** mehr Stimmen hinzugewinnen. Die demokratischen Parteien wussten ihnen nichts entgegenzusetzen.

Die Nationalsozialisten rund um Adolf Hitler hatten also gute Voraussetzungen für ihre Machtübernahme im Jahr 1933. Erstens waren die Zeiten chaotisch, weil es ständig Neuwahlen gab, die Parteien sich nicht einig wurden und keine Regierung länger als ein paar Monate Bestand hatte. Zweitens gab es eine große Unzufriedenheit im Volk, und drittens war die Verfassung nicht gut ausgearbeitet.

Also schmiedeten Hitler und seine Partei NSDAP einen Plan, um die komplette Macht in Deutschland zu übernehmen und politische Gegner unschädlich zu machen. Hier die Kurzfassung: Ende Januar 1933 wurde der Reichstag aufgelöst, und Hitler wurde von Reichstagspräsident Paul von Hindenburg zum Kanzler ernannt. Zu dieser Zeit gab es viele gewalttätige Proteste. Ende Februar brannte dann sogar der **Reichstag**, und schnell war klar, dass es Brandstiftung gewesen sein muss. Ein Mann stellte sich auch direkt bei der Polizei, aber den Nationalsozialisten passte es gar nicht, dass jemand behauptete, er allein habe den Brand gelegt. Stattdessen stellten die Nationalsozialisten es so dar, als ob die Kommunisten den Brand gelegt hätten. Sie wollten den Brand also ihren politischen Gegnern in die Schuhe schieben. Das passierte kurz vor der Wahl, bot also die ideale Gelegenheit, um noch mehr Stimmen bei der Wahl zu bekommen. Und die Nationalsozialisten reagierten noch mit etwas anderem auf den Reichstagsbrand. Unter der Vorgabe, das Volk vor diesen angeblich gewalttätigen Terroristen zu schützen, erließ der Reichspräsident Hindenburg auf Empfehlung der Regierung die sogenannte **»Verordnung zum Schutz von Volk und Staat«** (umgangssprachlich hieß sie **Reichstagsbrandverordnung**).

Diese Verordnung hatte extreme Folgen, denn sie setzte – ja, so einfach ging's – die politischen Grundrechte der Weimarer Verfassung außer Kraft. Bürgerrechte? Weg! Genauso wie die persönliche Freiheit, das Recht auf freie Meinungsäußerung, die Pressefreiheit und das Vereins- und Versammlungsrecht. Stattdessen gab es Eingriffe in das Brief-, Post-, Telegrafen- und Fernsprechgeheimnis, und es wurden vielfach Hausdurchsuchungen angeordnet. Daraufhin wurden Tausende von Gegnerinnen und Gegnern der NSDAP verhaftet und in die ersten **Konzentrationslager** verschleppt. Das war das Ende der Weimarer Republik und der wahrscheinlich einschneidendste Schritt auf dem Weg zur Diktatur.

Der zweite Teil der Verordnung gab dem Reich dann noch das Recht, in die Regierung der Länder einzugreifen. Hitler setzte in den Bundesländern sogenannte **Reichsstatthalter** ein, die so was wie Länderchefs waren, aber nicht gewählt wurden, sondern einfach von der **Reichsregierung** in Berlin in die Länder geschickt wurden und dort ihre Befehle ausführen mussten. Sie konnten einfach so den Landtag auflösen und sogar wichtige Staatsbeamte und Richterinnen und Richter einfach entlassen und durch Personal ersetzen, das Hitler treu ergeben war. So hatten Hitler und die NSDAP keine machtvollen politischen Gegner mehr. Polizei, Verwaltung, alle Gesetze unterlagen nun Hitler und seiner Partei. Sie konnten über alles in Deutschland frei entscheiden. Fassungslos meldete damals der französische Botschafter nach Paris: »Die deutsche Demokratie hat nichts retten können, nicht einmal ihr Gesicht.« Deutschlands Staatsform wurde zur Diktatur. Wie das endete, wissen wir alle: in einem schrecklichen Krieg und der gezielten Vernichtung vieler unschuldiger Menschen. Als der Krieg vorbei war, wurde sofort klar: So etwas darf in Deutschland nie wieder passieren.

Der **Zweite Weltkrieg** endete im Mai 1945 mit der Kapitulation Deutschlands. Deutschland konnte sich den USA, Großbritannien, Frankreich und der Sowjetunion nicht widersetzen. Diese Staaten wurden seitdem **Siegermächte** genannt. Sie übernahmen damals die oberste Regierungsgewalt in Deutschland. Aber die Siegermächte hatten häufig verschiedene Vorstellungen zur Regierung des Landes, und so spaltete sich Deutschland in einen westdeutschen Staat unter der Führung der USA, Großbritanniens und Frankreichs und in einen ostdeutschen Staat unter der Führung der Sowjetunion. Wir konzentrieren uns in der Erklärung auf den westdeutschen Staat, weil dieser die Grundlage für die heutige Bundesrepublik Deutschland geschaffen hat.

Die Siegermächte wollten, dass Deutschland sich selbst wiederaufbaut und organisiert, und so sollten deutsche Politikerinnen und Politiker auch selbst eine neue **Verfassung** ausarbeiten, über die dann vom Volk abgestimmt werden sollte. Eine Verfassung bildet einen Rahmen für alles, was in einer Demokratie entschieden wird. Sie ist ein Schriftstück, an das sich alle halten müssen, vom normalen Bürger bis hin zu den wichtigsten Richterinnen und Politikern. Die Verfassung, die im westdeutschen Staat neu ausgearbeitet wurde, wird **Grundgesetz** genannt. (Warum, werden wir am Ende dieses Kapitels noch erklären.) Das Grundgesetz regelt zum Beispiel, wie in Deutschland die politischen Prozesse ablaufen und dass die **Menschenrechte** geachtet werden müssen.

61 Männer und vier Frauen wurden gewählt, um diese Verfassung 1948 auszuarbeiten. Sie waren von den Parlamenten der damaligen elf Länder in den westlichen Besatzungszonen entsandt worden und bildeten den **Parlamentarischen Rat**, der dauerhaft in Bonn zusammensaß. Wobei der Begriff »dauerhaft« sehr großzügig mit Zeit umgeht. Da alle Mitglieder noch ihre Arbeit im Bundesland zu erledigen hatten, reisten sie jeden Dienstag an und jeden Freitag wieder ab. Zwei bis drei Monate sollte der Prozess der Verfassungserarbeitung ungefähr dauern, und während dieser Zeit wohnten die Mitglieder in Pensionen und Privatzimmern in und um das vom Krieg völlig zerstörte Bonn. Die 65 werden auch gerne recht pathetisch die »Mütter und Väter des Grundgesetzes« genannt. Sie konnten zwar frei entscheiden, mussten sich aber auch an Forderungen der westlichen Alliierten halten. Die Vorgabe war klar: Die Gefahr einer Diktatur sollte für immer gebannt und die Fehler der früheren Verfassung, die Hitler und die NSDAP ausnutzen konnten, sollten vermieden werden. Große Fragen mussten entschieden werden: Wie sollte der Bundestag gewählt werden? Wie viel Macht sollte der Bundeskanzler erhalten? Und welche Rolle sollte der Bundesrat künftig spielen?

Die Gewaltenteilung

Allen war klar, die Macht muss aufgeteilt werden. Das heißt, sie darf sich zum Beispiel nicht bei einzelnen Positionen ballen, wie damals beim Reichspräsidenten. Der Parlamentarische Rat einigte sich also auf Folgendes: Deutschland sollte wieder ein föderaler Staat werden, eben eine »Bundesrepublik». Die Macht im Staat sollte nicht nur zwischen den drei Gewalten Exekutive, Legislative und Judikative aufgeteilt werden, sondern auch zwischen dem Bund und den Ländern. Dieses Prinzip nennt sich **Gewaltenteilung**. Gewalt heißt in dem Fall nicht, dass jemand körperlich oder psychisch verletzt wird, sondern gemeint ist die Macht, über jemanden oder etwas zu herrschen oder zu bestimmen. Als die Nationalsozialisten Deutschland regierten, lag zum Beispiel zu viel Macht bei der Reichsregierung, und diese konnte politische Gegnerinnen und Gegner einfach verhaften und verurteilen. Es gab kein unabhängiges Gericht, das das verhindert hätte. Damit also diese Gewalt künftig in möglichst vielen Händen liegt und nicht missbraucht wird, wird sie geteilt. In Deutschland sollten also die drei zentralen staatlichen Funktionen von unterschiedlichen und unabhängigen Organen wahrgenommen werden. Diese kontrollieren sich dann auch noch gegenseitig. Vielleicht fühlen Sie sich jetzt ein bisschen in den Politikunterricht in der Mittelstufe zurückversetzt. Liebe Frau Thiel (Jennies Geschichts- und Politiklehrerin), es tut mir hiermit leid, dass wir besonders langweilige Zeiten damals in sogenannten Thiel-Minuten gemessen haben. Heute wissen wir, das alles ist spannender als gedacht, und ein bisschen Auffrischung kann uns allen nicht schaden. So sind die drei Gewalten also aufgeteilt:

Die **Legislative**. Die gesetzgebende Gewalt darf Gesetze beschließen. Dazu gehören in Deutschland der Bundestag, der Bundesrat und die Landtage. Die Politikerinnen und Politiker dort sind vom Volk gewählt worden und beraten über mögliche Gesetze, die dann für alle gelten sollen. Sie müssen sich allerdings bei den Gesetzen an die Vorschriften halten, die unsere Verfassung vorgibt. Gesetze, die vom Bundestag vorgeschlagen werden, müssen auch vom Bundesrat angenommen werden und umgekehrt. So wird also im Vorfeld viel diskutiert und gerungen, bis ein Gesetz wirklich final ausgearbeitet ist. Außerdem treten die Gesetze erst dann in Kraft, wenn sie vom Bundespräsidenten unterschrieben worden sind. Hier ist also auch noch mal eine kleine Hürde eingebaut, damit keine Gesetze verfasst werden, die den Menschen schaden könnten.

Die **Exekutive**. Die ausführende Gewalt muss die Gesetze umsetzen, die die Legislative erarbeitet hat. Zur Exekutive gehören die Bundesregierung, die Landesregierungen und alle Angestellten, die in den Ministerien, Ämtern und Behörden arbeiten, zum Beispiel beim Jugendamt oder der Polizei. Hier mal ein ausgedachtes Beispiel: Der Landtag (die Legislative) hat ein neues Gesetz durchgesetzt, in dem steht, dass Bienen und andere Insekten besser geschützt werden müssen. Dann ist die Exekutive, in dem Fall das Landwirtschaftsministerium, dafür zuständig, umzusetzen, dass zum Beispiel auf den Äckern mehr Blühstreifen angelegt werden.

Die **Judikative:** Zur rechtsprechenden Gewalt gehören alle Gerichte. Sie entscheiden zum Beispiel, wie jemand bestraft wird, der sich nicht an das Gesetz gehalten hat. Und Gerichte entscheiden auch, ob ein vorgeschlagenes Gesetz überhaupt rechtens ist. Die Richterinnen und Richter sind unabhängig und dürfen sich von niemandem beeinflussen lassen. Allerdings müssen ihre Urteile sich natürlich auf die bestehenden Gesetze und die Verfassung beziehen. Die Judikative soll absichern, dass die Rechtsstaatlichkeit gewahrt wird. Wenn zum Beispiel eine Gruppe Menschen sich ungerecht behandelt sieht, kann sie klagen. Wollen etwa Pilotinnen und Piloten streiken, können ihre Arbeitgeber dagegen gerichtlich vorgehen. Die verschiedenen Instanzen der Rechtsprechung entscheiden dann, ob der Streik berechtigt ist oder nicht.

Wer Kapitel 1 dieses Buches gelesen hat, hat jetzt schon gemerkt, dass die drei Gewalten nicht wirklich trennscharf voneinander abgegrenzt sind. Schließlich sitzt die Bundesregierung (Exekutive) auch im Bundestag (Legislative). Außerdem wählt der Bundestag (Legislative) die Hälfte der Richterinnen und Richter des Bundesverfassungsgerichts (Judikative), der Bundesrat (Exekutive) die andere Hälfte. Die drei Gewalten arbeiten also teilweise zusammen, haben Einblick in das, was die anderen tun, und kontrollieren sich so gegenseitig.

Hier ein Beispiel aus der Praxis: Die hessische Landesregierung (Exekutive) hatte während der Coronapandemie beschlossen, dass die Schulpflicht für die meisten Schülerinnen und Schüler aufgehoben wird, nicht aber für die der vierten Klassen, weil sie zu den Abschlussklassen gezählt wurden. Eine Viertklässlerin hatte gegen diese Entscheidung der Exekutive geklagt, und der hessische Verwaltungsgerichtshof (Judikative) hat ihr recht gegeben, weil das gegen den Grundsatz der Gleichbehandlung verstößt. Alle Viertklässlerinnen und Viertklässler durften also zu Hause bleiben. Daran sieht man, dass die Gewaltenteilung dazu führt, dass die Regierungen nicht einfach machen können, was sie wollen. Alle Prozesse müssen mit den geltenden Gesetzen und dem Grundgesetz vereinbar sein.

Welche Gerichte gibt es in Deutschland?

Der **Oberste Gerichtshof** in Karlsruhe ist das oberste Gericht für die **ordentlichen Gerichte**. Von ordentlichen Gerichten werden zivilrechtliche und strafrechtliche Fälle geklärt. Vereinfacht gesagt werden hier Streitigkeiten von Bürgerinnen und Bürgern geklärt. Dabei gibt es bestimmte Ebenen, auf denen die Fälle behandelt werden. Das soll dazu führen, dass man als verurteilter Mensch die Möglichkeit hat, ein Urteil von einer jeweils höheren Ebene, auch **Instanz** genannt, überprüfen zu lassen.

Stellen wir uns vor, Jule habe ihrem Ex-Freund aus voller Absicht das Auto demoliert. Er verklagt sie, und der Fall geht vor das **Amtsgericht**. Wird sie vom Amtsgericht verurteilt, findet das aber ungerecht, kann sie Berufung einlegen. Dann wird das Urteil von einer höheren Instanz geprüft, und zwar vom **Landgericht**. Bestätigt das Landgericht das Urteil, Jule fühlt sich aber immer noch im Recht, versucht **Revision** einzulegen, und die Sache vor dem **Oberlandesgericht** weiter zu verhandeln. Das oberste Gericht der ordentlichen Gerichtsbarkeit ist der **Bundesgerichtshof** in Karlsruhe. Insgesamt drei Instanzen kann Jule theoretisch durchlaufen, doch ob der Bundesgerichtshof sich tatsächlich mit dem kaputten Auto beschäftigt, ist Ermessenssache – denn eigentlich sollen dort nur sehr wichtige und grundlegende Fälle verhandelt werden.

Dann gibt es noch vier sogenannte **besondere Gerichtsbarkeiten:**

Das höchste Gericht für die Verwaltung ist das **Bundesverwaltungsgericht** in Leipzig. Der **Bundesfinanzhof** in München kümmert sich um alles, was mit Steuerrecht zu tun hat. Das **Bundesarbeitsgericht** in Erfurt klärt alle Streitigkeiten zum Thema Arbeit. Das **Bundessozialgericht** in Kassel ist zuständig für alle Fragen rund um Sozialversicherungen und Sozialleistungen. Auch bei diesen besonderen Gerichtsbarkeiten gibt es jeweils noch mal unterschiedliche Instanzen der Gerichte.

Das oberste Gericht in Deutschland ist das **Bundesverfassungsgericht**, ebenfalls mit Sitz in Karlsruhe. Dieses Gericht erfüllt mehrere Funktionen. Es überprüft zum Beispiel, ob bestehende Gesetze mit dem Grundgesetz vereinbar sind. Es kann als einziges Gericht in Deutschland Parteien verbieten und bei Verdacht auf Unregelmäßigkeiten den Ablauf einer Wahl prüfen. Außerdem können hier alle Bürgerinnen und Bürger **Verfassungsbeschwerde** einlegen, wenn sie sich in ihren Grundrechten verletzt sehen. Die Richterinnen und Richter am Bundesverfassungsgericht müssen mindestens 40 Jahre alt sein und werden für 12 Jahre gewählt. Nach Ablauf dieser Dienstzeit können sie nicht noch einmal gewählt werden. Das soll ausschließen, dass sie sich, zum Beispiel von Politikern, beeinflussen lassen, um wiedergewählt zu werden. Wer sicher für 12 Jahre so einen wichtigen Posten innehat, kann frei und unabhängig entscheiden. Das ist zumindest die Idee. Das Bundesverfassungsgericht sitzt extra in Karlsruhe und nicht in Berlin, damit auch räumlich eine Distanz zwischen Politikerinnen und Politikern und Richterinnen und Richtern besteht. Wäre ja ungünstig, wenn die jeden Abend in derselben Kneipe am Tresen sitzen und miteinander einen heben. Apropos sinnvolle und sinnlose Verteilungen: Von den 111 Richterposten, die dem Bundesverfassungsgericht seit 1951 angehörten, waren 91 durch Männer besetzt und nur 20 durch Frauen. Es gab neun männliche Präsidenten des Bundesverfassungsgerichts, aber nur eine

Präsidentin. Immerhin wird jetzt am Frauenanteil gearbeitet. Im Jahr 2021 waren mehr als 50 Prozent der Richterinnen und Richter weiblich.

Einen weitreichenden Beschluss des Bundesverfassungsgerichts gab es im Jahr 2017. Damals hatte eine Initiative eine Verfassungsbeschwerde eingelegt, die von der intersexuellen Person Vanja organisiert worden war. Laut einer vorgelegten Chromosomenanalyse ist sie weder Frau noch Mann. Vanja war bei ihrer Geburt 1989 allerdings als weiblich registriert worden. Sie wollte beim Standesamt durchsetzen, dass diese Bezeichnung gestrichen und durch »inter/divers« ersetzt wird. Das Standesamt lehnte den Antrag allerdings ab, woraufhin Vanja Klage einreichte, die jedoch von sämtlichen Instanzen abgelehnt wurde, zuletzt vor dem Bundesgerichtshof. Das Bundesverfassungsgericht gab ihr dagegen recht. Die Begründung: das im Grundgesetz festgelegte Persönlichkeitsrecht. Auch Menschen, deren geschlechtliche Identität nicht dem männlichen oder dem weiblichen Geschlecht angehört, sind nach Auffassung des Gerichts durch das Persönlichkeitsrecht geschützt. Es müsse also neben »weiblich« oder »männlich« eine dritte Möglichkeit geben, ein Geschlecht eintragen zu lassen. Beschlüsse des Bundesverfassungsgerichts sind nicht anfechtbar, und deswegen kann man seit 2018 überall in Deutschland ein drittes Geschlecht bei der Geburt eintragen lassen. Alle Ämter in Deutschland haben sich an diese neue Regelung zu halten.

Wie der Föderalismus in der Praxis funktioniert

Was wir bisher noch gar nicht erwähnt hatten: Alle Bundesländer haben auch noch eine eigene Verfassung. In der hessischen Verfassung sind zum Beispiel das Recht auf Arbeit, der Achtstundentag, ein zwölftägiger Mindesturlaub und das Streikrecht festgeschrieben. Bis zur Verfassungsreform im Jahr 2018 gab es in der hessischen Verfassung übrigens noch die Todesstrafe auf besonders schwere Verbrechen. Da Bundesrecht allerdings Landesrecht schlägt und im Grundgesetz die Todesstrafe verboten ist, wurde sie in Hessen nicht angewendet. Trotzdem wollte man die hessische Verfassung gerne ändern, und 2018 gab es eine erfolgreiche Abstimmung dazu. Dass alle 16 Bundesländer ihre eigene Verfassung haben, bedeutet natürlich auch, dass es 16 Verfassungsgerichte der Bundesländer gibt.

Damit haben wir nun die drei Gewalten erklärt, die den damaligen »Müttern und Vätern des Grundgesetzes« wichtig waren. Bleibt die Frage nach dem Föderalismus, denn die Gewaltenteilung, die wir nun hier erklärt haben, würde auch in einem Staat ohne Föderalismus funktionieren. Man hätte ja den Bundestag (Legislative), die Regierung (Exekutive) und die Gerichte (Judikative). Das war den Männern und Frauen im Parlamentarischen Rat aber zu wenig. Sie wollten quasi die doppelte Gewaltenteilung: und zwar horizontal und vertikal geteilt.

Alles, was wir bisher beschrieben haben, nennt man **horizontale Gewaltenteilung**. Legislative, Exekutive und Judikative liegen also, wenn man sich das Ganze bildlich vorstellt, nebeneinander am Horizont auf einer Ebene. Dann wurde im Grundgesetz aber auch noch die **vertikale Gewaltenteilung** festgeschrieben. Heißt: Legislative, Exekutive und Judikative gibt es nicht nur auf Bundesebene, sondern auch auf Landesebene. Deshalb gibt es in Deutschland alle Parlamente, Behörden, Gerichte und Regierungen in zweifacher Ausführung. Die Gewalt ist also quasi doppelt und dreifach aufgeteilt. Hier ein Beispiel: Gesetze müssen in Deutschland durch den Bundestag (Bundesebene) und den Bundesrat (Länderebene), und das Gesetz muss dann auch noch vom Bundespräsidenten unterzeichnet werden. Bundesländer können ebenfalls eigenständig Gesetze erlassen. Niedersachsen hat zuletzt zum Beispiel das Wohnraumschutzgesetz verabschiedet. Es schützt Mieterinnen und Mieter in Niedersachsen künftig besser vor Abzocke und maroden Wohnungen. Dieses Gesetz sieht vor, dass Mietwohnungen bestimmte Mindeststandards erfüllen müssen, zum Beispiel muss ein Strom- und Wasseranschluss vorhanden sein und ausreichend natürliches Licht zur Verfügung stehen. Bei Verstößen drohen Vermieterinnen und Vermietern hohe Bußgelder.

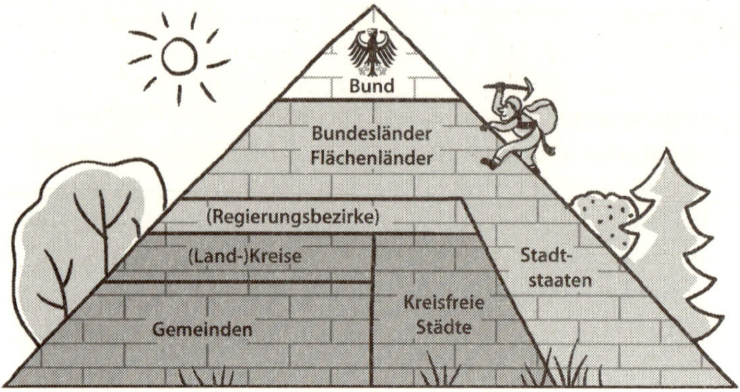

Föderalismus in Deutschland – Verwaltungsgliederung

Der Parlamentarische Rat hat also sehr viele Hürden eingebaut, um Machtmissbrauch zu vermeiden. Auch die Befugnisse des Präsidenten (in der Weimarer Republik der Reichspräsident) sollten beschnitten werden, weshalb das Amt des **Bundespräsidenten** im Grundgesetz von 1949 bewusst mit wenig Macht ausgestattet wurde. Und wie wir seit der Coronapandemie wissen, braucht auch die **Bundeskanzlerin** die Unterstützung der Bundesländer, wenn Entscheidungen getroffen werden.

Der Parlamentarische Rat wollte außerdem verhindern, dass die Verfassung einfach so geändert werden könnte. Dass es grundsätzlich möglich ist, eine Verfassung zu ändern, wissen wir vom Beispiel der hessischen Verfassung, aus der 2018 die Todesstrafe per Volksabstimmung gestrichen wurde. Bestimmte Elemente des Grundgesetzes, wie etwa die Wahrung der Menschenrechte und die Organisation des Staates, sind aber durch die sogenannte **Ewigkeitsklausel** geschützt, die folgendermaßen lautet: »Eine Änderung dieses Grundgesetzes, durch welche die Gliederung des Bundes in Länder, die grundsätzliche Mitwirkung der Länder bei der Gesetzgebung oder die in den

Artikeln 1 und 20 niedergelegten Grundsätze berührt werden, sind unzulässig.« Hier steht also auch festgeschrieben, dass im Falle einer Verfassungsänderung der Föderalismus nicht angetastet werden darf.

Auf diese Verfassung einigte sich der Parlamentarische Rat also. Statt zwei bis drei Monate hatte er dafür allerdings etwa ein Dreivierteljahr beratschlagt, und zwar von September 1948 bis Mai 1949. Am 8. Mai 1949 verabschiedete der Parlamentarische Rat das Grundgesetz für die Bundesrepublik Deutschland. Jetzt kommt allerdings der Kracher. Eine Verfassung ist unser Grundgesetz streng genommen nicht, obwohl es heute viele so nennen und auch unser höchstes Gericht Bundesverfassungsgericht heißt. Eine Verfassung muss eigentlich vom Volk in einer Abstimmung angenommen werden. Das ist aber nie passiert. Denn das Grundgesetz sollte eigentlich erst mal nur vorübergehend gelten, weil sich damals niemand vorstellen wollte, dass Deutschland dauerhaft in West und Ost getrennt sein würde. Man wollte durch die Abstimmung über eine Verfassung also keine verfrühten Tatsachen schaffen. Eine neue Möglichkeit für eine Volksabstimmung wäre dann bei der Wiedervereinigung 1989/90 gewesen, aber auch da entschied man sich, das Grundgesetz einfach anzupassen und keine neue Verfassung mit anschließender Abstimmung auszuarbeiten. So kam es wie in diesem französischen Sprichwort: *C'est le provisoire qui dure* – Nichts hält länger als ein Provisorium.

Was bedeutet es jetzt für die Ausübung der Politik in Deutschland, dass die Bundesrepublik föderal organisiert ist? Wer ist wofür zuständig? Die Bereiche, für die der Bund zuständig ist, sind im Grundgesetz Artikel 73 konkret genannt. Zum Beispiel sind das die Außenpolitik, die Verteidigung und Währungsangelegenheiten. Für Bildung sind dagegen die einzelnen Länder verantwortlich. Die Idee des deutschen Föderalismus ist folgende: Eigentlich sind die Länder für alles zuständig, außer es ist grundsätzlich anders geregelt. Was das Land regeln kann, soll es auch regeln, denn die Landespolitikerinnen und -politiker sind »näher bei de Leut'«, wie es der ehemalige rheinland-pfälzische Ministerpräsident Kurt Beck von der SPD mal gesagt hat. Grundsätzlich stimmt das natürlich auch. Es ist definitiv einfacher, sich mit einem Anliegen an einen Landespolitiker aus der eigenen Stadt oder sogar an die Ministerpräsidentin zu wenden als an die Bundeskanzlerin. Der Föderalismus hat noch einen weiteren großen Vorteil, nämlich dass man auf regionale Unterschiede reagieren kann. Auch hier wieder ein Beispiel aus der Coronapandemie: Die Infektionszahlen waren in den unterschiedlichen Bundesländern unterschiedlich hoch. Man konnte also mit unterschiedlich harten Maßnahmen reagieren und zum Beispiel in Bayern, wo die Infektionszahlen sehr hoch waren, Kontaktbeschränkungen einführen. Im nicht so dicht besiedelten Schleswig-Holstein waren die Zahlen dagegen niedrig, und die Menschen durften sich weiterhin treffen. Praktisch, so ein Föderalismus. Und unsere Länder sind ja sogar in noch kleinere Einheiten geteilt. In den unterschiedlichen bayrischen Landkreisen gab es auch Unterschiede bei den Infektionszahlen. So gab es zum Beispiel im April 2021 in einigen Landkreisen nachts Ausgangssperren. Die benachbarten Landkreise, in denen sich die Menschen vielleicht auch besser an die bisherigen Maßnahmen gehalten hatten, blieben verschont. Man kann das als Vorteil des Föderalismus sehen. Aber eben auch als Nachteil. Denn wer informiert sich schon regelmäßig darüber, was genau politisch in seinem Landkreis los ist? Wissen junge Menschen überhaupt, in welchem Landkreis sie wohnen und was dort beschlossen wird? Wenn man bedenkt, dass die Menschen oft gar nicht wussten, welche Maßnahmen in ihrem Kreis gerade galten, muss man beide Fragen wohl mit »Nein« beantworten. Klar, es wäre auch schlicht zeitlich nicht möglich, in der *Tagesschau* über die neuesten Entwicklungen in 16 Bundesländern zu berichten oder gar in den 294 Landkreisen und 107 Kreisfreien Städten.

Der Föderalismus sorgt in unserem Beispiel auch noch für ein weiteres Problem: Wenn es keine einheitlichen Regelungen gibt, kann man die Regeln auch umgehen. Wer beispielsweise in Mainz während eines Corona-Lockdowns nicht einkaufen konnte, ging einfach ins benachbarte Wiesbaden und deckte sich dort mit Klopapier ein. Das ist bei einheitlichen Regelungen nicht möglich.

Unser Fazit zum Föderalismus

Es ist wie immer im Leben: Alles hat seine Vorteile, aber eben auch seine Nachteile. Die Vorteile des Föderalismus liegen klar auf der Hand. Die Politikerinnen und Politiker auf Landesebene können erstens zielgerichtet auf die Situation in ihrem Land reagieren und auch die Interessen des Landes vertreten. Zweitens, und das ist der für uns wichtigere Vorteil: Die Macht ist auf viele unterschiedliche Personen und Institutionen verteilt, und es ist sehr schwierig bis unmöglich, die Demokratie in Deutschland auf Basis unseres Grundgesetzes in eine Diktatur umzuwandeln.

Stellen wir uns zum Beispiel vor, dass 2015/2016 als in Deutschland etwa eine Million Geflüchtete ankamen, eine Bundestagswahl stattgefunden hätte und die Bundesrepublik nicht föderalistisch organisiert gewesen wäre. In diesem hypothetischen Beispiel hätte die AfD mit ihrer Politik der Angst vor Geflüchteten punkten und einen Erdrutschsieg bei der Bundestagswahl einfahren können. Ohne Landesregierungen, in denen gemäßigte Parteien sitzen, und damit auch ohne Bundesrat hätten sie Deutschland in ein Land verwandeln können, in dem wir nicht leben wollen. So ein Horrorszenario ist im Föderalismus einfach nicht möglich. Wäre dasselbe in unserem föderalistischen System passiert, könnte der Bundesrat neue menschenfeindliche Gesetze verhindern, und auch das Bundesverfassungsgericht könnte eingreifen. Allein dieser Sicherheitsmechanismus macht uns am Ende doch zu Fans des Föderalismus.

Es gibt aber auch einen erheblichen Nachteil bei einem föderalistischen Organisationsprinzip: das ständige Verhindern, Verzögern und die Diskussion zwischen den einzelnen Ebenen führt zu einer gewissen Trägheit, die in unvorhergesehenen Situationen nicht besonders hilfreich ist. Wie wäre die Pandemie wohl verlaufen, wenn die Bundeskanzlerin frühzeitig harte, aber dafür kurze Lockdowns verkündet hätte, anstatt uns monatelang in halb garen Lockdown lights ausharren zu lassen? Wahrscheinlich wären wir besser durch die Pandemie gekommen. Aber unsere Geschichte hat uns eben gelehrt, dass der Föderalismus auch sehr viele positive Seiten hat.

Wir beide arbeiten übrigens in der föderalen Nachrichtenwelt. Was das heißt? Jennie arbeitet beim Hessischen Rundfunk, Tim beim Westdeutschen Rundfunk. Um umfassend über die Landespolitik und die Ereignisse der einzelnen Bundesländer berichten zu können, ist auch der öffentlich-rechtliche Rundfunk föderal organisiert. Statt 16 Landesrundfunkanstalten gibt es allerdings nur 9. Der Mitteldeutsche Rundfunk berichtet zum Beispiel über drei Bundesländer und der Südwestfunk über zwei. Sie kennen die Programme wahrscheinlich unter dem Namen »Die Dritten«, da sie häufig nach ARD und ZDF auf der dritten Ziffer der Fernbedienung zu finden sind. Hier gibt es zum Beispiel regionale Nachrichtensendungen wie die *Hessenschau*, die Jennie moderiert. Gemeinsam bilden alle neun Rundfunkanstalten die ARD und steuern Sendungen und Beiträge für den Sender »Das Erste« bei.

---

9 WARUM ALUHÜTE NICHT GEGEN CHEMTRAILS HELFEN – VERSCHWÖRUNGSTHEORIEN

Bis vor ein paar Jahren wäre das hier vermutlich ein überwiegend launiges und lustiges Kapitel geworden. Wenn Menschen daran glauben, dass die Erde flach ist, dass die USA nie auf dem Mond waren, dass wir heimlich von Echsenwesen unterwandert werden, dass Ufos nachts Frauen und Männer für Experimente mitnehmen oder dass Kondensstreifen in Wirklichkeit giftige Chemtrails sind, ist das zwar skurril und verstörend, aber immerhin kommt dabei niemand zu Schaden. Im Gegenteil haben viele populäre Verschwörungstheorien durchaus Unterhaltungswert, darüber zu sprechen macht Spaß, und man kann herzhaft über vieles, was dort verbreitet wird, lachen. Doch seit 2020 bleibt uns das Lachen leider immer häufiger im Halse stecken – aus Spaß wurde bitterer und gefährlicher Ernst.

Zusammen mit der Coronapandemie kamen immer extremer werdende Verschwörungstheorien auf. Aus berechtigten Zweifeln und Fragen entwickelten sich auch die krudesten Mythen. Während manche Theorien lediglich leugnen, dass es das neuartige Virus überhaupt gibt oder dass Impfstoffe wirken, gehen andere noch weiter und sehen in der weltweiten Impfkampagne nicht weniger als eine gigantische Verschwörung von Pharmakonzernen und Eliten, um die Weltbevölkerung zu unterjochen. Prominente auf Abwegen wie Attila Hildmann erzählen ihrer treuen Gefolgschaft im Netz, dass es Zeit sei, endlich aufzuwachen und sich dieser New World Order entgegenzustellen, zur Not auch mit Gewalt – inzwischen liegen

Haftbefehle wegen Volksverhetzung, öffentlicher Aufforderung zu Straftaten und Bedrohung gegen den ehemaligen Fernsehkoch vor. Die Corona-Verschwörungstheoretiker, die sich selbst gern als Querdenker bezeichnen, vermischen sich zunehmend mit Rechtsradikalen und Reichsbürgern. Bei der bis dahin größten Anti-Corona-Demo im Sommer 2020 in Berlin werden Plakate hochgehalten, auf denen Journalistinnen und Virologen in Sträflingskleidung abgebildet sind, daneben werden Reichsflaggen geschwenkt, es wird lautstark »Lügenpresse« skandiert, und drei Meter weiter tanzen Hare-Krishna-Gläubige. Was sie alle eint, ist die Wut auf das Establishment, wie sie es gerne nennen, also die Gemeinschaft aus Politik, Medien und Wissenschaft. Wie brandexplosiv dieses Gedankengut ist, wird ganz Deutschland spätestens klar, als ein Teil der Demonstranten es am 30. August 2020 schafft, die Treppen des Reichstags zu stürmen. Es ist ein einzelner Polizist, der am Ende verhindert, dass der wütende Mob es ins Innere des Bundestags schafft. Das sind also die politischen und gesellschaftlichen Gründe, warum Corona-Verschwörungstheorien alles andere als lustig sind.

Das andere ist die persönliche Dimension, die das alles hat. Bei einem unserer besten Freunde ist der Vater im Laufe der Pandemie immer tiefer in die absurdesten Verschwörungstheorien abgerutscht. Corona gebe es nicht, betont er immer wieder. Das alles sei eine große Verschwörung, und wir müssten endlich alle aufwachen! Er hätte unzählige Menschen im Supermarkt gefragt, und niemand wäre an COVID-19 erkrankt – die Medien würden alle lügen, und er sei froh, dass er jetzt bei Telegram die Wahrheit erfahren würde. Schämen sollten wir uns, dass wir als Journalistin und Journalist Teil dieser Verschwörung seien. Das Tragischste an der Geschichte: Die Mutter unseres Freundes ist schwer krank. Der Vater weigerte sich die gesamte Pandemie über vehement, eine Maske zu tragen, und brachte damit über Monate hinweg seine Frau und seine

Familie in Gefahr. Erst als die Mutter dann Anfang 2021 geimpft wurde, trug der Vater zu Hause plötzlich Maske. Warum? Weil die Mutter ja jetzt durch die Impfung von den Pharmakonzernen infiziert wurde und eine Gefahr darstelle, vor der er sich schützen müsse. Dass das nicht nur völlig wahnsinnig, sondern auch hochgradig verletzend und verstörend für die gesamte Familie ist, interessiert ihn nicht. Impfen lassen will er sich natürlich auch nicht. Befreundete Paare wollen wegen seiner kruden Theorien nicht mehr vorbeikommen. Beratungsstellen bestätigen, dass es mittlerweile unzählige tragische Geschichten wie diese gibt, und hier sehen wir das Ausmaß des persönlichen Schadens, den COVID-Leugner anrichten. Sie bringen sich selbst und andere in Gefahr, zerstören Familien und Freundschaften, die vorher über Jahrzehnte intakt waren.

Wir können Verschwörungstheorien heute nicht mehr als harmlose Spinnereien oder unterhaltsame Mythen abtun, sondern müssen sie als gesellschaftliche Warnzeichen ernst nehmen und uns fragen, wie wir verhindern können, dass immer mehr Menschen an solchen Wahnsinn glauben und damit gesellschaftlichen, politischen und persönlichen Schaden anrichten. Dieses Kapitel wird Ihnen einen Überblick über die derzeit populärsten Verschwörungstheorien liefern, damit Sie sie erkennen können, wenn Sie damit konfrontiert werden. Außerdem werden wir versuchen zu verstehen, wie Verschwörungstheorien funktionieren und warum ausgerechnet heute so viele Menschen anfällig für sie geworden sind. Eine Menge Holz für wenige Seiten, also los.

Was ist überhaupt eine Verschwörungstheorie?

Was ist das überhaupt, eine **Verschwörungstheorie**? Die Frage ist gar nicht so einfach zu beantworten, wie man denken könnte, denn es gibt deutlich mehr Verschwörungstheorien als gute Definitionen des Begriffs. Dieser Umstand führt übrigens auch zu dem Problem, dass »Verschwörungstheoretiker« mittlerweile immer häufiger zu einer pauschalen Beleidigung für jemanden verkommt, der nicht die eigene Meinung vertritt. Nicht jede, die Angst vor Nebenwirkungen einer Impfung hat, ist beispielsweise eine Verschwörungstheoretikerin. Aber dazu später mehr. Was genau zeichnet nun eine Verschwörungstheorie aus? Wo die meisten Menschen Zufall, Chaos oder einfach Fügung sehen, entdecken Verschwörungstheoretiker den Plan einer bestimmten Gruppe. Michael Butter gibt in seinem Buch *Nichts ist, wie es scheint* folgende elegante Definition: »Verschwörungstheorien behaupten, dass eine im Geheimen operierende Gruppe, nämlich die Verschwörer, aus niederen Beweggründen versucht, eine Institution, ein Land oder gar die ganze Welt zu kontrollieren oder zu zerstören.« In seiner Theorie legt der amerikanische Politikwissenschaftler Michael Barkun drei Grundannahmen fest, die auf alle Verschwörungstheorien zutreffen. Danach behaupten Verschwörungstheorien erstens, dass nichts zufällig geschieht. Alles folgt einem bestimmten Plan, den die Verschwörungstheorie nun endlich aufgedeckt hat! Zweitens ist in einer Verschwörungstheorie immer alles anders, als es zunächst scheint, und drittens ist alles Mögliche miteinander verbunden. Michael Barkun unterscheidet außerdem unterschiedliche Arten von Verschwörungstheorien. **Ereignisverschwörungstheorien** beziehen sich, wie der Name bereits sagt, auf ein einzelnes Ereignis. Ein Beispiel dafür sind die diversen Theorien, die sich rund um die Ermordung des ehemaligen US-Präsidenten Kennedy ranken. **Systemverschwörungstheorien** sind komplexer, beziehen sich meist auf mehrere Beteiligte und einen längeren Zeitraum. Ein Beispiel dafür ist die Reptiloiden-Verschwörung, die behauptet, dass die Menschheit von außerirdischen reptilienähnlichen Wesen unterwandert und kontrolliert wird – ja, daran glauben tatsächlich eine ganze Menge Menschen. Von **Superverschwörungstheorien** spricht man, wenn unterschiedlichste Ereignis- und Systemverschwörungen zu einer großen Theorie zusammengefasst werden. So wird die Ermordung Kennedys dann beispielsweise der Akt von Reptiloiden. Es gibt Theorien, die Verschwörungen von innen, also aus dem Inland, wittern, während andere Theorien eine Verschwörung von außen, also aus dem Ausland, vermuten. Außerdem kann eine Verschwörung von oben, also von den Mächtigen, ausgehen oder aber von unten, also von einer kleinen aufständischen Gruppe.

In den letzten Jahren ist es außerdem immer wichtiger geworden, Verschwörungstheorien von zwei anderen Phänomenen abzugrenzen, die ebenfalls stark zugenommen zu haben. Das erste dieser beiden anderen Phänomene sind **Fake News**. Von Fake News sprechen wir, wenn absichtlich **Falschinformationen**, also Nachrichten, die gar nicht stimmen, verbreitet werden. So kursierte zum Beispiel im Oktober 2018 die Falschmeldung, dass jeder Geflüchtete in Deutschland 700 Euro Weihnachtsgeld erhalten würde. Die Meldung war frei erfunden, um Hass und Stimmung gegen Geflüchtete zu erzeugen – leider mit Erfolg, die Nachricht wurde millionenfach geteilt. Außerdem muss man Verschwörungstheorien von dem zunehmenden Phänomen des **Populismus** abgrenzen, auch wenn die Grenzen hier fließend sein können. **Populisten und Populistinnen** sind Menschen, oft auch Politiker oder Politikerinnen, die behaupten, als Einzige genau zu wissen, was das Volk wirklich will. Außerdem behaupten Populisten, dass sie einfache Lösungen für komplexe Probleme haben. So behauptete der populistische US-Präsident Donald Trump, das Migrationsproblem im Land mit dem Bau einer Mauer zu Mexiko lösen zu können. Typisch für Populisten ist außerdem, ein Bild von »wir« gegen »die« zu zeichnen – die Partei AfD beispielsweise spricht gerne von dem deutschen Volk gegen die Geflüchteten, oder von dem Volk in Deutschland gegen die Altparteien, womit vor allem die Bundesregierung gemeint ist. Für ihre Argumentation bedienen sich Populisten oft großzügig im Repertoire der Verschwörungstheorien. Donald Trump bemühte diverse Verschwörungstheorien rund um seine politischen Gegner Hillary Clinton und Barack Obama in seinem Wahlkampf, die AfD sprach häufig von einem geheimen Plan der Islamisierung Deutschlands. Das Zitieren von Verschwörungstheorien ist allerdings kein Muss! Es gibt auch Populisten, die ihre Argumentation schlicht auf massiver Vereinfachung von komplexen Zusammenhängen oder auch auf Fake News aufbauen.

Abschließend wollen wir uns die Definition einer Verschwörungstheorie an einem praktischen Beispiel genauer anschauen. Populäre **Corona-Verschwörungstheorien** behaupten, dass die Pandemie keine zufällig entstandene Pandemie sei, sondern absichtlich von Pharmakonzernen, der Regierung oder Bill Gates inszeniert wurde. Wahlweise kommt das Virus aus dem Labor, oder es gibt es erst gar nicht, und die ganze Panik ist nur von den bösen Medien heraufbeschworen. Um aus der Pandemie rauszukommen, bleibt der Menschheit nichts anderes übrig, als sich impfen zu lassen. Genau das ist der Plan der Verschwörer, denn die Impfung enthält Wirkstoffe, die die Menschheit, je nach Theorie, entweder unfruchtbar oder hörig machen. Manche behaupten sogar, dass den Menschen mit der Impfung kleine Mikrochips eingesetzt würden, mit denen sie in Zukunft kontrolliert werden können. Andere gehen noch einen Schritt weiter und behaupten, dass die Mächtigen nichts Geringeres als eine neue Weltordnung errichten wollen. Das Beispiel erfüllt alle drei Kriterien einer Verschwörungstheorie: Es gibt einen geheimen und fiesen Plan einer bestimmten verschworenen Gruppe. Die Dinge sind ganz anders, als sie auf den ersten Blick schienen, und alles hängt irgendwie miteinander zusammen. Es handelt sich um eine Systemverschwörungstheorie von oben, allerdings von innen und von außen gleichzeitig, weil die meisten Anhängerinnen und Anhänger dieser Theorien in Deutschland davon ausgehen, dass große Pharmakonzerne oder prominente Figuren wie Bill Gates aus dem Ausland dahinterstecken, allerdings gemeinsame Sache mit

Einrichtungen wie dem RKI oder gleich der ganzen Bundesregierung machen.

Am Beispiel von Corona können wir noch ein weiteres wesentliches Merkmal von Verschwörungstheorien erkennen, nämlich dass sie versuchen, den Verlauf von Geschehnissen statt von vorne von hinten zu verstehen. Verschwörungstheoretiker beobachten beispielsweise, dass Pharmakonzerne mit Corona-Impfstoffen eine Menge Geld verdienen, und gehen deshalb davon aus, dass sie auch für die Pandemie verantwortlich sein müssen. Ein anderes Beispiel sind die 9/11-Verschwörungstheorien: Weil die USA nach den Terroranschlägen aufs World Trade Center einen Militäreinsatz im Irak und in Afghanistan starteten sowie weitreichende Überwachungsmaßnahmen beschlossen, wird davon ausgegangen, dass die US-Regierung die Anschläge selbst inszeniert hat. Verschwörungstheorien kehren Wirkungszusammenhänge einfach um. Sie beruhen auf der völlig falschen Annahme, dass Menschen in der Lage sind, den Lauf der Geschichte über einen längeren Zeitraum nach ihren Wünschen zu gestalten und zu steuern. Geschichte ist nach dieser Vorstellung kein Produkt von komplexen gesellschaftlichen Entwicklungen und Zufällen, sondern vollständig planbar.

Außerdem wird bei sämtlichen Verschwörungstheorien komplett ignoriert, dass es in der Realität unmöglich wäre, Verschwörungen in diesem Ausmaß geheim zu halten. Die Corona-Verschwörungen sind dafür das beste Beispiel! Das Virus wurde von Wissenschaftlerinnen und Wissenschaftlern in nahezu jedem Land der Welt im Labor untersucht und identifiziert, Impfstoffe wurden von Hunderten Universitäten und Firmen unabhängig voneinander entwickelt und getestet. Jeder Impfstoff muss in jedem Land, in dem er eingesetzt werden soll, von einer Arzneimittelbehörde, bei der Hunderte Expertinnen und Experten arbeiten, zugelassen werden. In den Krankenhäusern und Arztpraxen dieser Welt beobachten jeden Tag Hunderttausende Ärztinnen und Pfleger die Folgen des Virus und der Pandemie. Sollen all diese Hunderttausende Menschen getäuscht oder bezahlt worden sein? Oder sollen sogar all diese Menschen Teil der großen Verschwörung sein? Man sollte meinen, dass eigentlich kein vernünftiger Mensch an so etwas glauben kann – doch die Praxis zeigt anderes.

Warum glauben Menschen an Verschwörungstheorien?

Bevor wir tiefer in die Welt der Verschwörungstheoretikerinnen und -theoretiker eintauchen, müssen wir eines klarstellen: Es gibt nicht den einen Typ Mensch, der an Verschwörungstheorien glaubt. Männer, Frauen, Junge, Alte, Studierte und Bildungsferne – in allen gesellschaftlichen Gruppen finden sich Menschen, die an die krudesten Theorien glauben. Studien haben allerdings gezeigt, dass Männer eher an Verschwörungstheorien glauben als Frauen und dass der Glaube an solche Theorien mit zunehmender Bildung durchaus abnimmt. Trotzdem bleibt die Frage, wie es sein kann, dass erwachsene Menschen felsenfest an Geschichten glauben, die eine ähnliche Glaubwürdigkeit haben wie die vom Weihnachtsmann und vom Osterhasen. Wissenschaftlerinnen und Wissenschaftler treibt diese Frage schon lange um, und sie sind vor allem auf drei wesentliche Mechanismen gestoßen.

Der erste wichtige Aspekt ist **Kontrollverlust**. Eines der wichtigsten menschlichen Bedürfnisse ist es, Kontrolle zu haben über das, was passiert, vor allem über das eigene Leben. Zu akzeptieren, dass ein zufällig auf den Menschen übergesprungenes Virus für Jahre dafür sorgt, dass wir überall mit Masken rumlaufen müssen, nicht mehr verreisen oder Weihnachten mit der Familie feiern dürfen, fällt uns schwer. Es ist einfacher, wenn man irgendeiner Gruppe die Schuld für diese Pandemie geben kann – denn dann kann man gegen diese Gruppe demonstrieren, sie möglicherweise stürzen und sein altes Leben zurückbekommen. Verschwörungstheorien sind häufig der

Versuch, Kontrolle über eine bestimmte Situation zurückzuerlangen. Wie irrational Menschen bei fehlender Kontrolle urteilen, kann man am Beispiel von Flugangst illustrieren. Rein statistisch gesehen ist es wesentlich gefährlicher, in ein Auto zu steigen und zur Arbeit zu fahren, als in ein Flugzeug zu steigen und einen Fernflug zu absolvieren. Trotzdem fürchten sich kaum Menschen vor der alltäglichen Autofahrt, während Panik vor und bei Flugreisen ein weitverbreitetes Phänomen ist. Auch hier ist die psychologische Begründung, dass wir im Flugzeug jede Art von Kontrolle abgeben, während wir im Auto scheinbar alles selbst im Griff haben.

Es gibt noch weitere Gründe, warum Menschen an Verschwörungstheorien glauben. Psychologisch spielt auch **Selbstüberhöhung** eine wichtige Rolle. Menschen mit einem starken Geltungsbedürfnis oder dem Gefühl, etwas Besonderes zu sein, nutzen Verschwörungstheorien häufig, um sich über andere zu erhöhen und sich als etwas Besseres darzustellen – vor allem dann, wenn solche Bedürfnisse in anderen Lebensbereichen nicht ausreichend befriedigt werden können, sind Menschen anfällig für Verschwörungstheorien. Einer der berühmtesten Verschwörungstheoretiker der Welt, der Brite David Icke, ist ein gutes Beispiel dafür. Früher wollte er unbedingt Fußballprofi werden und war auch auf einem guten Weg dorthin. Eine Krankheit machte ihm dann aber einen Strich durch die Rechnung. Er fiel in eine Sinnkrise und holte sich Hilfe bei einer esoterischen Heilerin, die ihm erzählte, dass er eine ganz besondere Energie habe und für Größeres bestimmt sei. Seitdem driftete Icke immer tiefer in Verschwörungstheorien ab und versteht sich heute als eine Art Retter der Menschheit.

Den dritten Grund, warum Menschen an Verschwörungstheorien glauben, kennen alle, die schon mal ein Fußballspiel zweier Mannschaften gesehen haben, die beide nicht die eigene Lieblingsmannschaft sind. Hinter welche Mannschaft stellt man sich in so einer Situation? Na klar, hinter den vermeintlichen Außenseiter. Das **Underdog-Phänomen** zeigt, dass Menschen die Neigung haben, mit einer vermeintlichen Minderheit, mit angeblichen Außenseitern zu sympathisieren. Gerade bei Verschwörungstheorien von oben spielt diese dramatische »Gut gegen Böse«-Erzählung, nach dem Motto »das unterjochte Volk gegen die Mächtigen«, eine entscheidende Rolle.

Kontrollverlust, Selbstüberhöhung und das Sympathisieren mit Underdogs – all das macht Menschen anfällig für Verschwörungstheorien, und zwar in besonderem Maße, wenn mehrere dieser Faktoren zusammenkommen.

Die Rolle von Internet und Social Media

Dass die Anzahl der Menschen, die an Verschwörungstheorien glauben, in den vergangenen Jahren immer weiter zugenommen hat, liegt nicht nur an dem, was auf der Welt passiert, sondern auch an technischen Entwicklungen. Eine wesentliche Rolle spielen dabei die **Algorithmen** in sozialen Netzwerken, die wie eine Art Trichter wirken. Je länger man sich im Internet mit einem bestimmten Thema beschäftigt, desto extremer werden die Artikel und Videos, die einem dazu neu vorgeschlagen werden. Wer sich etwa Videos darüber anschaut, wie gesund tägliche Spaziergänge sind, wird früher oder später bei Videos über Marathon-Training landen. Wer sich zunächst einfach nur über die möglichen Nebenwirkungen von Impfungen informieren möchte, der wird bald auch über Videos mit wilden Verschwörungstheorien in seinem Feed stolpern. Ist man erst mal in einer gewissen **Blase** angekommen, werden einem fast nur noch Inhalte angezeigt, die die eigene Meinung bestätigen. Das ist anders als bei einer Zeitung oder Nachrichtensendung, in der eine Redaktion kuratiert und dafür sorgt, dass in jeder Sendung möglichst unterschiedliche Perspektiven und Meinungen abgebildet werden. Zwar haben soziale Netzwerke wie Facebook, Twitter oder auch YouTube zuletzt Schritte ergriffen, um Verschwörungstheorien entgegenzuwirken – zum Beispiel indem sie zweifelhafte Inhalte immer häufiger als solche markieren –, gebracht hat das aber nur wenig. Man erreichte damit eigentlich nur, dass Verschwörungstheoretiker nun verstärkt andere Plattformen, wie beispielsweise **Telegram**, nutzen, wo sie unter sich bleiben können. Das verstärkt das Problem noch, denn wenn Menschen erst mal in den einschlägigen Telegram-Gruppen unterwegs sind, kehrt sich plötzlich das Minderheits-Mehrheits-Gefühl um. In solchen Foren und Gruppen hat man das Gefühl, dass alle anderen der gleichen Meinung sind wie man selbst, im Umkehrschluss werden plötzlich die gewöhnlichen Medien und sozialen Netzwerke und irgendwann sogar die eigenen Freunde und Familienmitglieder zu Außenseitern und Lügnern. Der Verschwörungstheoretiker sieht sich selbst nicht als Anhänger einer Verschwörung, sondern im Gegenteil: Alle außerhalb seiner Blase sind Teil dieser Verschwörung oder zu naiv, um die »Wahrheit« zu sehen. Nicht Telegram verbreitet Fake News, sondern die Lügenpresse wie ARD, ZDF, *Spiegel* und *Bild*. Das Etikett, das die anderen einem selbst anheften wollen, heftet man einfach ihnen an. Ein Trick, den die Forschung als **Reverse Labeling** bezeichnet.

Neue Medien und Digitalisierung wirken aus noch einem anderen Grund wie ein Brandbeschleuniger für Verschwörungstheorien: Erst durch das Internet, durch Social Media und Videoplattformen ist es zweifelhaften Meinungsmachern möglich, direkten und ungefilterten Kontakt zu Hunderttausenden oder gar Millionen Zuhörerinnen und Zuhörern aufzubauen und zu halten. Früher mussten Verschwörungstheoretikerinnen und -theoretiker auf Demonstrationen sprechen, Bücher veröffentlichen, in Zeitungen kommentieren oder im Fernsehen und Radio einen Gastauftritt bekommen, um ein breites Publikum zu erreichen. Dabei waren sie bis zu einem gewissen Grad immer auf eine Gruppe von Unterstützern, einen Verlag oder eine Redaktion angewiesen. Was eine breite Masse erreichte und was nicht, wurde also von anderen kuratiert. Wenn eine

Meinung oder Theorie besonders extrem oder abwegig erschien, wurden noch mehrere weitere Meinungen von Expertinnen und Experten eingeholt, bevor man einem zweifelhaften Meinungsmacher eine Bühne bot. Viele Verschwörungstheorien wurden so bereits im Keim erstickt und blieben in der Nische. All das gibt es heute nicht mehr. Verschwörungstheoretiker wie Xavier Naidoo, der unter anderem behauptet, dass eine verschworene Weltelite das Blut von Kindern in Kellern trinkt, um jung zu bleiben, können diese Meinung in die Welt setzen, ohne dabei auf irgendwen anders angewiesen zu sein. Sie erreichen Millionen Menschen mit Inhalten, die nicht von irgendwem eingeordnet oder auf ihre Richtigkeit kontrolliert werden. In ihrer eigenen Welt haben Verschwörungstheoretiker heute also ein absolutes Meinungsmonopol.

Gleichzeitig ist es für Laien so schwierig wie nie, zu erkennen, ob vermeintlich vorgetragene Beweise und Quellen seriös sind oder nicht. Foto- und Videobearbeitungsprogramme sind heutzutage für jeden zugänglich und sehr einfach zu bedienen. Unterschiedlichste Videoschnipsel aus dem Zusammenhang zu reißen und manipulativ so zusammenzuschneiden, dass sie die eigene Theorie stützen, ist ein Kinderspiel. Sämtliches Videomaterial steht im Internet frei zur Verfügung. Mit ein paar Videoanleitungen und kleinsten Mitteln lässt sich sogar ein virtuelles Nachrichtenstudio im heimischen Keller aufbauen, das kaum noch von einem echten Nachrichtenstudio zu unterscheiden ist. Mit Programmen wie Photoshop lassen sich auch Dokumente und Fotos im Handumdrehen fälschen. Eine Homepage kann heute schon ein Grundschüler programmieren, und mit nur einem einzigen Klick kann man das alles über WhatsApp oder ein anderes Chatprogramm an den gesamten Freundeskreis verschicken. In der Coronazeit bekamen wir als Journalistin und Journalist fast täglich von Freunden oder Familienmitgliedern irgendwelche eigenartigen Inhalte aus unterschiedlichsten Quellen weitergeleitet, immer wieder mit der gleichen Fragen: »Stimmt das? Kann das sein?« Jedes einzelne dieser Videos zu prüfen hat uns meist Stunden gekostet. Wir leben in einem extrem beschleunigten Medienzeitalter, das für Laien kaum noch zu überschauen ist. Klar ist es für die Meinungsfreiheit auch ein Segen, dass heute jeder Mensch im Internet frei seine Ansichten und Zweifel äußern kann. Doch es hat eben auch eine Schattenseite. Je weiter man sich im Internet von seriösen, professionellen und bekannten Medienhäusern – egal ob privat oder öffentlich-rechtlich – entfernt, desto eher läuft man Gefahr, in die Hände von Verschwörungstheoretikern zu geraten. Natürlich erzählen die einem dann sofort, dass die von ihnen als **Mainstream-Medien**, kurz **MSM**, bezeichneten Informationsquellen alle gesteuert sind. Oft ist das der Anfang eines dramatischen Absturzes in eine Parallelwelt.

Wir raten den allermeisten Menschen dringend dazu, sich auf die Berichterstattung professioneller Journalistinnen und Journalisten zu verlassen. Natürlich ist es ratsam, sich dabei unterschiedliche Quellen anzuschauen und durchzulesen, um auch verschiedene Meinungen und Einschätzungen zu erfahren. Sie sollten nicht nur die ARD, nicht nur das ZDF, RTL oder n-tv gucken und nicht nur die *Bild*, den *Spiegel*, *Die Zeit* oder die *taz* lesen. Auch wenn alle Journalistinnen und Journalisten stets um Objektivität bemüht sind, gibt es in jedem Haus und in jeder Redaktion immer unterschiedliche subjektive Einflüsse. Genau wie alles andere sind auch die unterschiedlichen Medien teilweise eher konservativ, andere progressiv, manche politisch ein bisschen weiter rechts, andere ein bisschen weiter links einzuordnen. Das ist auch gut so! Um ein wirklich ausgewogenes Bild zu einem bestimmten Thema zu bekommen, empfehlen wir Ihnen deshalb, unterschiedliche Sender zu gucken und unterschiedliche Zeitungen zu lesen – wechseln Sie auch immer mal! Lesen oder gucken Sie auch mal Dinge, die Ihnen auf den ersten Blick nicht passen. So verhindern Sie, auf Dauer das Weltbild eines bestimmten Mediums zu übernehmen, ohne es zu merken.

Eines können wir Ihnen an dieser Stelle auf jeden Fall von ganzem Herzen versprechen: Als Journalistin und Journalist haben wir bereits für ARD, ZDF, HR und WDR gearbeitet. Wir schreiben unsere Bücher gemeinsam mit dem Piper Verlag, und zu unseren besten Freunden gehören Menschen, die für RTL, ProSieben, *Bild*, *Spiegel*, *Handelsblatt*, *Bunte*, n-tv, NDR, YouFM und funk arbeiten. Für uns selbst und für all diese Menschen würden wir all unsere Hände und Füße ins Feuer legen: Wir haben in unserem Umfeld noch nie die Einmischung einer politischen oder wirtschaftlichen Elite erlebt, in unserem Freundeskreis wurde niemand jemals gezwungen, irgendwelche Lügen zu verbreiten, oder wurde in der eigenen Recherche beeinflusst, kontrolliert oder gestoppt. Noch nie fühlten wir oder jemand, den wir kennen, uns bei Themenauswahl oder Berichterstattung in irgendeiner Art und Weise eingeschränkt. Es gab nie den Versuch einer Bestechung oder Einschüchterung, und nein, bei uns arbeiten auch keine Echsenwesen. Wir schwören es an dieser Stelle schwarz auf weiß: Sollten wir in irgendeinem der vorangegangenen Sätze gelogen haben, soll uns und unsere Familien bitte sofort der Blitz treffen. Alle noch da? Gut. Wir haben in Deutschland großartige Medien, die frei, kritisch und ehrlich berichten. Darauf sollten wir stolz sein. Natürlich passieren dabei auch mal Fehler, natürlich können auch wir etwas übersehen, natürlich haben auch Journalistinnen und Journalisten eine persönliche Haltung. Aber, um es in aller Deutlichkeit zu sagen: Dass Journalistinnen und Journalisten in Deutschland gesteuert werden, Propaganda betreiben oder Lügen verbreiten, ist ein Märchen von Verschwörungstheoretikern, dem Sie niemals auf den Leim gehen sollten. Bitte.

Und was, wenn Verschwörungstheorien doch wahr sind? Hier kann man ganz trocken feststellen: Bis heute hat sich noch keine einzige Verschwörungstheorie im Nachhinein als wahr erwiesen. Niemals. Das heißt natürlich nicht, dass es auf der Welt keine Verschwörungen gibt. Reale Verschwörungen sind nur wesentlich kleiner, zeitlich begrenzter und unspektakulärer als die großen Verschwörungstheorien, die sich Menschen ausdenken. Als eine der größten realen Verschwörungen der vergangenen Jahrzehnte könnte man zum Beispiel den Skandal um manipulierte Abgasmessungen bei Dieselfahrzeugen nennen. Bis zu einem gewissen Grad kann man bei den Betrügereien der deutschen Autobauer, vielleicht sogar in Absprache mit der deutschen Politik, tatsächlich von einer Verschwörung sprechen. Und? Wie lange hat es gehalten? Nicht lange! Und das, obwohl an dieser Verschwörung wesentlich weniger Menschen beteiligt waren und sie wesentlich unspektakulärer war als all die Geschichten, die Verschwörungstheoretiker erzählen. Fakt ist und bleibt, dass man Lügen in der Dimension, wie Verschwörungstheorien sie vermuten, in der Realität niemals geheim halten könnte. Das hat die Geschichte immer wieder gezeigt, und die Wissenschaft konnte es sogar in Modellberechnungen beweisen. Eine gefälschte Mondlandung hätte sich laut Berechnungen beispielsweise gerade mal ein paar wenige Jahre lang vertuschen lassen. Die sind längst vorbei. Zumindest irgendeine große Verschwörungstheorie hätte sich schon längst als wahr herausstellen müssen, aber dazu ist es nie gekommen. Warum? Weil sie alle nicht stimmen, so einfach ist es.

Chemtrails, Reptiloide und Corona – Populäre Verschwörungstheorien

Nachdem wir nun erklärt haben, wie Verschwörungstheorien funktionieren und warum Menschen an sie glauben, ist es höchste Zeit, dass wir einen Blick auf die Theorien werfen, die derzeit im Umlauf sind. Aus Platzgründen werden wir es weder schaffen, alle gängigen Theorien zu behandeln, noch werden wir uns die einzelnen Theorien in großer Ausführlichkeit vorknöpfen können. Doch darum geht es auch gar nicht. Das Ziel der nächsten Abschnitte ist, Ihnen einen Überblick über die Theorien zu geben, die Ihnen womöglich im Alltag begegnen könnten. Nicht mehr, aber auch nicht weniger. Wenn Ihnen zukünftig jemand etwas von Chemtrails, QAnon oder der New World Order erzählt, werden Sie sofort wissen, worum es geht und wie Sie darauf reagieren können. Also, legen wir los!

Eine der aktuell populärsten Verschwörungstheorien der Welt geht so: Die Flugzeuge am Himmel hinterlassen, anders, als wir denken, gar keine Kondensstreifen. In Wahrheit handelt es sich bei den Spuren, die wir am Himmel sehen können, um Chemikalien, sogenannte **Chemtrails**. Anhänger der Theorie behaupten, dass die Kondensstreifen zu lange bestehen bleiben und sich zu stark ausdehnen, um das einfach durch Atmosphärenphysik erklären zu können. Sie glauben, dass die Regierung oder das Militär mysteriöse Chemikalien versprüht, um, tja … um was denn eigentlich? An dieser Stelle gehen die Meinungen bereits extrem auseinander. Manche Verschwörungstheoretiker behaupten, dass mit den Chemtrails das Wetter beeinflusst wird, also sogenanntes **Cloud Seeding** vorgenommen wird. Andere gehen deutlich weiter und glauben beispielsweise daran, dass die Chemikalien die Bevölkerung gehorsam oder unfruchtbar machen sollen – manch einer fürchtet sich sogar vor Massenimpfungen vom Himmel. Wissenschaftlich betrachtet ist das natürlich völliger Unsinn. Wenn sich viel Wasser in der Atmosphäre befindet, verschwindet ein Kondensstreifen schlicht und ergreifend nicht so schnell. Denn aus Eiskristallen in der Luft und Rußpartikeln aus den Abgasen bilden sich immer mehr und immer größere Tröpfchen, die sich verdichten und eine sich langsam verbreitende Wolke bilden. Alle vermeintlichen Videoaufnahmen von Chemtrails lassen sich physikalisch erklären. Auch das Ausmaß dieser Verschwörung ist völlig unrealistisch, weil an einem solchen Projekt Fluggesellschaften, Piloten, Flughafenbetreiber und Bodenpersonal, sowie unzählige Mitarbeiterinnen und Mitarbeiter von Regierung und Militärs beteiligt sein müssten. Früher oder später würde sich jemand verplappern und eindeutige Beweise auf den Tisch legen. Zum Schluss sei noch erwähnt, dass die Theorien über Chemtrails trotzdem auf einem winzigen Funken Wahrheit beruhen. In der Tat hat das US-Militär seit den 1990er-Jahren versucht, ob man mit der Methode des Cloud Seeding das Wetter oder das Klima beeinflussen könnte. An dieser Arbeit war unter anderem der Erfinder der Wasserstoffbombe, Edward Teller, beteiligt. Außerdem hat das US-Militär zugegeben, während eines NATO-Einsatzes in Serbien kleine metallische Fäden abgeworfen zu haben, um Stromleitungen kurzzuschließen. Einige Methoden, über die Chemtrail-Verschwörungstheoretiker schreiben und sprechen, gibt es also tatsächlich, allerdings nur als Versuche im militärischen Kontext. Dass Regierung und Militär im großen Stil irgendwelche Chemikalien über die Bevölkerung kippen, gehört ins Reich der Fantasie.

Waren die Amerikaner 1969 wirklich auf dem Mond, oder war das alles nur eine gefälschte Inszenierung aus einem Hollywoodstudio? Um es direkt zu sagen: Sie waren da! Punkt. Es folgt ein absoluter Klassiker unter den Verschwörungstheorien: Die Behauptung, dass die **Mondlandung** am 21. Juli 1969 nach deutscher Zeit in Wirklichkeit nie stattgefunden hat, sondern in einem Filmstudio in Nevada gefakt wurde. Laut Verschwörungstheoretikern hat **Neil Armstrong** seinen Fuß nie auf den Mond gesetzt. Aber es haben doch Menschen die Rakete mit eigenen Augen starten sehen? Die wurde angeblich kurz nach dem Start wieder im Meer versenkt. Als weitere Beweise dienen die Fotos von der Mondoberfläche, die angeblich mehrere Hinweise darauf liefern, dass sie eben nicht auf dem Mond, sondern in einem Studio entstanden sind. Angeblich lassen die Fotos Rückschlüsse auf künstliche Lichtquellen zu, weil Schatten und Reflexionen nicht stimmen. Und wieso sieht man eigentlich keine Sterne und keinen Landekrater? Außerdem wäre es mit dem begrenzten Equipment damals sowieso unmöglich gewesen, derart gute Aufnahmen auf dem Mond zu machen. All diese Vorwürfe sind völliger Humbug und längst in epischer Länge wissenschaftlich widerlegt worden. Die atmosphärischen Bedingungen auf dem Mond zu verstehen ist für Laien nicht ganz leicht. Wir versuchen es mal in kurz: Viele Objekte auf der Mondoberfläche reflektieren stark, auch die Erde reflektiert das Licht der Sonne zurück auf den Mond – das erklärt, warum es auf den Fotos Licht, Schatten und Reflexionen aus unterschiedlichen Richtungen gibt. Einen Landekrater gibt es nicht, weil die NASA für die Landung eine Stelle mit sehr festem Boden auswählte – wenn Sie auf der Erde auf Granit landen, gibt es auch keinen Krater. Die Fotokameras wurden damals extra für den Einsatz auf dem Mond umgebaut und die Astronauten im Umgang mit ihnen geschult. Die Liste der Beweise ist noch viel länger. So werden beispielsweise heute noch Laserreflektoren zur Messung von Mondbeben verwendet, die damals dort installiert wurden. Der wohl eindeutigste Beweis dafür, dass die Mondlandung echt war, ist allerdings, dass selbst der politische Gegner der USA, die Sowjetunion, sie eindeutig bestätigt hat. Hätte es auch nur den kleinsten und halbwegs seriösen Hinweis auf eine Fälschung gegeben, hätten sowjetische Geheimdienste das damals mit Sicherheit mitbekommen, und die sowjetische Führung hätte diese Geschichte genussvoll ausgeschlachtet. Die Mär der gefälschten Mondlandung gehört also endgültig auf den Mond geschossen.

Namensgebend für dieses komplette Kapitel ist die angebliche **5G-Netz-Verschwörung**, gegen die nur **Aluhüte** helfen sollen. Immer wieder werden im Internet (wäre auf Papier eigentlich nicht sicherer? Wegen der Strahlung und so?) Theorien verbreitet, dass das neue, superschnelle Mobilfunknetz die unterschiedlichsten gesundheitlichen Folgen haben könnte. Die einen behaupten, dass 5G Krebs auslösen würde, die anderen glauben daran, dass die Regierung über das neue Netz unsere Gedanken kontrollieren oder lesen kann. Zuletzt tauchten immer häufiger auch Theorien auf, dass sogar Corona durch 5G ausgelöst wurde. Die COVID-19-Fälle in Ländern, die gar keine

5G-Masten haben, wurden zur Kenntnis genommen, aber einfach ignoriert. Wissenschaftlich betrachtet ist die Sache eindeutig: In unzähligen Studien auf der ganzen Welt wurde untersucht, ob 5G in irgendeiner Art und Weise schädlich für den menschlichen Körper sein könnte. Das Ergebnis? Es konnte keinerlei Gefahr identifiziert werden. In Deutschland gibt es strenge Grenzwerte, an die sich alle Mobilfunkanlagen, übrigens auch Router in Ihrem Zuhause, halten müssen. Wissenschaftlerinnen und Wissenschaftler sind sich einig, dass bei Einhaltung dieser Grenzwerte kein gesundheitliches Risiko besteht. Heißt also: Sie können völlig sorgenfrei und ohne Aluhut direkt unter dem Mobilfunkmasten ihr nächstes Picknick organisieren.

Bei der nächsten Verschwörungstheorie kann man sich kaum vorstellen, dass Menschen nach dem Kindergartenalter tatsächlich daran glauben. Tun sie aber. Viele Mächtige der Welt sollen in Wirklichkeit überhaupt keine Menschen, sondern reptilienartige Außerirdische sein, die die Erde übernehmen wollen oder das bereits getan haben – sogenannte **Reptiloide**. Sie wollen aber nicht nur die Macht an sich reißen, sondern führen auch Gen-Experimente an Menschen durch, essen kleine Kinder und feiern satanische Feste. Die echsenartigen Wesen aus dem All sollen in der Lage sein, sich perfekt als Mensch zu tarnen. Klar. Verdächtigt wurden unter anderem bereits Angela Merkel, Hillary Clinton und Mark Zuckerberg. Auch sämtliche Mitglieder des britischen Königshauses sollen in Wirklichkeit Reptiloide anstatt Menschen sein, genauso wie Jesus. Die Reptiloide wohnen in riesigen unterirdischen Basen – das besagt die **Hohlerde-Theorie**. Kein Scherz. Was nach dem Drehbuch eines wirklich schlechten Science-Fiction-Films klingt, meinen Verschwörungstheoretiker tatsächlich ernst. Als Beweise liefern sie häufig Fotos oder Videoaufnahmen, in denen die Pupillen der Abgelichteten vermeintlich reptilienartig aussehen. Denn auch wenn sich Reptiloide perfekt als Menschen tarnen können, sieht man immer mal wieder kurz ihre wahre Identität durchschimmern. Es gab auch mal einen vermeintlichen Augenzeugen, der behauptete, dass er bei Ausgrabungen unter der Erde von Echsenwesen angeschossen wurde. Ganz so lustig und harmlos, wie sie zunächst klingt, ist die Reptiloide-Verschwörung nicht. Sie wird nämlich maßgeblich von dem bereits erwähnten britischen Autor David Icke verbreitet, der häufig auch durch rechtsextreme und antisemitische Äußerungen auffällt. Icke hat sich bei der Reptiloiden-Verschwörung vermutlich von der Mythologie inspirieren lassen, in der schlangenartige Wesen mit teils menschlichen Zügen immer wieder eine Rolle gespielt haben. Wir denken, dass wir an dieser Stelle auf eine wissenschaftliche Einordnung dieser Theorie verzichten können, oder? Sollte jemand allen Ernstes anfangen, Ihnen von dieser Verschwörungstheorie zu berichten, schicken Sie ihn oder sie am besten direkt zur Ärztin. Danke.

Sind wir wirklich allein? Ufos, Area 51 und die Entführungsakten

Echsenwesen sind natürlich nicht das Einzige, was aus dem All auf unseren Planeten gekommen ist. Man könnte ganze Bücherreihen mit Verschwörungstheorien füllen, die von **Außerirdischen** und **Ufos** (englisch für Unidentified Flight Objects) handeln. Am 08. Juli 1947 soll beispielsweise angeblich in der Stadt Roswell in New Mexico ein Ufo abgestürzt sein. Ein Bauer aus der Gegend hatte ungewöhnliche Wrackteile aus völlig unbekannten Materialien gefunden. Heute gibt es dort nicht weniger als sechs angebliche Absturzstellen, die man als Tourist gegen Geld besuchen kann – inklusive geschmackloser Souvenirs. In Wirklichkeit stürzte in **Roswell** damals kein Ufo, sondern ein Ballon, der Teil des streng geheimen US-Militärprogramms Mogul war, vom Himmel. Die US-Regierung freute sich über die diversen Verschwörungstheorien und Alien-Erzählungen, die sich rund um den Absturz rankten, weil sie von dem, was eigentlich passiert war, ablenkten.

In eine ähnliche Kategorie gehören die Verschwörungen rund um **Area 51** in Nevada. Seit 1955 betreiben die USA dort supergeheime Forschungsprojekte. Wenn man sich dem Areal nähert, wird man bereits Kilometer vor dem Zaun von einem privaten Sicherheitsdienst abgefangen und gebeten umzudrehen. Bis heute gibt es von der US-Regierung weder eine Bestätigung noch ein Dementi, was die Existenz von Area 51 angeht, geschweige denn irgendwelche Details darüber, an was dort eigentlich gearbeitet wird. Mittlerweile weiß man, dass vor 1980 in dem Gebiet an Tarnkappenbombern und Spionageflugzeugen gearbeitet wurde. Was in den letzten 40 Jahren dort passierte, ob der Stützpunkt überhaupt noch genutzt wird – all das ist unbekannt. Diese Spekulationen schaffen natürlich den besten Nährboden für Verschwörungstheorien! Schon früh gab es Geschichten, dass in Area 51 ein Ufo-Wrack samt Alien-Besatzung untersucht wird. Der populärste Vertreter dieser Verschwörungstheorie ist **Bob Lazar**, der früher als Wissenschaftler auf dem Stützpunkt arbeitete. Er behauptet, dass die USA in den Besitz eines Ufos gekommen sind und dessen Technologie in Area 51 untersuchen, um es nachbauen zu können. Unter anderem spricht er immer wieder von einer neuen Energieform und Antigravitation. Doch Lazars Glaubwürdigkeit ist dürftig. Er konnte nie einen echten Beweis für seine Theorien vorlegen, und einige seiner Publikationen scheinen gefälscht zu sein. Dass in Area 51 Ufos ausgeschlachtet werden, gehört also wohl ins Reich der Mythen – dass dort an supergeheimen Technologien gearbeitet wird, die wir heute noch nicht kennen, ist dagegen ziemlich wahrscheinlich.

Zu guter Letzt gehören in diese Kategorie noch Tausende Geschichten von Menschen, die angeblich von außerirdischen Raumschiffen entführt wurden, um Gen-Experimente an ihnen durchzuführen, die sogenannten **Entführungsakten**. Klingt gruselig, ist es auch. Der erste populäre Fall dieser Art waren 1957 Barney und Betty Hill, die unter Hypnose davon erzählten, dass sie von kleinen grünen Wesen in ein Raumschiff gezerrt wurden, wo dann unterschiedlichste medizinische Tests mit ihnen durchgeführt wurden. Danach wurden sie angeblich wieder nach Hause in ihr Bett gebracht. So richtig glaubte den beiden, welche Überraschung, damals allerdings niemand. Ins Rollen kam die ganze Geschichte dann erst wieder in den 1980er-Jahren, als **Whitley Strieber** seinen Bestseller **Die Besucher** veröffentlichte, in dem er seine persönlichen Entführungserlebnisse beschrieb. Bis dato war Strieber Autor von Horrorbüchern gewesen, komisch. Kurz darauf behauptete **Budd Hopkins**, dass er Beweise dafür hätte, dass Hunderte, wenn nicht sogar Tausende Menschen bereits solche Entführungen erlebt hätten. Dadurch angestachelt, war der Andrang auf Hypnosetherapien enorm, und in der Tat berichteten unter Hypnose viele Menschen von einer Entführung. Ein Beweis, dass so etwas wirklich passiert ist? Wohl kaum! Wissenschaftliche und psychologische Untersuchungen haben mittlerweile das Gegenteil bewiesen. Die Menschen erzählten alle die gleichen Geschichten, und zwar genau die, die sie zuvor in den Büchern über das Thema gelesen hatten. Außerdem fällt auf, dass die Menschen die Aliens äußerlich genau so beschrieben, wie sie sie zuvor in Film und Fernsehen gesehen hatten. Es wäre doch ein eigenartiger Zufall, wenn die freie Erfindung von grauen und grünen Männchen mit großen Augen direkt ins Schwarze getroffen hätte. Psychologisch konnte man später eindeutig nachweisen, dass die Menschen der Entführungsakten unter zweifelhaften Methoden hypnotisiert wurden und sich auf diese Art und Weise falsche Erinnerungen bildeten, die auf dem beruhten, was sie zuvor in Büchern gelesen und in Filmen gesehen hatten. Die Geschichten von Alien-Entführungen beweisen also nicht, dass es solche wirklich gegeben hat, sondern eher, wie gefährlich und traumatisierend falsch angewendete Hypnose sein kann.

Zu allen Alien- und Ufo-Verschwörungstheorien kann man

abschließend noch sagen, dass es natürlich durchaus vorstellbar ist, dass es noch anderes, intelligentes Leben irgendwo im All gibt. Es wäre vermessen und arrogant zu glauben, dass wir Menschen die einzigen klugen, geschweige denn die klügsten Wesen im Universum sind.

Regiert in Wirklichkeit eine geheime Elite? Illuminaten, Tempelritter und QAnon

Hellhörig sollten Sie immer dann werden, wenn Menschen Ihnen etwas von irgendwelchen vermeintlichen Geheimbünden oder übermächtigen, im Verdeckten operierenden Gruppen erzählen. All diese Geschichten sind echte Verschwörungstheorie-Klassiker. Allen voran wären da Geschichten, die sich rund um ein vermeintliches **Weltjudentum** drehen. Schon lange gibt es Erzählungen darüber, dass Jüdinnen und Juden die Weltherrschaft an sich reißen wollen und sie die Finanz- oder Politik-Elite unterwandern. Um es klar zu sagen: Alles, was in diese Richtung geht, ist nichts anderes als antisemitischer und meistens auch rechtsextremer Blödsinn. Es waren genau solche Verschwörungsmythen, die das Naziregime unter Adolf Hitler nutzte, um ihre Verbrechen gegen die Menschlichkeit und den millionenfachen Mord an Jüdinnen und Juden zu rechtfertigen. Bei sämtlichen Erzählungen in diese Richtung gilt es also, sofort klare Kante zu zeigen!

Die **Illuminaten**, übrigens lateinisch für »Die Erleuchteten«, sollen eine elitäre Geheimgesellschaft sein, die die Macht in der Welt an sich reißen will oder dies im Geheimen längst gemacht hat. Wahr ist an der Geschichte, dass es den Illuminatenorden tatsächlich gab. Er wurde 1776 im bayrischen Ingolstadt gegründet und war eine Geheimgesellschaft mit Überzeugungen, die für die damalige Zeit ziemlich radikal waren. So wollte man beispielsweise, dass Menschen sich mehr ihres eigenen Verstandes bedienten, anstatt einfach nur zu tun, was ihnen Kirche und Staat vorschrieben. Dieses Gedankengut passte den Mächtigen damals gar nicht, weshalb der Illuminatenorden bereits wenige Jahre nach seiner Gründung verboten wurde. Die Gruppe hatte zu ihren Höchstzeiten gerade mal etwa 2000 Mitglieder. All die Verschwörungserzählungen, dass der Orden in Wirklichkeit als Geheimbund weiterbestand und von der Französischen Revolution über die Gründung der EU bis hin zur Errichtung der Weltbank so ziemlich alles mitorganisierte, sind an den Haaren herbeigezogen. Außerdem gilt auch bei Erzählungen rund um Illuminaten höchste Vorsicht, weil sie häufig eng mit antisemitischem Gedankengut verknüpft sind. Um es an dieser Stelle kurz zu machen: Auch die amerikanische Studentenverbindung **Skull & Bones** kontrolliert nicht im Geheimen, was auf der Welt passiert, genauso wenig wie angebliche **Tempelritter** es tun. Ein ziemlich geheimes Treffen, das den Lauf der Geschichte beeinflusst, gibt es allerdings tatsächlich, nämlich die **Bilderberg-Konferenzen**. Seit 1954 treffen sich europäische und nordamerikanische Eliten aus dem politischen Spektrum, um über wichtige Themen und Fragen der Zeit zu diskutieren. Viele Informationen wie Gästelisten und Ablauf der Konferenz sind öffentlich einsehbar, allerdings dringt trotzdem sehr wenig von dem, was dort besprochen wird, nach außen. Ist das deshalb eine Verschwörung? Nein, nicht wirklich. Aber es ist ein, zumindest aus demokratischer Sicht, bedenkliches Format, weil unter Ausschluss der Öffentlichkeit über politische Themen diskutiert wird, die alle etwas angehen.

Eine der jüngsten und gefährlichsten Verschwörungstheorien aus der »Geheime Eliten«-Kategorie ist die **QAnon**-Verschwörung, die ihren Ursprung 2017 in den USA hat. **Q** ist der Nickname einer bis heute unbekannten Person oder Gruppe, die von sich behauptet, in der US-Regierung zu arbeiten und von dort aus regelmäßig Insider-Informationen der höchsten Geheimhaltungsstufe im Internet zu veröffentlichen – die sogenannten **Q-Drops**. Zumindest behauptet Q, Insiderwissen zu haben. Handfeste Beweise oder Belege blieben allerdings immer aus. Stattdessen gab es kryptische Botschaften, geschrieben im Stil von Horoskopen, die im Nachhinein immer unterschiedlich und irgendwie passend gedeutet werden konnten. Die unglaubliche Geschichte, die Q vermeintlich ans Licht brachte, könnte man ungefähr so zusammenfassen: In den USA gibt es eine geheime Elite, den sogenannten **Deep State**, der aus dem Untergrund heraus die Welt regiert. In diesem Zusammenhang wird auch immer wieder von einer angeblichen neuen Weltordnung, der **New World Order**, gesprochen. Mitglieder dieses Deep State sollen unter anderem Hillary Clinton, Bill Gates, George Soros und Barack Obama sein. Ja genau, dieselben Typen, die eigentlich auch Echsenwesen sind. Ist klar. Ihren übermenschlichen Einfluss erhalten die Reichen und Mächtigen dadurch, dass sie Kinder entführen, einsperren und aus deren Blut das Verjüngungsmittel Adrenochrom herstellen, um es dann als Droge zu konsumieren. Donald Trump habe diesen Deep State zu bekämpfen versucht, wurde aber leider durch die Wahl von Joe Biden aufgehalten. Menschen wie Xavier Naidoo glauben bis heute felsenfest an diese Theorien und brechen vor laufenden Kameras sogar in Tränen aus, weil ihnen die angeblich entführten Kinder so leidtun. Uns tun die Menschen leid, die an diese Verschwörungstheorie glauben. Sie ist nämlich nichts als grober, sehr gefährlicher Unfug. Bis heute ist nicht abschließend geklärt, wer genau hinter dieser Verschwörung steckt, aber es wird immer klarer, dass es wohl antisemitische und rechtsradikale Gruppen sein müssen. Dementsprechend sind auch viele der QAnon-Erzählungen rechtsextrem und judenfeindlich. Auch hier ist also höchste Vorsicht und Distanz geboten!

Die Erzählung der bösen Pharmaindustrie – Corona, Aids und Ebola

Zu guter Letzt sind da noch die unzähligen Verschwörungstheorien, die sich um Krankheiten ranken, die wir im Laufe dieses Kapitels ja bereits immer wieder als Beispiele herangezogen haben. Bei Demonstrationen der **Querdenker**-Bewegung hört man wahlweise, dass es **Corona** gar nicht gebe, dass das Virus völlig ungefährlich sei oder dass hinter alldem der große Plan von Pharmaindustrie und Regierungen steckt, die das Ziel haben, die Menschheit zu unterdrücken. Auch die **Impfungen** wurden Ziel von Verschwörungstheoretikern. Während manche nur behaupten, dass die Nebenwirkungen der Vakzine heruntergespielt würden, verdächtigen andere die Pharmakonzerne, unglaubliche Experimente an uns durchführen zu wollen, oder wittern sogar eine gemeinsame Verschwörung mit der Regierung, uns mithilfe von eingeimpften Mikrochips zu kontrollieren. Die Fantasie ist grenzenlos. Das ist natürlich alles völliger Quatsch. Zehntausende Virologinnen, Wissenschaftler und Ärztinnen auf der ganzen Welt waren an der Bekämpfung der Pandemie und der Entwicklung von Impfstoffen beteiligt. Sie alle bei einer solchen Verschwörung mit ins Boot zu holen oder zu täuschen wäre schlicht und ergreifend unmöglich. Das Dramatische an allen Verschwörungstheorien, die mit Krankheiten zu tun haben, ist, dass sie am Ende Menschenleben kosten können. Im Jahr 1998 behauptete der britische Arzt **Andrew Wakefield** in einer Studie, für die er lediglich zwölf Kinder untersucht hatte, dass die Masern-Mumps-Röteln-Impfung bei Kindern Autismus auslösen könnte. Wegen gravierender Fehler wurde die Studie im Jahr 2010 zurückgezogen, Wakefield verlor seine Approbation, und wissenschaftlich wurde mehrfach nachgewiesen, dass keine seiner Thesen haltbar ist. Trotzdem kursieren vor allem auch in Deutschland noch immer unzählige Märchen darüber, wie gefährlich Impfungen angeblich sind. Das Ziel der WHO, die Masern in Europa durch Impfungen bis 2010 auszurotten, ist deshalb gescheitert. Jedes Jahr sterben in Deutschland Menschen, die nicht sterben müssten, weil sie sich aufgrund von kruden Verschwörungstheorien und gefährlichem Halbwissen nicht impfen lassen. Hören Sie nicht darauf. Vertrauen Sie der überwältigenden Mehrheit von Wissenschaftlerinnen und Ärzten und den belastbaren Ergebnissen von reputablen Studien. Ähnliche Verschwörungstheorien wie über Corona wurden übrigens auch über Ebola und Aids verbreitet und kosteten unzählige Leben.

Was kann man dagegen tun?

Wenn Sie Menschen in Ihrem Umfeld haben, die hartnäckig an Verschwörungstheorien glauben, tut uns das in erster Linie leid. Solche Geschichten können ohne jeden Zweifel ganze Familien spalten und langjährige Freundschaften nachhaltig zerstören. Aber gibt es nicht irgendeine Möglichkeit, die Menschen, die an solche Theorien glauben, »zurückzuholen«? Die ganz kurze Antwort: Schwierig! Dieses Thema an dieser Stelle noch ausführlich zu behandeln würde jeden Rahmen sprengen, aber lassen Sie uns den aktuellen Kenntnisstand der Wissenschaft dazu wie folgt zusammenfassen: Menschen, die an Verschwörungen glauben, mit den offensichtlichen Fakten zu konfrontieren und so überzeugen zu wollen, funktioniert nicht. Sie werden sich dagegen wehren und nach irgendeinem anderen (scheinbaren) Fakt suchen, der ihre Theorie stützt, egal wie haltlos ihr Standpunkt ist. Die Psychologie vergleicht diesen Mechanismus gern mit Rauchern. Jeder Raucher weiß, dass Rauchen ungesund ist und auf Dauer ein großes Risiko mit sich bringt, an Lungenkrebs zu erkranken. Trotzdem rauchen diese Menschen weiter. Das führt zu einem Zustand der Dissonanz, weil Wissen und Handeln nicht zusammenpassen. Menschen ertragen einen solchen Zustand nicht lange und versuchen über den Weg des geringsten Widerstands aus der unangenehmen Situation herauszukommen. Mit dem Rauchen aufzuhören, diese Sucht zu bekämpfen ist der schwierigste Weg. Einfacher ist es dagegen, zu sagen, dass Helmut Schmidt auch immer geraucht hat und weit über 90 wurde. Außerdem machen andere Menschen andere ungesunde Dinge! Und überhaupt: Wenn man jetzt mit dem Rauchen aufhören würde, wäre doch eine sofortige Gewichtszunahme die Konsequenz – das würde einen am Ende des Tages vermutlich genauso viele Lebensjahre kosten. All diese Erzählungen widersprechen jeder vernünftigen Wissenschaft, und dennoch wenden Millionen Raucherinnen und Raucher auf der ganzen Welt diese Argumentationsstrategie an, um weiterzurauchen. Sie lösen durch solche Argumente die subjektiv empfundene Dissonanz auf und haben den Konflikt gelöst. Was das mit Verschwörungstheoretikern zu tun hat? Wenn man wirklich an Verschwörungstheorien glaubt, hat man nur zwei Möglichkeiten: weiter daran glauben oder zugeben, dass man sich geirrt hat. Wenn man erst mal über Monate hinweg in krude Theorien eingetaucht ist, recherchiert, Kontakte aufgebaut und Freunden und Familienmitgliedern davon erzählt hat, ist es mehr als unangenehm, sich einzugestehen, dass man falschliegt. Man würde sich selbst lächerlich machen, sich dumm vorkommen – dabei hatte man sich doch als überlegenen Geist gesehen, der einer großen Sache auf die Schliche gekommen ist. Statt sich schlauer als andere zu fühlen, müsste man zugeben, dass man ehrlich gesagt ganz schön blöde auf einen Haufen Lügner und Brandstifter reingefallen ist. Und erst die ganze investierte Zeit, die in die Recherche der Verschwörung geflossen ist! Viele Menschen haben zusätzlich auch viel Geld in Vereine, Organisationen oder Bücher gesteckt. Das alles aufzugeben tut weh. Der einfachere Weg ist es, dem Gegenüber vorzuwerfen, dass er oder sie falschliegt und von den Massenmedien beeinflusst wurde. Nicht man selbst, die anderen irren sich! Statt die Fakten des Gegenübers anzuhören, sucht der Verschwörungstheoretiker schnell nach dem nächsten eigenen Fakt, um eine mögliche auftauchende Dissonanz zu verhindern und das eigene Weltbild zu erhalten und zu bestätigen. In den USA hat man Studien mit Menschen durchgeführt, die an prophezeite Weltuntergänge geglaubt haben. Wie wir alle wissen, ist die Welt bisher noch nicht untergegangen. Viele der in der Studie beobachteten Menschen haben in Vorbereitung auf den prophezeiten Weltuntergang ihr Haus verkauft, ihre Frau verlassen, ihren Job gekündigt, um sich dann in einem Schutzbunker einzuschließen und auf das Ende zu warten. Das kam natürlich nicht. Und dann? Als vernünftiger Mensch würde man denken, dass diese Leute dann wütend den Propheten verklagt, die ganze Sache hingeschmissen und sich bei Freunden und Familie entschuldigt hätten – schließlich waren sie ja mehr als offensichtlich einer Lüge aufgesessen. Das Gegenteil ist passiert. Die Menschen haben danach noch stärker an den Prophezeiungen festgehalten. Sie haben nach neuen Argumenten gesucht, warum der Weltuntergang verschoben wurde, oder sie haben daran geglaubt, dass sie mit ihrem Einsatz den Weltuntergang verhindert und die Menschheit gerettet hätten. Das Ergebnis der Wissenschaft: Mit jedem prophezeiten, aber nicht eingetretenen Weltuntergang wächst die Anhängerschaft der entsprechenden Gruppen, und ihre Bindung nimmt zu. Verrückte Welt.

Das Fazit sämtlicher Psychologinnen und Psychologen: Wollen Sie einem Verschwörungstheoretiker helfen, geht das nicht mit Fakten und sachlicher Diskussion – die einzige Chance, die Sie haben, ist die emotionale Schiene. Oft heilt, wenn überhaupt, aber auch erst die Zeit Wunden – nämlich dann, wenn der akute Anlass für eine Verschwörung, an die jemand glaubt, verschwindet. Ergänzend sei an dieser Stelle noch angemerkt, dass es in Deutschland mehrere Hilfsorganisationen für Angehörige von Verschwörungstheoretikern gibt. Man findet sie leicht mit ein paar Klicks im Internet. Zögern Sie nicht, sich Hilfe zu holen! Und ansonsten hoffen wir einfach, dass diese

Pandemie und die damit verbundenen Einschränkungen der Grundrechte so schnell wie möglich vorübergehen. Das wird vielen verschwörungstheoretischen Bewegungen den Brennstoff entziehen. Wenn die Menschen erst mal wieder normal leben und Urlaub machen können, weniger Sorgen und Ängste haben, werden sie auch weniger in den Telegram-Gruppen von Attila Hildmann und Michael Wendler unterwegs sein. Hoffentlich.

Wie kann man seriöse von unseriösen Informationsquellen unterscheiden? Im Grunde genommen ist es gar nicht so schwierig, wie viele denken. Das einzige Problem ist, dass man heutzutage mit einfachen Mitteln Videos, Webseiten und Artikel erstellen kann, die auf den ersten Blick und von Laien nicht von wirklich seriösen Angeboten zu unterscheiden sind. Deshalb gilt bei jeder Information und Nachricht, die Sie finden oder die jemand Ihnen schickt: Quelle prüfen! Checken Sie als Erstes, wer die Meldung verfasst hat und welches Medium dahintersteckt. Meistens sollten Sie diese Information direkt im Text oder Video finden – vielleicht müssen Sie auch nach einem Impressum suchen. Findet sich keine eindeutige Quelle, ist das schon mal ein erstes Warnzeichen, dass es sich möglicherweise um eine unseriöse Quelle handelt. Wenn außerdem die Machart des Videos in irgendeiner Art und Weise unprofessionell wirkt, der Tonfall hetzend oder die Aussagen sehr zusammengeschnitten wirken, sollte Sie das auch hellhörig machen. Finden Sie eine Nachricht, die unglaublich klingt, sollten Sie im zweiten Schritt immer eine Gegenrecherche starten. Suchen Sie nach der Schlagzeile, die Ihnen über den Weg gelaufen ist – bei Google oder einer anderen Suchmaschine. Finden Sie Berichte und Videos von seriösen, Ihnen bekannten Medien darüber? Wenn nicht, ist das ein weiteres schlechtes Zeichen. Wir wollen Sie nicht enttäuschen, aber es ist unwahrscheinlich, dass Sie eine Nachricht entdeckt haben, die sämtlichen großen deutschen Nachrichtenanbietern bisher verborgen geblieben ist. Als seriöse deutsche Nachrichtenquellen können Sie grundsätzlich die großen Zeitungen wie zum Beispiel *Zeit, Spiegel, FAZ, Süddeutsche, Tagesspiegel, Welt* und auch die *Bild* betrachten. Auch großen öffentlich-rechtlichen und privaten Radiosendern sowie Fernsehsendern wie Das Erste, ZDF, RTL, ProSieben, n-tv und n24 können Sie vertrauen. Bei YouTube ist beispielsweise alles, was aus dem öffentlich-rechtlichen Netzwerk funk kommt, als vertrauenswürdig einzustufen. Seriöse Nachrichtenagenturen sind etwa Reuters, AFP, AP und die dpa. Diese Liste ist nicht vollständig, aber wenn Sie eine Nachricht entdecken oder zugespielt bekommen, die Sie bei keiner dieser Zeitungen und bei keinem dieser Sender wiederfinden, ist die Wahrscheinlichkeit groß, dass es sich um eine Falschmeldung handelt. Im Übrigen bedeutet diese Liste auch nicht, dass all diese Medien jederzeit einwandfrei und objektiv berichten. In jedem Medium passieren Fehler, jedes Medium hat eine gewisse politische Haltung und subjektive Färbung – um ein meinungsmäßig ausgewogenes Bild zu erhalten, empfiehlt es sich deshalb, stets unterschiedliche Medien zu konsumieren und auch immer mal wieder zu wechseln. Schauen Sie mal die *Tagesschau*, mal die *Heute*-Nachrichten, mal die RTL-Nachrichten und lesen Sie an anderen Tagen irgendeine der renommierten Tageszeitungen. All diese Medien eint, dass sie nach professionellen journalistischen Standards arbeiten, also Behauptungen überprüfen und nur berichten, wenn es eindeutige Primärquellen etc. gibt. Außerdem wird in all diesen Medien stets zwischen Meinung und Fakten unterschieden. Im dritten Schritt können Sie auch konkret überprüfen, ob eine Nachricht bereits als Fake News bekannt ist, indem Sie auf Internetseiten wie mimikama.at oder correctiv.org nachschauen – dort arbeiten Journalistinnen und Journalisten, die jeden Tag Falschmeldungen aufspüren und diese auf ihren Wahrheitsgehalt hin überprüfen. Zu guter Letzt noch ein vierter Tipp: Sind Sie wirklich mal unsicher, können Sie auch jederzeit Redaktionen in Deutschland kontaktieren und dort darum bitten, der Nachricht nachzugehen, die Sie entdeckt haben. Häufiger und schneller, als Sie denken, werden Sie eine Antwort bekommen!

10 ZERSTÖREN WIR UNS AM ENDE SELBST? – KLIMAWANDEL UND NACHHALTIGKEIT

Viele Menschen glauben, dass das mit dem Klimawandel irgendwie kompliziert und abstrakt sei. Ist es nicht. Treibhausgase, allen voran Kohlendioxid (CO_2), die in unsere Atmosphäre gepustet werden, verstärken den Treibhauseffekt. Je mehr Treibhausgase in der Atmosphäre, desto stärker der Treibhauseffekt. Der Treibhauseffekt sorgt dafür, dass die Wärme der Sonne zwar in unsere Atmosphäre herein-, nicht aber wieder hinauskommt. Je stärker der Treibhauseffekt, desto wärmer wird es also auf unserem Planeten. Die Konsequenz aus alldem ist ganz einfach: Wenn wir Menschen auf Dauer mehr Treibhausgase in die Luft pusten, als unser Planet imstande ist wieder herauszuziehen, wenn also die Menge der Treibhausgase in der Atmosphäre immer weiter steigt, wird es auf unserem Planeten immer wärmer. Punkt. Das ist nicht kompliziert, ganz und gar nicht – das funktioniert im Prinzip wie eine Badewanne. Sie können Wasser ein- und ablaufen lassen. Wenn auf Dauer mehr Wasser rein- als rausläuft und Sie weder den Stöpsel ziehen noch den Wasserhahn abdrehen, läuft die Wanne irgendwann über, und Sie haben ein Problem. Wenn man den Klimawandel in diese Analogie übersetzt, steuern wir gerade auf einen riesigen Wasserschaden zu. Es ist, als würden Badewanne, Waschbecken und Toilette überlaufen, und wir würden einfach nur danebenstehen und zuschauen. Wenn wir nicht schnell etwas ändern, wird es auf unserem Planeten bis zum Jahr 2050 etwa 2 bis 5 Grad und bis zum Jahr 2100 etwa 5 bis

8 Grad wärmer sein als heute. Die paar Grad klingen erst mal nicht dramatisch, aber tatsächlich hätte ein solcher Temperaturanstieg katastrophale Folgen. Während der letzten Eiszeit, in der ganz Europa von einer meterhohen Eisschicht bedeckt war, war die Durchschnittstemperatur weltweit gerade mal 6 Grad niedriger als heute. In der Zeit der Dinosaurier war die Durchschnittstemperatur auf der Erde nur etwa 4 Grad wärmer als heute, und damals lebten Krokodile am nördlichen Polarkreis. Wissenschaftlerinnen und Wissenschaftler sind sich einig, dass große Teile unseres Planeten für Menschen nicht mehr bewohnbar sein werden, wenn wir die Klimaerwärmung nicht unter 2 Grad halten. Diese Schilderungen sollten deutlich machen, warum uns das Thema Klimaschutz in den nächsten Jahrzehnten beschäftigen wird wie kaum ein anderes. Das Verhindern der Klimakatastrophe wird für Politikerinnen, Wirtschaftsakteure, Staatenbündnisse und jeden Einzelnen von uns zur Pflicht werden wie Abstand halten, Maske tragen und zu Hause bleiben, wie es während der Coronapandemie war. In diesem Kapitel wollen wir uns noch mal genau in Erinnerung rufen, warum sich das Klima eigentlich erwärmt, was passiert, wenn wir diese Entwicklung nicht aufhalten, und welche Tools und Möglichkeiten wir haben, um uns doch noch irgendwie aus dieser selbst verschuldeten Misere zu retten. Los geht's!

Warum es immer wärmer wird – Der Treibhauseffekt

Reisen wir kurz in der Zeit zurück. Bis etwa ins Jahr 1850 haben die Menschen weniger **Treibhausgase** in die Atmosphäre gepustet, als die Natur in der Lage war zu kompensieren. Um im Badewannenbild zu bleiben: Es lief weniger Wasser in die Wanne rein, als durch den Abfluss theoretisch ablaufen konnte. Alles war gut, kein Problem, das Klima war stabil. Dann kamen Menschen im Zuge der Industriellen Revolution auf die Idee, in Massen **fossile Brennstoffe** wie Kohle zu verbrennen, um den wachsenden Energiehunger zu stillen. Das brachte uns zwar Wohlstand, Luxus und ermöglichte das Leben, das wir heute kennen. Aber die Sache hat einen Haken. Das Problem an fossilen Brennstoffen wie Kohle und Öl ist, dass sie große Mengen an Kohlendioxid (CO_2) in sich gespeichert haben. Wenn man Öl und Kohle nun verbrennt, wird dieses CO_2 freigesetzt. Durch das Verbrennen von fossilen Brennstoffen gelangen also massenhaft Treibhausgase, die vorher seit Millionen von Jahren in unseren Böden gespeichert waren, in die Atmosphäre.

Das ist der Anfang des Übels oder, um es mit den Worten von Tesla-Gründer Elon Musk zu sagen: »Fossile Brennstoffe sind mit Abstand das dümmste Experiment der Geschichte!« In der Gegenwart bläst die Menschheit jedes Jahr etwa 51 Milliarden Tonnen Treibhausgase in die Atmosphäre und überschreitet damit die Kompensierungsfähigkeit der Natur um ein Vielfaches. Gleichzeitig roden wir Waldflächen in Massen und sorgen

Der Treibhauseffekt

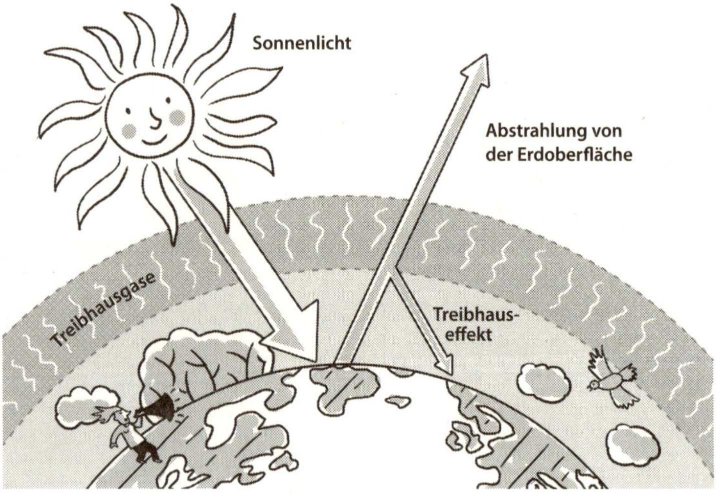

durch Überfischung dafür, dass auch die Meere immer weniger CO_2 aufnehmen und umwandeln können. Wir zerstören also immer weiter die Fähigkeit unseres Planeten, Treibhausgase wieder aus der Atmosphäre herauszuziehen. Wir haben den Wasserhahn unserer Wanne volle Kanne aufgedreht, noch den Gartenschlauch von draußen mit reingehalten, den Abfluss aber mit Haarbüscheln verstopft und sitzen nun tatenlos davor und warten, bis alles überläuft. Clever. Wir müssen dringend etwas ändern, wir müssen uns aus dem Zeitalter der fossilen Brennstoffe weiterentwickeln in ein neues Zeitalter der erneuerbaren Energien – dieser Aufruf hat nichts mit politischer Einstellung zu tun, sondern es ist ganz einfach unsere einzige Möglichkeit, langfristig auf diesem Planeten zu überleben.

Will man das ganze Dilemma wirklich verstehen, muss man sich zunächst klarmachen, was die riesigen Mengen Treibhausgase, die wir in die Atmosphäre befördern, dort eigentlich anrichten. Vom Treibhauseffekt haben wir alle schon mal gehört, aber ganz ehrlich, würden Sie den spontan in einem kurzen Vortrag vor Ihren Kolleginnen und Kollegen erklären wollen? Wir auch nicht. Deshalb hier eine kurze Auffrischung mithilfe einer weiteren Analogie: Ganz vereinfacht kann man den **Treibhauseffekt** mit einem Auto vergleichen, das in der Sonne steht. Die Sonne scheint durch die Windschutzscheibe hinein und heizt das Auto im Inneren auf. Die Wärme kann nicht so schnell wieder entweichen, wie sich das Fahrzeug erhitzt, und im Innenraum wird es immer heißer. Deshalb im Sommer bitte keine Kinder und Hunde im Auto lassen. Danke. Auch wenn unsere Erde keine Glaskuppel ist, sind die Wirkungsmechanismen ähnlich. Die Sonne scheint auf die Erde und erwärmt sie. Unsere **Atmosphäre** stellt erstens sicher, dass die eingehende Sonnenstrahlung abgedämpft wird, und sie sorgt zweitens dafür, dass ein Teil der Wärme in unserer Atmosphäre gefangen bleibt. Unsere Atmosphäre fungiert als eine Art Schutzschild, dem wir es zu verdanken haben, dass es auf unserem Planeten überhaupt irgendeine Form von Leben geben kann. Ohne Atmosphäre wäre es bei uns wie auf dem Mond – dort wird es nachts im Schatten etwa minus 160 Grad kalt und tagsüber in der Sonne etwa 130 Grad heiß. Nicht gerade angenehm. Es sind die **Treibhausgase** in unserer Atmosphäre, die dafür sorgen, dass ein Teil der Wärme, die unser Planet zurück ins Weltall strahlt, festgehalten und gespeichert wird. Die Wärme trifft in der Atmosphäre auf die Treibhausgasmoleküle und lässt diese schneller schwingen, wodurch die Atmosphäre wärmer wird. Nicht alle Gase reagieren so. Sauerstoff und Stickstoff beispielsweise lassen die Wärme einfach passieren und ins Weltall zurückreisen. Gase wie **Kohlenstoffdioxid** und **Methan** dagegen absorbieren aufgrund ihrer Beschaffenheit die Wärme. Ist die Konzentration dieser Treibhausgase in unserer Atmosphäre zu hoch, wird schlicht und ergreifend zu viel Wärme gespeichert, und unser Planet erhitzt sich immer weiter. Jedes einzelne Treibhausgasmolekül, das in unsere Atmosphäre gelangt, ist deshalb aus heutiger Sicht eins zu viel. »Wir müssen auf null kommen!«, forderte Bill Gates folgerichtig jüngst in seinem Klima-Bestseller *Wie wir die Klimakatastrophe verhindern.*

Bis zur Null ist es ein weiter Weg. 51 Milliarden Tonnen Treibhausgase pro Jahr müssten eingespart werden. Aber wie kommt diese gigantische Summe eigentlich zustande? Wer und was ist schuld an der Misere? Der genaue Blick in die Zahlen zeigt, dass in der öffentlichen Diskussion häufig die falschen Dinge im Zentrum stehen. Wir sprechen viel über Elektroautos, Flugreisen und Kreuzfahrtschiffe, dabei macht der gesamte Sektor Transport und Verkehr gerade mal 16 Prozent der jährlichen Emissionen aus. Anstatt den nächsten Fernflug zu streichen, sollten wir womöglich lieber Vegetarier werden, denn die gesamte Landwirtschaft inklusive Tierhaltung ist für etwa 19 Prozent der jährlichen Emissionen verantwortlich. Im Winter die Heizung herunterzudrehen oder Menschen wegen ihrer Klimaanlage zu beschimpfen ist übrigens auch sinnlos, weil Heizen und Kühlen gerade mal 7 Prozent der jährlichen Emissionen ausmachen. Die dicken Fische unter den Treibhausgasverursachern sind die Stromversorgung mit 27 Prozent und die Industrieproduktion, also die Herstellung von Zement, Stahl und Kunststoffen, mit sage und schreibe 31 Prozent. Sie müssen sich nicht alle diese Zahlen genaustens merken, aber in der täglichen Berichterstattung rund ums Thema Klimaschutz ist es häufig schwierig einzuordnen, wie relevant und sinnvoll eine bestimmte Maßnahme ist. Sich die ungefähren Verhältnisse der verschiedenen Treibhausgasquellen sowie das Gesamtziel von 51 Milliarden Tonnen zu merken kann da sehr hilfreich sein. Wenn Sie beispielsweise hören, dass der Emissionsrechtehandel der Europäischen Fluggesellschaften jährlich etwa 17 Millionen Tonnen CO_2 einsparen kann, wissen Sie als Erstes schon mal, dass der Sektor Transport und Verkehr sowieso nicht der entscheidende ist. Im zweiten Schritt können Sie die 17 Millionen Tonnen dann ins Verhältnis zum Gesamtziel setzen – das Ergebnis: Der Emissionshandel der Europäischen Fluggesellschaften entspricht einer Gesamtreduzierung von gerade mal 0,03 Prozent. Das ist nicht viel, wenn man bedenkt, dass es sich um eine sehr komplizierte und arbeitsaufwendige Methode handelt. Das heißt nicht, dass die Maßnahme sinnlos wäre, aber sie wird uns vermutlich auch nicht aus dem Schlamassel retten – angesichts der Dringlichkeit der Klimakrise sollten wir uns auf Lösungen konzentrieren, die in kurzer Zeit große Wirkung entfalten.

Was passiert, wenn wir nichts tun – Die Klimakatastrophe

Welche Folgen es genau hätte, wenn sich das Klima auf unserem Planeten weiter erwärmt, kann niemand genau voraussagen. Klimatische Veränderungen und ihre Auswirkungen sind unglaublich komplexe Vorgänge, und selbst die modernsten Computer und Programme sind nicht in der Lage, exakte und langfristige Vorhersagen zu treffen. Wissenschaftlerinnen und Wissenschaftler stoßen ständig auf neue Zusammenhänge und

Wirkungsmechanismen. Auch wenn niemand genau vorhersehen kann, was passieren wird, lassen sich ein paar allgemeine Voraussagen treffen. In jedem Fall werden die Folgen der Klimaerwärmung verheerend für unseren Planeten und alles Leben auf ihm sein – selbst die vorsichtigsten Prognosen sind ziemlich gruselig. Außerdem werden je nach Region sehr unterschiedliche Konsequenzen erwartet. Während viele Menschen durch die Klimaerwärmung ihr Zuhause verlieren werden, wird das Klima für andere möglicherweise sogar angenehmer. Dass es im deutschen Sommer immer häufiger richtig heiße Tage wie sonst nur im Süden gibt, sorgte zuletzt sogar tatsächlich für Freude bei einigen unserer Mitmenschen.

Insgesamt wird es überall auf der Welt mehr warme Tage geben. An einigen Orten wird es dabei heißer werden als an anderen, aber der allgemeine Trend des Temperaturanstiegs wird alle treffen. Die wärmeren Temperaturen führen dazu, dass sich immer stärkere **Stürme** zusammenbrauen werden, die Chaos anrichten. Eine weitere Konsequenz der insgesamt wärmeren Temperaturen haben wir in den vergangenen Jahren auch in Deutschland zu spüren bekommen: Es wird mehr **Dürren** geben! In Deutschland wird es in Zukunft vermutlich häufiger längere Phasen geben, in denen es gar nicht oder nur sehr wenig regnet. Die langen Trockenphasen haben verheerende Folgen. In deutschen Wäldern sterben immer mehr Bäume, ganze Lichtungen müssen gerodet werden, Baumarten, die seit Jahrtausenden in Deutschland wachsen, kommen plötzlich nicht mehr klar. Auch die Landwirtschaft leidet extrem unter den neuen Bedingungen. Ohne zusätzliche und teure Bewässerung werden viele Lebensmittel in Deutschland kaum noch angebaut werden können. Das treibt die Lebensmittelpreise in die Höhe. Wenn es zwischen den langen Dürrephasen dann mal regnet, sind die Niederschläge so heftig, dass der Boden nicht in der Lage ist, das Wasser aufzunehmen, was zu **Überschwemmungen** und **Wasserschäden** führt.

Durch den Klimawandel steigt außerdem der **Meeresspiegel** an. Aktuelle Berechnungen zeigen, dass die Pegel der Meere bis 2100 höchstwahrscheinlich einen Wasserstand anzeigen werden, der um ein paar wenige Meter höher ist als heute – das klingt nicht nach viel, ist es aber. Für manche Regionen, wie beispielsweise Deutschland, werden die steigenden Meerespegel keine riesige Herausforderung darstellen, und auch die in diesem Zusammenhang häufig scherzhaft genannten Niederländer werden über die nötigen finanziellen Mittel verfügen, um sich abzusichern. Andere Länder, wie beispielsweise Bangladesch, haben dagegen ein ernsthaftes Problem. Aktuelle Berechnungen gehen davon aus, dass etwa 20 bis 30 Prozent der Fläche des extrem armen Landes in Zukunft dauerhaft überflutet sein könnten. Millionen Menschen werden von dort flüchten müssen. Bereits heute sind die Klimaschäden dort sehr real.

Jeder einzelne Effekt des Klimawandels für sich genommen würde bereits großen Schaden anrichten. Ließe sich jedoch vermutlich irgendwie verkraften. Das große Problem am Klimawandel ist aber, dass sich die unterschiedlichen Effekte addieren und wechselseitig verstärken. Lassen Sie uns das an einem ausgedachten Beispiel zeigen. Stellen Sie sich einmal vor, Sie wären ein Landwirt in Hessen. Seit Generationen betreibt Ihre Familie den Hof und konnte damit einen vernünftigen Lebensunterhalt erwirtschaften. Doch in letzter Zeit ändert sich etwas. Während der Spaziergänge mit Ihrem Hund im Wald werden Sie in den nächsten Jahren immer häufiger ganze Lichtungen sehen, die kahl sind. Die Bäume dort kamen mit dem Klima nicht mehr klar und mussten gefällt werden. Was für ein hässlicher Anblick! Aber nicht schlimm. Schlimm ist dagegen, dass Ihr Hund häufiger zum Tierarzt muss, weil sich im Wald immer mehr und immer aggressivere Zeckenarten ausbreiten. Ätzend! Die langen Trockenphasen machen auch Ihren Arbeitsalltag immer beschwerlicher und bringen Sie in finanzielle Not. Damit Sie noch ernten können, müssen Sie immer mehr wässern.

Trotzdem haben Sie erhebliche Ausfälle. Bis zu einem gewissen Grad können Sie die Verluste durch Preiserhöhungen ausgleichen, doch trotzdem verdienen Sie von Jahr zu Jahr immer weniger. Und das, obwohl die Arbeit in den extremen Temperaturen immer härter wird. Nach einer wochenlangen Dürrephase zieht eines Sommers dann plötzlich ein Sturm mit Starkregen auf. Der Boden ist nicht in der Lage, das Wasser aufzunehmen, und Ihr Bauernhaus läuft voll. Der beträchtliche Wasserschaden frisst Ihre letzten finanziellen Reserven auf. Mühevoll kämpfen Sie sich zurück ins Geschäft. Irgendwer muss ja schließlich noch Lebensmittel herstellen. Mittlerweile haben sich durch das wärmere Klima in Deutschland Mücken breitgemacht, die tropische Krankheiten übertragen können. Eines Tages werden Sie auf Ihrem Feld gestochen und erkranken an Malaria. Sie fallen für Monate aus, der Todesstoß für Ihr Geschäft. Sie müssen Ihren Familienbetrieb aufgeben und verkaufen. Sie nehmen einen Bürojob in Frankfurt am Main an – das war zwar nicht Ihr Lebenstraum, aber immerhin können Sie davon leben. Doch in der Innenstadt sind die heißen Sommer mittlerweile fast unaushaltbar. In den Häuserschluchten ist es an manchen Tagen so heiß, dass Sie lieber direkt in Ihrem klimatisierten Apartment bleiben. Abends schalten Sie den Fernseher ein und sehen Bilder der Überschwemmungen in Bangladesch. Große Teile des Landes sind wegen der gestiegenen Meeresspiegel nicht mehr bewohnbar, Millionen Menschen flüchten von dort Richtung Europa. Deutschland steht vor einer migrationspolitischen Herausforderung, die deutlich schwieriger zu bewältigen ist als die sogenannte »Flüchtlingskrise« 2015. Rechtspopulistische Parteien erhalten immer mehr Zulauf, auf den Straßen gibt es große Demonstrationen und Unruhen. Ihnen reicht es, Sie ertragen all die schlechten Nachrichten nicht mehr und wollen einen Urlaub buchen, um auf andere Gedanken zu kommen. Leider stellen Sie fest, dass Sie sich mittlerweile nicht mal mehr einen Flug nach Mallorca leisten können, weil die CO_2-Steuer so hoch ist, dass Flugreisen nur noch für den privilegierten Teil der Gesellschaft zu bezahlen sind. Ganz toll. Willkommen in der Zukunft!

Dieses Beispiel ist zugegebenermaßen etwas zugespitzt, aber es gibt dennoch wichtige Denkanstöße zu Themen, die viele Menschen nicht im Bewusstsein haben, wenn es um Klimaerwärmung geht. Verändert sich das Klima, betrifft das nahezu alle Bereiche unseres Lebens. Klimaerwärmung beeinflusst unsere Gesundheit, unser Wohlbefinden, unsere Umgebung, unsere Jobs, geopolitische Entwicklungen und damit auch politische Verhältnisse im Inland. Wird es auf unserem Planeten wärmer, hat das auch ganz konkrete Auswirkungen auf unser tägliches Leben, und zwar tendenziell ziemlich negative.

Wem das trotzdem noch zu abstrakt ist, dem hilft vielleicht eine aktuelle Berechnung zu möglichen **Klimatoten**. Durch Naturkatastrophen, die Zerstörung von Lebensraum sowie schlicht und ergreifend durch Überhitzung werden in Zukunft mehr Menschen sterben. Wenn wir nichts ändern, könnten bis Mitte dieses Jahrhunderts ähnlich viele Menschen am Klimawandel sterben wie zuletzt an der Coronapandemie. Erste Modellierungen gehen von jährlich etwa 14 Klimatoten pro 100 000 Menschen bis zum Jahr 2050 aus. Bis zum Ende des Jahrhunderts könnten es knapp 100 Klimatote pro 100 000 Menschen werden. Dagegen hilft kein Lockdown, keine Maske und kein Impfstoff, sondern einfach nur das Reduzieren der Treibhausgas-Emissionen. Fakt ist also: Wir müssen etwas tun, die Frage ist nur, was.

Was wir tun müssen – Klimaanpassung und Klimaschutz

Lassen Sie uns zu Beginn dieses Abschnitts eine wichtige sprachliche Unterscheidung treffen. Denn wenn in privaten Gesprächen wie auch in politischen Talkshows die Verhinderung der Klimakatastrophe diskutiert wird, werden regelmäßig unterschiedliche Begriffe durcheinandergebracht. Das wäre nicht weiter schlimm, wenn es nicht verhindern würde, dass politische Entscheidungen und wissenschaftliche Ergebnisse korrekt bewertet werden. Um es in aller Deutlichkeit zu sagen: **Klimaschutz** ist ungleich **Umweltschutz**! Trotzdem werden beide Wörter häufig synonym füreinander verwendet. In diesem Kapitel geht es einzig und alleine um den Klimaschutz, nicht um den Umweltschutz. Wenn wir verhindern wollen, dass das Klima auf unserer Welt kippt, müssen wir aufhören, Treibhausgase in die Luft zu pusten – das hat mit Umweltschutz nichts zu tun. Umweltschutz bedeutet, Probleme wie Plastikmüll im Meer oder das massenhafte Aussterben von Insekten anzupacken – auch wenn es hier durchaus Wechselwirkungen mit dem Klima gibt, handelt es sich dabei nicht um Klimaschutz im eigentlichen Sinne. Warum aber ist die Verwechslung dieser beiden Begriffe ein Problem? Ist es nicht etwas kleinlich, hier so penibel zu sein? Nein, ist es nicht. Nehmen wir dieses prominente Beispiel, bei dem eine unsaubere Begriffstrennung die Diskussion auf den komplett falschen Pfad führt. Ein Elektroauto ist aus Klimaschutzsicht die klar bessere Alternative, verglichen mit einem Verbrennerfahrzeug. Wenn man das Elektroauto mit Strom aus erneuerbaren Energien lädt, kann man damit so lange durch die Welt fahren, wie man möchte, ohne weitere Treibhausgase in die Luft zu pusten. Ein Fahrzeug mit Verbrennungsmotor dagegen emittiert mit jedem gefahrenen Kilometer CO_2 in die Atmosphäre. Je mehr Sprit ein Auto verbraucht, desto höher die Treibhausgasemissionen. Beide Fahrzeuge kommen außerdem mit einem gewissen CO_2-Fußabdruck »auf die Welt«, weil natürlich auch ihre Produktion Energie verbraucht und damit Treibhausgasemissionen verursacht. Dieser CO_2-Fußabdruck kann bei Elektrofahrzeugen in der Tat etwas höher sein als bei Verbrennerfahrzeugen, spätestens nach ein paar Zehntausend gefahrenen Kilometern ist das Elektrofahrzeug allerdings die klimafreundlichere Lösung. In den Diskussionen um die Vorteile und Notwendigkeiten der Elektromobilität wird nun aber häufig folgendes Gegenargument benutzt: Die Produktion der Batterien und die dadurch ausgelöste Nachfrage nach Lithium würde die Atacama-Wüste in Chile verunstalten. Den Dörfern dort würde das Wasser geraubt, und die Menschen müssten unter schrecklichen Bedingungen arbeiten. Deshalb seien Elektroautos am Ende sogar schlechter als Verbrenner! Fakt ist: Der Lithium-Abbau verursacht tatsächlich massive Umweltschäden, und auch das Recycling der Batterien stellt ein bisher ungelöstes Problem dar – allerdings hat das mit dem Schutz des Klimas nichts zu tun. Sie sehen: Wenn es um **Klimafreundlichkeit** geht, sind Elektroautos ganz klar besser als Verbrennerfahrzeuge. Geht es dagegen um die Frage der **Umweltfreundlichkeit**, müsste man genauer betrachten, ob der Abbau von Lithium der Wüste oder das Betreiben von Ölplattformen den Meeren mehr schadet. Vermutlich käme man zu dem Ergebnis, dass beides nicht sonderlich umweltfreundlich ist. Ein ähnliches Paradoxon ergibt sich beispielsweise bei der Diskussion um Atomstrom. Aus der Perspektive des Klimaschutzes ist es völlig falsch, dass wir in Deutschland zuerst aus der Kernenergie und erst später aus der Kohlekraft aussteigen. Atomstrom verursacht weniger CO_2-Emmissionen als Kohle oder Gas. Die Entscheidung, aus der Kernkraft auszusteigen, wurde von der Bundesregierung aus Umweltschutzgründen getroffen – ein Unfall in einem Kernkraftwerk in Deutschland hätte verheerende Folgen für die Umwelt, und eine Lösung, wohin mit dem Atommüll, fehlt noch immer. (Mehr dazu lesen Sie übrigens in Kapitel 11.) Also: Wollen wir zielführende Diskussionen über das Thema führen, ist es unbedingt notwendig, dass wir sauber zwischen Klima- und Umweltschutz unterscheiden. Was klimafreundlicher ist, muss nicht zwangsläufig auch umweltfreundlicher sein und kann angesichts der drohenden Klimakatastrophe dennoch die bessere Alternative sein. Halten Sie beide Begriffe also sauber auseinander! Im Folgenden werden wir uns nun die Möglichkeiten des – na? Richtig! – Klimaschutzes genauer anschauen!

Das Klima interessiert sich nicht für Ländergrenzen, und deshalb muss das Problem auf internationaler Ebene angepackt werden. Wird es auch. Seit 1995 findet jedes Jahr eine von den Vereinten Nationen organisierte **Weltklimakonferenz** statt. In großer Runde diskutieren alle Staaten der Welt bei den Klimakonferenzen darüber, welche Schritte unternommen werden, um die Erderwärmung zu stoppen. Lange Zeit blieben diese Treffen allerdings ziemlich zahnlose Tiger. Das sollte sich erst 2015 bei der berühmten **Pariser Klimakonferenz** ändern. Am 12. Dezember 2015 einigten sich die Länder der Vereinten Nationen im Pariser Klimaabkommen darauf, die menschengemachte globale Erwärmung auf deutlich unter zwei Grad Celsius zu begrenzen – das sogenannte **Zwei-Grad-Ziel**. Das Problem an der Geschichte: Wie genau dieses Ziel erreicht werden soll, wurde nicht verbindlich festgelegt. Es liegt nun also in der Eigenverantwortung der unterschiedlichen Länder, notwendige Schritte zu unternehmen.

Wie ist das bei uns geregelt? Die Europäische Union hat mittlerweile gesetzlich festgeschrieben, bis zum Jahr 2050 **klimaneutral** sein zu wollen. Ein ehrgeiziges Ziel! In Deutschland gibt es das **Klimaschutzgesetz**, das 2019 eingeführt wurde. In dem Gesetz hat die Bundesregierung festgelegt, den CO_2-Ausstoß bis 2030 um mindestens 55 Prozent im Vergleich zum Jahr 1990 zu reduzieren. Wie es danach weitergehen soll, steht nicht in dem Gesetz. Der Klima-Protestbewegung **Fridays for Future** und der **Deutschen Umwelthilfe** war das nicht genug. Gemeinsam haben sie beim Bundesverfassungsgericht in Karlsruhe Klage eingereicht und Anfang 2021 tatsächlich recht bekommen! Bis Ende 2022 muss die Bundesregierung nun einen Plan vorlegen, wie der Treibhausgasausstoß nach 2031 weiter reduziert werden soll. Das Bundesverfassungsgericht argumentierte, dass die kommenden Generationen ein Recht darauf haben, dass die heutigen Generationen ihnen eine vernünftige Lebensgrundlage hinterlassen. Heute noch fröhlich CO_2 in die Atmosphäre zu pusten und damit von den kommenden Generationen zu verlangen, dass sie den Karren dann schon irgendwie aus dem Dreck ziehen, geht nicht! Aber wie geht es dann? In den nächsten Abschnitten werden wir einige der derzeit am aktivsten diskutierten Klimaschutzmaßnahmen etwas genauer beleuchten.

Glauben Sie daran, dass Unternehmen und Privatpersonen in den nächsten Jahren ihre CO_2-Emissionen freiwillig massiv verringern werden, weil sie das schlechte Gewissen plagt? Weil sie wissen, dass ein radikaler Wandel besser für die Menschheit und den Planeten wäre? Werden Menschen ein Elektroauto kaufen, das teurer als ein Verbrenner ist und zudem auf der Fahrt in den Urlaub zweimal 30 Minuten geladen werden muss, anstatt vorher nur einmal fünf Minuten betankt zu werden? Werden Hausbesitzer für Zehntausende Euro mehr eine Luftwärmepumpe anstatt einer Gasheizung einbauen lassen, obwohl sie für das gleiche Geld auch zwei Wochen Urlaub auf den Malediven buchen könnten? Werden Menschen freiwillig nach jedem Mallorca-Flug Geld spenden, um die verursachten CO_2-Emmissionen wieder auszugleichen? Werden sie auf das Schnitzel in der Kantine verzichten, solange es günstiger ist als die vegetarische Alternative? An all das kann man glauben, aber dann stellt man vermutlich auch noch dem Weihnachtsmann Milch und Kekse bereit. Solange die Klimaerwärmung nicht direkte und massive Folgen für sie hat, werden Menschen nicht einsehen, wirtschaftliche Einbußen hinzunehmen – auch wenn sie wissen, dass das fürs Klima vielleicht besser wäre. Die meisten können sich das schlicht und ergreifend nicht leisten, und das kann man ihnen auch nicht vorwerfen. Eine der wichtigsten Klimaschutzmaßnahmen ist deshalb die **CO_2-Steuer**. Die Idee dahinter ist so simpel wie effektiv: Wenn wir die Klimakatastrophe noch verhindern wollen, können wir es uns nicht mehr leisten, allzu viele Treibhausgase in die Atmosphäre zu pusten. Das Verursachen von Emissionen hat also durchaus einen hohen Preis für unser Klima, aber es kostet seine Verursacher bisher kaum etwas. Das wird mit der CO_2-Steuer geändert. Hier wird jeder Tonne Treibhausgas, die ausgestoßen wird, eine bestimmte Abgabepflicht zugewiesen. Je ernster die Klimaerwärmung wird und je weniger wir es uns erlauben können, noch mehr Treibhausgase zu emittieren, desto höher wird diese finanzielle Abgabe angesetzt. Durch die CO_2-Steuer werden Produkte, die viele Treibhausgase verursachen, teuer. Benzin wird teurer, Gas wird teurer, Fliegen wird teurer, Fleisch wird teurer. Das bedeutet im Umkehrschluss, dass klimafreundlichere Alternativen wie Elektroautos oder klimafreundlichere Heizungen attraktiver werden – ganz einfach, weil man mit ihnen Geld sparen kann. Auf Dauer wird das sowohl Privatpersonen als auch Unternehmen dazu bringen, ihre CO_2-Emissionen zu senken und auf klimafreundlichere Technologien umzusteigen. In Deutschland wurde deshalb die **CO_2-Bepreisung** im Jahr 2021 eingeführt – von anfangs 25 Euro für eine Tonne CO_2 werden die Kosten bis zum Jahr 2026 auf etwa 60 Euro pro Tonne CO_2 steigen. Umgerechnet auf einen Liter Diesel bedeutet das eine Preissteigerung von anfangs etwa 6,7 Cent pro Liter und etwa 20 Cent pro Liter in fünf Jahren.

Eine ähnliche Steuerungsidee verfolgt man mit **CO_2-Zertifikaten** bzw. dem **Emissionshandel**. Die Idee dahinter ist simpel: Jeder Staat legt eine Obergrenze fest, wie viel Treibhausgase innerhalb eines gewissen Zeitraums maximal von Kraftwerksbetreibern und anderen energieintensiven Unternehmen ausgestoßen werden dürfen. Jedes Unternehmen bekommt also in Form eines Zertifikats eine maximale Menge an Emissionen zugewiesen, die es verursachen darf. Will ein Unternehmen nun größere Mengen klimaschädliches Gas in die Luft pusten, als seine Zertifikate erlauben, muss es weitere Zertifikate hinzukaufen. Das kostet viel Geld. Klimafreundlichere Unternehmen, die ihr CO_2-Kontigent gar nicht voll ausschöpfen, können ihre Zertifikate dagegen verkaufen und sich so etwas dazuverdienen. Ist die Menge der CO_2-Zertifikate richtig gewählt, werden sie schließlich so teuer, dass es für Unternehmen aus marktwirtschaftlichen Gründen attraktiver ist, klimafreundlicher zu werden. Ganz ohne Zwang, Verbote und Regeln werden auf diese Art und Weise immer weniger Treibhausgase in die Atmosphäre gepustet. In der Europäischen Union gibt es zwar einen Emissionshandel, allerdings steht dieser heftig in der Kritik. Es würden zu viele Zertifikate ausgegeben, weshalb ihr Preis zu niedrig ist und die gewünschte Wirkung ausbleibt, heißt es immer wieder.

Die Alternativen zu CO_2-Bepreisung und Emissionshandel sind **Subventionen** und **Förderungen von klimafreundlicheren Alternativen**. Anstatt klimaschädliche Technologien abzustrafen und teurer zu machen, werden klimafreundliche Technologien durch Subventionen günstiger und attraktiver gemacht. In Deutschland sieht das beispielsweise konkret so aus: Wer ein Elektroauto kauft, wird dabei vom Staat mit mehreren Tausend Euro gefördert und muss außerdem zehn Jahre lang keine Kfz-Steuer zahlen. Wer eine Luftwärmepumpe einbauen lässt, erhält vom Staat fast die Hälfte der Kosten dafür erstattet. Solche Maßnahmen sollen klimafreundlichere Alternativen aus wirtschaftlicher Sicht attraktiver machen. Man will Anreize zum Umstieg und zur Investition in neue Technologien schaffen – mit Erfolg! Seitdem man beispielsweise die Förderung für Elektroautos massiv angehoben hat, steigt die Nachfrage nach diesen Fahrzeugen stark an. Die Förderungen und Subventionen werden in Deutschland von der Kreditanstalt für Wiederaufbau (KfW) verwaltet.

Eine der größten Herausforderungen beim Klimaschutz wird in Deutschland die **Energiewende** sein. Bis zum Jahr 2050 soll Deutschland den überwiegenden Teil der benötigten Energie aus erneuerbaren Quellen beziehen. Ein durchaus ehrgeiziges Ziel, das vielen Klimaschützerinnen und Klimaschützern trotzdem nicht weit genug geht. Konkret bedeutet die Energiewende, dass im Jahr 2023 in Deutschland die letzten Atomkraftwerke vom Netz gehen sollen, Kohlekraftwerke sollen dagegen noch bis 2038 in Betrieb bleiben. Um den Energiebedarf zukünftig zu decken, soll Strom stattdessen aus **Sonne** und **Wind** produziert werden. Weil diese Energie nicht immer gleichmäßig verfügbar ist, sondern großen Schwankungen unterliegt (je nachdem, ob die Sonne scheint oder der Wind weht), muss außerdem das gesamte Stromnetz umgebaut, modernisiert und angepasst werden, um diese Schwankungen ausgleichen zu können. In der Berichterstattung rund um dieses Thema werden Sie häufig vom **EEG**, dem **Erneuerbare-Energien-Gesetz** lesen, in dem viele dieser Maßnahmen genauer geregelt sind.

Ein letzter Aspekt, der beim Klimaschutz häufig stiefmütterlich behandelt wird, ist unsere **Ernährung**. Etwa ein Drittel unseres persönlichen CO_2-Fußabdrucks geht auf unsere Ernährung zurück, und wir könnten eine Menge davon einsparen. Um Fleisch und andere tierische Produkte herzustellen, werden vergleichsweise viele Treibhausgase emittiert. Unsere nach wie vor extrem fleischige und tierische Ernährung fördert die Massentierhaltung und damit die Klimaerwärmung. Ein paar konkrete Zahlen zeigen das Problem deutlich: Um ein Kilogramm Rindfleisch herzustellen, werden etwa 20 Kilogramm CO_2 in die Atmosphäre gepustet. Auch Fisch verursacht mit etwa 10 Kilogramm CO_2 pro Kilogramm Lebensmittel einen erheblichen Treibhausgasausstoß. Am klimafreundlichsten sind noch Schwein, Hähnchen und Fisch aus Aquakulturen mit jeweils etwa 3 bis 5 Kilogramm CO_2 pro Kilogramm Fleisch. Fleischlose Alternativen wie vegetarische Bratlinge, Tofu, Tempeh oder Lupinenmehl dagegen verursachen weniger als 1 Kilogramm CO_2-Ausstoß pro Kilogramm Lebensmittel – eine deutlich bessere Bilanz! Wollen wir das Klima retten, müssen wir unsere Ernährung ändern. Wir müssen nicht komplett auf Fleisch oder tierische Produkte verzichten, aber uns insgesamt vegetarischer und pflanzenbasierter ernähren, als wir es heute tun. Ansonsten bekommen wir übrigens auch ganz banal ein Platzproblem. Würde die gesamte Weltbevölkerung sich so ernähren wie wir in Deutschland, wäre unser gesamter Planet mit Rindern vollgestellt, denn die »Fleischproduktion« braucht extrem viel Platz! Um 1000 Kilokalorien Nährwert zu produzieren, benötigt Rindfleisch fast 14 Quadratmeter Fläche, Brot gerade mal 0,9 Quadratmeter und Kartoffeln nur 0,3 Quadratmeter. Will man sich klimafreundlich ernähren, sollte man einen möglichst hohen Anteil an pflanzlichen Lebensmitteln in seiner Ernährung haben – hier kann es schon ein guter Anfang sein, sich vorzunehmen, höchstens einmal pro Woche Fleisch zu essen. Das ist übrigens auch aus gesundheitlicher Sicht dringend zu empfehlen! Außerdem sollte man möglichst ökologisch erzeugte Biolebensmittel kaufen. Bei der Beschaffung kann man außerdem darauf achten, dass man Lebensmittel kauft, die aus der Region kommen und die Saison haben. Seine Ernährung umzustellen ist eines der einfachsten und besten Dinge, die man für den Klimaschutz tun kann, weil man damit nicht nur dem Klima, sondern auch seiner eigenen Gesundheit etwas Gutes tut.

Werden wir am Ende alle im Klimachaos sterben?

Nein, mit Sicherheit nicht. Aber die Klimaerwärmung wird vermutlich massive Schäden anrichten und uns das Leben nicht gerade leichter machen. Mit jedem einzelnen Grad mehr wird das Thema Klimaschutz dringlicher. Mittlerweile haben fast alle großen Regierungen der Welt die Zeichen der Zeit erkannt und sich auf einen neuen Kurs in der Zukunft festgelegt. Sicherlich reichen die Maßnahmen oft noch nicht aus – aber die Richtung stimmt immerhin schon mal! Dass selbst die USA und China mittlerweile »Klimaneutralität« als Ziel ausrufen, kann man durchaus als Erfolg sehen. Die große Frage ist also längst nicht mehr, ob Klimaschutz wichtig ist, sondern wie er am besten geleistet werden kann. Die Diskussionen darüber werden keine leichten sein, weil sie häufig bedeuten, dass Menschen jahrelange und lieb gewonnene Gewohnheiten und Lebensweisen ändern müssen. Auch wenn man es mit positiven Anreizen versucht, wird sich Klimaschutz für viele wie ein Verzicht anfühlen. Dabei ist es eine riesige Chance! Durch neue Technologien und Entwicklungen können neue Industrien entstehen und neue Jobs geschaffen werden. Die Veränderung in unserer Welt gibt uns die Möglichkeiten, viele Dinge besser, gesünder und praktischer zu machen, als sie heute sind. Ganz ehrlich, ein Elektroauto fährt ruhiger, sicherer und schöner als ein Verbrenner! Innenstädte, die begrünt werden, helfen nicht nur dem Klima, sondern geben den Menschen, die dort wohnen, auch mehr Lebensqualität. Und wenn wir es schaffen, unseren Strom aus Wind und Sonne anstatt aus Kohle und Kernkraft zu produzieren, verbessern wir die Luftqualität und beenden das permanente Risiko eines Super-GAUs. Ernähren wir uns klimafreundlicher, leben wir gesünder und länger – wer will das nicht? In den kommenden Jahrzehnten wird uns das Thema Klimaschutz weiterhin beschäftigen, und vermutlich werden wir den Klimawandel auch mehr und mehr am eigenen Leib zu spüren bekommen. Die Herausforderungen, die sich uns stellen, werden nicht immer leicht zu bewältigen sein. Deshalb wird es unserer Meinung nach extrem wichtig werden, dass wir Klimaschutz als etwas Positives und als Chance betrachten und nicht als Einschränkung und Ärgernis. Klimaschutz bedeutet nicht Verzicht oder Verbot, sondern die Möglichkeit, eine bessere und nachhaltigere Welt mitzugestalten, in der auch noch unsere Enkelkinder gut leben können. Was kann es Wichtigeres und irgendwie auch Schöneres geben als das?

Wenn man bei einer Konferenz tagelang auf Klappstühlen in kleinen Pappkabinen in einer Messehalle sitzt und sich gegen Ende die Nächte um die Ohren schlägt, während Politikerinnen und Politiker diskutieren, dann ist man als Journalistin bei der Klimakonferenz der Vereinten Nationen. Bei dieser zweiwöchigen Konferenz treffen sich politische Delegationen und Umweltaktivistinnen und -aktivisten aus fast 200 Ländern – also fast allen Ländern dieser Welt –, um Klimapolitik zu betreiben. Jedes Jahr wird ein anderer Ort gewählt. Und natürlich kommen Journalistinnen und Journalisten aus aller Welt, um zu berichten. Ein Hotelzimmer zu finden – gar nicht so einfach. Jennie war in den vergangenen Jahren für *logo!* bei den Klimagipfeln in Paris, Bonn und Madrid und heftete sich dort an die Fersen der Kolleginnen und Kollegen von der Umweltredaktion des ZDF. Wenn nämlich beispielsweise über natürliche CO_2-Senken, »Loss and Damage« und CMD-Zertifikate beraten wird, ist es gut, Leute an seiner Seite zu haben, die sich seit Jahren ausschließlich mit diesen Themen beschäftigen. Dass das öffentlich-rechtliche Fernsehen solche Fachredaktionen hat, führt zu einer deutlich besseren Berichterstattung. Wer als Journalistin solche Themen jahrelang begleitet, versteht schneller und berichtet dann auch korrekt. Auch die Klimakonferenzen selbst versuchen übrigens, möglichst klimafreundlich zu sein. Es werden Elektro-Shuttlebusse und kostenlose Fahrräder gestellt, und vor Ort wird Müll vermieden, zum Beispiel indem keinerlei Wasserflaschen verkauft werden, sondern wiederbefüllbare Flaschen für Wasserspender. Das Essen ist vegetarisch oder sogar vegan, und Teile der Messestände sind wiederverwendbar. Trotzdem hat Jennie den ein oder anderen Dieselgenerator zum Beheizen von zusätzlichen Messezelten erspäht. Und während Greta Thunberg zur Konferenz 2019 nach Madrid gesegelt ist, fliegen die meisten Teilnehmerinnen und Teilnehmer dafür um die halbe Welt. Hoffen wir, die neuesten Klimaziele, auf die sich dort geeinigt wurde, werden dann von den einzelnen Staaten auch wirklich eingehalten!

11 FLUCH ODER SEGEN FÜR DIE MENSCHHEIT? – ATOMKRAFT

»Die Kernspaltung hat alles verändert, nur nicht die Art unseres Denkens, und deshalb bewegen wir uns auf eine Katastrophe ohnegleichen zu.« – Albert Einstein. Super Aussichten.

Und wissen Sie was? Diese Katastrophe könnte jetzt sofort passieren. Das meinen wir wortwörtlich. Es könnte in diesem Moment, in fünf Minuten, in der Nacht von heute auf morgen oder nächste Woche knallen. Auf der Welt sind derzeit 442 Atomkraftwerke in Betrieb, die jederzeit das Potenzial dazu haben, in die Luft zu fliegen. Diese Gefahr ist real, und es hilft nicht, darum herumzureden. Käme es beispielsweise in dem für Pannen bekannten Atomkraftwerk Tihange in Belgien zur Katastrophe, wären ab morgen möglicherweise weite Teile Nordrhein-Westfalens für die nächsten Generationen unbewohnbar. Ihnen fehlt noch immer Motivation, um das folgende, auf den ersten Blick recht technisch klingende Kapitel zu lesen? In den Waffenkellern dieser Welt liegen etwa 13 000 Atomwaffen herum, mit denen vor allem die USA und Russland über Nacht große Teile der Welt in Schutt und Asche legen, möglicherweise sogar das Ende der Menschheit einläuten könnten. Der US-Präsident hat dafür jederzeit einen kleinen Koffer inklusive Träger bei sich, mit dem er von jetzt auf gleich einen Nuklearkrieg auslösen könnte. Das alles klingt wie die Einleitung eines dramatischen Science-Fiction-Streifens aus Hollywood, ist aber einfach nur Realität – die Welt, in der wir leben.

Wenn Sie jetzt den spontanen – und sehr vernünftigen – Impuls verspüren, sofort alle Atomprojekte stoppen zu lassen, haben wir schlechte Nachrichten: Geht nicht! Genau das ist die Krux an der Sache. Mit dem Prozess der Kernspaltung haben wir etwas geschaffen, das wir nicht von heute auf morgen einfach wieder abstellen können. Der Atommüll, den wir heute produzieren, wird auch in Millionen Jahren noch radioaktiv strahlen und potenziell schädlich für Mensch und Natur sein. Atomkraftwerke können Sie nicht einfach so ausschalten und Atomwaffen nicht einfach so abrüsten. Das versucht die internationale Politik schon seit Jahrzehnten. Seit sie erfunden wurde, spaltet Atomkraft nicht nur Atomkerne, sondern auch die Gesellschaft. Die einen sehen in ihr eine nahezu unendliche, klimafreundliche Energiequelle, die der Menschheit zu ungeahntem Wohlstand verhelfen wird. Die anderen sagen »Atomkraft? Nein danke« und ketten sich an Schienen, um Atommülltransporte zu stoppen und gegen das gesamte System Kernkraft zu demonstrieren. Sie haben ihr Ziel am Ende erreicht. Deutschland hat seine Entscheidung in dieser Frage vor Jahren getroffen: Bis 2022 müssen alle Atomkraftwerke im Land abgeschaltet sein. Allerdings wackelt dieser Beschluss angesichts der sich zuspitzenden Klimakrise immer mehr, und auch die Frage eines Endlagers für den bereits bestehenden Atommüll ist noch lange nicht geklärt.

Atomkraft, Fluch oder Segen? Um die Diskussion ernsthaft führen zu können, muss man zunächst erst mal verstehen, warum Atomkraft anders ist als alle anderen Energieformen auf der Welt. Atomkraft basiert auf einer Kettenreaktion, die einerseits enorme Mengen Energie freisetzt, die wir andererseits aber nie wieder stoppen und nur schwierig kontrollieren können: Kernspaltung – ein Ritt auf der Rasierklinge.

Im Dezember 1938, also vor nicht mal 100 Jahren, entdeckte der deutsche Chemiker **Otto Hahn** gemeinsam mit seinem Mitarbeiter **Fritz Straßmann** die **Kernspaltung**, ohne die es heute weder **Atomkraftwerke** noch **Atombomben** geben würde. Otto Hahn bestrahlte das silberweiße Metall **Uran**, das in der Natur vermischt mit anderen Stoffen in der Erdkruste vorkommt, mit Neutronen, also winzigen neutralen Teilchen. Dabei stellte er fest, dass die Atomkerne des Urans, wie er es beschrieb »zerplatzten«. Das eigentlich Entscheidende: Bei diesem Prozess werden enorme Mengen Energie freigesetzt. Deshalb spricht man übrigens auch von Kern- oder Atomkraft, weil die Energie im wahrsten Sinne des Wortes aus dem Kern des Atoms kommt. Schnell stellte sich die Frage, ob man diese Energie nutzen und sich damit möglicherweise von den bisherigen Energieträgern Öl, Kohle und Gas unabhängiger machen könnte. Erste Konzepte für Atomkraftwerke entstanden. Und wie so oft in der Menschheitsgeschichte dauerte es auch nicht lange, bis die neue Technologie für die Entwicklung von Waffen genutzt wurde. Mit der Atombombe schuf die Menschheit eine Waffe, mit der sie ohne Probleme ihre eigene Existenz auslöschen könnte – eine sogenannte Massenvernichtungswaffe. Auf Atomwaffen werden wir später noch zurückkommen.

Es folgt zunächst ein kurzer Ausflug in die Naturwissenschaft. Denn wenn man verstehen möchte, warum Kernkraft einerseits großes Potenzial, andererseits aber auch riesige Gefahren birgt, muss man zumindest grundlegend nachvollziehen, was Kernspaltung überhaupt ist. Okay – wir sehen ein, dass bereits das Wort »Kernspaltung« wahnsinnig abschreckend klingt, aber so schwierig ist es nicht! Sie erinnern sich bestimmt an das gute alte Periodensystem aus dem Chemieunterricht, meistens in Form eines ziemlich alten und versifften Plakats, bei dem schon eine Ecke fehlte, weil irgendwer darin mal sein Kaugummi eingerollt hatte, und auf dem die unterschiedlichen Elemente abgebildet sind, die in unserer Welt vorkommen. An der ersten Stelle des Periodensystems steht beispielsweise Wasserstoff, an der achten Stelle Sauerstoff und an der 92. Stelle das Metall Uran. Bestimmte Varianten, sogenannte Isotope von Uran, sind radioaktiv. Moment, »Varianten«, »Isotope«, »radioaktiv«? Lassen Sie uns das genauer erklären. Wir müssen uns schnell noch an eine zweite Sache aus dem Schulunterricht erinnern. Sie wissen sicherlich noch, dass jedes Element aus einem bestimmten Atom, einem winzigen Teilchen, besteht. Jedes Atom besteht wiederum aus einem Kern, in dem positive Teilchen, sogenannte Protonen, und neutrale Teilchen, sogenannte Neutronen, enthalten sind. Um den Kern herum fliegen negative Teilchen, sogenannte Elektronen. Das wohl bekannteste und einfachste Atom der Welt ist Wasserstoff, das aus einem einzelnen Proton im Kern und einem einzelnen Elektron in der Hülle besteht. Ein Uran-Atom ist etwas komplizierter. Es hat 92 Protonen im Kern und 92 Elektronen in der Hülle. Das ist bei allen Uran-Atomen gleich! Es gibt aber unterschiedliche Uran-Varianten, die unterschiedlich viele Neutronen im Kern haben – das sind die sogenannten Isotope. Das entscheidende Isotop, das in der Kernkraft immer wieder eine zentrale Rolle spielt, ist **Uran 235**, eine Variante von Uran, die aus 92 Protonen und 143 Neutronen im Kern besteht. Wenn man Uran 235 mit freien, einzelnen Neutronen bestrahlt, also beschießt, zerplatzt der Kern des Uran-Atoms. Dadurch werden zwei Prozesse in Gang gesetzt: Zum einen verändert sich das Atom, und es wird Energie in Form von Wärme abgegeben. Zum anderen werden mehrere Neutronen aus dem Kern des Uran-Atoms gelöst, die anschließend frei umherfliegen. Der letzte Vorgang, das Lösen von Neutronen aus dem Atomkern, ist entscheidend, denn dadurch wird eine Kettenreaktion ausgelöst. Zerfällt ein Uran-235-Atom, wird Energie frei, und es lösen sich Neutronen, die wiederum dafür sorgen, dass die umliegenden Uran-235-Atome ebenfalls zerfallen, Energie und neue Neutronen freisetzen – dann geht es immer so weiter. Es entsteht eine sich selbst erhaltende Kettenreaktion, wie bei einer nie endenden Dominobahn, in der immer weiter Energie freigesetzt wird.

Das ist Kernspaltung, das grundlegende Konzept hinter jedem Atomkraftwerk und jeder Atombombe dieser Welt. Die

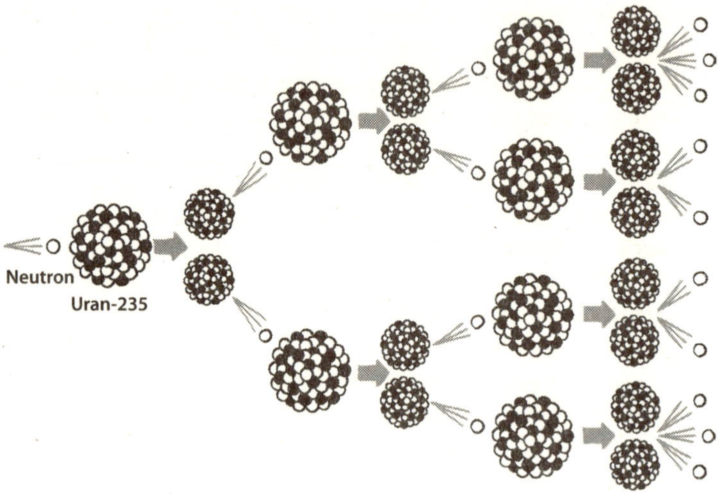

Kettenreaktion bei der Kernspaltung von Atomen

Kettenreaktion geht so lange weiter, bis entweder alle Atome vollständig zerfallen sind, was mehrere Millionen Jahre dauern kann, oder aber der Prozess irgendwie von außen gebremst oder gestoppt wird, was nur schwer möglich ist. Uran-235 kommt in der Natur übrigens nur in sehr geringen Mengen vor. Wenn Sie einen Klotz Uran aus der Erdkruste holen, ist darin nicht mal ein Prozent dieses Isotops enthalten. Für den Einsatz in einem Atomkraftwerk wäre das nicht genug. Es gilt: Je höher der Anteil von Uran-235, desto schneller und stärker die Kettenreaktion und desto mehr Energie wird freigesetzt. Deshalb muss Uran **angereichert**, also die darin enthaltene Menge des Uran-235 erhöht werden, um es für Kraftwerke oder Bomben zu verwenden.

Wie alles im Leben hat auch Kernspaltung einen Haken, und zwar einen riesigen. Bei dem Zerfall von Uran-235 wird nicht nur Energie, sondern werden auch **radioaktive Alpha-, Beta- und Gammastrahlung** freigesetzt, die für alle Säugetiere, also auch für uns Menschen, gefährlich sind. Wenn diese Strahlung unseren Körper durchdringt, richtet sie dabei Schaden an. Ist ein Mensch, wie beispielsweise die Feuerwehrleute beim Atomunfall von Tschernobyl, starker Strahlung in unmittelbarer Nähe ausgesetzt, kann das durch extreme Verbrennungen und innerliches Verdampfen zum sofortigen Tod führen. Ist die Strahlenbelastung etwas geringer, leidet ein Mensch unter der sogenannten Strahlenkrankheit, die sich durch Kopfschmerzen, Übelkeit, Haarausfall, Blutungen oder auch zerstörtes Knochenmark und den Fall in ein Koma äußern kann. Je nach Schwere der Strahlenkrankheit kann man innerhalb von wenigen Tagen oder Wochen daran sterben. Doch auch wenn man in größerem Abstand oder hinter Wänden der eher schwächeren Gammastrahlung über einen längeren Zeitraum ausgesetzt ist, hat das Folgen. Bei ihrem Weg durch den Körper sprengt die Strahlung einzelne Atome in unserem Körper und zerstört damit Zellen und DNA-Stränge, also Erbgut. Das kann als Spätfolge Krebs verursachen. In der Region rund um das zerstörte Atomkraftwerk Tschernobyl wurde 20 Jahre nach dem Reaktorunfall eine um etwa 40 Prozent erhöhte Krebswahrscheinlichkeit bei den dort lebenden Menschen festgestellt. Besonders die Aufnahme radioaktiver Teilchen über die Nahrung kann schlimme Folgen haben, da man über einen langen Zeitraum von innen heraus verstrahlt wird. Das ist der Grund, warum Gemüse aus dieser Region nicht exportiert wird. Die Menschen vor Ort müssen aber gegebenenfalls davon leben.

Wie immer kommt es bei alldem auf die Dosis an. Auch ohne vom Menschen herbeigeführte Kernspaltung zerfallen in der Natur ständig irgendwelche Atomkerne, und es gibt eine gewisse natürliche **Hintergrundstrahlung**. Ein Uranklotz, den Sie in der freien Natur finden, strahlt auch – allerdings nicht sehr stark, weil er, wie wir eben gelernt haben, nur zu einem geringen Anteil aus radioaktivem Uran-235 besteht. An die natürliche Strahlung ist unser Körper gewöhnt und ist deshalb in der Lage, ihre Schäden wieder zu reparieren. Diese Art der Strahlung könnten wir ohnehin nicht verhindern. Doch die vom Menschen herbeigeführte Kernspaltung kann uns potenziell unnatürlich starker Strahlung über einen längeren Zeitraum aussetzen, die unser Körper nicht mehr kompensieren kann und die uns krank macht.

Ein Mensch in Deutschland bekommt eine Hintergrundstrahlung von etwa ein bis zwei Millisievert pro Jahr ab, die Ersthelfer in Tschernobyl waren damals einer unglaublichen Strahlenbelastung von etwa 500 000 Millisievert pro Stunde ausgesetzt. Kein Wunder, dass viele von ihnen das nicht überlebten. In der 30 Kilometer großen Sperrzone rund um das zerstörte Atomkraftwerk Fukushima in Japan beträgt die Strahlung heute noch etwa 30 Millisievert pro Jahr. Dort könnten Sie sich zwar ohne Probleme für ein paar Stunden oder Tage aufhalten – wohnen wollen Sie dort allerdings nicht.

Lange Rede, kurzer Sinn: Kernspaltung setzt radioaktive Strahlung frei, die wir weder sehen, fühlen, riechen, schmecken noch hören können – die uns aber sehr krank machen oder sogar töten kann. Deshalb gilt es, um jeden Preis zu verhindern, dass sie außer Kontrolle gerät. Wie das funktioniert, schauen wir uns im Folgenden genauer an. In der Politik unterschied man von Beginn der Kernkraft an zwischen **zivilen Atomprogrammen**, die sich mit der Erzeugung von Strom beschäftigten, und **militärischen Atomprogrammen**, die zum Ziel hatten, eine möglichst zerstörerische Atombombe zu bauen. Wir wollen in diesem Kapitel zunächst die zivile Variante genauer betrachten.

Atomkraftwerke

Nachdem die Kernspaltung entdeckt wurde, war die Euphorie vor allem in den 1950er-Jahren riesig! Atomkraft konnte scheinbar alles zum Besseren verändern. **Atom- oder Kernkraftwerke**, in Deutschland kurz **AKWs**, versprachen eine goldene Zukunft. Die Menschheit träumte davon, dass sie ihr quasi unendlich viel Strom zu niedrigen Preisen liefern würden. So ein AKW ist gar nicht so kompliziert, wie man denkt. Man braucht zunächst einen riesigen **Reaktor** mit dicken Wänden, in dem die sogenannten **Brennstäbe**, gefüllt mit etwa zu 5 Prozent angereichertem Uran, Energie produzieren. Würde man deren Kettenreaktion nun aber einfach starten und anschließend nur zugucken, würde es nur wenige Minuten dauern, bis das gesamte Kraftwerk vor lauter Energie und Hitze in die Luft fliegt. Deshalb braucht man außerdem noch **Steuerstäbe**, die man zwischen die Brennstäbe schieben kann. In den Steuerstäben ist ein Material, das die freien Neutronen, die die Kettenreaktion am Laufen halten, auffängt. Je weiter der Steuerstab in den Brennstab gefahren wird, desto stärker wird die Kettenreaktion verlangsamt, desto weniger Energie produziert das AKW. Vereinfacht gesagt sind die Steuerstäbe wie eine Art Gaspedal für das Kraftwerk. Durch die Hitze, die im Reaktor entsteht, wird in der **Maschinenhalle** eine riesige Turbine angetrieben, die Strom produziert. Um das alles einigermaßen kühl zu halten und eine Explosion zu verhindern, braucht man außerdem noch einen **Kühlturm** und einen Fluss in der Nähe. Ja, richtig gehört, einen Fluss! Oder ein Meer. Hauptsache, viel Wasser! Um ein Kernkraftwerk zu kühlen, braucht man derart gigantische Mengen an Wasser, dass man es nur an einem Fluss oder Meer bauen kann. Wenn Sie in Deutschland mal an einem Atomkraftwerk vorbeifahren, sind es diese drei Gebäude, die Sie immer schon aus der Ferne sehen können: der riesige Reaktor, der entweder wie ein dicker Klotz aussieht oder durch eine dicke Kuppel auffällt, eine große Halle, in der die Turbinen stehen, und der riesige Kühlturm, aus dem Wasserdampf aufsteigt.

Nach anfänglicher Euphorie merkte man in den 1950er-Jahren schnell, dass die Erzeugung von Atomenergie doch deutlich kostspieliger war als gedacht. Zu teuer! Strom aus anderen Energiequellen war unterm Strich schlicht und ergreifend günstiger, und so verflog die Begeisterung schnell wieder. Erst als in den 1970er-Jahren der Ölpreis in die Höhe schoss, wurde Atomstrom kostenmäßig plötzlich interessant. Zwischen 1970 und 1985 wurden auf der Welt so viele Atomkraftwerke gebaut wie nie. Allein in Deutschland entstanden in dieser Zeit 23 Reaktoren. In so einer Zeitspanne kriegen wir heutzutage nicht mal einen einzigen Flughafen hin. Von da an war Atomkraft aus unserer Stromversorgung nicht mehr wegzudenken. Stand heute sind weltweit 442 Atomkraftwerke in Betrieb, die etwa 11 Prozent unseres Stroms produzieren. Wirtschaftlich rentieren sich die AKWs bis heute übrigens noch immer nicht. Das Deutsche Institut für Wirtschaftsforschung rechnete aus, dass jedes Atomkraftwerk auf der Welt über seine gesamte **Laufzeit** zwischen zwei und neun Milliarden Euro Verlust macht. Und zwar, ohne die Kosten für die Lagerung des Atommülls zu berücksichtigen!

Atomkraftwerke haben noch einen großen und offensichtlichen Nachteil: ihre **Sicherheit**! Anders als alle anderen Kraftwerke sind sie, um nicht um den heißen Brei herumzureden, eine tickende Zeitbombe. Wenn man ein Kohlekraftwerk nicht mehr mit Kohle füttert, läuft es nicht weiter. Wenn man einem Dieselreaktor das Diesel abdreht, läuft er nicht weiter. Dreht man einem Gaskraftwerk den Gashahn zu, läuft es nicht weiter. Worauf wir hinauswollen: Alle konventionellen Kraftwerke muss man mit einem Rohstoff füttern, damit sie den Betrieb fortsetzen können. Hört man auf, sie zu füttern, reißt der Nachschub ab oder schlafen einfach alle Menschen im Kontrollzentrum des Kraftwerks ein, schalten die Kraftwerke sich automatisch ab. Ganz anders bei einem Atomkraftwerk: Wenn man hier einfach alles unkontrolliert weiterlaufen lässt, fliegt es in die Luft – weil die Kettenreaktion der Kernspaltung sich immer weiter fortsetzt. Ein Atomkraftwerk muss man nicht füttern, sondern es permanent kontrollieren und bremsen. Wenn aus irgendwelchen Gründen etwas schiefgeht, sei es wegen menschlichen Versagens, eines technischen Defekts, eines Stromausfalls oder einer Naturkatastrophe, geht das AKW nicht aus, sondern explodiert über kurz oder lang. Ab einem gewissen kritischen Punkt ist die unkontrollierte Kernspaltung im Inneren des Reaktors derart beschleunigt, dass man sie nicht mehr aufhalten kann. Immer mehr Uran spaltet sich, es entsteht extreme Hitze, und irgendwann schmelzen sämtliche Teile der Kühlung und der Steuerung. Es kommt zur **Kernschmelze**, der Reaktor fliegt in die Luft. Das nennt man dann einen **Super-GAU**, den **G**rößten **A**nzunehmenden **U**nfall. Und dieser Name, bei dem ein Superlativ nochmals gesteigert wird, sagt uns schon einiges über so eine Katastrophe. In der Folge einer Reaktorexplosion tritt die radioaktive Strahlung ungehindert aus, und zwar einerseits in die Luft und andererseits auch in das Kühlwasser, also in den angrenzenden Fluss oder das Meer. Nachdem wir zu Beginn des Kapitels gelernt haben, was Strahlung mit Menschen macht, sollte klar sein, was das dann bedeutet. Nichts Gutes.

Dass ein solcher Super-GAU kein theoretisches Horrorszenario ist, sondern ziemlich schnell bedrohliche Realität werden kann, zeigte sich erstmals am 26. April 1986, als ein Reaktor im **Atomkraftwerk Tschernobyl**, in der damaligen Sowjetunion, explodierte. Also gut, der Weltbevölkerung zeigte es sich erst ein paar Tage später, weil die sowjetische Regierung zunächst versuchte, alles zu vertuschen – aber das ist ein anderes Thema. Tschernobyl war die erste Nuklearkatastrophe, die die Menschheit erlebte. Was damals passierte, kann man eigentlich kaum glauben. Die Sowjetunion hatte das Kernkraftwerk im Wettbewerb mit den USA schnell gebaut, um der Welt zu zeigen, dass sie technologisch mithalten konnte. Viele Sicherheitsaspekte und viele Szenarien hatte man beim Bau bedacht, doch eine kleine Frage hatte man vergessen. Was passiert eigentlich, wenn an den Turbinen, die die lebenswichtigen Kühlpumpen des Reaktors antreiben, die Energie ausfällt? Man wusste nur Folgendes: Es würde etwa eine Minute dauern, bis die Notdiesel anspringen, um die Turbinen wieder in Gang zu bringen. Die Theorie der sowjetischen Wissenschaftler und Ingenieure besagte, dass der Restschwung der Turbinen in dieser Minute reichen würde, um den Reaktor weiterhin ausreichend zu kühlen. Aber war das wirklich so? Man wusste es nicht. Was ist nun die wirklich dümmste Idee, um diese Theorie zu testen? Richtig, es einfach mal, ohne Absicherung, auszuprobieren! Tatsächlich wurde genau dieser Wahnsinn am 26. April 1986 in die Tat umgesetzt. Frühmorgens begann man mit den Vorbereitungen für das Experiment, und trotz massiver Zweifel im Vorfeld war es dann um 01:23:04 Uhr in der Nacht so weit. Im Kontrollraum schaltete man die Energie für den Kühlkreislauf ab, und nur wenige Momente später lief das System heiß. Überraschung. 36 Sekunden nach Beginn des Experiments entschied Reaktorsteuerungsingenieur Leonid Toptunow, den Notknopf zu drücken, der so schnell wie möglich die Steuerstäbe in den Reaktor fahren sollte, um ihn runterzufahren. Doch es war bereits zu spät. Der Reaktor explodierte, das riesige Stahldach wurde zur Seite geschleudert, und acht Tonnen hoch radioaktives Material flogen in den Nachthimmel. Ein Zeitzeuge wird später sagen, dass es aussah wie ein Vulkanausbruch. Wie viele andere Mitarbeitende und Feuerwehrleute dieser Nacht stirbt Toptunow keinen Monat später an den Folgen der Strahlenkrankheit. An den Langzeitfolgen der nuklearen Katastrophe von Tschernobyl sterben mindestens 4000 Menschen, die in der Nacht in der Nähe waren. Genaue Statistiken darüber, wie viele Menschen in der Ukraine später noch an Krebserkrankungen starben, die auf das Atomunglück zurückzuführen sind, wurden nie angefertigt.

Bis heute gibt es um das Kernkraftwerk herum ein 30 Kilometer großes Sperrgebiet, in dem niemand leben darf. Doch wie weit das radioaktive Material damals tatsächlich verteilt wurde, zeigt beispielsweise der Fakt, dass bis heute in Bayern viele Wildpilze derart radioaktiv belastet sind, dass man Kindern und Schwangeren dringend vom Verzehr abrät.

Nach Tschernobyl war die Menschheit lange Zeit davon überzeugt, aus der Katastrophe gelernt und Atomkraft mittlerweile besser im Griff zu haben. Viele argumentierten, dass der verheerende Unfall damals ja schließlich nur auf einen menschlichen Fehler sowie die veraltete Technik der Sowjetunion zurückzuführen sei. Am 11. März 2011 mussten wir leider erleben, dass das eine Fehleinschätzung war. In Japan gab es damals heftige Erdbeben, und dadurch entstand ein Tsunami, eine große Flutwelle, durch die das Stromnetz massiv beschädigt wurde. Auch die Stromverbindungen des **Kernkraftwerks Fukushima Daiichi** wurden gekappt. Im Kontrollraum des Kraftwerks brach Panik aus, weil der Fall eines kompletten Stromausfalls nie simuliert wurde. Obwohl die Schnellabschaltung funktionierte und das Kraftwerk selbst nur geringe Schäden durch das Erdbeben erlitt, konnten die Mitarbeiterinnen und Mitarbeiter des Kraftwerks ein Unglück nicht verhindern. In mehreren Reaktorblöcken kam es zur Kernschmelze, und große Mengen an radioaktivem Material wurden freigesetzt. Luft, Böden, Wasser und Nahrungsmittel in einer Umgebung von 20 Kilometern um das Kernkraftwerk herum wurden kontaminiert, also radioaktiv verseucht. 150 000 Einwohnerinnen und Einwohner mussten das Gebiet verlassen und werden dort auch auf absehbare Zeit nicht mehr leben können. Das derzeit allerdings größte Problem: Die zerstörten Reaktoren sind noch immer so aktiv und heiß, dass sie nach wie vor mit riesigen Mengen Wasser gekühlt werden müssen. Dieses Wasser ist stark kontaminiert, und niemand weiß, wohin damit. Mittlerweile stehen mehr als 1000 riesige Wassertanks um das Atomkraftwerk herum, und es ist ein heftiger Streit darüber entbrannt, ob man dieses Wasser ins Meer ablassen darf oder nicht.

Und wie sieht es mit den AKWs in Deutschland aus? Nachdem man noch kurz zuvor die Laufzeiten der Atomkraftwerke verlängert hatte, machte die Bundesrepublik nach der Nuklearkatastrophe von Fukushima eine international einzigartige Kehrtwende. Die damalige Bundesregierung aus CDU, CSU und FDP beschloss den **Atomausstieg**. Bis 2022 müssen alle Atomkraftwerke in Deutschland abgeschaltet werden. Bundeskanzlerin Angela Merkel, übrigens selbst promoviert in physikalischer Chemie, sagte 2011 in ihrer Regierungserklärung: »In Fukushima haben wir zur Kenntnis nehmen müssen, dass selbst in einem Hochtechnologieland wie Japan die Risiken der Kernenergie nicht sicher beherrscht werden können.« Sie argumentierte weiter, dass deshalb nun die Energiewende hin zu erneuerbaren Energien vorangetrieben werden müsse. »Für dieses gemeinsame Projekt werbe ich mit aller Kraft und mit aller Überzeugung«, beteuerte sie. Auch wenn der Atomausstieg bis heute von vielen bejubelt wird, gibt es auch andere Stimmen.

Angesichts der Klimakrise mehrte sich zuletzt wieder die Kritik am deutschen Atomausstieg. Nur mit Sonne, Wind und

Wasserkraft lässt sich eine dauerhafte Stromversorgung nicht sicherstellen. Denn was passiert, wenn die Sonne nicht scheint und der Wind nicht weht? Eben, nichts mehr. Solange es keine günstigen Speichermöglichkeiten für große Mengen Strom oder eine andere Innovation gibt, bleiben als Stromlieferanten für solche Tage nur Gas, Kohle, Diesel und Atom übrig. Kernkraft ist die einzige dieser Alternativen, die kein klimaschädliches CO_2 in die Luft pustet. Muss Deutschland seinen Ausstieg aus der Atomkraft also noch mal überdenken, um die eigenen Klimaziele zu erreichen? Es gibt bereits Parteien wie die FDP und die AfD, die genau das fordern. International steht Deutschland mit seinem Atomausstieg übrigens ziemlich alleine da. Die meisten anderen Länder lassen ihre Atomkraftwerke weiterlaufen oder bauen sogar neue, und die USA beispielsweise stecken riesige Mengen Geld in die Entwicklung von neuen, sichereren Atomkraftwerken. Die neuen Kernkraftwerke sollen so gestaltet werden, dass sie sich im Katastrophenfall, egal ob durch technisches oder menschliches Versagen verursacht, von selbst herunterfahren – sich also verhalten wie alle anderen konventionellen Kraftwerke und eben nicht wie die bisherigen Atomkraftwerke. Ob das funktioniert? Ungewiss. Bisher ist es auf jeden Fall noch Zukunftsmusik!

Das zweite große Problem von Atomkraftwerken ist der **Atommüll**, den sie produzieren. Nach einer gewissen Zeit sind die Brennelemente abgebrannt, sie produzieren also nicht mehr genügend Energie und müssen ausgetauscht werden. Allein in Deutschland kommen so jedes Jahr etwa 450 Tonnen abgebrannte Brennelemente zusammen. Weltweit sind es jährlich etwa 12 000 Tonnen Abfall. Das Problem dabei: Ausgediente Brennelemente sind nach wie vor stark radioaktiv und werden es auch für Hunderttausende Jahre bleiben. Wohin also damit? Auf diese Frage gibt es bis heute keine Antwort. Zunächst kommen die alten Brennstäbe in sogenannte **Abklingbecken**, bis ihre Radioaktivität und Wärmeentwicklung ausreichend abgenommen hat. Anschließend werden sie in riesige Metallbehälter, die man **Castoren** nennt, gesteckt. Auch wenn diese auf den ersten Blick vielleicht so aussehen, handelte es sich dabei nicht einfach nur um irgendwelche riesigen Metalltonnen. Die ausgedienten Brennelemente im Inneren des Castors zerfallen noch weiter, wobei Wärme, die sogenannte Nachzerfallswärme, entsteht. Damit der Castor auf Dauer nicht undicht wird, muss er in der Lage sein, die Wärme nach außen abzuleiten. Damit andererseits die Strahlung nicht nach außen gerät, bestehen die Tonnen aus Gusseisen und Kugelgrafit und haben etwa 40 Zentimeter dicke Wände. Im Inneren sind Stäbe aus Spezialkunststoff, die die Neutronenstrahlung abschirmen. Die Sache ist also deutlich komplizierter, als sie zunächst scheint. Ob die heutigen Behälter wirklich Hunderttausende Jahre dicht bleiben, ist völlig ungewiss.

Damit nicht genug. Die Castoren sollten eigentlich in **Endlager** tief unter der Erde gebracht werden, in denen sie vor Erdbeben, Flugzeugabstürzen, Bränden oder Anschlägen sicher sind und von wo aus ihre Strahlung auch nicht zurück in die Umwelt gelangen kann. Eigentlich. Doch ein solches sicheres **Endlager** existiert in Deutschland bis heute nicht. Auf der ganzen Welt gibt es erst eins, nämlich in Finnland. Hierzulande war mehrere Jahrzehnte lang der Salzstock **Gorleben** als Endlager im Gespräch, doch zuletzt zeigte ein Bericht, dass er einsturzgefährdet und deshalb nicht geeignet ist. Seitdem läuft die Endlagersuche in Deutschland wieder – frühestens 2031 soll es eine Entscheidung geben. Und nein, das ist kein Druck- oder Tippfehler, wir meinen wirklich das Jahr 2031. Erst danach wird mit dem Bau begonnen. Erinnert man sich daran, wie lange wir zuletzt für einen Flughafen gebraucht haben und dass Finnland vier Jahrzehnte für den Bau seines Endlagers gebraucht hat, ist es recht unwahrscheinlich, dass wir die Fertigstellung des ersten Endlagers in Deutschland noch miterleben werden. Schade. Der Strahlenmüll in Deutschland wird also noch länger in provisorischen Zwischenlagern, riesigen Hallen oder alten Salzbergwerken untergebracht bleiben. Ein Zustand, der vielen Menschen Sorgen macht. Verständlich, wenn man bedenkt, dass in diesen temporären Zwischenlagern mehr radioaktives Material lagert, als bei der Atomkatastrophe von Tschernobyl in die Umwelt gelangte. Wenn Sie das alles schon vollkommen zu Recht irre finden, lassen wir Sie jetzt endgültig den Glauben an die Menschheit verlieren: Bis kurz vor der Jahrtausendwende wurden etwa 100 000 Tonnen radioaktiver Abfall, vor allem von Großbritannien, noch einfach so im Meer versenkt. An dieser Stelle ist es Zeit für das zweite Einstein-Zitat dieses Kapitels: »Zwei Dinge sind unendlich, das Universum und die menschliche Dummheit, aber bei dem Universum bin ich mir noch nicht ganz sicher.«

Die Bombe

Der 6. und 9. August 1945 sollten die Welt für immer verändern. An diesen beiden Tagen warfen die USA zwei Atombomben auf die japanischen Städte **Hiroshima** und **Nagasaki** ab, und zum ersten Mal konnte die Welt in der Realität beobachten, was sie schon lange fürchtete: die unglaublich zerstörerische Kraft von **Atombomben**. Etwa 100 000 Menschen starben sofort einen qualvollen Tod, indem ihre oberste Hautschicht verdampfte oder sie innerlich verbluteten. Weitere 160 000 Menschen verloren in den nächsten Jahren durch die Spätfolgen der Strahlung ihr Leben. Und auch in den Jahrzehnten danach sollten noch viele Einwohnerinnen und Einwohner Krebserkrankungen zum Opfer fallen, die auf die Strahlung zurückzuführen sind. Doch das, was die Welt damals in Japan beobachtete, war nur ein winziger Vorgeschmack auf das, was noch passieren kann. Über Japan wurden lediglich zwei Atombomben abgeworfen, während es weltweit derzeit mehr als 13 000 solcher Atombomben gibt, die jederzeit einsatzbereit wären. Die allermeisten davon befinden sich im Besitz der USA und Russlands, die sich während des kalten Krieges ein atomares Wettrüsten lieferten, um den jeweils anderen abzuschrecken. Die Zerstörungskraft dieser Waffen würde ausreichen, um große Teile unseres Planeten innerhalb von wenigen Stunden in Schutt und Asche zu legen.

Selbst den überzeugtesten Kriegstreibern wurde nach Hiroshima und Nagasaki klar: So konnte es nicht weitergehen. Wenn von nun an alle Länder auf der Welt immer mehr Atomwaffen produzieren und besitzen würden, käme es irgendwann unvermeidbar zu einem Atom-Weltkrieg, den große Teile der Menschheit vermutlich nicht überleben würden und der große Teile des Planeten für unabsehbare Zeit unbewohnbar machen würde. Was sollte man also tun? Die einfachste Lösung hätte darin bestanden, dass die Vereinten Nationen schlicht und ergreifend die Anreicherung von **Uran** verbieten, denn ohne Uran kann man keine Atombombe bauen. Aber wie Sie wissen, funktioniert ohne Uran auch kein Atomkraftwerk, und die waren inzwischen essenziell für die weltweite Stromerzeugung. Im Jahr 1953 wurde von den Vereinten Nationen die **International Atomic Energy Agency**, kurz **IAEA** (in Deutschland auch manchmal IAEO für Internationale Atomenergie-Organisation), gegründet, die von nun an dafür sorgen sollte, dass Kernenergie lediglich für den Erhalt von Frieden, Gesundheit und Wohlstand, also für **zivile Atomprogramme** – nicht aber für kriegerische Zwecke, sogenannte **militärische Atomprogramme** –, verwendet wird. Wurden also alle Atomwaffen entschärft, zerstört und entsorgt? Nein, natürlich nicht! Das wäre ja auch zu sinnvoll gewesen.

Stattdessen gibt es nun eine atomare Zweiklassengesellschaft. Seit dem 1. Juli 1968 gilt der **Atomwaffensperrvertrag**, den mittlerweile fast alle Länder der Welt unterzeichnet haben. Er besagt, dass die Länder, die bis dato noch keine Atomwaffen besitzen, künftig auch nicht anstreben dürfen, welche zu entwickeln. Die Länder, die bereits Atomwaffen haben, die sogenannten **Atommächte**, verpflichten sich in dem Vertrag dazu, ihre Atomwaffen langfristig abzurüsten. Allerdings fehlt in dem Vertrag eine Zielvorgabe, bis wann genau das zu geschehen hat, weshalb in der Realität kaum abgerüstet wird. Das ist so ein bisschen wie Hausaufgaben aufgeben und vorher schon ankündigen, dass man sie nicht kontrollieren wird. Klappt nicht.

Zu den Ländern, die offiziell die Welt in die Luft jagen, Entschuldigung, die Atomwaffen besitzen dürfen, gehören die USA und Russland, außerdem das Vereinigte Königreich, Frankreich und die Volksrepublik China. Darüber hinaus gibt es mit Israel, Indien, Pakistan und Nordkorea noch vier weitere Länder, die Atomwaffen besitzen, aber die nie den Atomwaffensperrvertrag unterschrieben haben, weshalb man sie weder sanktionieren noch zur Abrüstung zwingen kann. Blöd gelaufen. Die Aufgabe der IAEA ist es nun, wie eine Art Schiedsrichter mithilfe von Inspektorinnen und Inspektoren, Berichten, aber auch Geheimdiensten und Satellitenbildern zu kontrollieren, dass sich auch wirklich alle an diese Abmachung halten. Sie soll also sicherstellen, dass kein Land heimlich versucht, Atomwaffen zu bauen. Aber wie lässt sich ein solcher Versuch überhaupt erkennen? Wir erinnern uns kurz daran, dass man für Brennstäbe in Atomkraftwerken etwa zu fünf Prozent angereichertes Uran-235 benötigt. Eine Atombombe kann man damit nicht bauen. Für die braucht man fast zu einhundert Prozent angereichertes Uran-235, das ungleich schwieriger und aufwendiger herzustellen ist. Dazu sind komplexe militärische Anlagen nötig, die sich kaum geheim halten lassen. Meistens verplappert sich irgendwer, der an einem solchen Projekt beteiligt ist, oder man sieht die Einrichtungen auf Satellitenbildern. Verstößt ein Land gegen den Atomwaffensperrvertrag und reichert beispielsweise heimlich Uran in einer Art und Weise an, die auf eine militärische Verwendung hindeutet, muss die IAEA das sofort den Vereinten Nationen und dem Weltsicherheitsrat melden. Der beschließt dann drastische Sanktionen und Embargos, um das Land wirtschaftlich unter Druck zu setzen und zum Einlenken zu bewegen.

Zuletzt, und vermutlich wird es in Zukunft auch so bleiben, haben vor allem zwei Länder die Welt mit ihren heimlichen militärischen Atomprogrammen in Atem gehalten: Nordkorea und der Iran. Beide Fälle, die Ihnen auch in den Nachrichten noch häufiger über den Weg laufen werden, betrachten wir zum Abschluss dieses Kapitels nun etwas genauer.

Der Fall Iran

Mit dem Programm »Atoms for Peace« lief in Sachen Kernkraft im Iran zunächst alles nach Plan. Das Land unterschrieb brav den Atomwaffensperrvertrag und war ein guter Verbündeter des Westens. Etliche westliche Länder wie Deutschland und die USA unterstützten den Iran dabei, Kernkraftwerke im Land zu planen. Tatsächlich erhielt am Ende die Deutsche Kraftwerk-Union AG den Auftrag, Irans ersten Atomreaktor zu bauen. Doch dazu sollte es nicht kommen.

Im Jahr 1979 änderte sich das Verhältnis zwischen dem Westen und dem Iran schlagartig, nachdem es im Iran zur **Islamischen Revolution** kam. Das damalige Staatsoberhaupt, der **Schah Mohammad Reza Pahlavi**, wurde von dem religiösen Führer **Ajatollah Chomeini** vertrieben. Der machte aus dem Land am 01. April 1979 prompt eine Islamische Republik und sich selbst zum Religionsführer und Staatsoberhaupt für alle Zeiten. Unter ihm sollte in Zukunft ein Präsident die Regierung leiten und das Land nach seinen Vorstellungen gestalten. Der gestürzte Schah kam nach seiner Flucht in den USA unter, was der Revolutionsbewegung im Iran gar nicht passte. Iranische Studenten besetzten deshalb als Zeichen ihres Protests die US-Botschaft in der iranischen Hauptstadt Teheran und nahmen 52 Diplomaten der Vereinigten Staaten von Amerika als Geiseln, um die Auslieferung des Schahs zu erpressen. Nach 444 Tagen, also mehr als einem Jahr, endete die Geiselnahme und mit ihr jede Hoffnung auf ein gutes Verhältnis zwischen dem Westen und dem Iran. Jede Zusammenarbeit wurde sofort eingestellt. (Kleiner Tipp an dieser Stelle: Über die Geiselnahme in der US-Botschaft Teheran gibt es mit »Argo« einen wirklich sehenswerten Spielfilm.)

Von nun an ging es Schlag auf Schlag. 1980 wurde der Iran vom Nachbarland Irak angegriffen. Dieser **Erste Golfkrieg** dauerte acht Jahre, kostete fast eine Million Menschen das Leben und endete ohne Sieger mit einem Waffenstillstand. Doch der Krieg hat etwas verändert: Der Iran hatte von nun an große Angst vor einem erneuten Angriff. Da es keine internationalen Verbündeten mehr gab, die das Land im Kriegsfall schützen würden, wuchs im Land der Wunsch heran, selbst zu einer Großmacht in der Region zu werden. Wie geht das am besten? Natürlich mit einem eigenen Atomwaffenprogramm zur Abschreckung. Denn Atomwaffen sind so ein bisschen wie die teure Vase der Schwiegermutter, die man während des Familienstreits plötzlich in die Hand nimmt und droht, sie auf den Boden fallen zu lassen. Alle Beteiligten wissen: Das darf auf keinen Fall passieren. Die Person mit der Vase verleiht ihren Argumenten also durch die bloße Androhung einer Katastrophe automatisch mehr Gewicht. Aus dem Wunsch, ein Atomwaffenprogramm zu starten, wurde Realität. Und das Ganze flog auf.

Im September 2002 herrschte auf den Gängen der Atomaufsichtsbehörde in Wien eine Mischung aus Unruhe, Verunsicherung und Schockstarre. Ein iranischer Dissident hatte hochbrisante und bisher unbekannte Unterlagen veröffentlicht. Diese lieferten eindeutige Beweise dafür, dass der Iran unterirdisch geheime Atomanlagen betrieb, von denen niemand etwas wusste. Hinweise auf solche Anlagen hatte die IAEA schon länger, doch jetzt stand es dort plötzlich schwarz auf weiß, und ein ungeheuerlicher Verdacht stand im Raum: Baute der Iran etwa heimlich eine Atombombe?

Als Reaktion auf die geheimen Machenschaften des Iran hagelte es dann ab 2003 von der internationalen Staatengemeinschaft Sanktionen gegen das Land. Die Wirtschaft litt enorm unter den diversen Embargos, und der politische Druck stieg. Doch anstatt nachzugeben, setzte der Iran weiterhin auf Abschreckung und Provokation – mit dem Kopf durch die Wand. Im Jahr 2005 wurde **Mahmud Ahmadineschad** Präsident des Iran und verschärfte den Ton gegen den Westen. Die Terroranschläge des 11. September bezeichnete er beispielsweise als »große Lüge« und als »eine komplexe Aktion der Geheimdienste«. Ein echter Sympath. Gleichzeitig kurbelte er das **Atomwaffenprogramm** immer weiter an. Über ein Jahrzehnt hinweg schien es für diesen Konflikt keine Lösung zu geben. Könnte es vielleicht sogar tatsächlich wie im Irak passieren, dass US-Truppen in den Iran einmarschieren, um dem Treiben ein Ende zu setzen? Oder würden vorher auf iranischer Seite die Sicherungen durchbrennen, und das Land würde eines der Nachbarländer angreifen? Wie durch ein Wunder kam das Pulverfass Iran–USA nie endgültig zur Explosion, stattdessen gab es dann im Jahr 2013 eine große Überraschung, als **Hassan Rohani** zum neuen Präsidenten des Landes gewählt wurde.

Rohani schien verstanden zu haben, dass bei der Kopf-durch-die-Wand-Strategie meistens die Wand gewinnt, denn er schlägt einen anderen Kurs ein als sein Vorgänger. Anstatt auf Provokation und Isolation zu setzen, nimmt er Verhandlungen mit dem Westen auf, und tatsächlich setzen sich im April 2015 alle Parteien gemeinsam an einen Tisch und unterzeichnen die **Wiener Nuklearvereinbarung**. In dem Vertrag verpflichtet sich der Iran dazu, 15 Jahre lang kein Uran anzureichern und sein militärisches Atomwaffenprogramm einzustellen. Auf der anderen Seite verpflichtet sich der Westen dazu, sämtliche Wirtschaftssanktionen und Embargos gegen den Iran aufzuheben. Also Happy End? Ende gut, alles gut? Schön wär's, aber dann hätten wir dieses Thema wohl kaum in dieses Buch aufgenommen.

Der Westen, allen voran die USA, traute dem Braten von Anfang an nicht so richtig. Was, wenn die Nuklearvereinbarung nur ein fauler Trick des Iran ist, um die Wirtschaftssanktionen loszuwerden? Was, wenn der Iran weiter im Geheimen, wie bereits früher, an seinem Atomwaffenprogramm festhält? Im Mai 2018 hielt Israels Präsident **Benjamin Netanjahu** eine Rede, die den Verdacht zu einem Vorwurf eskalierte. (Die schwierige Beziehung zwischen Israel und dem Iran haben wir bereits in Kapitel 5 angedeutet.) In einer wegweisenden Präsentation zeigte Netanjahu Beweise seiner Geheimdienste, die belegen sollten, dass der Iran tatsächlich im Geheimen weiter an Atomwaffen arbeitet. Auf einer der letzten Folien der Präsentation stand in riesigen Buchstaben als Zusammenfassung: »Iran lügt!« Eine doch recht unmissverständliche Ansage. Doch war das tatsächlich so? Die Internationale Atomenergie-Organisation zumindest konnte diese Vorwürfe nicht bestätigen und betonte, dass der Iran sich ihrer Meinung nach an den Vertrag von 2015 hält. Das interessierte den ehemaligen Präsidenten der Vereinigten Staaten von Amerika, **Donald Trump**, herzlich wenig. Er stieg, aus Sicht vieler ziemlich überstürzt, aus dem Atomabkommen mit dem Iran aus und verhängte erneut massive Wirtschaftssanktionen gegen das Land. Der Iran fühlte sich in der Folge auch nicht mehr an den Vertrag gebunden. Alle anderen beteiligten Länder, darunter auch Deutschland, sind seitdem verunsichert und versuchen die Situation zu beruhigen. Die Zukunft ist ungewiss. Viel wird davon abhängen, welchen Weg der neue US-Präsident **Joe Biden** einschlägt. Wird er neue Verhandlungen mit dem Iran aufnehmen, dem Vertrag wieder beitreten oder nicht? Die Zukunft wird es zeigen.

Fassen wir also zusammen: Seit fast zwei Jahrzehnten ist das iranische Atomprogramm Thema der Weltpolitik. Während der Iran stets betont, lediglich ein ziviles Atomprogramm voranzutreiben oder sich selbst im Falle des Falles verteidigen zu wollen, verdächtigt die internationale Staatengemeinschaft das

Land immer wieder, im Geheimen einer Atombombe viel näher zu sein, als es öffentlich zugibt. Und immer wieder gab es dafür auch handfeste Beweise. Mit der Wiener Nuklearvereinbarung gab es 2015 vermeintlich eine Lösung des Konflikts, doch die neuen Vorwürfe und der überstürzte Vertragsausstieg der USA haben neues Öl ins Feuer dieses Konflikts gegossen. Es gibt immer noch großes Misstrauen gegen den Iran, der schließlich schon einmal gelogen hat und geheime Uran-Anlagen in die Erde buddelte. Die Zukunft dieses Konfliktes ist ungewiss. Nur eines scheint sicher: Das iranische Atomprogramm und der Streit darüber – vor allem mit den USA – werden uns auch in den nächsten Jahren immer wieder beschäftigen.

Der Fall Nordkorea

Bei der **Demokratischen Volksrepublik Korea**, kurz **Nordkorea**, beginnt die Lüge bereits beim ersten Wort des Namens. Laut einem internationalen Index, der Länder danach bewertet, wie demokratisch sie wirklich sind, belegt das Land nämlich den stolzen letzten Platz. In Nordkorea hat nicht das Volk, sondern einzig und allein der Diktator **Kim Jong-un** das Sagen. Das Land gilt als das restriktivste politische System, das es derzeit auf unserem Planeten gibt. Kritik an der Führung ist verboten, die Medien im Land werden komplett vom Staat kontrolliert, Versammlungen sind strikt untersagt, das Land zu verlassen ist so gut wie unmöglich. Wo man lebt, entscheidet der Staat, und wenn man etwas falsch macht, kann es passieren, dass man als Strafe öffentlich hingerichtet wird. Dass Nordkorea auch keinen freien Zugang zum Internet hat, wird Sie kaum noch überraschen.

Auch international hat sich Nordkorea kaum Freunde gemacht. Das liegt unter anderem an seiner schwierigen Vergangenheit. Im Jahr 1910 geriet Korea, damals noch nicht geteilt in Nord und Süd, unter japanische Herrschaft. Japan annektierte das Land und machte aus ihm 35 Jahre lang eine Art Kolonie.

Als Japan dann als Verlierer aus dem Zweiten Weltkrieg hervorging, teilten zwei der Siegermächte Korea untereinander auf. **Nordkorea** unterstand von nun an der Sowjetunion, **Südkorea** den Vereinigten Staaten von Amerika. Je mehr sich diese beiden Großmächte verfeindeten, desto schwieriger wurde auch das Verhältnis zwischen Nord- und Südkorea. 1950 kam es zum Krieg zwischen den beiden Ländern – dem sogenannten **Koreakrieg**. Nach drei Jahren sinnlosen Sterbens wurde das Land genau wie vorher wieder entlang des 38. Breitengrades geteilt.

Die USA sind bis heute noch enge Verbündete von Südkorea und unterstützen das Land auch militärisch. Nordkorea dagegen verlor im Laufe der Zeit seine Verbündeten und steht heute allein da. Mit den USA pflegt Nordkorea als eines der wenigen Länder auf der Welt gar keine diplomatischen Beziehungen mehr, abgesehen davon, dass es ein Treffen zwischen Donald Trump und Kim Jong-un am 28. Februar 2019 gab, das allerdings kaum etwas an der Situation geändert hat. Aus politischer und wirtschaftlicher Sicht ist Nordkorea stark von China abhängig, da der größte Teil des Außenhandels des Landes über die chinesische Grenze abgewickelt wird. Doch auch dieses Verhältnis hat sich zuletzt immer weiter verschlechtert.

Diese Abschottung ist von wesentlicher Bedeutung, wenn man die Beweggründe für Nordkoreas Atomwaffenprogramm verstehen möchte. Das Land sieht sich selbst als letzte sozialistische Festung, die es vor dem Gift des Kapitalismus zu verteidigen gilt – und zwar mit allen Mitteln! Nordkoreas größte Angst ist es, von Südkorea und seinen Verbündeten angegriffen zu werden und dem ohne eigene Allianzen hilflos gegenüberzustehen. Aus dieser Angst heraus wuchs über die Jahrzehnte immer stärker der Gedanke heran, sich gegen dieses Szenario absichern zu müssen, egal wie. Auf den vergangenen Seiten haben wir gelernt, was die beste Waffe zur Abschreckung und Selbstverteidigung ist: Richtig, entweder damit drohen, die Vase der Schwiegermutter zu zerschmeißen, oder eine Atombombe bauen. Auch wenn es aus politischer und moralischer Sicht natürlich nicht in Ordnung ist, kann man aus militärischer Sicht durchaus nachvollziehen, warum Nordkorea ein Nuklearwaffenprogramm startete. Wie, wenn nicht mit einer Atombombe, sollte sich ein so kleines, isoliertes Land gegen den Rest der Welt, den es als Feind sieht, verteidigen?

Vermutlich um die Jahrtausendwende herum begann Nordkorea im Geheimen mit einem **Atomwaffen- und Raketenprogramm**. Selbsterklärtes Ziel war es, eine Interkontinentalrakete zu bauen, mit der man das Festland der USA erreichen konnte. Am 9. Oktober 2006 führte Nordkorea dann nach eigenen Angaben unterirdisch einen ersten erfolgreichen Atomtest durch. Russische und südkoreanische Wissenschaftlerinnen und Wissenschaftler konnten die Erschütterung zwar messen, aber nicht zweifelsfrei bestätigen, dass es sich dabei wirklich um eine Atombombe handelte. Ein Jahr später schien sich die Lage dann zu beruhigen. US-Präsident George W. Bush hatte mit Nordkorea verhandelt, dass das Land sein Atomwaffenprogramm beendet, wenn die UN dafür im Gegenzug ihre Wirtschaftssanktionen gegen das Land fallen ließen. Beide Seiten erfüllten zunächst ihren Teil der Vereinbarung, doch der Frieden hielt nicht lange an. Weil Nordkorea weiterhin massiv Menschenrechte verletzte, wurden neue Sanktionen gegen das Land verhängt. Kim Jong-un, dem seit 2011 regierenden Diktator, passte das gar nicht, und deshalb fiel er in altbekannte Muster zurück: Er sprach Drohungen aus. Im Februar 2013 kündigte er an, dass er einen Präventivschlag gegen die USA anordnen werde, wenn die Sanktionen gegen das Land weiterhin verstärkt würden. Dieses Mal ließen sich die USA auf das Geschäft nicht ein, und Nordkorea testete als Reaktion darauf zum ersten Mal erfolgreich eine Langstreckenrakete, um der Welt zu zeigen, dass sie es ernst meinten. Seit Jahren dreht sich diese Spirale aus abwechselnden Drohungen von Nordkorea und anschließenden Sanktionen durch die Vereinten Nationen, vor allem durch die USA, immer weiter. Ein Ende scheint nicht in Sicht. Fakt ist, dass die meisten Expertinnen und Experten davon ausgehen, dass Nordkorea heute tatsächlich über funktionierende Atomwaffen verfügt und möglicherweise auch über Trägerraketen, die diese Sprengköpfe bis in die USA transportieren könnten. Wahrscheinlich ist auch, dass Nordkorea das nicht allein geschafft, sondern dabei heimlich Hilfe von anderen Ländern erhalten hat. Von wem, weiß man nicht.

Muss man aufgrund der Situation in Nordkorea nun jede Nacht unruhig schlafen? Vermutlich nicht. Denn auch wenn Kim Jong-un im Westen oft als verrückter Diktator dargestellt wird, folgt sein Handeln einem klaren Plan. Er will seine von der Außenwelt abgeschottete Festung behalten, in der er tun und lassen kann, was er will. Atomwaffen mit ihrer abschreckenden Wirkung sind seine Versicherung dafür. Einsetzen will Kim Jong-un sie aber mit ziemlicher Sicherheit nicht, denn auch ihm wird klar sein, dass er damit zwar möglicherweise einen kurzen und dramatischen Nadelstich setzen könnte, der Gegenschlag aber verheerend ausfallen würde. Wenn er dabei nicht direkt getötet würde, müsste er sich vermutlich vor einem Kriegsgericht verantworten und den Rest seines Lebens hinter Gittern verbringen. Seine sozialistische Festung hätte sich damit allemal erledigt. Das ist also ganz und gar nicht in seinem Interesse. Deshalb ist es wahrscheinlich, dass es noch lange bei wilden Drohgebärden ohne wirkliche Folgen bleibt. Die Leidtragenden sind am Ende vor allem die Menschen, die in Nordkorea unter menschenverachtenden Bedingungen leben müssen und denen die Weltgemeinschaft kaum helfen kann, weil ihr Machthaber mit Atombomben droht.

Zum Abschluss gucken wir noch mal auf die Überschrift dieses Kapitels: Kernkraft – Fluch oder Segen für die Menschheit? Wenn es um Atombomben geht, ist die Antwort einfach. Wenn es um Atomstrom geht, gerade mit Hinblick auf den Klimawandel, ist ein abschließendes Votum schwieriger. Selbst

Tim, der die Folgen eines Atomunglücks in Tschernobyl hautnah erlebt hat, tut sich schwer. Dass wir heute Hunderte Atomkraftwerke betreiben, die alle nicht zu 100 Prozent sicher sind, ist aus rationaler Sicht völliger Wahnsinn. So manches AKW in Frankreich oder Belgien könnte große Teile Deutschlands innerhalb von Stunden für Generationen unbewohnbar machen – ist es nicht vollkommen irrsinnig, solche Risiken in Kauf zu nehmen? Ja! Und was werden eigentlich nachfolgende Generationen über uns sagen, wenn sie sehen, dass wir Unmengen an radioaktivem Müll irgendwo unter der Erde verbuddelt haben? »Danke« mit Sicherheit nicht. Andererseits: Gäbe es wirklich sichere Kernkraftwerke und könnte man das Problem mit dem Atommüll nachhaltig lösen, hätte diese Technologie das Potenzial, uns in eine klimafreundlichere Zukunft zu führen. Warum sollten wir es nicht probieren? Und wie sollen wir dieses Potenzial einschätzen, wenn wir die Technologie nicht nutzen und weiterentwickeln? Je länger man sich mit dem Thema Atomkraft beschäftigt, desto schwieriger fällt eine abschließende Bewertung. Deshalb überlassen wir das letzte Wort dieses Kapitels Otto Hahn, dem Entdecker der Kernkraft. Er bereute seine Entdeckung später tatsächlich und sagte: »Wir müssen wieder Ehrfurcht vor dem Menschenleben haben! Es kann nicht der Sinn einer Weltordnung sein, das, was eine jahrtausendelange Entwicklung dem Menschen in die Hand gegeben hat, dazu zu verwenden, den Menschen selbst zu vernichten.«

Vor ein paar Jahren hat Tim für die ZDF Kinder- und Jugendnachrichtensendung *logo!* über das Atomunglück von Tschernobyl und die bis heute bestehende Sperrzone berichtet. Die Dreharbeiten waren extrem herausfordernd. Monate im Voraus musste eine spezielle Drehgenehmigung für die Sperrzone eingeholt werden. Innerhalb der Sperrzone durfte man sich nur mit einem ukrainischen Guide bewegen, der jederzeit auf die Sicherheit geachtet hat. Während der gesamten Zeit galt strengstens: Niemals die Finger in den Mund nehmen, in die Nase stecken oder sich die Augen reiben – ansonsten könnten kleinste strahlende Partikel in den Körper gelangen und dort für Jahre verbleiben. Tim erinnert sich noch gut an einen Moment, als er lediglich eine hübsche Blüte anfassen wollte und der Guide vehement dazwischenging: »Don't touch it! It is radioactive!« Während der gesamten Zeit in der Sperrzone mussten Tim und sein Kameramann einen Geigerzähler und ein Dosimeter am Körper tragen. Sie messen, wie viel Strahlung man aktuell und insgesamt abbekommen hat. Ab einem bestimmten Grenzwert hätten die beiden die Dreharbeiten sofort abbrechen, die Sperrzone verlassen und nach Hause fliegen müssen. Anordnung vom Betriebsarzt und dem Sicherheitsverantwortlichen des ZDF. Das passierte zum Glück aber nicht. Trotzdem mussten alle Klamotten, die das Team vor Ort trug, unmittelbar nach Verlassen der Sperrzone weggeworfen werden. Ein seltsames Gefühl! Weil man die Sperrzone nicht einfach so verlassen und wieder reinkommen darf, mussten Tim und sein Kameramann während der Dreharbeiten in der Sperrzone übernachten. Dort gibt es lediglich ein einziges Hotel, mit einer komplett mit Holz verkleideten Bar, in der Journalisten, Guides und Arbeiter abends gemeinsam – dreimal dürfen Sie raten – Wodka tranken! Einer der denkwürdigsten Abende in Tims Leben. Mittlerweile werden Reisen in die Sperrzone übrigens auch für Touristen angeboten. Als Tagesausflug kann im Grunde genommen jeder gemeinsam mit einer Gruppe dorthin reisen und sich die verlassene Geisterstadt Prypjat sowie das zerstörte Kraftwerksgebäude anschauen. Ob das eine gute Idee ist? Das bleibt nach dem Lesen dieses Kapitels jedem und jeder selbst überlassen!

12 BLACK LIVES MATTER – DIE VERSPÄTETE RASSISMUSDISKUSSION

Wir sind beide weiß. Wir hatten beide nie ein Problem, eine Wohnung zu bekommen. In unserer Kindheit und Jugend konnten wir uns mit unzähligen Vorbildern in den Medien, auf Plakaten und in Schul- und Kinderbüchern identifizieren. Wenn uns jemand fragt, wo wir herkommen, lösen die Antworten »Düsseldorf« und »Frankfurt« keine weiteren Fragen aus. All dieser Vorteile und Privilegien waren wir uns bis vor einigen Jahren nicht wirklich bewusst. Es war einfach so.

Wir haben früher »N.-Küsse« gesagt und »Wer-hat-Angst-vorm-schwarzen-Mann?« gespielt. Viele Menschen in unserem Umfeld haben ganz selbstverständlich das rassistische **N-Wort** für Schwarze benutzt. Wir hatten damals nichts verstanden. Heute wissen wir, dass Unwissenheit uns nicht schützt und dass wir uns informieren und es besser machen müssen. Dieses Kapitel soll einen kleinen Beitrag dazu leisten.

Die Black-Lives-Matter-Bewegung

»Die Verhältnisse werden sich nicht über Nacht wandeln. Aber wir sind dabei, die Welt zu verändern«, sagte der Black-Lives-Matter-Aktivist Hawk Newsome aus New York im April 2021 der *ZEIT*. Dieser Aussage waren Jahre voller Todesfälle, Proteste und Leid vorangegangen.

Es war gar nicht so einfach für uns zu entscheiden, wie wir dieses Kapitel beginnen sollen. Denn weltweit ereignen sich immer wieder unzählige rassistische Taten – natürlich auch in

Deutschland. Trotzdem beginnen wir in den USA, weil wir uns in diesem Buch an Nachrichtenthemen orientieren. Und da die großen Demonstrationen gegen Rassismus und Polizeigewalt in Deutschland und die dadurch entstandene mediale Debatte auch von den Geschehnissen in den USA nach dem Tod des Schwarzen **George Floyd** ausgelöst wurden, beginnen wir mit seiner Geschichte.

»In Amerika Schwarz zu sein, sollte kein Todesurteil sein. Was wir gesehen haben, ist schrecklich und absolut verkommen«, so der Bürgermeister von Minneapolis, Jacob Frey, im Mai 2020. Kurz vorher war das Handyvideo einer 17-jährigen Zeugin um die Welt gegangen, auf dem man sieht, wie ein weißer Polizist sein Knie auf den Hals eines Schwarzen Mannes drückt, der am Boden liegt. Das Video ist verstörend. Der Polizist kniet etwa acht Minuten lang auf dem wehrlosen Festgenommenen. Dieser sagt immer wieder »I can't breathe« (»Ich kann nicht atmen«) und ruft nach seiner Mutter. Irgendwann sagt er, dass er sterben würde, und wird ohnmächtig. Doch der Polizist drückt dem Mann weiterhin das Knie auf den Hals. Wenige Stunden später stirbt er im Krankenhaus.

Der Name des Verstorbenen ist George Floyd. Sein Tod hat in den USA und in vielen anderen Ländern, zum Beispiel in Deutschland, eine längst überfällige große öffentliche Debatte über **Rassismus** und **Polizeigewalt** ausgelöst. Denn was viele Schwarze schon lange beklagten, wurde in den vergangenen Jahren immer deutlicher – wahrscheinlich auch, weil es nun Handyvideos von den Taten gab, die vorher oft vertuscht wurden. Denn George Floyd war leider kein Einzelfall, schon zuvor hatte es in den USA immer wieder ähnliche Fälle gegeben.

Im Februar 2012 erschoss der 28-jährige George Zimmerman den 17-jährigen Schwarzen Highschool-Schüler **Trayvon Martin.** Zimmerman war als Nachbarschaftswächter mit einer Waffe unterwegs und feuerte auf den Jugendlichen, der an seinen Verletzungen verstarb. Als Motiv gab er Notwehr an, obwohl Martin unbewaffnet gewesen war.

Im Juli 2014 wurde der asthmakranke Afroamerikaner **Eric Garner** bei einem Polizeieinsatz auf Staten Island in New York getötet. Der Fall hat Parallelen zu dem von George Floyd, denn auch diese Tat wurde gefilmt. Der 43-Jährige hatte bei einer Prügelei geschlichtet, war aber als Einziger noch am Tatort, als die Polizei eintraf. Ein Beamter wendete bei ihm einen bei der Polizei verbotenen Würgegriff an und brachte ihn mit mehreren Kollegen zu Boden. Auf dem Video hört man Eric Garner elf Mal »I can't breathe« sagen, bis er an Herzversagen stirbt.

Im August 2014 wurde in der Stadt Ferguson der Schwarze Teenager **Michael Brown** am helllichten Tag von einem weißen Polizisten erschossen. Der 18-jährige Brown war mit einem Kumpel auf der Straße statt auf dem Bürgersteig gelaufen und deswegen von dem Polizisten kontrolliert worden. Was dann passierte, ist unklar. Bewiesen ist, dass der Beamte sechs Schüsse abfeuerte, von denen einer Brown in den Kopf traf. Gegen den Polizisten wurde kein Verfahren eröffnet.

Im April 2015 wurde der Schwarze **Walter Scott** in North Charleston vom weißen Polizisten Michael Slager nach einer Verkehrskontrolle erschossen. Scott war zu Fuß weggelaufen, da gegen ihn ein Haftbefehl vorlag, weil er Kindesunterhalt nicht gezahlt hatte. Der Polizist erschoss Scott von hinten mit fünf Schüssen. Ein Zeugenvideo zeigt, dass keine Notwehrsituation bestand. Slager wurde zu 20 Jahren Haft verurteilt.

Einige Monate bevor der Tod von George Floyd die Welt erschütterte, wurde die 26-jährige Schwarze Rettungssanitäterin **Breonna Taylor** im US-Bundesstaat Kentucky von Polizisten in ihrer eigenen Wohnung erschossen. Gemeinsam mit George Floyd wurde sie zum Gesicht der **Black-Lives-Matter**-Bewegung.

Wie lange es die Bewegung schon gibt, ist unklar. Breitere Bekanntheit erlangte sie 2013, nachdem George Zimmerman vom Mord am Teenager Trayvon Martin freigesprochen worden

war. Das Hashtag #BlackLivesMatter wurde vermehrt in den sozialen Medien benutzt. Nationale Bekanntheit erlangte Black Lives Matter allerdings durch Demonstrationen im Jahr 2014 in Ferguson im Bundesstaat Missouri. Dort hatte ein weißer Polizist den 18-jährigen Michael Brown getötet, und es folgten die größten Proteste in Fergusons Geschichte, die über Monate andauerten und immer wieder eskalierten. Tausende, größtenteils Schwarze Demonstrierende kamen für eine friedliche Mahnwache zusammen. Sie konnten nicht verstehen, wieso der unbewaffnete Jugendliche sterben musste. Dann eskalierte die Situation, und es kam zu regelrechten Straßenschlachten, die Polizei setzte Tränengas und Hundestaffeln ein, viele Geschäfte wurden zerstört oder brannten aus.

Auch in der Stadt Kenosha im US-Bundesstaat Wisconsin hatte es im August 2020 nach Polizeischüssen auf einen Schwarzen teils gewalttätige Proteste gegeben. Ex-US-Präsident Donald Trump hatte diese sogar genutzt, um die gesamte Black-Lives-Matter-Bewegung zu diskreditieren und sich mit Rechtsextremisten zu solidarisieren. Um nachzuvollziehen, wieso sich so viel Frust angestaut und in Ferguson, Kenosha und anderswo entladen hat, sollte man versuchen zu verstehen, wie die Situation für Schwarze in den USA insgesamt ist. Dazu müssen wir allerdings eine kleine Reise in die Vergangenheit machen, die kein gutes Licht auf unsere europäischen Vorfahren wirft.

Kolonialismus, Sklaverei und Rassentrennung

Vor mehr als 500 Jahren begann das Zeitalter des neuzeitlichen **Kolonialismus**. Damals haben europäische Länder angefangen, andere Gebiete der Welt gewaltsam in Besitz zu nehmen, zum Beispiel in Afrika und Amerika. Die europäischen Kolonisatoren versuchten, möglichst alles aus den Ländern herauszupressen: Gold, Silber, Lebensmittel – nichts war vor ihnen sicher. In Amerika wurden die ursprünglichen Einwohnerinnen und Einwohner, die **indigenen Völker**, nicht als diejenigen anerkannt, die das Land seit langer Zeit bewohnten und es somit auch besaßen, sondern sie wurden bekämpft und unterdrückt. Millionen der ursprünglichen Einwohnerinnen und Einwohner wurden von den Kolonisatoren getötet. Noch mehr Todesopfer forderten Krankheiten, die von Europäern eingeschleppt wurden und die die indigenen Völker nicht gewohnt waren. So starben Dutzende Millionen Menschen zum Beispiel an Pocken und der Grippe.

Die indigenen Völker Amerikas sollte man keinesfalls mehr »Indianer« nennen. Diese Benennung ist nämlich keine Eigenbezeichnung, sondern geht auf einen Fehler von **Christoph Kolumbus** zurück, der 1492 mit seinem Schiff an einer Insel der Bahamas auf dem amerikanischen Kontinent ankam, aber dachte, er sei in Indien. Die indigenen Völker empfinden die Bezeichnung verständlicherweise als koloniale Fremdbezeichnung und wollen nicht so genannt werden. In den USA werden sie oft als **»Native Americans«** bezeichnet. Im Deutschen spricht man von indigener Bevölkerung.

Die indigenen Völker Amerikas waren also zu Millionen verstorben, die europäischen Kolonisatoren benötigten aber Arbeitskräfte, um den Kontinent weiterhin möglichst effektiv ausbeuten zu können. Also wurden Sklaven aus Afrika nach Amerika gebracht. Sie wurden zu Hunderten in Schiffe gepfercht und in Amerika auf Sklavenmärkten verkauft, um als Hausangestellte zu arbeiten oder zum Beispiel auf Baumwollplantagen unter schrecklichsten Bedingungen zu schuften. Dabei hatten sie keinerlei Rechte. Ihre weißen »Besitzer« markierten sie mit Brenneisen, peitschten sie aus, fesselten sie und ließen sie Hunger und Durst leiden. In die Sklaverei geborene Kinder gingen automatisch in den Besitz des weißen »Herrn« über.

Auch unser Land hat eine blutige Kolonialgeschichte, obwohl darüber kaum gesprochen wird. Deutschland hat zwar später als andere europäische Länder angefangen, andere Länder zu besetzen, hatte aber genauso Kolonien, zum Beispiel das damalige »Deutsch-Südwestafrika« im heutigen Namibia. Als die einheimischen Völker **Herero und Nama** sich gegen die fremden Menschen, die ihr Land einnahmen, wehrten, richtete Deutschland einen **Völkermord** an, bei dem zwischen 1904 und 1908 mehr als 70 000 Herero und Nama starben. Sie wurden dem Tod durch Verdursten ausgesetzt oder in Konzentrationslagern umgebracht. Deutsche Regierungen haben diesen Genozid, also Völkermord, lange geleugnet. Erst seit 2015 verhandelten Deutschland und Namibia über die Anerkennung von Schuld und eine Entschädigung. Im Mai 2021 kam es endlich zu einer Einigung, die deutsche Bundesregierung bekannte sich offiziell zum Genozid an den Herero und Nama und sagte den Nachfahren der Opfer finanzielle Entschädigungen zu. Diese hatte Deutschland zuvor lange abgelehnt. In den Zeiten der Kolonialisierung kam eine größere Anzahl Schwarzer Menschen nach Deutschland. Sie durften hier allerdings kein normales Leben führen, sondern wurden auf Jahrmärkten und in Wanderzirkussen zur Schau gestellt.

Wie konnte die europäische Bevölkerung dieses unmenschliche Verhalten tolerieren? Die Sprachwissenschaftlerin Prof. Susan Arndt beschreibt es so: »Um das politische Konzept der Sklaverei und des Kolonialismus moralisch ›zu legitimieren‹, erfand Europa sein eigenes Afrika. Der Kontinent sei das homogene und unterlegene ›Andere‹ und bedürfe daher der ›Zivilisierung‹.« Als Legitimation für die eigenen Gräueltaten schuf man im 19. Jahrhundert ein pseudowissenschaftliches Denkgebäude. Vermeintliche Forscher versuchten weltweit, die Menschheit in verschiedene »Rassen« einzuteilen. Am bekanntesten waren damals die Bücher des französischen Diplomaten und Schriftstellers Arthur de Gobineau. Er teilte die Menschheit in drei »Rassen« ein: eine weiße, eine gelbe und eine schwarze. Die schwarze »Rasse« stehe dabei an unterster Stelle, Gobineau schreibt ihr einen tierhaften Charakter zu. Die weiße hielt Gobineau für die überlegene »Rasse«. Er bezeichnete sie auch als arische »Urrasse«, die dazu bestimmt sei, über die anderen zu herrschen. Einige nutzten damals seine Theorie, um eigene Abwandlungen dieser menschenfeindlichen **Rassentheorie** zu verfassen.

Einer von ihnen war der Brite Houston Stewart Chamberlain, der die Theorien von Gobineau mit einem radikalen Antisemitismus verband. Er erklärte das jüdische Volk zu einer eigenen Rasse und zum Hauptfeind der arischen »Urrasse«, die das jüdische Volk deshalb vernichten müsse. Kein Wunder, dass Hitler ein großer Fan beider Autoren war.

An dieser Stelle müssen wir einen kurzen Break machen, denn wir wollen klarstellen, dass es schrecklich ist, diesen Schwachsinn noch mal zu Papier zu bringen. Wir tun es aber, um zu erklären, wogegen wir uns als Gesellschaft wehren müssen. Denn nur, wenn man versteht, an welche absurden und schrecklichen Pseudotheorien die Menschen damals geglaubt haben und welchen Schicksalen und Ungerechtigkeiten nicht weiße Menschen ausgesetzt waren, wird deutlich, warum die

Diskussion über rassistische Begriffe und Rassismus im Allgemeinen heute so wichtig und längst überfällig ist. Vor diesem Hintergrund verstehen hoffentlich alle, warum es selbstverständlich sein sollte, das N-Wort nicht mehr zu benutzen und die Mohrenstraße (wir schreiben das Wort hier einmal zum Verständnis aus) in Berlin umzubenennen. Sie soll ab Oktober 2021 »Anton-Wilhelm-Amo-Straße« heißen, nach dem ersten bekannten schwarzen Philosophen Deutschlands, einem ehemaligen Sklaven. Denn auch das M-Wort ist, ähnlich wie das N-Wort oder das Wort »Indianer«, eine Fremdbezeichnung, die aus den vorher beschriebenen Zeiten stammt. Auch die Wörter »Farbige« oder »Dunkelhäutige« sind kolonialistische Begriffe und deswegen entmenschlichend.

Vielleicht fragen Sie sich jetzt, welche Bezeichnungen man stattdessen benutzen soll. Die »Neuen deutschen Medienmacher*innen«, ein bundesweiter Zusammenschluss von Medienschaffenden mit unterschiedlichen kulturellen und sprachlichen Kompetenzen und Wurzeln, hat ein Glossar zu dem Thema geschrieben. Darin heißt es: »Wenn es um Rassismus, unterschiedliche Erfahrungen und Sozialisationen geht, ist der politisch korrekte Begriff »Schwarze«. In allen anderen Fällen gibt es aber meistens gar keinen Grund, dazuzusagen, ob eine Person schwarz oder weiß ist.« Als Alternative führt das Glossar die Selbstbezeichnungen **People of Color** (PoC, Singular: Person of Color), **Black and People of Color** (BPoC), **Black and Indigenous People of Color** (BIPoC) auf, oder **Menschen of Color**. Bei all diesen Bezeichnungen geht es nicht um die Hautfarbe. Auch ein als weiß gelesener Mensch mit Migrationshintergrund kann zum Beispiel aufgrund seines arabischen Namens Rassismuserfahrungen machen. PoC soll also alle Menschen einschließen, die Rassismuserfahrungen machen. Deswegen haben wir auch das Wort »Schwarz« immer großgeschrieben. Denn bei diesen Selbstbezeichnungen geht es nicht wirklich um die Farbe der Haut, sondern darum, eine Verbundenheit durch ähnliche Rassismuserfahrungen auszudrücken.

Dass die Rassentheorie kompletter Blödsinn ist, haben auch die heutigen Wissenschaftlerinnen und Wissenschaftler verstanden. Zumindest die meisten. Einige von ihnen hatten 2019 in der sogenannten »Jenaer Erklärung« sogar dazu aufgerufen, den Begriff »Rasse« nicht mehr zu verwenden. Der Grund: Es gibt keine biologische Begründung für eine Einteilung in Rassen, und eine solche hat es auch nie gegeben. Das Konzept der »Rasse« ist das Ergebnis von Rassismus – und nicht dessen Voraussetzung, so die Begründung. Das Wort »Rasse« steht übrigens in unserem Grundgesetz. Dort heißt es in Artikel 3, niemand dürfe wegen seiner »Rasse« benachteiligt oder bevorzugt werden. Die Grünen fordern, den Begriff aus dem Grundgesetz zu streichen. FDP, Linke und SPD zeigten sich für den Vorschlag offen. Die Union stimmte gegen die vorgeschlagene Alternativformulierung.

Kehren wir zurück in die USA. 1865 wurde dort die **Sklaverei** endlich verboten, die Situation der Schwarzen wurde aber trotzdem nicht deutlich besser. Danach gab es nämlich noch volle 99 Jahren lang die **Rassentrennung**. Schwarze wurden von Wahlen ausgeschlossen, es gab eigene Restaurants, Gaststätten und Schulen nur für Schwarze, und sie mussten im Bus in gesonderten Bereichen sitzen. Wer sich diesen Restriktionen widersetzte, wurde bestraft. In den meisten Fällen hatten die Einrichtungen für Schwarze einen schlechteren Standard. Nun könnte man glauben, dass mit Abschaffung der Rassentrennung 1964 zumindest heute Chancengleichheit zwischen Schwarzen und Weißen in den USA herrschen sollte. Dem ist aber nicht so. Denn Schwarze haben aufgrund ihrer Geschichte immer noch mit Nachteilen zu kämpfen. Sie besitzen zum Beispiel deutlich seltener ein Eigenheim und leben häufiger in armen Stadtteilen als Weiße. Das liegt unter anderem daran, dass sie schlechtere Startmöglichkeiten haben. In den 1930er-Jahren wurden Schwarze zum Beispiel von den Banken systematisch bei der Vergabe von Krediten benachteiligt. Wer keinen Kredit bekam, konnte sich kein Eigenheim kaufen. Demnach konnte auch kein Eigenheim an Nachkommen vererbt werden. Auch deswegen leben Schwarze heute häufiger in einkommensschwachen Vierteln, in denen dementsprechend auch die Ausstattung der Schulen schlechter ist, denn diese wird in den USA direkt über Steuergelder der Kommune finanziert. Und in diesen Vierteln gibt es häufig mehr Gewalt und Drogenmissbrauch. All das führt zu einem Teufelskreis: Durch schlechtere Startbedingungen haben Schwarze in den USA bis heute auch schlechtere Chancen als Weiße.

Und auch der Rassismus ist mit dem Verbot der Rassentrennung leider nicht verschwunden. **»White Supremacy«**, die Ideologie der weißen Vorherrschaft, dominiert noch immer die US-amerikanische Gesellschaft. Das schreibt Christine Knauer, Lehrbeauftragte für nordamerikanische Geschichte an der Uni Tübingen. Das sehe man exemplarisch auch an der Polizei, die weiß dominiert sei. Und damit sind wir zurück bei den Demonstrationen in Ferguson, die die Black-Lives-Matter-Bewegung so richtig zum Laufen brachte.

Auch dem Ferguson Police Department wurde nach seinen Reaktionen auf die Ausschreitungen bei den Black-Lives-Matter-Protesten Rassismus vorgeworfen. Das US-Justizministerium leitete daraufhin Ermittlungen gegen die Polizeistation ein. Im März 2015 gab es dann das Ergebnis der Untersuchung: Polizistinnen und Polizisten würden bei ihrer Arbeit afroamerikanische Anwohner diskriminieren. So versuchte die Stadt zum Beispiel ihre Kassen aufzubessern, indem sie in Vierteln mit hohem Schwarzen Bevölkerungsanteil überdurchschnittlich viele Strafzettel verteilte. Der Polizeichef und der Chef der Stadtverwaltung traten zurück, die Stadt gelobte Besserung und präsentierte 2016 ein mehr als hundertseitiges Dokument, das viele neue Regelungen und Pläne beinhaltete, um gegen Rassismus vorzugehen. Zumindest wurden einige Posten, wie etwa der des Polizeichefs, mit Afroamerikanern besetzt. Ein erster Schritt.

In Ferguson war die Polizei also laut den Ermittlungen rassistisch. Aber gibt es in den USA grundsätzlich mehr Polizeigewalt gegen Schwarze als gegen Weiße? Die Antwort lautet: Ja! Seit Anfang 2015 führt die Washington Post eine fortlaufende Zählung der Todesopfer durch Polizeigewalt. Mitte 2021 zeigt sich: 1520 Schwarze Menschen sind seitdem ums Leben gekommen - das entspricht 37 Toten je eine Million Einwohnerinnen und Einwohner. Damit werden Afroamerikaner und Afroamerikanerinnen deutlich häufiger Opfer tödlicher **Polizeigewalt** als andere Bevölkerungsgruppen. Die Zahl der getöteten Weißen beläuft sich auf 2786. Umgerechnet auf die Bevölkerungszahl sind das 14 Opfer je eine Million Einwohnerinnen und Einwohner. Die Gefahr, bei einem Polizeieinsatz ums Leben zu kommen, ist für Schwarze im Vergleich zu Weißen also mehr als doppelt so groß. Was für schreckliche Zahlen. Bei Demonstrationen gegen Rassismus und Polizeigewalt rufen die Protestierenden deswegen auch »Is my son next?«, um aufzuzeigen, dass Schwarze junge Männer besonders häufig Opfer von Polizeigewalt werden.

Rassismus als strukturelles und systemisches Phänomen

Mit dem Tod von George Floyd bekam die Black-Lives-Matter-Bewegung auch bei uns in Deutschland mehr Aufmerksamkeit und Zulauf. Im Juni 2020 demonstrierten mitten in der Coronapandemie in vielen Städten Deutschlands mehr als 100 000 Menschen gegen Rassismus und Polizeigewalt. Es demonstrierten überwiegende junge Menschen, viele BIPoC, aber auch viele weiße Menschen waren dabei und solidarisierten sich. Die Rassismus-Debatte hatte auch in Deutschland wieder Fahrt aufgenommen, und BIPoc saßen auf einmal in den Talkshows und erzählten von ihren Erlebnissen mit **Alltagsrassismus**. Ein Beispiel dafür ist die immer wiederkehrende Frage an Menschen mit Migrationsgeschichte, woher sie denn kommen. Wenn sie auf diese Frage mit »Darmstadt« antworten, dann fragen viele Menschen: »Ja, aber wo kommst du wirklich her? Also ursprünglich?« Wir geben zu, dass wir diese Frage selbst oft gestellt haben. Wie die meisten hatten wir dabei keine bösen Hintergedanken und haben tatsächlich auch länger gebraucht, um zu verstehen, was das Problem an der Frage ist. Rassistisch ist nämlich nicht nur das, was rassistisch gemeint ist, sondern es geht vor allem darum, was das eigene Verhalten beim Gegenüber auslöst. Die Frage nach der Herkunft kann implizieren, dass die oder der Befragte nicht nach Deutschland gehört, hier also nicht heimisch sein kann. Viele Menschen mit Migrationsgeschichte und BIPoC sind aber in Deutschland geboren und kennen keine andere Heimat. Sie sind durch diese Frage immer und immer wieder gezwungen, Dinge zu erzählen, die sie vielleicht gar nicht erzählen wollen, und sich zu Ländern zu äußern, die sie vielleicht nie besucht haben. Wir können das hier nicht in allen Facetten wiedergeben, aber stellen Sie sich vor, Sie müssten womöglich immer wieder erklären, dass Ihr Vater Ihre Mutter verlassen hat, dass Sie aus dem Iran kommen, aber die Sprache nicht sprechen, und dass Sie sich eigentlich sehr deutsch fühlen, aber in den Augen des anderen nicht deutsch genug aussehen. Seit wir uns das bewusst gemacht haben, fragen wir beim ersten Kennenlernen niemanden mehr über seine potenzielle Migrationsgeschichte aus. Wer diese erzählen will, kann das ja auch bei der Frage »Wo kommst du her?« tun. Wer aber einfach mit »Darmstadt« antwortet, möchte anscheinend nicht, dass weiter nachgebohrt wird. Dies ist nur ein Beispiel für Alltagsrassismus. Wer mehr darüber wissen will, sollte sich bei denen informieren, die sich wirklich damit auskennen. Am Ende des Buches empfehlen wir weiterführende Lektüre.

Ein weiteres Problem neben dem Alltagsrassismus ist der **strukturelle Rassismus** oder **institutionelle Rassismus**. Dabei geht es nicht um eine Interaktion zwischen zwei Menschen, sondern um rassistische Strukturen und Entscheidungsabläufe.

Es handelt sich also um Routinen, die so ausgestaltet sind, dass Menschen, die nicht als weiß, deutsch und »westlich« wahrgenommen werden, benachteiligt werden. Das kann zum Beispiel **Racial Profiling** bei der Polizei sein, das in Deutschland zwar verboten ist, aber dennoch zum Einsatz kommt. Racial Profiling bedeutet, dass Menschen zum Beispiel aufgrund ihrer Hautfarbe oder ihrer Herkunft häufiger kontrolliert werden oder eher als verdächtig eingestuft werden. 2017 hat das Bundeskabinett den »Nationalen Aktionsplan gegen Rassismus« verabschiedet und dabei der deutschen Polizei ein Rassismusproblem bescheinigt. Racial Profiling sei regelmäßige Praxis. Trotzdem weigerte sich Bundesinnenminister Horst Seehofer, eine Studie über Rassismus bei der deutschen Polizei durchzuführen.

Rassismus und Polizeigewalt in Deutschland

Dass es den gibt, zeigen auch zahlreiche Fälle in Deutschland. Man kann leider nicht nur ein ganzes Buch über Rassismus schreiben, sondern Hunderte. Wir haben hier nur ein Kapitel und wollen deswegen beispielhaft von dem Fall Oury Jalloh und dem rassistischen Anschlag von Hanau berichten.

Der Schwarze Oury Jalloh ist im Jahr 2005 in einer Polizeizelle in Dessau verbrannt. In einem Kommentar in der *ZEIT* wurde der Fall einer der »großen Polizeiskandale unserer Zeit« genannt. Jalloh war stark alkoholisiert unter dem falschen Vorwurf, Frauen belästigt zu haben, in Polizeigewahrsam genommen worden. Er wurde an Händen und Füßen an einer Liege fixiert. Laut den Polizistinnen und Polizisten der Polizeistelle soll er – wohlgemerkt vollständig fixiert und mit etwa drei Promille Alkohol im Blut – ein Feuerzeug rausgekramt und ein Feuer gelegt haben, um aus der Zelle befreit zu werden. Dafür habe er den feuerfesten Überzug seiner Matratze beschädigt. Diese Darstellung der Polizei wurde von verschiedenen Brandgutachten und Rekonstruktionen des Geschehenen widerlegt.

Und auch sonst ist in den Darstellungen der Polizei vieles mehr als widersprüchlich. Laut Polizeiprotokollen hatte Jalloh gar kein Feuerzeug bei sich, und bei einer ersten Tatortuntersuchung wurde auch keines gefunden. Erst später tauchte ein Feuerzeug in einer Tüte mit Brandresten auf. An dem Feuerzeug finden sich keine DNA-Spuren von Jalloh, aber Polyesterspuren, die zu keinem Gegenstand in der Zelle passen. Der diensthabende Polizist hatte den Feueralarm mehrfach abgestellt, und Jalloh soll vor seinem Tod schwer misshandelt worden sein. Sachverständige bestätigten, dass Jalloh mehrere Brüche hatte, unter anderem am Schädeldach. Mehrere Wissenschaftler bestätigten zudem, dass der Festgenommene bewusstlos oder sogar schon tot war, als das Feuer ausbrach. Dies sind nur einige der Ungereimtheiten beim Todesfall Oury Jalloh. Trotz mehrerer Anläufe scheiterte die Justiz daran, den Fall aufzuklären. Die WDR-Journalistin Margot Overath, die den Fall über die Jahre begleitet hat, sagt, es gebe kein plausibles Szenario, in dem sich Oury Jalloh selbst anzünden konnte. Wahrscheinlicher sei, dass die Beamten ihre Misshandlungen vertuschen wollten, indem sie in der Zelle selbst den Brand legten. Viele Expertinnen und Experten glauben außerdem, dass ein Brand dieses Ausmaßes in einer gekachelten Zelle nur mit Brandbeschleuniger möglich ist. Ob der Fall Oury Jalloh jemals aufgeklärt wird, ist fraglich.

Den traurigen Höhepunkt rassistisch motivierter Anschläge in jüngster Zeit bilden die Anschläge von Hanau. Am 19. Februar 2020 erschoss der Rechtsradikale Tobias R. in seiner Heimatstadt in Hessen neun Menschen. Danach tötete er seine Mutter und sich selbst. Der Täter hatte vorher rechtsradikale Videos im Internet veröffentlicht und besaß legal Waffen. Am Abend des 19. Februar suchte er in Hanau gezielt Orte auf, die von People of Colour besucht werden, und schoss in einer Shishabar, einer Bar und einem Kiosk gezielt auf die Menschen, die in seinen Augen aussahen, als hätten sie einen Migrationshintergrund. Motiv »Fremdenfeindlichkeit«? Nein! Denn die Opfer waren keine Fremden. Unter diesem Motto fand auch ein Jahr später die Gedenkfeier in Hanau statt. Vier der Getöteten waren deutsche Staatsbürger, die Mehrheit von ihnen hier geboren und aufgewachsen. Sie alle haben hier gelebt, gearbeitet, Steuern gezahlt und hatten Familien. Eines der Opfer war der 22-jährige Vili Viorel Păun. Er verfolgte den Täter, um ihn zu stoppen, und wurde dann in seinem Auto von ihm erschossen. Ein Jahr später hat das hessische Innenministerium zugegeben, dass in der Tatnacht der Notruf in der Polizeiwache unterbesetzt war. Păun hatte dreimal versucht, den Notruf zu erreichen, es nahm jedoch nie jemand ab. Laut Innenministerium gab es nur zwei Leitungen und nur einen Beamten, der die Notrufe annehmen konnte. Eine Weiterleitung an eine andere Dienststelle war nicht eingerichtet. Hätte Păun die Polizei erreichen können, hätte die ihm wohl geraten, die Verfolgung abzubrechen. Das hätte ihm das Leben retten können. Ein Jahr nach dem rassistischen Anschlag war eine Rufumleitung bei der Polizei in Hanau übrigens immer noch nicht möglich.

Für die Angehörigen der Opfer ist das Attentat durch den Tod des Täters längst nicht aufgeklärt. Sie haben noch immer viele Fragen und auch Vorwürfe an die Polizei. Diese habe die Morde des Täters durch amtspflichtwidrige Versäumnisse begünstigt bzw. nicht verhindert. Ein Vorwurf lautet, dass die Polizei davon wusste, dass am zweiten Tatort der Notausgang dauerhaft verschlossen war. Dadurch hätte niemand aus der Shishabar fliehen können. Wegen des verschlossenen Notausgangs wurde übrigens nicht automatisch von Amts wegen ermittelt, sondern erst, nachdem die Angehörigen Anzeige gegen Unbekannt erstattet hatten. Und noch eine Frage lässt die Angehörigen nicht los: Warum durfte der rassistische Attentäter Tobias R. legal Waffen besitzen, obwohl den Behörden bekannt war, dass er ein rechtsextremer Psychopath war? Tobias R. war in der Psychiatrie gewesen und hat sich verfolgt gefühlt. Deswegen hatte er zweimal Anzeige erstattet. Die letzte Anzeige 2019 bei der Staatsanwaltschaft Hanau war voller wirrer Verschwörungsmythen und rassistischer Ideologie. Die Waffenbehörde, die ihm seine Waffenbesitzkarte verlängerte, wusste aber nichts von den Anzeigen und die Staatsanwaltschaft nichts von der Waffenbesitzkarte. Belastend ist für die Angehörigen auch, dass der Vater des Attentäters seit dem Attentat immer wieder rassistische Schreiben an die Behörden schickt und die Waffen seines Sohnes zurückfordert. Das berichtete *Der Spiegel* im Dezember 2020. Dass die Angehörigen aus den Medien und nicht von den Sicherheitsbehörden davon erfahren haben, lässt sie fassungslos zurück. Sie haben Angst, dass auch der Vater, der weiterhin in Hanau lebt, zum rassistischen Attentäter werden könnte. Und auch den Umgang der Polizei mit den Angehörigen in der Tatnacht kritisieren sie. Sie wurden stundenlang im Unklaren gelassen, ob ihre Söhne, Töchter oder Geschwister noch lebten, durften die Leichname vor der Obduktion nicht sehen und wurden auch nicht über die anstehende Obduktion informiert.

Die »Initiative 19. Februar Hanau«, die von Angehörigen der Opfer und Überlebenden gegründet wurde, fordert eine unabhängige Untersuchungskommission, um den rassistischen Anschlag unabhängig von der Landesregierung zu untersuchen. Kemal Kocak, der Besitzer des Kiosks, in dem sechs der Opfer getötet wurden, sagte auf der Trauerfeier ein Jahr nach dem Attentat: »Ich möchte keine Worte mehr hören, sondern Taten sehen, damit so etwas nie wieder vorkommt.«

Der Fall Oury Jalloh und der rassistische Anschlag von Hanau sind keine Einzelfälle. Im Oktober 2019 hat es am höchsten jüdischen Feiertag, Jom Kippur, einen Anschlag auf eine Synagoge in Halle in Sachsen-Anhalt gegeben. Ein rechtsextremistischer Attentäter hatte versucht, in die Synagoge einzudringen, um dort ein Massaker anzurichten, doch die Tür hielt zahlreichen Schüssen und selbst gebastelten Sprengsätzen stand. Aus

Frust, dass er nicht in die Synagoge eindringen konnte, erschoss der damals 27-Jährige wahllos zwei Menschen, die ihm auf seiner Flucht begegneten. Er filmte die Tat mit einer Helmkamera und stellte die Bilder live ins Internet. Dabei äußerte er sich massiv judenfeindlich und bezog sich auf antisemitische Verschwörungsmythen.

Antisemitismus bedeutet Feindschaft oder Hass gegenüber Juden. Antisemitismus gibt es schon sehr lange und in vielen Ländern der Welt. Jüdinnen und Juden wurden weltweit schon häufig ausgegrenzt und verfolgt. Besonders grausam waren die Judenverfolgung und der Massenmord an Menschen jüdischen Glaubens im Nationalsozialismus unter Adolf Hitler. Auch danach wurden Jüdinnen und Juden immer wieder Ziel von Anschlägen. 1972 zum Beispiel wurde bei den Olympischen Spielen in München von palästinensischen Terroristen ein Anschlag auf die israelischen Olympiateilnehmer verübt. 17 Menschen starben. Auch heute ist Antisemitismus immer noch weitverbreitet, deshalb werden jüdische Einrichtungen in Deutschland polizeilich gesichert. So werden zum Beispiel Synagogen oder jüdische Schulen bewacht, teilweise kommt man nur durch Sicherheitsschleusen hinein.

Im Jahr 2020 gab es laut der Beratungsstelle für Betroffene rechter, rassistischer und antisemitischer Gewalt 1322 Fälle rechter Gewalt, und das nur in den acht Bundesländern, in denen die Beratungsstelle aktiv ist. Die Zahl hat sich im Vergleich zum Jahr 2019 kaum verändert. Allerdings hat 2020 die Zahl der Fälle von antiasiatischem Rassismus zugenommen. Die Verantwortung dafür tragen Menschen wie Ex-US-Präsident Donald Trump, der das Coronavirus immer wieder »chinesisches Virus« nannte und damit ein ganzes Volk diskreditierte. Auch in den USA kam es daraufhin vermehrt zu Rassismus gegenüber Asian Americans, wie die *New York Times* eindrücklich schilderte.

White Privilege

Nachdem wir all diese schrecklichen Attentate und Todesfälle beschrieben haben, versuchen wir, den Bogen zum Anfang des Kapitels zu spannen, und fragen uns: Was hat die Black-Lives-Matter-Bewegung gebracht? Rassismus gibt es immer noch. Er ist auch durch die Demonstrationen garantiert nicht weniger geworden. Trotzdem werden sich immer mehr Menschen bewusst, dass sie vielleicht keine Rassistinnen und Rassisten sind, sich aber trotzdem immer wieder rassistisch verhalten. Und sie sind zunehmend sensibilisiert für ihr **White Privilege**. Beim Wort »Privilegien« denken wir oft an Luxusgüter, es geht dabei aber um Vorteile, die eine bestimmte Gruppe hat, ohne etwas dafür getan zu haben. Weiße müssen sich zum Beispiel nie Gedanken über ihre Hautfarbe machen. Sie werden niemals wegen ihrer Hautfarbe eine Wohnung oder einen Job nicht bekommen. Das haben nun zumindest einige Menschen verstanden. Im Juni 2020 beendete Bundespräsident Frank Walter Steinmeier eine Rede mit den berühmten Worten der Schwarzen US-Aktivistin Angela Davis. Und auch wir wollen dieses Kapitel gerne mit ihren Worten beenden: »Es reicht nicht aus, kein Rassist zu sein. Wir müssen Antirassisten sein!«

Black Lives Matter wurde 2021 übrigens für den Friedensnobelpreis vorgeschlagen. Die Bekanntgabe der Preisträgerinnen und Preisträger wird im Oktober stattfinden, also kurz nach Veröffentlichung dieses Buches.

Seit einigen Jahren versuchen auch viele Medienhäuser, diverser zu werden und mehr Menschen mit Migrationshintergrund und PoC zu fördern. Das gelingt mal besser und mal schlechter. Zwar sind mittlerweile mehr BIPoC vor der Kamera, hinter der Kamera muss sich aber noch viel tun, um **Tokenism** zu vermeiden. Für Tokenism gibt es kein deutsches Wort. Am nächsten kommt ihm wohl der Begriff »Quotenschwarze« oder »Quotenschwarzer«. Natürlich ist es ein erster und sehr gut sichtbarer Schritt, wenn mehr Menschen vor der Kamera BIPoC sind, wenn aber die Chefinnen und Chefs und die meisten anderen in den Redaktionen weiß sind und bleiben, ändert sich strukturell kaum etwas. Um das zu verhindern, hat zum Beispiel die ARD die Aufnahmekriterien für das Volontariat geändert, also die journalistische Ausbildung. Im Hessischen Rundfunk entscheidet beispielsweise eine wechselnde, möglichst diverse »Jury« über die ausgewählten Kandidatinnen und Kandidaten, auch die Aufnahmekriterien für das Volontariat wurden verändert. So ist zum Beispiel ein abgeschlossenes Studium keine Pflicht mehr. Vielmehr steht die Motivation im Fokus. Seit der Einführung 2017 haben durch diese neue Art des Auswahlverfahrens im Hessischen Rundfunk so viele Volontärinnen und Volontäre wie nie einen Migrationshintergrund. Ein erster richtiger Schritt in Sachen mehr Diversität in den Medien!

13 AM ENDE GEHT ES IMMER NUR UMS GELD – VOM DAX BIS ZUM BRUTTOINLANDSPRODUKT

»Der DAX schloss heute bei 14 520 Punkten auf einem neuen Allzeithoch.« – »Die EZB hat beschlossen, den Leitzins auf seinem historischen Tiefstand zu belassen.« – »Das statistische Bundesamt prognostiziert für Deutschland eine BIP-Steigerung von drei Prozentpunkten.«

Solche Schlagzeilen kommen uns fast täglich in Nachrichtensendungen oder Zeitungen unter, und für viele Menschen sind sie so etwas wie Matheunterricht ohne Klausur. Was wir damit meinen, ist Folgendes: Man hört oder liest Wirtschaftsnachrichten zwar, aber versteht nicht wirklich, was sie bedeuten oder welche Folgen sich aus ihnen ergeben; doch ehe man überhaupt anfangen könnte zu grübeln, ist der Wirtschaftsblock auch schon wieder durchgerauscht. Thema erledigt. Wenn man nicht gerade selbst an der Börse handelt oder in einer Branche arbeitet, die vom Import und Export abhängig ist, fesseln einen Wirtschaftsnachrichten nicht wirklich vor Spannung im Sessel, und ohne Abschlussprüfungen wie früher beim Matheunterricht ist die Motivation überschaubar, sich damit genauer auseinanderzusetzen. Tim, der Wirtschaftswissenschaften studiert hat und in der Schule im Matheleistungskurs saß, möchte an dieser Stelle darauf hinweisen, dass das ein Fehler ist. Denn Wirtschaftsnachrichten beeinflussen deutlich mehr als die meisten anderen Nachrichtenthemen ganz direkt Ihre persönliche Lebenswirklichkeit. Ein niedriger Leitzins beispielsweise sorgt dafür, dass Häuser, Wohnungen und Mieten immer teurer werden. Ein steigender DAX könnte Ihre Altersvorsorge deutlich schneller wachsen lassen als Ihr Sparbuch, und die Prognose des Bruttoinlandsproduktes (nein, nicht Bruttosozialprodukt! Dazu später mehr) könnte ein früher Hinweis darauf sein, ob es in Ihrer Firma zukünftig eher Gehaltserhöhungen oder doch Stellenkürzungen geben wird. Wenn Sie den Matheunterricht überlebt haben, werden Sie auch durch die nächsten Seiten kommen, und wir geben Ihnen unser Versprechen, dass Sie es nicht bereuen werden.

Wie funktionieren eigentlich Aktien und der Börsenhandel?

Kinder in Afrika sitzen vor einer Blechhütte im Dunkeln am Lagerfeuer. Auf dem Bild, das auf den ersten Blick aussieht wie ein Spendenaufruf von UNICEF, ist eine Sprechblase eingefügt, in der steht: »Kinder in Afrika fragen sich: Schafft's der DAX?« Dieses Poster hing jahrelang an der Tür eines Journalistenkollegen von uns. Auch wenn es zugegebenermaßen geschmacklos und politisch inkorrekt ist, beschreibt es doch den Eindruck, den viele Menschen von der Börse haben, erstaunlich treffend. In Deutschland ist die Skepsis gegenüber der Börse groß, sie wird als elitär, weltfremd und abgehoben wahrgenommen. Was, bitte schön, hat das mit dem wirklichen Leben zu tun, und warum ist das eigentlich jeden Abend in den Nachrichten? Es brauchte erst die Coronakrise und eine Portion Digitalisierung, um das Verhältnis der Deutschen zur Börse wieder grundlegend zu verändern. Während der Lockdowns im Jahr 2020 und 2021 haben viele, vor allem auch junge Menschen die Börse für sich entdeckt. Moderne Apps, mit denen man schnell, einfach und günstig von überall aus handeln kann, machten es möglich. An der Börse spricht man schon mit einer Mischung aus Freude und Verwunderung von der Generation YouTube. Doch egal ob Generation YouTube oder Generation Schwarz-Weiß-Fernsehen – sich die Grundlagen von Börse und Aktienunternehmen etwas genauer anzuschauen schadet niemandem. Also: Wie funktioniert das mit den Aktien eigentlich genau?

Es folgt ein einfaches, dafür allerdings etwas unrealistisches Beispiel. Tanja hat ein kleines Tiergeschäft und möchte sich vergrößern, sie würde gerne mehr Filialen eröffnen und Mitarbeiter einstellen, damit sie nicht mehr jeden Tag selbst die Futtersäcke von A nach B schleppen muss. Und am Ende des Tages, so hofft sie zumindest, könnte sie so auch mehr Geld verdienen. Doch um sich vergrößern zu können, braucht Tanja Geld. Anstatt sich dieses bei der Bank oder ihrer Familie zu leihen, beschließt sie, aus ihrem Tiergeschäft eine **Aktiengesellschaft** zu machen. Dafür wird Tanjas Tiergeschäft in 100 **Aktien** zerstückelt. Wie ein Stück Brot wird die Firma in einhundert kleine Scheibchen geteilt. Wem eine Aktie gehört, dem gehört 1 Prozent von Tanjas Tiergeschäft. Tanja verkauft nun 49 ihrer Aktien und sammelt damit eine Menge Geld ein. Trotzdem gehört ihr mit 51 Aktien noch die Mehrheit an ihrem Tiergeschäft, weshalb sie weiterhin tun und lassen kann, was sie möchte. Die Menschen, die Tanjas Aktien kaufen, sind von jetzt an **Aktionärinnen und Aktionäre** – ihnen gehören jetzt Unternehmensanteile an Tanjas Geschäft. Was haben sie davon? Grundsätzlich haben sie von nun an, je nachdem, wie viel Prozent ihnen gehören, mehr oder weniger das Recht, mitzubestimmen, wie es mit Tanjas Laden weitergeht. Auf der jährlichen **Aktionärs-** oder auch **Hauptversammlung** muss Tanja als Geschäftsführerin einen Plan vorstellen, wie es weitergeht, und darüber wird dann abgestimmt. Weil Tanja clever war und die Mehrheit ihres Unternehmens behalten hat, spielt das in unserem ausgedachten Beispiel aber keine allzu große Rolle. Wichtiger als die Mitbestimmung sind den meisten Aktionären sowieso finanzielle Interessen. Denn in erster Linie sind Aktien eine Wertanlage. Wenn Tanjas Geschäft in den nächsten Jahren brummt und expandiert, weil sie die schönsten Leinen und Halsbänder und das leckerste Futter in der ganzen Stadt anbietet, werden die

Aktien sehr wahrscheinlich auch im Wert steigen. Dass die Entwicklung vieler Aktienkurse heute häufig ziemlich losgelöst von realen wirtschaftlichen Daten und eher spekulativer Natur ist, lassen wir an dieser Stelle mal außer Acht. Nach ein paar Jahren könnten die Aktionäre ihre Aktien teurer verkaufen – eine sogenannte **Gewinnmitnahme**. Selbstverständlich kann der Schuss auch nach hinten losgehen. Wenn Tanja ihren Job schlecht macht oder neben ihr schlicht und ergreifend ein anderer Tierladen mit besseren Produkten und günstigeren Preisen aufmacht, kann es auch sein, dass niemand mehr Aktien von ihrem Geschäft kaufen möchte und der Kurs fällt. In diesem Fall hätten die Aktionäre dann einen Verlust gemacht. Zweitens bekommen die Aktionäre jedes Jahr einen Teil des Gewinns ausgezahlt, den das Tiergeschäft gemacht hat. Je mehr Aktien eine Person hält, desto mehr anteiligen Gewinn bekommt sie auch ausgeschüttet. Dieser jährlich ausgezahlte Gewinnanteil ist die sogenannte **Dividende**.

In der Realität ist eine Aktiengesellschaft natürlich sehr viel größer als ein einzelner Tierladen, und Aktien sind viel kleiner gestückelt als in diesem sehr stark vereinfachten Beispiel. Der US-amerikanische Elektroautobauer und Energiekonzern Tesla ist beispielsweise insgesamt in etwa 950 000 000 Aktien aufgeteilt, oder andersrum formuliert gehören Ihnen mit einer einzelnen Tesla-Aktie, die im Sommer 2021 noch mehr als 500 Euro wert ist, stolze 0,0000001 Prozent des Unternehmens – das dürfte fast eine Radkappe sein. Elon Musk, Teslas Tanja, gehören übrigens noch immer stolze 17,8 Prozent dieser Tesla-Aktien.

Die Plattform für das Kaufen und Verkaufen von Wertpapieren nennt man **Börse**. Börsen sind im Grunde genommen nichts anderes als eine Art Gemüsemarkt für Aktien. Der Vergleich ist passend. Denn auch an der Börse gibt es leckere Orangen, Avocados, die noch ein paar Tage reifen müssen, und natürlich gibt es leider auch viele faule Äpfel. Wobei sie lieber einen faulen Apfel anstatt eine Wirecard-Aktie kaufen sollten. Früher haben sich Aktienhändler tatsächlich jeden Tag physisch von Angesicht zu Angesicht an der Börse getroffen, um Aktien für ihre Kunden zu handeln. Kauf- und Verkaufsgebote wurden quer durch den Raum gerufen, überall liefen Männer (es waren tatsächlich fast ausschließlich Männer) mit dicken Bäuchen, äh, Entschuldigung, mit Büchern, Zigarren und Taschenrechnern durch den Raum. Diese Art des Handelns bezeichnet man als **Parketthandel**, weil die Händler mit ihren Füßen aufs Parkett der Börse mussten, um ihre Geschäfte abzuschließen. Heute ist das Geschichte. An der Frankfurter Börse wurde diese Form des Handels im Jahr 2011 endgültig eingestellt. Mittlerweile wird überall nur noch digital und computergesteuert verkauft und gekauft. Trotzdem ist der Begriff des Parketts geblieben, und bis heute fallen in den Abendnachrichten Sätze wie: »Und jetzt zu Valerie Haller, aufs **Frankfurter Parkett** …« Falsch ist das noch immer nicht, denn tatsächlich liegt in der Frankfurter Börse ein Parkettboden, auf dem Valerie Haller dann steht und hoffentlich nicht ausrutscht. Alle paar Sekunden werden Hunderte Handelsvorgänge der unterschiedlichen Aktien digital und vollautomatisch an den Börsen dieser Welt zusammengebracht, um einen neuen Preis, den Aktienkurs, zu berechnen. Es gilt das altbekannte **Gesetz von Angebot und Nachfrage**, das wir alle irgendwann mal in der Schule gelernt haben. Ganz einfach formuliert: Wollen mehr Menschen eine Aktie kaufen als verkaufen, überwiegt die Nachfrage, und der Kurs steigt. Wollen dagegen mehr Menschen eine Aktie verkaufen als kaufen, überwiegt das Angebot, und der Kurs fällt. Auf diese Art und Weise kommt für jede einzelne an der Börse gehandelte Aktie ein täglicher Kursverlauf mit vielen Auf und Abs zustande. An der Börse spricht man anstatt von Angebot und Nachfrage übrigens von zwei Tieren, nämlich von Bären und Bullen. Steigt ein Kurs, überwiegen also der Optimismus und die Nachfrage, spricht man von einem **Bullenmarkt** – klar, so ein Bulle schiebt ja auch ordentlich nach vorne. Fällt der Kurs dagegen, überwiegen also Pessimismus und Angebot, spricht man von einem **Bärenmarkt**. Angeblich schlägt die Bärenpranke nach unten und symbolisiert so die fallenden Aktienkurse. Ein drittes Tier für eine Seitwärtsbewegung am Markt hat man sich nicht ausgedacht, stattdessen spricht man dann etwas einfallslos von einem **Seitwärtsmarkt**. Dabei wäre das Faultier an dieser Stelle doch noch frei und so passend gewesen.

Die wichtigste Börse Deutschlands ist, wie eben schon kurz angedeutet, die **Börse in Frankfurt am Main**, wo montags bis freitags von 8 Uhr morgens bis 20 Uhr abends gehandelt wird. Ja, es gibt wirklich feste Handelszeiten, und drum herum ist nichts mit Aktienkaufen oder -verkaufen. Wenn samstags ein neuer Dieselskandal in den Nachrichten für Schlagzeilen sorgt, haben Sie trotzdem erst montags nach 8 Uhr eine Chance, Ihre Automobilaktien noch schnell loszuwerden. Ärgerlich. Die wichtigste Börse der Welt ist der **New York Stock Exchange**, kurz **NYSE**, der den meisten wohl besser unter seinem umgangssprachlichen Namen **Wall Street** bekannt ist. Außerdem hört man häufig von der **NASDAQ**, einer elektronischen US-Börse mit Sitz in New York, an der die großen Technologieunternehmen wie Alphabet (die Google-Dachgesellschaft), Facebook, Microsoft oder auch Amazon gehandelt werden.

Kein Mensch kann alle Aktien gleichzeitig im Blick behalten. Viele Anleger wollten aber vergleichen, wie sich unterschiedliche Aktien eines bestimmten Landes oder einer bestimmten Branche entwickeln. Aus diesem Grund wurden **Aktien-Indizes** ins Leben gerufen, die die Wertentwicklung gleich mehrerer Aktien abbilden, die nach bestimmten Kriterien ausgewählt werden. Der berühmteste Aktienindex Deutschlands ist der **DAX**. Egal ob in den *Tagesthemen*, dem *Heute Journal* oder dem *Morgenmagazin* – der Nachrichtentag im Deutschen Fernsehen beginnt und endet mit einem Blick auf die berühmte riesige Tafel in Frankfurt am Main, die den DAX-Verlauf des Tages zeigt.

DAX ist die Abkürzung für **D**eutscher **A**ktien Inde**x**, und dieser misst, ganz einfach gesagt, die Wertentwicklung der 30 (40 ab September 2021) größten und liquidesten deutschen Aktienkonzerne. Sehr vereinfacht kann man sagen: Fallen die Kurse der DAX-Konzerne, wird diese Entwicklung auch vom Index nachvollzogen, und im Umkehrschluss steigt der DAX, wenn die Einzelaktien gut laufen. Steigt ein Index über einen längeren Zeitraum hinweg stark an, spricht man von einer **Rallye**, bricht der Kurs dagegen ein, handelt es sich um einen **Crash**. Gleichen sich Gewinne der einen und Verluste der anderen Aktienkonzerne aus oder gibt es bei allen kaum Bewegung nach oben und unten, tritt der DAX auf der Stelle. Gestartet ist der DAX am 31. Dezember 1987 mit einem festgelegten Wert von 1000 Indexpunkten. Seitdem ist er auf mehr als 14 000 Punkte gestiegen. Die genaue Berechnung des Indexwertes ist kompliziert und soll an dieser Stelle ausgelassen werden. Es reicht zu wissen, dass die DAX-Konzerne abhängig von ihrer **Marktkapitalisierung**, was nichts anderes als der Gesamtwert aller Aktien eines Konzerns und damit der Gesamtwert des Unternehmens ist, gewichtet sind. Je höher die Gewichtung eines Konzerns im DAX ist, desto mehr reißt es den gesamten Indexwert nach oben oder unten, wenn der Aktienkurs dieses Unternehmens steigt oder fällt. Die Gewichtungsunterschiede sind dabei eklatant: Linde und Siemens haben mit jeweils knapp zehn Prozent beispielsweise zehnmal so viel Gewicht wie Beiersdorf oder HeidelbergCement mit jeweils nur knapp einem Prozent. Der DAX hat noch zwei kleinere Brüder, von denen Sie auch immer wieder in den Nachrichten hören: Den **TecDAX**, in dem die Wertentwicklung der 30 größten Technologieunternehmen Deutschlands abgebildet wird, und den **MDAX**, was schlicht und ergreifend die Unternehmen sind, die es noch nicht in den DAX geschafft haben. Quasi die 2. Liga der Deutschen Aktienkonzerne.

Es gibt auch einige internationale Aktienindizes, über die regelmäßig in den deutschen Nachrichten berichtet wird. Zum einen wäre da der 1884 geschaffene US-amerikanische **Dow Jones**, einer der ältesten Aktienindizes überhaupt, zu nennen. Er setzt sich aus 30 der größten US-Unternehmen, wie beispielsweise Boeing, Goldman Sachs oder auch McDonald's, zusammen. Anders, als viele denken, sind im Dow Jones nicht die 30 nach Marktkapitalisierung – sie erinnern sich: Das ist der Gesamtwert aller Aktien eines Konzerns – wertvollsten Unternehmen des Landes vertreten. Amazon als drittwertvollstes Unternehmen der Welt beispielsweise ist nicht im Dow Jones gelistet. Warum ist das so? Der Grund dafür ist ziemlich kurios! Wer in den Dow Jones aufgenommen wird und wer nicht, entscheidet ein Gremium, und dieses Gremium möchte nicht, dass Unternehmen in den Index kommen, deren Aktien pro Stück zu teuer sind. Das liegt daran, dass die Firmen im Dow Jones anders als im DAX nicht nach Marktkapitalisierung, sondern nach Wert jeder einzelnen Aktie gewichtet werden. Konkret: Der Anstieg einer 500 US-Dollar teuren Aktie um ein Prozent hätte mehr Einfluss auf den Dow-Jones-Kurs als der gleiche prozentuale Anstieg einer 50-Dollar-Aktie, unabhängig vom Gesamtwert des Unternehmens. Weil Amazon, gemessen an seiner Größe und seinem Wert, nur relativ wenige Aktien ausgegeben hat, kostet eine einzelne Amazon-Aktie weit über 2000 Euro – eine Apple-Aktie dagegen konnte man, als dieses Buch geschrieben wurde, für etwas mehr als 100 Euro kaufen.

Neben dem Dow Jones ist in den USA vor allem der **S&P 500** bekannt, ein Aktienindex, in dem, genau wie beim DAX nach Marktkapitalisierung gewichtet, die 500 größten US-Unternehmen gelistet sind. In diesem Index sind also auch Amazon, Tesla und Co. zu finden. Für besonders viele Schlagzeilen und spektakuläre Aufs und Abs sorgt außerdem der **NASDAQ 100**, ein Index, in dem die 100 größten Technologiekonzerne der Welt gebündelt sind. Abschließend seien nur noch kurz der japanische **Nikkei**, der **Hang Seng** aus Hongkong sowie der chinesische **Shanghai Composite** erwähnt.

Am Anfang des Kapitels hatten wir versprochen, dass Wirtschaftsthemen Ihr Leben mehr betreffen, als Sie bisher vermutlich dachten. Höchste Zeit, dieses Versprechen einzulösen. Also, Butter bei die Fische: Warum sollten Sie sich für Aktienkurse und Indizes interessieren? Zum einen aus dem naheliegenden Grund, dass Sie damit durchaus Ihr Geld vermehren könnten. Seit Jahren gibt es auf dem Tagesgeldkonto und dem Sparbuch kaum noch Zinsen (warum das so ist, werden wir gleich noch erklären), während Sie an der Börse mit ein bisschen Geduld und starken Nerven durchaus eine anständige Rendite (so nennt man Aktiengewinne im Fachjargon) hätten erzielen können. Hätten Sie beispielsweise beim Corona-Tiefpunkt Ende März 2020 in den DAX investiert, hätten Sie Ihr Erspartes innerhalb eines Jahres fast verdoppeln können. Das ist natürlich ein extremes Beispiel, aber ganz allgemein hat der DAX in den vergangenen 30 Jahren durchschnittlich knapp neun Prozent Rendite pro Jahr gebracht. Dabei muss man sich natürlich immer im Klaren darüber sein, dass es an der Börse auch heftige Verluste geben kann.

Neben Aktien werden an den Börsen auch noch andere Dinge wie beispielsweise Rohstoffe oder Währungen gehandelt. Zuletzt standen besonders Kryptowährungen wie Bitcoin oder Ethereum im Scheinwerferlicht. Innerhalb kürzester Zeit vervielfachten viele digitale Währungen ihren Wert und machten so aus Studentinnen und Studenten Millionäre oder in seltenen Fällen sogar Milliardäre. Allerdings fiel der Kurs zwischendurch auch immer wieder in den Keller, und viele Menschen, die große Teile ihres Ersparten in Kryptowährungen investiert hatten, verloren schmerzhaft viel Geld. Zukunft? Ungewiss!

Doch auch wenn Sie nicht selbst investieren wollen, hat das Börsengeschehen eine Relevanz für Sie. Aktienkurse und Indizes steigen an, wenn Firmen gute Zahlen vorlegen oder Anleger einfach optimistisch in die Zukunft gucken und Unternehmen in Zukunft gute Geschäfte erwarten – gibt es dagegen wirtschaftliche Probleme und Sorgen, können die Kurse abstürzen. Generell sollte man immer im Hinterkopf behalten, dass an den Börsen eher die Zukunft als die Gegenwart gehandelt wird. Ein altes Börsensprichwort sagt: »Kaufen Sie bei Gerüchten, verkaufen Sie bei Fakten!«, im englischen Original: »Buy the rumour, sell the news!« Sie können die Börsennachrichten insofern immer auch als eine Art wirtschaftliches Stimmungsbarometer verstehen, das Ihnen anzeigt, ob es in einem bestimmten Land oder einer bestimmten Branche bergauf oder bergab geht. Das ist auch der Grund, warum der Blick an die Börse bis heute ein fester Bestandteil der Nachrichten ist.

Was Zentralbanken und Leitzins mit der Immobilienkrise zu tun haben

Neben der Börse wird in den Nachrichten natürlich auch noch über weitere Wirtschaftsthemen berichtet. Abgesehen von guten und schlechten Meldungen einzelner Unternehmen geht es dabei besonders häufig um Treffen und Beschlüsse der Zentralbanken. Besonders den regelmäßigen Leitzinsentscheidungen ist ein Platz in den Abendnachrichten, inklusive einer Diskussion über Sinn und Unsinn des Beschlossenen, sicher. Und zwar mit Recht, denn Zentralbank und Leitzins haben einen großen Einfluss auf Wirtschaft, Wohlstand und auch Ihr alltägliches Leben. Und genau deshalb schauen wir uns in den nächsten Abschnitten genauer an, worum es da eigentlich geht.

Wenn Sie Geld abheben, einzahlen oder sich leihen wollen – an wen wenden Sie sich? Wenn Sie erwachsen sind, hoffentlich nicht mehr an Ihre Eltern, sondern an eine Bank. Aber an wen wendet sich die Bank, wenn sie Geld braucht oder loswerden möchte? Woher kommt das Geld im Geldautomaten? Um all das kümmert sich für jede Währung eine **Zentralbank**. Sie stellt die Finanz- und Bankdienstleistungen zur Verfügung, die Staat und Banken brauchen. Klingt kompliziert, ist es im Detail auch, aber die Grundlagen sind doch recht einfach. Stellen wir uns einmal vor, wir würden in einem Land leben, in dem es nur Bargeld gibt – keine EC-Karten, keine Kreditkarten, kein PayPal, kein digitales Geld. Die wichtigste Aufgabe der Zentralbank in unserem ausgedachten Staat, nennen wir ihn Cashistan, wäre die Bereitstellung von genug Bargeld, um das Wirtschaftssystem am Laufen zu halten. Die Zentralbank muss also erst mal Scheine und Münzen entwerfen, dafür sorgen, dass man sie möglichst nicht fälschen kann, und diese dann anschließend in einer ausreichenden Menge drucken bzw. prägen und an die Banken weitergeben. Die Banken wiederum zahlen das Bargeld dann an ihre Kundinnen und Kunden aus. Die große Herausforderung hierbei: Es darf weder zu viel noch zu wenig Bargeld im Umlauf sein. Wenn die Bank permanent neues Bargeld drucken würde, würde irgendwann viel mehr Bargeld zirkulieren, als man für Waren und Dienstleistungen benötigt. In der Folge würde alles immer teurer werden, man spricht dann von einer **Inflation**. Logisch, wenn alle Leute total viel Geld in den Taschen haben und es ausgeben wollen, kommen die Händlerinnen und Händler kaum mit dem Produzieren und Verkaufen hinterher und werden in der Folge die Preise erhöhen. Man kennt es aus der Schweiz. Wenn die Zentralbank dagegen zu wenig Bargeld zur Verfügung stellt und es irgendwann deutlich mehr Waren und Dienstleistungen als Bargeld gibt, müsste alles immer billiger werden, damit die Kaufkraft des Geldes erhalten bleibt und die Rechnung am Ende des Tages noch aufgeht. Auch das ist logisch: Wenn kaum noch jemand Geld in der Tasche hat und flüssig ist, werden sich bei den Händlerinnen und Händlern die Auftragsbücher leeren, und sie werden mit den Preisen nach unten gehen, um überhaupt noch etwas zu verkaufen. Das nennt man dann eine **Deflation**. Wie immer im Leben macht die Dosis das Gift, und das Optimum liegt irgendwo in der Mitte. Damit die Wirtschaft langfristig stabil und gut läuft, sollte es in Cashistan weder eine starke Inflation noch eine starke Deflation geben. Die Preise sollten immer auf einem ähnlichen Level bleiben – man spricht in diesem Zusammenhang oft von der sogenannten **Preisstabilität**. Nun könnte man meinen, dass dementsprechend eine Inflation von null ideal wäre – doch wie Sie an dieser etwas oberlehrerhaft formulierten rhetorischen Äußerung bereits merken, ist das natürlich nicht der Fall. Warum? Nun, wenn alles gut läuft, wächst unsere Wirtschaft jedes Jahr ein bisschen, die Menge der zur Verfügung gestellten Waren und Dienstleistungen sowie die Produktivität werden also größer. Um das auszugleichen, muss ebenfalls die Geldmenge permanent und ganz langsam steigen. Ideal ist also eine dauerhafte, aber moderate Inflation.

In unserem ausgedachten Cashistan ist das mit der Geldmenge natürlich eine ziemlich einfache Sache. Will die Zentralbank dort mehr Geld in Umlauf bringen, wirft sie einfach die Druck- und Prägemaschinen an. Will sie die Geldmenge konstant halten, wird der Druck ganz einfach gestoppt. In der Realität ist das natürlich wesentlich komplizierter, weil ein großer Teil des Geldes heute eben nicht mehr als Bargeld, sondern digital als sogenanntes **Buchgeld** im Umlauf ist. Anders, als viele denken, gibt es heutzutage keine festgelegte Geldmenge, sondern vielmehr wird durch die Zentralbanken gesteuert, mit welcher Geschwindigkeit sich das Geld dreht. Also wie schnell das Geld zirkuliert. Selbst für Wirtschaftswissenschaftlerinnen und Wirtschaftswissenschaftler ist das nicht ganz leicht zu verstehen. Versuchen wir es mit einem Bild: Es lässt sich nicht eindeutig steuern, wie viel Wasser durch das Rohrsystem fließt, sehr wohl aber, wie schnell es hindurchfließt. Wie viel Buchgeld im Umlauf ist, wird von den Zentralbanken durch den **Leitzins** kontrolliert. Er ist die Gelddruckmaschine des Buchgeldes. Der Leitzins bezeichnet streng genommen mehrere Zinsen, nämlich einerseits den Zinssatz, zu dem sich Banken bei der Zentralbank Geld leihen können, und andererseits den Einlagezins, den Banken bekommen, wenn sie Geld bei der

Zentralbank anlegen. Auch das klingt wieder deutlich komplizierter, als es ist. Wenn der Leitzins niedrig ist, können sich Banken riesige Mengen an Geld bei den Zentralbanken leihen, ohne dass es sie viel oder überhaupt etwas kostet. Da geht es den Banken nicht anders als Ihnen privat: Je niedriger die Zinsen, desto attraktiver werden auch die Kredit-Optionen für den Kauf einer neuen Immobilie. Ein niedriger Leitzins führt also dazu, dass sich Banken viel Geld bei der Zentralbank leihen und mit diesem beispielsweise Bau- und andere Großprojekte finanzieren. Sie geben das günstig geliehene Geld an ihre Kundinnen und Kunden weiter, mehr Buchgeld kommt in den Umlauf, Geldmenge und Inflation steigen. Ein niedriger Leitzins führt auch zu einem niedrigen Einlagezins.

Gehen wir an dieser Stelle noch mal einen kurzen Schritt zurück: Genauso wie Sie Geld auf Ihrem Tagesgeldkonto parken können, können Banken Geld bei der Zentralbank unterbringen. Dafür bekommen sie den Einlagezins gutgeschrieben. Ist der Einlagezins niedrig, lohnt es sich für Banken nicht, das Geld bei der Zentralbank liegen zu lassen. Auch das Gefühl kennen Sie sicherlich vom Blick auf die letzte Zinsabrechnung Ihres Sparbuches. Anstatt das Geld bei der Zentralbank zu parken, werden die Banken das Geld also an ihre Kundinnen und Kunden weitergeben – die Geldmenge steigt, die Inflation wird angekurbelt. Wenn die Inflation dagegen zu hoch ist, funktionieren beide Mechanismen auch genau andersherum. Ist der Leitzins hoch, ist es für die Banken teuer, sich Geld bei der Zentralbank zu leihen, und sie werden sich genau überlegen, wann sie das machen, wem sie noch Geld leihen und wann, und wem nicht. So wird also weniger Geld in den Markt gepumpt. Ist auch der Einlagezins höher, ist es für die Banken attraktiver, das Geld einfach bei der Zentralbank liegen zu lassen, anstatt es anderswo zu investieren. Auch dadurch ist weniger Geld im Umlauf.

In den Ländern, die den Euro als Währung haben, sieht das

Was Veränderungen der Leitzinsen bewirken

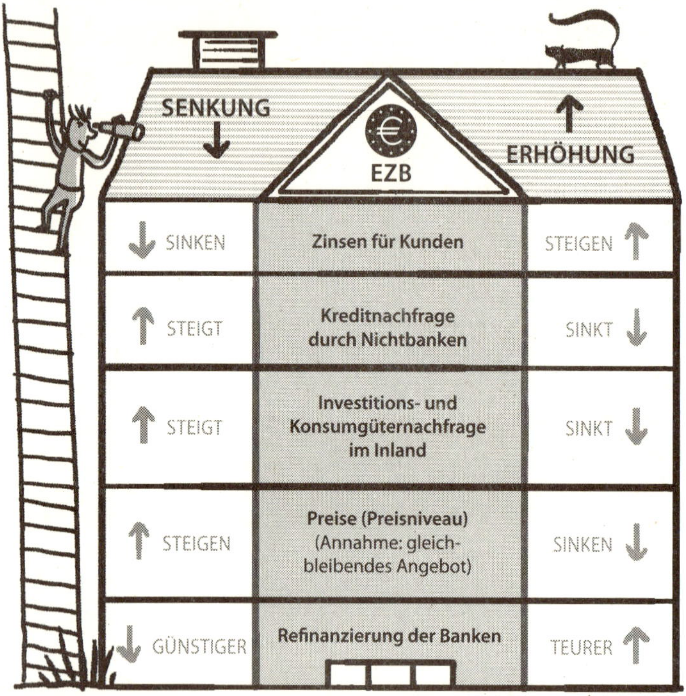

seit vielen Jahren ganz praktisch so aus: Der Leitzins der **Europäischen Zentralbank**, kurz **EZB**, mit Sitz in Frankfurt am Main ist seit Jahren bei null Prozent, der Einlagezins in der Eurozone sogar negativ. Wenn Banken in dieser Situation Geld bei der EZB liegen lassen, müssen sie dafür also eine Strafe zahlen. Sie versuchen das natürlich möglichst zu verhindern, denn wer zahlt schon gerne freiwillig eine Strafe. Stattdessen leihen sich die Banken der Eurozone riesige Mengen an Geld bei der EZB (kostet ja nichts), geben dieses zu ebenfalls niedrigen Zinsen an ihre Kundinnen und Kunden weiter und finanzieren alle Projekte, die auch nur ein Stück Klopapier vorweisen können, auf dem »Businessplan« oder »Finanzierungsplan« steht. Massen an Geld strömen in den Markt, die Wirtschaft wird angekurbelt und die Inflation steigt. Ehrlicherweise ist die Geldpolitik der EZB seit Jahren so locker, dass es vielen Wirtschaftswissenschaftlerinnen und -wissenschaftlern bis heute ein Rätsel ist, warum es nicht schon längst zu einer Hyperinflation gekommen ist. Und apropos Rätsel: Falls es Sie nachhaltig verwirrt oder gar verstört, dass es keine festgelegte Geldmenge gibt, sind Sie in bester Gesellschaft. Im preisgekrönten Film *Oeconomia* fragt Regisseurin Carmen Losmann gestandene Vermögensberater, Bankerinnen und Finanzchefs, woher eigentlich das Geld kommt, mit dem sie alle täglich zu tun haben. Beantwortet wird das mit Schweigen, verwunderten Gesichtern und der wenig erleuchtenden Erwiderung »Das ist eine gute Frage«. Ein wirklich sehenswerter Film.

Das war jetzt doch ein kleiner Exkurs, der einigen sicher Flashbacks zum Mathematik- und Volkswirtschaftsunterricht beschert hat. Wenn Sie das Buch tatsächlich noch in der Hand halten und lesen, es nicht weggelegt oder verbrannt haben, zunächst einen herzlichen Glückwunsch! Sie haben alles richtig gemacht. Denn die Zinspolitik der EZB hat sehr konkrete und massive Folgen für Ihren Alltag. Die erste Auswirkung ist naheliegend. Bekommen die Banken einen günstigen Zins von der Zentralbank, geben sie diesen niedrigen Zins natürlich auch an ihre Kundinnen und Kunden, also an Sie, weiter. Diese Medaille hat zwei Seiten, denn einerseits können Sie sich dadurch seit vielen Jahren sehr günstig Geld bei den Banken leihen, andererseits bekommen Sie seit vielen Jahren kaum noch Zinsen für Ihr Erspartes. Die Zeiten, in denen man knapp fünf Prozent Zinsen auf das Sparbuch bekam, andererseits aber auch weit mehr als fünf Prozent Zinsen für seinen Immobilienkredit zahlen musste, erscheinen heute völlig surreal. Besonders für die

Deutschen, die als Sparweltmeister bekannt sind, ist das zuweilen eine bittere Pille. Doch das ist noch nicht alles. Die günstigen Kredite sorgen beispielsweise dafür, dass sich gut verdienende Menschen immer teurere Immobilien leisten können, die Nachfrage steigt, und Immobilienpreise steigen stark an. Egal ob Häuser oder Wohnungen, zur Miete oder zum Kauf, bezahlbarer Wohnraum ist in Deutschland heute so knapp wie noch nie. Das Thema wird immer mehr zu einem politischen und gesellschaftlichen Pulverfass. Dass es keine Zinsen für Erspartes mehr gibt, hat natürlich noch andere reale Folgen. Wenn es sich nicht mehr lohnt, das Geld bei der Bank liegen zu lassen, suchen die Menschen nach anderen Möglichkeiten. Neben Investitionen in Immobilien, die die Preise für Wohnraum noch weiter nach oben schrauben, haben durch die Niedrigzinspolitik vor allem die Investitionen an der Börse zugenommen. Während Aktien und verwandte Finanzinstrumente in Deutschland lange Zeit eher unbeliebt waren und als unsicher galten, haben zuletzt immer mehr Menschen die Börse für sich wiederentdeckt. Dass DAX und Dow Jones mitten in der Coronapandemie, während Geschäfte geschlossen, Reisen unmöglich und viele Unternehmen am Rande der Insolvenz waren, von Allzeithoch zu Allzeithoch jagten, zeigt ganz klar, wie viel Geld mangels Alternativen mittlerweile in den Aktienmarkt drückt.

Wie lange diese aktuelle Niedrigzinsphase, die eigentlich gar keine Phase mehr, sondern ein Dauerzustand ist, noch andauert, ist unklar. Sie begann, als die Zentralbanken nach der Finanz-, Banken- und Wirtschaftskrise Ende der 2000er-Jahre die Leitzinsen massiv senkten, um die Wirtschaft wieder anzukurbeln und das hoch verschuldete System mit billigem Geld am Laufen zu halten. Seitdem haben sich die Zentralbanken nicht mehr getraut, den Leitzins wesentlich zu erhöhen. Expertinnen und Experten sind mittlerweile skeptisch, ob das überhaupt jemals wieder möglich sein wird. Ob sich etwas ändert, bekommen Sie – wie bereits in der Einleitung erwähnt – regelmäßig in den Nachrichten mit. Dort wird über die Leitzinsentscheidung der **EZB** jedes Mal ausführlich berichtet. Auch die Zinsentscheidungen der mächtigsten Zentralbank der Welt, der US-amerikanischen **FED**, kurz für **Federal Reserve**, werden genauestens beobachtet. Und beim nächsten Bericht über die vermeintlich trockenen Themen verstehen Sie jetzt genau, worum es da eigentlich gerade geht und warum es der exakt falsche Zeitpunkt für einen kurzen Abstecher in die Küche ist.

Alle Zentralbanken kümmern sich jeweils um die Währung in ihrem Land bzw. dem Währungsverbund. Die EZB kümmert sich also um den Euro, die FED um den Dollar und die **Bank of England** um das britische Pfund. Darüber hinaus tauschen sich die unterschiedlichen Länder bei Geldthemen im **Internationalen Währungsfonds**, kurz **IWF**, aus. Denn in einer derart globalisierten Welt beeinflussen sich Währungs- und Finanzpolitik großer Länder natürlich gegenseitig. Der IWF ist eine Unterorganisation der Vereinten Nationen und hat sich zum Ziel gesetzt, die internationale Zusammenarbeit in der Währungspolitik zu fördern, die Geldpolitik ganz allgemein zu überwachen und die internationalen Finanzmärkte zu stabilisieren. Außerdem kann der IWF kurzfristig Kredite an Länder vergeben, die in Zahlungsschwierigkeiten geraten. Grüße gehen an dieser Stelle raus an Griechenland, dazu in Kürze mehr.

Staat und Geld: Bruttosozialprodukt, BIP und Konjunktur

In diesem Kapitel haben wir mit der Börse und den Zentralbanken bereits zwei wesentliche Wirtschaftsakteure abgefrühstückt. Ein dritter und sehr wesentlicher Mitspieler fehlt bisher aber noch gänzlich, und zwar der Staat. Natürlich dürfen wir den nicht auslassen, denn Politik muss zum einen selbst wirtschaften – denken Sie nur an das bereits eben gegrüßte Griechenland, das schon mehrfach der Pleite so gerade von der Schippe gesprungen ist –, zum anderen hat die Politik aber natürlich auch großen Einfluss auf die Privatwirtschaft. Bevor wir genauer betrachten, was der Staat eigentlich macht, klären wir zunächst einige grundlegende Begriffe, die einem im Rahmen der Wirtschaftspolitik immer wieder über den Weg laufen.

Ja, jetzt wird wieder in die Hände gespuckt! Wir steigern das … na? Genau: **Bruttosozialprodukt**. Diesem Lied von Friedel Geratsch und Reinhard Baierle aus den 1970er-Jahren haben wir es zu verdanken, dass in Deutschland bis heute die weniger relevante Wirtschaftskennzahl die allgemein bekannteste ist. Das führt häufig zu Missverständnissen, denn in Berichterstattung, Politik und Wirtschaft ist das **Bruttoinlandsprodukt**, kurz **BIP**, das Maß aller Dinge. Leider sind Bruttosozialprodukt und Bruttoinlandsprodukt, anders als viele denken, eben gerade nicht das Gleiche und deshalb auch nicht synonym zu verwenden. Das Bruttoinlandsprodukt ist der Gesamtwert aller Güter, Waren und Dienstleistungen, die innerhalb eines Jahres in einem bestimmten Land hergestellt oder geleistet wurden, abzüglich der verwendeten Vorleistungen. Wenn in Deutschland also innerhalb eines Jahres lediglich ein Fahrrad im Wert von 500 Euro produziert wurde und sich dann noch einmal jemand einen Haarschnitt für 30 Euro gegönnt hat und zur Herstellung Metallteile im Wert von 200 Euro sowie Shampoo im Wert von 5 Euro benutzt wurden, würde das BIP 500 + 30 − 200 − 5 also 325 Euro betragen. Das Bruttoinlandsprodukt sagt damit aus, wie leistungsfähig die Wirtschaft eines bestimmten Landes ist. Berechnet wird das BIP in Deutschland zweimal im Jahr vom Statistischen Bundesamt. Jeweils im Frühjahr und im Herbst werden die Zahlen veröffentlicht. Außerdem gibt es vierteljährlich Schätzungen darüber, wie das BIP des laufenden Jahres ausfallen könnte. Um mal ein Gefühl dafür zu bekommen, über wie viel Geld wir hier eigentlich sprechen: Im Jahr 2020 betrug das BIP Deutschlands 3,3 Billionen Euro – das weltweite BIP aller Länder zusammengenommen wird vermutlich in den nächsten Jahren das erste Mal die 100-Billionen-

Dollar-Marke knacken. (Das ist eine Eins mit vierzehn Nullen!) Eine unvorstellbare Zahl.

Was ist nun aber der Unterschied zu dem Produkt, das man nach dem bekannten Lied steigern kann, indem man kräftig in die Hände spuckt? Der entscheidende Unterschied zwischen Bruttoinlands- und Bruttosozialprodukt ist das kleine Wörtchen »inlands« bei Ersterem. Das BIP ist, wie gesagt, der Wert aller Güter, Waren und Dienstleistungen, die innerhalb eines Landes produziert wurden – die wirtschaftliche Leistungsfähigkeit eines Landes. Das Bruttosozialprodukt dagegen ist der Wert aller Güter, Waren und Dienstleistungen der Inländer, egal ob sie sich innerhalb oder außerhalb des eigenen Landes befinden. Was dagegen von Ausländern innerhalb des eigenen Landes produziert wurde, wird beim Bruttosozialprodukt abgezogen. Noch mal konkret: Das Bruttoinlandsprodukt berechnet die Leistungen aller In- und Ausländer innerhalb der Landesgrenzen, während das Bruttosozialprodukt die Leistungen aller Inländer, egal wo auf der Welt, berechnet. Das eine ist also die wirtschaftliche Leistungsfähigkeit eines Landes (deshalb der Wortbestandteil »inlands«), das andere die wirtschaftliche Leistungsfähigkeit eines Volkes (deshalb der Wortbestandteil »sozial«). Warum das jetzt bitte schön wichtig ist? Wegen des am Anfang des Abschnitts erwähnten Liedes reden in Deutschland ständig alle möglichen Leute, gelegentlich auch Journalisten und Politiker, vom Bruttosozialprodukt, obwohl sie eigentlich das Bruttoinlandsprodukt meinen. Machen Sie es in Zukunft besser als die anderen. Und sorry wegen des Ohrwurms …

Eine wesentliche Fokussierung zieht sich durch dieses gesamte Kapitel, egal ob wir von der Börse, den Zentralbanken oder dem Bruttoinlandsprodukt sprechen: Bei Wirtschaftspolitik und Berichterstattung darüber geht es letztlich immer um das große Ganze. Das wird mit einem anderen dieser Wörter bezeichnet, das jeder schon gehört hat, aber von dem vermutlich kaum jemand weiß, was genau das eigentlich ist – es geht um die ominöse **Konjunktur**. Unter Konjunktur versteht man die gesamtwirtschaftliche Lage, vergleichbar mit dem Klima beim Wetter. Und wir wissen alle – es gibt gutes und schlechtes Klima sowie gute und schlechte Klimaveränderungen. Bei der Konjunktur ist das nicht anders. Ob sie gut oder schlecht ist, lässt sich an unterschiedlichen Wirtschaftskennzahlen, allen voran am BIP, aber auch an Unternehmensumsätzen, Produktions- und Beschäftigungszahlen sowie den Preisen und dem Zinssatz erkennen. Mit der konjunkturellen Veränderung sind einige Begriffe eng verknüpft, die es sich noch schnell zu erklären lohnt. Wenn sich das wirtschaftliche Klima ändert, spricht man von **Konjunkturschwankungen**. Es gibt Phasen, sogenannte **Konjunkturzyklen**, in denen die Wirtschaft wächst – man bezeichnet sie als **Aufschwung** oder **Boom**. In solchen Zeiten wächst das BIP, die Arbeitslosigkeit sinkt, und die Umsätze und Gewinne der Unternehmen steigen. Doch es geht nicht ewig weiter nach oben. Irgendwann geht die Nachfrage zurück, Lager füllen sich, Überstunden werden abgebaut oder sogar Kurzarbeit angemeldet. Unternehmen müssen erste Mitarbeiterinnen und Mitarbeiter entlassen, die Arbeitslosigkeit steigt, Investitionen bleiben aus, Börsenkurse sinken, und das BIP wächst, wenn überhaupt, nur noch langsam. Einen solchen Zyklus bezeichnet man als **Rezession**. Den Tiefpunkt des Abschwungs bezeichnet man in der Wirtschaftstheorie als **Depression**. Sie haben diesen Begriff vielleicht schon mal im Zusammenhang mit der Weltwirtschaftskrise in den 1920er-Jahren gehört – vor allem im Englischen spricht man hier oft von der **Great Depression**, die mit Massenarbeitslosigkeit und dem Zusammenbruch der Börsen am **Schwarzen Freitag**, dem **Black Friday**, einherging. (Das hat diesmal nichts mit guten Shopping-Deals Ende des Jahres zu tun!) Depression ist also eine Phase, die für alle Beteiligten richtig ungemütlich werden kann. Das Ziel jeglicher Wirtschaftspolitik ist deshalb, zunächst einmal zu erkennen, in welchem Konjunkturzyklus sich das eigene Land gerade befindet. Schwächelt die Konjunktur, ist es Aufgabe der Politik, die Wirtschaft durch unterschiedliche Maßnahmen anzukurbeln und am Laufen zu halten. Während der Coronapandemie hat die Bundesregierung beispielsweise mit riesigen Hilfspaketen versucht, eine Rezession oder gar Depression zu verhindern. Läuft die Wirtschaft dagegen heiß, muss die Politik darauf achten, dass das Wachstum auch in Wirtschaftssektoren boomt, die politisch gewünscht sind. So achtet die Politik beispielsweise seit einigen Jahren zunehmend darauf, dass die Wirtschaft insgesamt nachhaltiger und klimafreundlicher wird. Außerdem sollte die Politik in Aufschwung- und Boom-Zeiten versuchen, die eigenen Kassen durch Steuern und Einsparungen zu füllen, um dann zu einem späteren Zeitpunkt, wenn es mal wieder bergab geht, genügend Reserven zu haben.

Apropos Reserven: Genau wie Sie als Privatperson und jedes Unternehmen dieser Welt muss natürlich auch ein Staat haushalten und den Bankrott verhindern. Wir hatten zu Beginn dieses Abschnitts bereits Griechenland erwähnt, ein Land, das mehrfach eindrucksvoll bewiesen hat, wie man es nicht machen sollte. Spätestens seitdem Griechenland um das Jahr 2010 herum fast pleiteging, ist das Thema **Staatsverschuldung** omnipräsent. Als Staatsverschuldung bezeichnet man alle Schulden, die ein Staat gegenüber Dritten hat, und ganz generell muss man erst mal festhalten, dass im Grunde genommen jedes Land dieser Welt verschuldet ist. Eine gewisse Verschuldung ist also zunächst nicht weiter schlimm, sondern normal. Problematisch wird es, wenn die Schulden so groß sind, dass der Staat sie aus eigener Kraft nicht mehr zurückzahlen kann. Um das einschätzen zu können, berechnet man die **Schuldenquote**, die ausdrückt, zu wie viel Prozent des jährlichen Bruttoinlandsproduktes ein Land verschuldet ist. Man setzt also die wirtschaftliche Leistungsfähigkeit eines Landes ins Verhältnis zu seinen Schulden. Konkret: Deutschland hatte in den vergangenen Jahren eine Schuldenquote von etwas mehr als 60 Prozent (coronabedingt jüngst fast 70 Prozent), was bedeutet, dass Deutschlands Schulden mehr als halb so groß sind wie der Wert aller Waren und Leistungen, die pro Jahr in Deutschland hergestellt werden. Wir erinnern uns, dass Deutschland 2020 ein Bruttoinlandsprodukt von 3,3 Billionen Euro hatte, die Schuldenbelastung lag dagegen bei etwa 2,33 Billionen Euro.

In der Europäischen Union gilt eigentlich die Regel, dass die Staatsverschuldung den Wert von 60 Prozent nicht überschreiten darf. Um dies zu erreichen, gilt in Deutschland seit Jahren die viel diskutierte **schwarze Null** als Ziel, was nichts anderes bedeutet, als dass der Staat jährlich zumindest nicht mehr Schulden aufnimmt, sondern seine Schuldenquote tendenziell eher verringert. Daran, dass Deutschland die EU-Vorgabe, wenn überhaupt, nur gerade so erfüllt, können Sie schon erahnen, wo in der EU der Hund begraben liegt. Nur wenige Länder in der EU erreichen auch tatsächlich das vorgegebene Schuldenziel – ein Thema, das es unter der Bezeichnung **Schuldenkrise** immer wieder in die Nachrichten schafft. Griechenland ist mit einer Schuldenquote von knapp 200 Prozent Spitzenreiter, dahinter folgen Italien und Portugal mit etwa 150 Prozent. Die niedrigste Schuldenquote in der EU haben Luxemburg, Bulgarien und Estland mit jeweils etwa 20 Prozent.

Zum Abschluss könnte man sich noch die Frage stellen, woher ein Staat eigentlich sein Geld hat und wie und bei wem er sich verschuldet. Die wichtigste Einnahmequelle für den Staat ist das, was Sie jeden Monat an ihn abdrücken: **Steuern**! Der Staat verpflichtet Privatpersonen und Unternehmen zur Steuerabgabe und generiert dadurch laufende Einnahmen. Die genaue Planung, wie viel Geld ein Staat wodurch einnimmt und wie viel Geld er wofür ausgibt, nennt man **Haushalt**. Benötigt ein Staat mehr finanzielle Mittel, als seine laufenden Einnahmen in die Kassen bringen, muss er sich Geld leihen. Das geschieht entweder durch klassische Kredite oder mithilfe sogenannter Staatsanleihen. Eine **Staatsanleihe** ist nichts anderes als eine Schuldverschreibung – kauft jemand eine deutsche Staatsanleihe, eine sogenannte **Bundesanleihe**, leiht er Deutschland Geld. Andersherum verpflichtet sich Deutschland mit der Ausgabe einer Staatsanleihe, dieser Person das Geld nach einer vereinbarten Laufzeit zuzüglich Zinsen zurückzuzahlen. Staatsanleihen gelten als sichere Wertanlage, denn wenn selbst Deutschland pleitegeht und seine Schulden nicht mehr zurückzahlen kann, ist es wahrscheinlich sowieso schon zu spät.

Wirtschaftsthemen erinnern an die berühmten russischen Babuschka-Puppen. Sie wissen schon: Diese Holzfiguren, die man öffnen kann, nur um darin dann die nächste Figur zu finden, die man wieder öffnen kann, und so weiter und so fort. Kaum hat man ein Wirtschaftsthema oder einen zentralen Begriff verstanden, stellt sich die nächste Frage. Ohne Probleme hätten wir so den gesamten Rest dieses Buches mit diesem Kapitel füllen können. Doch das ist nicht Sinn und Zweck der Sache. Die letzten Seiten waren ein schneller Rundumschlag durch die Themen Börse, Zentralbanken und Wirtschaftspolitik, und damit sollten wir die wichtigsten Begriffe und Themen, die Ihnen in der täglichen Berichterstattung begegnen, geklärt haben. Und wenn Ihnen doch mal eine Information fehlt, haben Sie mit dem gerade Gelesenen zumindest das Basiswissen, um sich selbst weiter zu informieren. Das Gröbste ist also geschafft, oder um es mit Johann Wolfgang von Goethe zu sagen: »Aller Anfang ist schwer, am schwersten der Anfang der Wirtschaft.« – Recht hatte er.

Wir haben sie in diesem Kapitel schon angesprochen, die Kolleginnen und Kollegen, die jeden Tag in den Nachrichtensendungen des Landes auf dem Frankfurter Parkett stehen. Hinter ihnen die riesige DAX-Tafel mit dem Kursverlauf des Tages. Es ist gute alte Tradition, dass die großen Sender ein eigenes Börsenstudio haben. Dort sitzen Wirtschaftsjournalistinnen und -journalisten, die täglich über das berichten, was an der Börse so passiert. An der Börse in Frankfurt am Main gibt es dafür extra eingerichtete Büros und Kamerapositionen, von denen live geschaltet werden kann. Skurril daran ist, dass an der Börse in Frankfurt am Main natürlich eigentlich gar nicht mehr so viel passiert. Der gesamte Handel findet mittlerweile online statt – die Unternehmen haben ihren Sitz irgendwo anders in Deutschland. Die aktuellen Kursverläufe kann man auf die Sekunde genau von jedem Smartphone auf der ganzen Welt sehen. Einen handfesten Grund, warum man nach wie vor jeden Tag vor Ort sein muss, gibt es eigentlich gar nicht mehr. Theoretisch ginge das genauso gut aus der Redaktion im Sendezentrum heraus. Aber ganz ehrlich: *Tagesschau*, *Heute* oder n-tv ohne Reporterin oder Reporter, die vor der schwarzen DAX-Tafel stehen? Bestimmte Traditionen müssen einfach bleiben.

DANK

Dies ist schon das zweite Buch, das wir gemeinsam geschrieben haben, und wieder lautet das Fazit: Was für ein Ritt! So ein Buch zu produzieren ist doch etwas langwieriger als eine tägliche Fernsehsendung ☺. Wir danken dabei vor allem unserer Lektorin Anja Hänsel und unserem Lektor Martin Kulik, die beide mitgedacht, mitgefiebert und auch viel gewartet haben, denn wir neigen zur späten Abgabe. Dieses Buch ist durch die beiden sprachlich und inhaltlich gewachsen. Wir danken außerdem unserem Buchagenten Ulf-Gunnar Switalski dafür, dass er es bisher immer geschafft hat, unsere Buch-Ideen auch zur Veröffentlichung zu bringen. Wir danken außerdem unseren Familien, die uns immer unterstützen und unsere Bücher allen, die sie kennen, zum Geburtstag schenken – und Jennies Freundinnen, die immer wieder fragten »Wie läufts mit dem Buch?«, um dann immer wieder zu hören »Noch nicht ganz fertig!«. Bei Tims Freunden möchten wir uns hingegen entschuldigen. Er konnte bei vielen Dota-Spielen nicht dabei sein, weil er schreiben musste. Das wird sich mit Abgabe des Manuskripts aber wieder schlagartig ändern. Wir danken außerdem Mohamed Amjahid für das Sensitivity Reading des Rassismus-Kapitels und Oliver Weiss für die schönen Illustrationen.

EMPFEHLUNGEN ZUM WEITERLESEN

Direkt zu Beginn dieses Buches sind wir ja bereits darauf eingegangen, dass wir Ihnen hier aufgrund der großen Themenvielfalt nur einen ganz grundlegenden Einblick in die einzelnen Themen geben können. Zu jedem unserer Kapitel haben Autorenkolleginnen und -kollegen bereits ganze Bände gefüllt. Wir möchten Ihnen deshalb zum Schluss einige Bücher empfehlen, die uns bei der Recherche geholfen haben und mit denen Sie ihr Wissen weiter vertiefen können. Viel Spaß beim Lesen!

Deutsche Geschichte

James Hawes: *Die kürzeste Geschichte Deutschlands*, Propyläen Verlag 2018

Europäische Union

Olaf Leiße: *Die Europäische Union für Dummies*, Wiley-VCH 2019.

Pandemien

Karin Mölling: *Viren, Supermacht des Lebens*, C.H. Beck 2020.

Verschwörungstheorien

Michael Butter: *Nichts ist, wie es scheint*, Suhrkamp 2018.
Sebastian Herrmann: *Starrköpfe überzeugen*, Rowohlt 2013.
Holm Gero Hümmler: *Verschwörungsmythen*, Hirzel 2019.
Katharina Nocun, Pia Lamberty: *Fake Facts*, Quadriga 2020.

Klimawandel

Bill Gates: *Wie wir die Klimakatastrophe verhindern*, Piper 2021.

Line Nagell Ylvisaker: *Meine Welt schmilzt*, Hoffmann und Campe 2021.

Atomkraft

Swetlana Alexijewitsch: *Tschernobyl – eine Chronik der Zukunft*, Suhrkamp 2019.

Große politische Konflikte

John Andrews: *The World in Conflict*, Profile Books 2020.

Tim Marshall: *Die Macht der Geographie*, dtv 2015.

Rassismus

Mohamed Amjahid: *Der weiße Fleck*, Piper 2021.

Reni Eddo-Lodge: *Warum ich nicht länger mit Weißen über Hautfarbe spreche*, Tropen 2020.

Kübra Gümüsay: *Sprache und Sein*, Hanser Berlin 2020.

Alice Hasters: *Was weiße Menschen nicht über Rassismus hören wollen aber wissen sollten*, hanserblau 2019.

Außerdem empfehlen wir folgende Filme und Serien:

Argo (Kinofilm, Produktion: Ben Affleck)

Die Deutschen (mehrteiliger Dokumentarfilm, Produktion: ZDF)

Dinge erklärt – Kurzgesagt (animierte YouTube-Videoserie zu diversen wissenschaftlichen und gesellschaftspolitischen Themen)

Chernobyl (Fernsehserie, Produktion: HBO/Sky)

Formula 1: Drive to Survive (Dokumentarserie, Produktion: Netflix)

Oeconomia (Dokumentarfilm, Produktion: Petrolio Film/ZDF/3SAT)